Desafios do Direito na Sociedade 5.0

Desafios do Direito na Sociedade 5.0

ARBITRAGEM E ADMINISTRAÇÃO PÚBLICA
CONCILIAÇÃO E RESOLUÇÃO DE CONFLITOS
CONSTELAÇÃO FAMILIAR E PODER JUDICIÁRIO
DIREITO DE FAMÍLIA CIVIL-CONSTITUCIONAL
FAKE NEWS
GUARDA COMPARTILHADA
LGPD
PLANEJAMENTO TRIBUTÁRIO
RESPONSABILIDADE CIVIL DOS TRANSPORTADORES AÉREOS
RESPONSABILIDADE CIVIL POR ABANDONO PARENTAL

2023

Coordenador
Vidal Serrano Nunes Júnior

Organizadores
Fernando Rister de Sousa Lima
Flávia de Campos Pinheiro
Juliana Ribeiro Bastos

ALMEDINA
PUC-SP

DESAFIOS DO DIREITO NA SOCIEDADE 5.0
ARBITRAGEM E ADMINISTRAÇÃO PÚBLICA; CONCILIAÇÃO E RESOLUÇÃO DE CONFLITOS; CONSTELAÇÃO FAMILIAR E PODER JUDICIÁRIO; DIREITO DE FAMÍLIA CIVIL-CONSTITUCIONAL; FAKE NEWS; GUARDA COMPARTILHADA; LGPD; PLANEJAMENTO TRIBUTÁRIO; RESPONSABILIDADE CIVIL DOS TRANSPORTADORES AÉREOS; RESPONSABILIDADE CIVIL POR ABANDONO PARENTAL

COORDENADOR: Vidal Serrano Nunes Júnior

DIRETOR ALMEDINA BRASIL: Rodrigo Mentz
EDITORA-CHEFE: Manuella Santos de Castro
EDITOR PLENO: Aurélio Cesar Nogueira
ASSISTENTES EDITORIAIS: Larissa Nogueira e Letícia Gabriella Batista
ESTAGIÁRIA DE PRODUÇÃO: Laura Roberti

DIAGRAMAÇÃO: Almedina
DESIGN DE CAPA: Roberta Bassanetto

ISBN: 9786556279213
Setembro, 2023

Dados Internacionais de Catalogação na Publicação (CIP)
(Câmara Brasileira do Livro, SP, Brasil)

Desafios do direito na sociedade 5.0 / organização
Fernando Rister de Sousa Lima, Flávia deNome do Autor. – Cidade: editora.
Campos Pinheiro, Juliana Ribeiro Bastos ;
coordenação Vidal Serrano Nunes Júnior. –
São Paulo : Almedina, 2023.

Vários autores.
Bibliografia.
ISBN 978-65-5627-921-3

1. Direito aéreo 2. Direito administrativo
3. Direito civil 4. Direito constitucional 5. Direito
do trabalho 6. Direito penal 7. Direito tributário
I. Lima, Fernando Rister de Sousa. II. Pinheiro,
Flávia de Campos. III. Bastos, Juliana Ribeiro.
IV. Nunes Júnior, Vidal Serrano.

23-161109 CDU-34(81)

Índices para catálogo sistemático:

1. Direito : Brasil 34(81)
Eliane de Freitas Leite – Bibliotecária – CRB 8/8415

Este livro segue as regras do novo Acordo Ortográfico da Língua Portuguesa (1990).

EDITORA: Almedina Brasil
Rua José Maria Lisboa, 860, Conj.131 e 132, Jardim Paulista | 01423-001 São Paulo | Brasil
editora@almedina.com.br
www.almedina.com.br

NOTA DA EDITORA

Você já parou para pensar como a jornada da vida nos surpreende com caminhos inesperados? Esses aparentes desvios nos levam a encontros e laços preciosos, que trazem significado e enriquecem nossa existência.

Pois bem. Há 25 anos eu trilhava meus primeiros passos como aluna da Faculdade de Direito da PUC-SP. Logo no início da graduação abracei uma carreira duplamente jurídica e editorial, e lá se vão mais de duas décadas como editora de livros jurídicos. Por sinal, costumo dizer que ser editor em um país onde livrarias fecham e drogarias abrem é mais do que uma profissão, é um ato de resistência.

Durante todos esses anos já tive a oportunidade de escrever muitas apresentações, notas da editora e textos de orelha, mas me encontro em uma situação inédita: editar uma obra que premia os melhores trabalhos de conclusão de curso da faculdade onde me formei.

Na PUC-SP entrei uma menina e de lá saí uma cidadã mais consciente e uma pessoa mais madura. Então, é com muito orgulho e satisfação pessoal que apresento a série "Direito PUC-SP", em parceria com a editora Almedina, respeitada casa portuguesa de publicações jurídicas, a qual tenho orgulho de representar e ser responsável pelo catálogo jurídico no Brasil.

Sempre tive para mim que transferir pensamentos para o mundo concreto é uma arte. Penso que escrever é a maneira mais generosa, significativa e corajosa de perpetuar ideias, e, claro, de se expor a críticas. É atitude reservada aos que não temem o bom combate. E esse é justamente o caso dos dedicados "filhos da PUC" que são os coautores e protagonistas desta obra.

A Série Direito PUC-SP celebra não apenas o esforço individual de cada aluno, mas também o poder transformador da educação, uma marca desde a fundação da PUC em 1946. E esta publicação vem a lume em um momento paradoxal: graças às novas tecnologias a informação hoje é abundante, mas a compreensão e o saber estão em declínio.

Enquanto contemplamos o avanço tecnológico, também assistimos à banalização da educação formal, que vem sendo reduzida a meros números e estatísticas. Diante disso surgem questionamentos, como: qual o papel da universidade na era digital? Ainda há espaço para a educação formal em tempos de Google e de inteligência artificial?

As universidades, assim como os livros, são portais para o conhecimento. A educação de qualidade é a chave para a transformação social e ainda é a ferramenta mais eficaz para romper o ciclo de desigualdade e injustiça que aprisiona tantas vidas.

Na universidade somos desafiados a expandir nossos horizontes e nos tornarmos cidadãos críticos e conscientes. É nas salas de aula, nas bibliotecas e nos corredores que somos confrontados com ideias que desafiam nossas convicções, expandem nossos conhecimentos e nos transformam.

Nesta jornada como universitários, os autores deste livro tiveram em comum o privilégio de compartilhar um lugar especial: os corredores da nossa querida PUC. Mais do que meros espaços físicos, esses corredores são testemunhas silenciosas de risos compartilhados, conversas animadas e debates acalorados. Ali muitos encontraram o amor, fizeram amizades para a vida toda e descobriram seus talentos.

A trajetória de todo estudante é um misto de desafios e responsabilidades, e a primeira delas é que cada universitário carrega consigo o nome da sua instituição. Por isso, as trajetórias vitoriosas de cada puquiano se entrelaçam com a grandeza da nossa querida PUC.

Nas páginas deste livro o leitor encontrará o resultado do empenho e da dedicação de jovens acadêmicos que, sedentos pelo conhecimento, ousaram ir além da mera obrigação. São estudantes que entenderam que a excelência é o ponto de partida, e não o ponto de chegada.

Cada artigo contou com a firme orientação de professores dedicados e inspiradores, que plantaram as sementes do conhecimento e nutriram a chama da curiosidade em seus alunos.

Que este livro sirva de inspiração para outros estudantes, para que compreendam que as ferramentas digitais e os avanços tecnológicos não são inimigos do conhecimento tradicional, mas sim complementos. As máquinas podem nos oferecer respostas automáticas, mas é no diálogo e na troca entre seres humanos que encontramos a riqueza das perguntas.

Boa leitura!

São Paulo, outono de 2023.

MANUELLA SANTOS DE CASTRO
Bacharel em Direito pela PUC-SP
Mestre em Direito pela PUC-SP
Doutora em Direito pela USP
Cursa Graduação em História na USP
Editora-chefe da Almedina Brasil
Advogada
Professora de cursos de pós-graduação

APRESENTAÇÃO

A Faculdade de Direito da PUC-SP – reconhecida, inclusive pelas inúmeras reputações jurídicas que dela emergiram, como um dos melhores cursos de Direito do País – sempre teve como um dos seus predicados mais notáveis a inovação. A escola de Direito Tributário da PUC-SP, a incorporação das diversas matérias atinentes à tutela metaindividual, a participação de seus professores e egressos na elaboração de diversas leis, a Enciclopédia Jurídica Digital da PUC-SP (primeira, do gênero, no mundo) e o Núcleo de Direito, Tecnologia e Jurimetria são apenas alguns exemplos dessa faceta.

Nessa esteira, algo, ainda uma vez, novidadeiro, o que seja, a publicação dos melhores trabalhos de conclusão de curso de seus formandos. Como celeiro de grandes talentos, verificou-se a existência de um rico material, que foi produzido segundo rigorosos critérios de orientação, motivo pelo qual se entendeu por bem dar conhecimento ao mundo jurídico dessas inúmeras reflexões.

É de se ver que esses trabalhados foram meticulosamente selecionados: primeiro, pelo professor orientador; segundo, pela banca examinadora e, em terceiro, por uma comissão avaliadora, que os entendeu merecedores desse merecido laurel.

Aproveito a oportunidade para agradecer aos professores que organizaram esta obra: Fernando Rister de Sousa Lima, Flávia de Campos Pinheiro, Juliana Ribeiro Bastos.

Todos esses artigos foram dignitários do prêmio *Professor Pedro Paulo Teixeira Manus*, de excelência jurídica, sendo agora franqueados à leitura de todos pela presente publicação.

Uma breve palavra sobre o Professor Pedro Paulo Teixeira Manus, que empresta seu prestigioso nome ao prêmio com o qual os autores foram agraciados. Além de ter se transformado, sem nenhum favor, na maior reputação do Direito Trabalhista do país e de ter trilhado uma carreira brilhante como magistrado do trabalho, coroada, a seu final, com sua nomeação para o Tribunal Superior do Trabalho, Professor Pedro Paulo Teixeira Manus foi um ser humano dos mais admiráveis: sensível, íntegro, amigo de todas as horas, pai afetuoso, marido dedicado e cidadão sensível às demandas da sociedade, especialmente dos segmentos mais vulneráveis. Deixou, na PUC-SP, um grande legado.

Há pouco mais de um ano de seu transvivenciamento, ficam a saudade pela sua ausência e a marca indelével do seu exemplo. Essa uma pálida homenagem a sua memória prestada pelo corpo docente da Faculdade de Direito da PUC-SP.

São Paulo, verão de 2023.

PROFESSOR VIDAL SERRANO NUNES JUNIOR
Diretor da Faculdade de Direito da PUC-SP

SUMÁRIO

PARTE I - DIREITO CIVIL E PROCESSUAL CIVIL

PARTE IV - DIREITO CONSTITUCIONAL, ADMINISTRATIVO E TRIBUTÁRIO

PARTE V – DIREITO DO TRABALHO

PARTE VI – DIREITO AERONÁUTICO

PARTE I

DIREITO CIVIL E PROCESSUAL CIVIL

1.

ANÁLISE *DE LEGE FERENDA* E CASUÍSTICA SOBRE A RESPONSABILIDADE CIVIL NO ÂMBITO DO ABANDONO PARENTAL AFETIVO

Isabella Brandão Ramos[1]

Introdução

O abandono afetivo corresponde a uma conduta negligente praticada por indivíduo com o dever legal de prestar assistência emocional, moral e social a outro, como existe nas relações entre genitores e a prole.

A conduta supramencionada está em desconformidade com o ordenamento jurídico que, a partir da Constituição Federal, do Código Civil, do Estatuto da Criança e do Adolescente e do Estatuto da Pessoa Idosa, objetiva tutelar os vínculos familiares e conferir proteção mínima às crianças e aos adolescentes, bem como aos idosos.

Dessa forma, o Direito deve debruçar-se sobre o tema a fim de definir a possibilidade da incidência do instituto da responsabilidade civil nos casos de abandono parental afetivo em que os genitores negligenciam os cuidados com os filhos, além do abandono parental afetivo inverso, por meio do qual a prole age da mesma maneira para com seus pais.

Ademais, o Projeto de Lei nº 4.294/2008 e o Projeto de Lei do Senado Federal nº 700/2007 sinalizam uma tendência do Poder Legislativo em normatizar a responsabilidade civil nas hipóteses de abandono parental

[1] Artigo elaborado a partir da monografia apresentada ao Núcleo de Monografia Jurídica da Faculdade de Direito da PUC-SP, sob orientação da Professora Doutora Rita de Cássia Curvo Leite.

afetivo, modificando o Código Civil, o Estatuto da Pessoa Idosa e o Estatuto da Criança e do Adolescente, o que evidencia a atualidade do tema abordado.

Enquanto o desejo do legislador não se concretiza, deve ser observado como a jurisprudência pátria vem decidindo sobre a possibilidade de condenar genitores e filhos negligentes ao pagamento de indenização por abandono parental afetivo.

1. O abandono parental afetivo e a responsabilidade civil

1.1. As duas modalidades do abandono parental afetivo

O poder familiar configura um conjunto de direitos e obrigações estipulado por lei e assumido pelos pais para com os filhos menores, exceto se emancipados, bem como seus direitos e bens, nos termos dos artigos 1.630 e 1.634 do Código Civil e no artigo 21 do Estatuto da Criança e do Adolescente.

Portanto, o poder familiar é constituído por deveres legais, com natureza de uma obrigação complexa, na medida em que possui uma pluralidade de prestações.

Assim, o descumprimento de alguma destas prestações configura o inadimplemento da obrigação como um todo.

Entre os deveres impostos pelo poder familiar, destacam-se os deveres de cuidado, convivência, alimentação, educação, criação, assistência moral e material, nos termos do artigo 229 da Constituição Federal e do artigo 22 do Estatuto da Criança e do Adolescente, em reflexo aos princípios da dignidade, da solidariedade, da parentalidade responsável, do melhor interesse do menor e da convivência familiar.

A abdicação destes deveres de forma prolongada, absoluta, voluntária e injustificada gera um estado de desproteção dos filhos menores, configurando o abandono parental afetivo que, portanto, se caracteriza pelo ato de desprendimento dos deveres dos genitores que foram atribuídos pela lei, em especial o dever de cuidado.

Além disso, esta mesma situação pode se repetir, de forma inversa, quando os filhos demonstrarem negligência afetiva para com os pais, especialmente quando estão em idade avançada.

Portanto, fica manifesta a importância que o ordenamento jurídico confere à instituição familiar, uma vez que é protegida a relação entre genitores e prole em toda sua extensão, atribuindo obrigações e direitos para cada parte desta relação jurídica, como dispõe o artigo 3º do Estatuto da Pessoa Idosa.

1.2. Responsabilidade civil

1.2.a) Pressupostos da responsabilidade civil aplicados ao abandono parental afetivo

A responsabilidade civil possui quatro principais pressupostos, considerando a modalidade subjetiva, sendo eles a conduta humana; culpa ou dolo; dano e nexo de causalidade. A conduta humana é constituída por uma ação ou omissão qualificada juridicamente. A omissão pressupõe a existência do dever jurídico de praticar uma ação, como acontece no abandono parental afetivo, já que o genitor ou filho não agem, quando assim deveriam fazê-lo em virtude de lei, para garantir a convivência familiar e a assistência para com os pais, especialmente quando idosos, e com a prole.

Já a culpa *lato sensu* compreende o dolo e a culpa *stricto sensu*. O dolo é o elemento subjetivo que viola um dever jurídico a partir de uma vontade intencional de prejudicar terceiro e a culpa *stricto sensu* consiste em uma violação ao dever de diligência a ser exigido do homem médio, possuindo três modalidades: a imprudência, a negligência e a imperícia.

A imprudência configura uma conduta comissiva em que o agente age quando não deveria atuar ou quando age sem cautela. A negligência consiste em uma conduta omissiva em uma situação que exige a atuação do agente, não havendo atenção e cuidado. Já a imperícia é definida como uma conduta comissiva caracterizada pela inexistência de capacidade técnica para alguma função, profissão ou arte.

Ainda, a culpa pode ser subdividida em contratual e extracontratual, de acordo com a natureza do dever jurídico violado pela conduta, ou seja, a origem. No âmbito do abandono parental afetivo, a modalidade da culpa é a negligência, em virtude de o infrator deixar de agir quando deveria, atuando de forma descuidada e sem atenção. Além disso, a culpa é extracontratual, na medida em que a obrigação violada pelo responsável pelo abandono parental afetivo não decorre de um contrato, mas de uma determinação legal.

O terceiro pressuposto da responsabilidade civil é o nexo de causalidade que corresponde a um liame entre o fato ilícito e o dano gerado, ou seja, é uma relação necessária entre estes dois elementos. No abandono parental afetivo, é necessário comprovar o nexo causal entre a conduta do ascendente ou do filho e os prejuízos causados à vítima, o que pode ocorrer, por exemplo, por laudos médicos que demonstrem que a negligência resultou imediata e diretamente nos danos alegados.

O último pressuposto é o dano que, por sua vez, consiste em uma lesão a qualquer bem jurídico, como o patrimônio e a honra. Os danos são classificados em materiais e morais. O último acontece quando há lesão de um bem jurídico pertencente aos direitos da personalidade, como honra, dignidade e a imagem, por exemplo, nos termos do artigo 5º, V e X, da Constituição Federal.

No caso do abandono parental afetivo, o dano a ser atenuado é o moral, haja vista a conduta lesionar direitos da personalidade, como dignidade e convivência familiar.

1.2.b) Previsão legal

Os mandamentos legais que explicitam a previsão de um sistema de responsabilidade civil concentram-se, particularmente, nos artigos 186 e 927 do Código Civil. O primeiro dispositivo estabelece de forma indubitável que aquele que violar direito e causar dano a alguém por ação ou omissão voluntária, negligência ou imprudência, comete um ato ilícito. Já o artigo 927 do mesmo diploma legal determina que o responsável por cometer um ilícito deve ser compelido a reparar o dano causado.

Assim, a conjunção dos dois dispositivos demonstra que o instituto da responsabilidade civil deve ser aplicado quando houver violação de direito e ocorrência de dano ocasionados por uma conduta voluntária do agente e revestida de culpa ou dolo. Neste sentido, a responsabilidade civil pode ser aplicada ao abandono parental afetivo, pois esta conduta está em contrariedade com a lei. Portanto, o genitor que abandona afetivamente a prole ou o filho que abandona o ascendente violam direitos e ocasionam danos possibilitando que venham a ser condenados ao pagamento de indenização em decorrência da conduta omissiva e da negligência perpetrada.

O ordenamento jurídico permite a responsabilização civil em decorrência do abandono parental afetivo, já que esta conduta configura um ato ilícito, resultando danos às vítimas, considerando os direitos destes sujeitos estabelecidos, em especial, nos artigos 227, 229, 230 da Constituição Federal, artigos 3º, 4º, 19 do Estatuto da Criança e do Adolescente e artigos 2º e 4º do Estatuto da Pessoa Idosa.

Ademais, destaca-se que o Enunciado 8 do Instituto Brasileiro de Direito de Família (IBDFAM) estabelece expressamente que o abandono afetivo pode gerar direito à reparação pelo dano causado.

2. Análise de *lege ferenda* e casuística sobre a responsabilidade civil no âmbito do abandono parental afetivo

2.1. Projeto de Lei nº 4.294-A de 2008 e Projeto de Lei do Senado Federal nº 700/2007

Em 2008, foi apresentado o Projeto de Lei nº 4.294-A pelo deputado federal Carlos Gomes Bezerra, atualmente do Partido do Movimento Democrático Brasileiro – Mato Grosso. Tal proposta legislativa está pendente de designação de relator na Comissão de Constituição e Justiça e de Cidadania, já tendo sido aprovado pela Comissão de Defesa dos Direitos da Pessoa Idosa em setembro de 2021.

O projeto visa acrescentar um parágrafo ao artigo 1.632 do Código Civil e ao artigo 3º do Estatuto da Pessoa Idosa a fim de estabelecer a indenização por dano moral em razão do abandono afetivo.

Já em 2007, foi apresentado Projeto de Lei no Senado Federal pelo senador Marcelo Crivella do Partido Republicanos – Rio de Janeiro. Tal proposta legislativa foi remetida à Câmara dos Deputados em 2015 e visa acrescentar novos parágrafos a dispositivos do Estatuto da Criança e do Adolescente. Os dois Projetos de Leis evidenciam a preocupação do legislador em prever, de forma expressa, a possibilidade da aplicação do instituto da responsabilidade civil nos casos de abandono parental afetivo. O Projeto de Lei nº 4.294-A deseja promover alterações, principalmente, no Estatuto da Pessoa Idosa; já o Projeto de Lei do Senado Federal nº 700/2007, no Estatuto da Criança e do Adolescente.

Ressalta-se, de início, que o ordenamento jurídico vigente já é suficiente para permitir que o abandonado afetivamente seja reparado civilmente em razão da existência dos artigos 186 e 927 do Código Civil em conjunção com o disposto na Constituição Federal, no Estatuto da Criança e do Adolescente e no Estatuto da Pessoa Idosa.

Não obstante, caso sejam aprovados os Projetos de Leis respectivos, a inclusão no sistema jurídico irá assegurar que sejam eliminadas as controvérsias presentes no Poder Judiciário, haja vista a existência de decisões divergentes a respeito da possibilidade de incluir os casos de abandono parental afetivo nas hipóteses que ensejam a responsabilidade civil.

O Projeto de Lei n° 4.294-A pretende acrescentar o parágrafo único ao artigo 1.632 do Código Civil para explicitar que o abandono afetivo obriga os pais a pagarem indenização pelos danos morais causados pela conduta.

Além disso, a proposta deseja alterar o Estatuto da Pessoa Idosa para prever que em razão do abandono afetivo os filhos possuem o dever de indenizar os danos morais gerados. Portanto, o referido projeto deseja incluir o abandono parental afetivo, incluindo a modalidade inversa, no Direito positivo. Por sua vez, o Projeto de Lei do Senado Federal n° 700/2007 é mais minucioso em tratar do assunto, na medida em que, em primeiro momento, descreve condutas que caracterizam abandono parental afetivo, como, por exemplo, a ausência de solidariedade e de apoio nos momentos de intenso sofrimento ou dificuldade, especialmente com as alterações no artigo 4° do Estatuto da Criança e do Adolescente.

Neste mesmo dispositivo, a literalidade do §2º, de acordo com a proposta, evidencia que os genitores devem prestar assistência moral aos filhos, o que pode ser efetivada pelo convívio ou pela visitação periódica para permitir o acompanhamento da formação e do desenvolvimento do filho.

Ademais, o Projeto deseja acrescentar o parágrafo único ao artigo 5º do Estatuto da Criança e do Adolescente, detalhando o que configura a conduta ilícita a ser cometida em face da criança e do adolescente, incluindo expressamente os casos de abandono moral. A sugerida redação do artigo 22 do mesmo diploma legal adiciona como deveres dos pais a convivência e a assistência material e moral, além dos deveres de sustento, de guarda e de educação dos filhos menores previstos no Estatuto da Criança e do Adolescente vigente atualmente.

Além disso, o Projeto de Lei abarca o artigo 56 ao acrescentar o inciso IV, introduzindo a negligência, o abuso ou a abandono na forma dos artigos 4º e 5º supramencionados como uma das situações em que os dirigentes de estabelecimentos de ensino fundamental comunicarão ao Conselho Tutelar.

O Projeto de Lei acrescenta ao artigo 130 do mesmo diploma legal a negligência como uma das hipóteses, além dos maus-tratos, da opressão ou do abuso sexual impostos pelos pais ou pelo responsável, que permitem que a autoridade judiciária determine, como medida cautelar, o afastamento do agressor ou do responsável da moradia comum.

Por fim, a criação do artigo 232-A do Estatuto da Criança e do Adolescente tipifica a conduta de deixar, sem justa causa, de prestar assistência moral ao filho menor de dezoito anos, prejudicando o desenvolvimento psicológico e social, nos termos do artigo 4º, §§ 2º e 3º do mesmo diploma legal, cuja pena é de um a seis meses de detenção.

Apesar da importância da previsão legal expressa do abandono parental afetivo, é necessário realizar ressalvas ao Projeto de Lei do Senado Federal nº 700/2007. A princípio, a perda do poder familiar, mencionado no projeto como pátrio poder, e o afastamento do pai ou do responsável não são suficientes para amenizar os danos causados pelo abandono, na medida em que somente irá permitir que a distância entre os genitores e a prole seja acentuado. Assim, tais supostas soluções podem, inclusive, agravar o problema.

Além disso, a tipificação da conduta de abandono parental afetivo como crime é uma imersão indevida no Direito Penal, apesar da pena branda prevista, qual seja detenção de um a seis meses.

O princípio da subsidiariedade é um dos pilares mais importantes do Direito Penal, visto que este campo do Direito, por influir na liberdade do indivíduo, deve ser aplicado sempre como o último recurso lançado pelo sistema a fim de solucionar algum conflito. Em matéria de Direito de Família, em que os sujeitos envolvidos mantêm, ou ao menos deveriam manter, uma relação mais íntima e próxima, as situações não devem, se possível e exceto em casos de violência doméstica, ser resolvidas por normas penais.

Assim, no caso de abandono parental afetivo, a responsabilidade civil e, portanto, o pagamento de indenização àquele que foi lesado moralmente, são aptos a garantir que seja restaurado o *status quo ante*, sem a necessidade de recorrer ao Direito Penal para tanto.

2.2. Casuística em matéria de responsabilidade civil nos casos de abandono parental afetivo

2.2.a) Pela impossibilidade da responsabilização civil pelo abandono parental afetivo

O Recurso Especial nº 757.411 de Minas Gerais julgado em 29/11/2005 pela 4ª Turma do Superior Tribunal de Justiça deliberou que o abandono afetivo não corresponde a um ato ilícito, nos termos do artigo 186 do Código Civil (artigo 159 do Código Civil de 1916), o que impossibilita a condenação ao pagamento de indenização por dano moral.

O entendimento da 4ª Turma foi estabelecido a partir da ideia de que o abandono afetivo não é um valor juridicamente exigível, além de que a eventual condenação seria responsável por aniquilar todas as possibilidades de uma aproximação ou restabelecimento da relação entre as partes, inexistindo qualquer resultado positivo a ser atingido com a condenação.

Além disso, o relator salientou que o abandono parental afetivo enseja a perda do poder familiar, consequência com caráter punitivo e dissuasório, na medida em que evidencia a intolerância do ordenamento jurídico e da sociedade com esta conduta.

Assim, de acordo com a decisão do referido julgado, o Poder Judiciário não é apto a compelir nenhum sujeito a amar ou manter um relacionamento afetivo, sendo necessário somente observar os deveres de sustento, de guarda e de educação da prole. Neste sentido, cabe destacar a ementa do julgado supramencionado:

> RESPONSABILIDADE CIVIL. ABANDONO MORAL. REPARAÇÃO. DANOS MORAIS. IMPOSSIBILIDADE. 1. A indenização por dano moral pressupõe a prática de ato ilícito, não rendendo ensejo à aplicabilidade da norma do art. 159 do Código Civil de 1916 o abandono afetivo, incapaz de reparação pecuniária. 2. Recurso especial conhecido e provido. (STJ, REsp nº. 757.411/MG, 4ª Turma, Rel. Min. Fernando Gonçalves, j. 29/11/2005).

2.2.b) Pela possibilidade da responsabilização civil pelo abandono parental afetivo

O Recurso Especial nº 1.159.242 de São Paulo julgado em 24/04/2012 pela 3ª Turma do Superior Tribunal de Justiça admitiu a possibilidade de condenação ao pagamento de indenização nos casos de abandono afetivo, haja vista a violação ao dever de cuidado.

A Relatora Ministra Nancy Andrighi ressaltou que não há restrições legais à aplicação das regras relativas à responsabilidade civil no Direito de Família, bem como que a perda do poder familiar não afasta a possibilidade de indenizações, dado que a perda do poder familiar além de objetivar proteger a integridade do menor, não é apta a compensar os prejuízos causados aos descendentes.

Ademais, a Ministra pontuou a existência do vínculo afetivo e legal entre pais e filhos, sejam biológicos ou adotivos, o que faz com que os genitores assumam deveres para com a prole que ultrapassam os necessários para a sobrevivência dos filhos, como de alimentos, de saúde e de educação, sendo o cuidado um fator essencial à criação e formação adequada de um indivíduo. Assim, como o cuidado é fundamental para a formação do menor, a discussão que resta é sobre o cumprimento ou não da obrigação legal de cuidar, sendo impossível obrigar alguém a amar o outro. Por isso, o voto esclarece "amar é faculdade, cuidar é dever.".

Portanto, a controvérsia enfrentada pelo julgado reside na imposição biológica e legal de cuidar, caracterizado por ser um dever jurídico e, portanto, exigível, não havendo pretensão de debruçar-se sobre o amor e o ato de amar, elementos subjetivos.

Por sua vez, o dever de cuidar é delimitado por elementos objetivos, visto que é possível verificar o cumprimento integral ou parcial a partir de atitudes concretas, como a presença do ascendente e o contato que mantém com a prole. Neste sentido, cabe destacar a seguinte ementa do julgado supramencionado:

> CIVIL E PROCESSUAL CIVIL. FAMÍLIA. ABANDONO AFETIVO. COMPENSAÇÃO POR DANO MORAL. POSSIBILIDADE.
>
> **1.** Inexistem restrições legais à aplicação das regras concernentes à responsabilidade civil e o consequente dever de indenizar/compensar no Direito de Família. 2. O cuidado como valor jurídico objetivo está incorporado no

ordenamento jurídico brasileiro não com essa expressão, mas com locuções e termos que manifestam suas diversas desinências, como se observa do art. 227 da CF/88. 3. Comprovar que a imposição legal de cuidar da prole foi descumprida implica em se reconhecer a ocorrência de ilicitude civil, sob a forma de omissão. Isso porque o non facere, que atinge um bem juridicamente tutelado, leia- se, o necessário dever de criação, educação e companhia – de cuidado – importa em vulneração da imposição legal, exsurgindo, daí, a possibilidade de se pleitear compensação por danos morais por abandono psicológico. 4. Apesar das inúmeras hipóteses que minimizam a possibilidade de pleno cuidado de um dos genitores em relação à sua prole, existe um núcleo mínimo de cuidados parentais que, para além do mero cumprimento da lei, garantam aos filhos, ao menos quanto à afetividade, condições para uma adequada formação psicológica e inserção social. 5. A caracterização do abandono afetivo, a existência de excludentes ou, ainda, fatores atenuantes – por demandarem revolvimento de matéria fática – não podem ser objeto de reavaliação na estreita via do recurso especial. 6. A alteração do valor fixado a título de compensação por danos morais é possível, em recurso especial, nas hipóteses em que a quantia estipulada pelo Tribunal de origem revela-se irrisória ou exagerada. 7. Recurso especial parcialmente provido. (STJ, REsp nº. 1.159.242/SP, 3ª Turma, Rel. Min. Nancy Andrighi, Terceira Turma, j. 24/04/2012).

2.2.c) Análise acerca da divergência jurisprudencial

A divergência jurisprudencial demonstra a existência de controvérsia sobre a possibilidade de responsabilização civil em razão do abandono afetivo, inclusive dentro dos mesmos tribunais. Em relação aos Recursos Especiais nº 757.411 e 1.159.242 do Superior Tribunal de Justiça, foram opostos embargos de divergência (EREsp nº 1.159.242/SP). O recurso não foi conhecido por inexistir similitude fático-jurídica entre os dois julgados, cabendo destacar a seguinte ementa:

PROCESSUAL CIVIL. EMBARGOS DE DIVERGÊNCIA. DECISÃO PROFERIDA COM BASE NAS PECULIARIDADES DO CASO. EXCEÇÃO. INEXISTÊNCIA DE SIMILITUDE FÁTICO-JURÍDICA ENTRE OS ARESTOS CONFRONTADOS. RECURSO NÃO CONHECIDO. Nas hipóteses em que ficar evidenciada a divergência entre turmas da mesma seção ou entre turma e seção, cabem embargos de divergência mediante o cotejo analítico dos arestos, demonstrando-se as circunstâncias que identifiquem ou assemelhem os casos confrontados (arts. 541, parágrafo único, e 546, parágrafo único, do CPC, c/c os arts. 266, § 1º, e 255 § 2º, do RISTJ). Não se conhece de embargos de divergência, por absoluta inexistência de similitude fático-jurídica entre os arestos confrontados, quando a solução dada ao caso concreto baseou-se, de forma expressa, em situação de excepcionalidade. Embargos de divergência não conhecidos. (STJ, EREsp n. 1.159.242/SP, 2ª Seção, Rel. Min. Ministro Marco Buzzi, Relator relator para acórdão: Rel. Min. Ministro João Otávio de Noronha, j. 09/04/2014).

Assim, fica evidente que o Superior Tribunal de Justiça entendeu que os dois julgados referidos não são controversos, mas distintos e complementares. Essa distinção ocorre, pois é cabível indenização por dano moral pela violação do dever de cuidado e é incabível pela violação do afeto por não ser um dever exigível.

Além disso, a diferença entre afeto e cuidado deve ser explicitada a partir da produção de provas. A análise do cumprimento do dever de cuidado deve ser realizada objetivamente com condutas concretas, como, por exemplo, ausência do ascendente em reuniões escolares e falta de assistência educacional e cultural.

Em suma, apesar do Colendo Tribunal entender que a indenização é devida em casos de violação do dever de cuidar, as decisões referentes ao tema demonstram que o postulado da afetividade teve uma direta influência com o resultado dos julgados.

Dessa forma, a divergência jurisprudencial possibilita inferir que a complexidade da questão reside em definir se há e qual seria o dever jurídico que está sendo violado nestas situações, o que ensejaria a responsabilização civil. O afeto, entendido como afeição e sentimento, por si só, não representa uma obrigação jurídica, visto que o subjetivismo presente neste termo não pode ser exigido pelo Poder Judiciário, bem como não pode ser punido.

Todavia, a afetividade corresponde às legítimas expectativas existentes entre aqueles que possuem, entre si, relações familiares. Portanto, é exigível uma ética mínima dos integrantes do mesmo núcleo familiar.

Neste sentido, a afetividade compreende um conjunto de deveres a serem cumpridos pelos pais e filhos, em especial, o dever de cuidado, sendo certo que restou inequívoco que sua violação pode gerar a obrigação de indenizar os prejuízos causados pela conduta adotada.

Contudo, apesar da divergência entre os julgados ser apenas aparente em razão de utilizarem fundamentos distintos, a situação permite que casos semelhantes, que buscam a condenação daquele que causou prejuízo pela conduta negligente, sejam solucionados de forma distinta, o que representa um verdadeiro obstáculo para a isonomia e segurança jurídica, princípios valiosos para o Direito.

Conclusões

O abandono parental afetivo, abrangendo a modalidade inversa, contraria o ordenamento jurídico sob vários aspectos, afrontando, em especial, os princípios da dignidade de pessoa humana, da solidariedade, da parentalidade responsável, do melhor interesse do menor e da convivência familiar, na medida em que as determinações legais asseguram que os direitos das crianças, dos adolescentes e dos idosos, integrantes de grupos sociais vulneráveis aos olhos do legislador, sejam observados pela família, pela comunidade e pelo Estado.

Além disso, esta situação ocasiona danos aos envolvidos, motivo pelo qual a conduta deve ser repreendida pelo Direito e os prejudicados devem ser compensados pecuniariamente a fim de resguardar o equilíbrio e a harmonia nas relações sociais.

O sistema jurídico não intenciona instituir a obrigação de amar, mas tão somente pretende que os indivíduos, sendo neste caso aqueles que possuem um vínculo filial, atuem de acordo com as disposições legais e, portanto, observem diversos deveres, como o de cuidar e o de assistência moral.

Haja vista a imposição legal de deveres jurídicos, como o de cuidado, o de convivência familiar e o de assistência moral e material, é possível a incidência da responsabilização civil no Direito de Família e, especificamente, nos casos de abandono parental afetivo, desde que estejam presentes todos os pressupostos do instituto, quais sejam a omissão voluntária do agente, a culpa na modalidade da negligência, o dano moral causado e o nexo de causalidade entre a conduta humana e o prejuízo.

O ordenamento jurídico atual já é suficiente para viabilizar esta forma de repressão e de compensação, em especial em razão dos artigos 186 e 927 do Código Civil. Contudo, há dois Projetos de Leis (Projeto de Lei nº 4.294-A e Projeto de Lei do Senado Federal nº 700/2007) que pretendem prever expressamente a responsabilização civil por abandono parental afetivo, demonstrando o anseio do legislador ordinário em afastar qualquer tipo de controvérsia acerca de tal possibilidade.

Enquanto os Projetos de Lei não integram, de fato, o corpo de normas vigentes, as decisões jurisprudenciais divergem sobre o tema, inclusive dentro dos mesmos tribunais, o que obstaculiza a isonomia e a segurança jurídica.

Algumas posicionam-se no sentido de que o abandono afetivo não configura um dano a ser indenizado juridicamente; outras entendem que o dever de cuidado consiste em um dever jurídico que ser observado, fazendo com que haja um núcleo mínimo de cuidados estabelecido por determinação legal.

Em suma, não há óbice para a aplicação do instituto da responsabilidade civil nos casos de abandono parental afetivo, reconhecendo as consequências da conduta negligente nas relações familiares, bem como constando que a observância dos deveres provenientes do vínculo filial não é uma mera escolha, mas sim um dever jurídico.

Tratando-se de tema de relevância, pretende-se sugerir que a doutrina se debruce sobre o assunto para que sejam atestadas a contrariedade legal desta conduta e as implicações negativas da negligência para o indivíduo, como as crianças, os adolescentes e os idosos.

Assim, o reconhecimento desta oposição ao Direito permitirá que as decisões jurisprudenciais convirjam para um único entendimento, qual seja a possibilidade da incidência da responsabilidade civil nos casos de abandono parental afetivo. Portanto, a discussão do tema permitirá a resolução ou, ao menos, a redução das controvérsias doutrinárias e jurisprudências sobre a hipótese discutida, o que garante uma atuação harmônica do Direito.

Referências

DE FARIAS, Cristiano C.; DA ROSA, Conrado P. **Teoria Geral do Afeto**, 3ª ed., Editora JusPodivm, São Paulo, 2022.

DEMARI, Melissa; PACHECO, José E. de C. **Abandono Paterno-Afetivo – À Luz da Perspectiva da Família e do Judiciário – Com observações de campo e análise de casos práticos**, Editora Juruá, 2019.

DIAS, José A. **Da responsabilidade civil**, 8ª ed., Editora Lumen Juris, Rio de Janeiro, 1987.

DINIZ, Maria H. **Curso de Direito Civil Brasileiro – Responsabilidade Civil, Volume 07**, 32ª ed., Editora Saraiva Jur, 2018.

FEITOSA, Maria de F. H. **Consequências psicológicas causadas por situação de abandono afetivo com crianças e adolescentes**, 2020. Disponível em: https://conteudojuridico.com.br/consulta/artigos/55586/consequncias-psicolgicas-causadas-%20por-situao-de-abandono-afetivo-com-crianas-e- adolescentes . Acesso em 15 jun 2022.

FLÓRIDO, Fernando de A. **O Abandono Afetivo no Direito Brasileiro – Diálogos entre Responsabilidade Civil e Direito de Família**, Editora Lumen Juris, 2021.

GAGLIANO, Pablo S.; FILHO, Rodolfo P. **Novo curso de direito civil, V.3: Responsabilidade Civil**, 12ª ed., Editora Saraiva, 2014.

GONÇALVES, Carlos R. **Direito Civil Brasileiro. 4 Responsabilidade Civil**, 14ª ed., Editora Saraiva Jur, 2019.

NADER, Paulo. **Curso de Direito Civil. Volume 07. Responsabilidade Civil**, 6ª ed., Editora Forense, 2016.

PEREIRA, Caio M. da S. **Responsabilidade Civil**, 12ªed., Rio de Janeiro, Editora Forense LTDA, 2018.

PEREIRA, Tânia da S.; COLTRO, Antônio Carlos M.; OLIVEIRA, Guilherme D. **Cuidado e Afetividade – Projeto Brasil/Portugal 2016-2017**. Grupo GEN, 2016. E-book. ISBN 9788597009408. Disponível em: https://integrada.minhabiblioteca.com.br/#/books/9788597009408/. Acesso em 01 out 2022.

ROSENVALD, Nelson; DE FARIAS, Cristiano C.; NETTO, Felipe P. B. **Curso de direito civil: responsabilidade civil**, 5ª ed., Editora Jus Podvm.

SCHOR, Daniel. **Heranças Invisíveis do Abandono Afetivo: um Estudo Psicanalítico Sobre as Dimensões da Experiência Traumática**, 1ª ed., Editora Blucher, 2017.

TARTUCE, Flávio. **Direito Civil: Direito da Família, Volume 05**, Editora Forense, Rio de Janeiro, 2019.

, Flávio. **Do prazo de prescrição aplicável aos casos de abandono afetivo**. Disponível em: https://flaviotartuce.jusbrasil.com.br/artigos/493764083/do-prazo--de-prescricao- aplicavel-aos-casos-de-abandono-afetivo .Acesso em: 14 ago. 2022.

TEIXEIRA, Ana C. B.; ROSENVALD, Nelson; MULTEDO, Renata V. **Responsabilidade Civil e Direito de Família**, 1ª ed., Editora Foco, 2021.

2.
A RESPONSABILIDADE CIVIL DOS TRANSPORTADORES AÉREOS NO BRASIL E AS MODIFICAÇÕES TRAZIDAS PELA PANDEMIA DE COVID-19

Gabriela Martins da Conceição[1]

Introdução

Em virtude da disseminação da Pandemia do Coronavírus pelo mundo no começo de 2020, a saúde da polução e, consequentemente, a economia global foram diretamente impactadas. No Brasil, o âmbito de transporte aéreo enfrentou dificuldades financeiras. Nesse contexto, foi necessário que o governo adotasse medidas emergências para regulamentar algumas normas de auxílio as empresas aéreas a fim de que pudessem se manter no mercado. Em vista disso, o Governo Federal instituiu a Lei sobre medidas emergenciais para aviação civil brasileira em razão da pandemia da COVID-19, Lei 14.034 de 5 de agosto de 2020. A norma modificou os dispositivos antes presentes no ordenamento acerca da responsabilidade civil no contrato de transporte aéreo. O presente artigo visa identificar as alterações relacionadas à responsabilidade civil no contrato de transporte aéreo de pessoas, no sistema jurídico brasileiro, bem como o entendimento dos Tribunais, depois da introdução da Lei 14.034/2020, segundo o entendimento do contrato de transporte aéreo, tal como a responsabilidade civil a partir da análise da atual lei, analisando as alterações no entendimento jurisprudencial.

[1] Artigo elaborado a partir da monografia apresentada ao Núcleo de Monografia Jurídica da Faculdade de Direito da PUC-SP, sob orientação do Professor Doutor Marcelo Gomes Sodré.

1. Desenvolvimento

Devido às dificuldades enfrentadas pelo setor aéreo e à necessidade indispensável de buscar uma solução para tal demanda, o Governo Federal instituiu a Medida Provisória (MP) nº 925, em 18 de março de 2020.

A MP possuía quatro artigos, possuindo como finalidade auxiliar as empresas de transporte aéreo e concessionárias de aeroportos impactados pela crise do ramo, além disso, regular o reembolso e a remarcação das passagens de voos cancelados em razão da pandemia de COVID-19. A Medida Provisória determinou que os contratos de transporte aéreo realizados até 31 de dezembro de 2020, possuem o prazo de 12 (doze) meses para reembolso do valor relativo à compra de passagens aéreas, tendo observadas as regras do serviço contratado, conforme disposição abaixo:

> Art. 3º O prazo para o reembolso do valor relativo à compra de passagens aéreas será de doze meses, observadas as regras do serviço contratado e mantida a assistência material, nos termos da regulamentação vigente.

No artigo 2º da MP, foram postuladas, nos contratos de concessão de aeroportos, firmados pelo Governo Federal, as contribuições fixas e variáveis. Além disso, postulam a isenção de penalidades contratuais para os consumidores que aceitarem crédito para a utilização no prazo de doze meses, contado da data do contrato (art. 3º, §1º). E em conclusão, dispõe que a Medida Provisória se aplica aos contratos de transporte aéreo firmados até 31 de dezembro de 2020 (art. 3º, §2º).

Contudo, é importante ressaltar que as medidas provisórias têm caráter temporário, possuindo força de lei, e podendo ser editadas pelo Presidente da República em contexto de relevância e urgência. Quando a MP é aprovada pelas Casas Legislativas, a matéria é promulgada e convertida em lei ordinária e, por fim, aprovada na forma de um Projeto de Lei de Conversão, enviado ao Presidente da República para sanção.[2]

Devido ao fato de a pandemia ainda perdurar no território brasileiro, foi necessário converter a Medida Provisória em Lei, tendo em vista que

[2] CONGRESSO NACIONAL. Disponível em: https://www.congressonacional.leg.br/materias/medidas-provisorias/entenda-a-tramitacao-da-medida-provisoria . Acesso em: 01 de set. 2022.

o prazo de prorrogação da MPV já havia expirado. Assim, a Medida Provisória nº 925/2020 foi transformada na Lei nº 14.034 de 5 de agosto de 2020. para garantir seus objetivos.

Com a criação da Lei nº14.034/2020, houve a ampliação de quatro para treze artigos, mantendo a estrutura disposta pela MP nº 925, porém, certas lacunas deixadas pela Medida Provisória foram desenvolvidas e outros artigos que não guardam relação com a pandemia de COVID-19 foram inseridos.

1.2. Características da Lei nº 14.034/2020

A Lei nº 14.034/2020 cria um conjunto de medidas emergenciais para atenuar os efeitos da crise decorrente da pandemia da COVID-19 na aviação civil brasileira (art. 1º). Suas principais criações legislativas em relação ao auxílio das empresas aéreas foram a ampliação de contribuições fixas e variáveis com vencimento no ano de 2020 previstas em contratos de concessão de aeroportos firmados pelo governo federal, permitindo que sejam pagas até o final de dezembro de 2020, com a atualização monetária calculada com base no Índice Nacional de Preços ao Consumidor (INPC) (art. 2º), hipótese que não estava presente na MP nº 925.

Ainda, a concessão para utilização dos recursos do Fundo Nacional de Aviação Civil (FNAC), tanto no desenvolvimento, ampliação e na estrutura de aeroportos concedidos (art. 7º, I), como no custeio de eventuais despesas decorrentes de responsabilidade civil perante terceiros, na hipótese de ocorrência de danos a bens e a pessoas, provocados por atentados terroristas, por atos de guerra ou por eventos correlatos (art. 7º, II), e poderão ser objeto e garantia de empréstimo, a ser celebrado até 31 de dezembro de 2020, aos detentores de concessões aeroportuárias ou de concessão para a prestação de serviço regular de transporte aéreo e aos prestadores de serviço auxiliar ao transporte aéreo (art. 7º, III).

A respeito da Lei nº14.034/2020, o presente trabalho tem como objetivo analisar as alterações acerca do cancelamento e reembolso de passagens aéreas, atendo-se à relação contratual entre transportador e consumidor, sem se ater nos dispositivos da Lei que abordam sobre a normatização de cobrança de tarifas e complementos contratuais das outorgas de contratos aeroportuários entre outros, também presentes.

Com relação ao reembolso dos voos remarcados ou cancelados em virtude da crise pandêmica, a Lei nº 14.034/2020, postula em seu artigo 3º:

> Art. 3º O reembolso do valor da passagem aérea devido ao consumidor por cancelamento de voo no período compreendido entre 19 de março de 2020 e 31 de dezembro de 2021 será realizado pelo transportador no prazo de 12 (doze) meses, contado da data do voo cancelado, observadas a atualização monetária calculada com base no INPC e, quando cabível, a prestação de assistência material, nos termos da regulamentação vigente.

Assim, o artigo normatiza os cenários em que podem ser solicitados o reembolso da passagem e quais passagens canceladas encontram-se subordinadas a esse regulamento, que ampliou o período anteriormente disposto na MP nº 925, para normatizar os cancelamentos acontecidos de 19 de março de 2020 até dezembro de 2021, devido aos cancelamentos acarretados pela pandemia no Brasil.

No que concerne à normatização em relação ao reembolso, é verificado pelo caput no artigo 3º, acima exposto, e, o consumidor pode desistir de voo com data de início entre o período de 19 de março de 2020 e 31 de dezembro de 2021 poderá optar por receber reembolso, na forma e no prazo previstos no caput deste artigo, sujeito ao pagamento de eventuais penalidades contratuais conforme o artigo 3º, §3º da Lei nº 14.034/2020[3].

Quando houver atraso ou interrupção por mais de quatro horas, pelo transportador, seguirá os dispostos nos artigos 230 e 231 do Código Brasileiro de Aeronáutica – de acordo com o art. 3, §5º[4].

Portanto, das duas situações, a lei permite que haja modificação, de reembolso, para recebimento de crédito de valor maior ou igual ao da

[3] Lei nº 14.034/2020, art. 3º, §3º: "O consumidor que desistir de voo com data de início no período entre 19 de março de 2020 e 31 de dezembro de 2021 poderá optar por receber reembolso, na forma e no prazo previstos no caput deste artigo, sujeito ao pagamento de eventuais penalidades contratuais, ou por obter crédito, perante o transportador, de valor correspondente ao da passagem aérea, sem incidência de quaisquer penalidades contratuais, o qual poderá ser utilizado na forma do § 1º deste artigo."

[4] Lei nº 14.034/2020, art. 3º, §5º:" O disposto neste artigo aplica-se também às hipóteses de atraso e de interrupção previstas nos arts. 230 e 231 da Lei nº 7.565, de 19 de dezembro de 1986."

passagem aérea, a ser utilizado, em nome próprio ou de terceiros, oferecidos pelo transportador, em até 18 (dezoito) meses, contados de seu recebimento (art. 3º, §1º[5]) e deverá ser concedido no prazo máximo de 7 (sete) dias, contado de sua solicitação pelo passageiro (art. 3º, §4º[6]).

Quando o cancelamento se dá pelo transportador é estipulado que deve oferecer ao consumidor, como alternativa ao reembolso, as opções de reacomodação em outro voo e de remarcação da passagem aérea, sem ônus, mantidas as condições aplicáveis ao serviço contratado, estipulado pelo artigo 3º, §2º[7]. Além disso, caso haja a solicitação do consumidor, na hipótese de cancelamento do voo, para que o transportador cesse a cobrança das parcelas referentes à passagem, sem prejuízo da restituição de valores já pagos, como consta no artigo 3º, §8º[8].

Com relação ao meio de pagamento usado para a passagem, seja pecúnia crédito, pontos ou milhas, não interfere no direito ao reembolso, crédito, reacomodação, ou remarcação do voo são negociados entre consumidor e transportador, de acordo com o 3º, §7º.

[5] Lei nº 14.034/2020, art. 3º, §1º: "Em substituição ao reembolso na forma prevista no caput deste artigo, poderá ser concedida ao consumidor a opção de receber crédito de valor maior ou igual ao da passagem aérea, a ser utilizado, em nome próprio ou de terceiros, para a aquisição de produtos ou serviços oferecidos pelo transportador, em até 18 (dezoito) meses, contados de seu recebimento."

[6] Lei nº 14.034/2020, art. 3º, §4º: "O crédito a que se referem os §§ 1º e 3º deste artigo deverá ser concedido no prazo máximo de 7 (sete) dias, contado de sua solicitação pelo passageiro."

[7] Lei nº 14.034/2020, art. 3º, §2º: "Se houver cancelamento de voo, o transportador deve oferecer ao consumidor, sempre que possível, como alternativa ao reembolso, as opções de reacomodação em outro voo, próprio ou de terceiro, e de remarcação da passagem aérea, sem ônus, mantidas as condições aplicáveis ao serviço contratado."

[8] Lei nº 14.034/2020, art. 3º, §8º: "Em caso de cancelamento do voo, o transportador, por solicitação do consumidor, deve adotar as providências necessárias perante a instituição emissora do cartão de crédito ou de outros instrumentos de pagamento utilizados para aquisição do bilhete de passagem, com vistas à imediata interrupção da cobrança de eventuais parcelas que ainda não tenham sido debitadas, sem prejuízo da restituição de valores já pagos, na forma do caput e do § 1º deste artigo."

Consoante ao §6º do artigo 3º[9] da Lei nº 14.034/2020, caso o consumidor desista da passagem aérea, com antecedência igual ou superior a 7 (sete) dias em relação à data de embarque, e realizar o procedimento de cancelamento em até 24 (vinte e quatro) horas depois do recebimento do comprovante de aquisição da passagem, não estarão sujeitos ao disposto no art. 3, §3º da mesma lei, sendo aplicado nessas situações, condições gerais do transporte aéreo, determinados pela autoridade de aviação civil. Nesse cenário, são aplicados os artigos 11 e 29 da Resolução nº 400/2016 da ANAC:

> Art. 11. O usuário poderá desistir da passagem aérea adquirida, sem qualquer ônus, desde que o faça no prazo de até 24 (vinte e quatro) horas, a contar do recebimento do seu comprovante.
>
> [...]
>
> Art. 29. O prazo para o reembolso será de 7 (sete) dias, a contar da data da solicitação feita pelo passageiro, devendo ser observados os meios de pagamento utilizados na compra da passagem aérea. Parágrafo único. Nos casos de reembolso, os valores previstos no art. 4º, § 1º, incisos II e III, desta Resolução, deverão ser integralmente restituídos.

É importante destacar também os outros artigos da Lei nº 14.034/2020.O artigo 4º da norma buscou alterar o artigo 251-A da Lei nº 7.565/86, o Código Brasileiro de Aeronáutica, para: "A indenização por dano extrapatrimonial em decorrência de falha na execução do contrato de transporte fica condicionada à demonstração da efetiva ocorrência do prejuízo e de sua extensão pelo passageiro ou pelo expedidor ou destinatário de carga".

[9] Lei nº 14.034/2020, art. 3º, §6º: "O disposto no § 3º deste artigo não se aplica ao consumidor que desistir da passagem aérea adquirida com antecedência igual ou superior a 7 (sete) dias em relação à data de embarque, desde que o faça no prazo de 24 (vinte e quatro) horas, contado do recebimento do comprovante de aquisição do bilhete de passagem, caso em que prevalecerá o disposto nas condições gerais aplicáveis ao transporte aéreo regular de passageiros, doméstico e internacional, estabelecidas em ato normativo da autoridade de aviação civil."

Além disso, o artigo 4º também altera os artigos 256 e 264 do CBA, destacando os casos de caso fortuito ou força maior. Em síntese, de acordo com Thiago Torres Grans[10] somado aos casos de força maior, foram incluídos caso fortuito como justificação de ausência da responsabilidade do transportador, desde que supervenientes, imprevisíveis e inevitáveis, cabendo também ser provado pelo transportador que foi impossível utilizar providências que conseguissem evitar o dano ao passageiro ou a carga. Cabe ainda ressaltar:

> "Desse modo, o art. 4º da Lei 14.034/2020 não faz uma distinção, apenas define como caso fortuito e força maior as restrições para pouso e decolagem em razão de condições meteorológicas adversas, indisponibilidade de infraestrutura aeroportuária, por determinação de autoridade de aviação civil ou de órgão da Administração Pública, e por decretação de pandemia ou publicação de atos de Governo decorrente dela." (2021, p. 38)

2. Alterações da Lei nº 14.034/2020 relacionados ao inadimplemento no contrato de transporte aéreo

Resta claro que o setor aéreo foi um dos mais afetados pela pandemia do Coronavírus, principalmente pelo seu caráter mundial, realizado o serviço a consumidores em âmbito internacional.

A Lei nº 14.034/2020 visa amparar as empresas de transporte aéreo e os consumidores do serviço em razão da situação crítica vivenciada. Todavia, é imprescindível analisar criticamente a norma, pois, mesmo que as duas partes tenham sido abaladas com o cenário pandêmico, não há como colocar ambos em situação de paridade, visto a hipossuficiência do consumidor. Quanto ao tema, lecionam Eduardo Altomare, Brenda Ariele e Maria Beatriz Lopes que "tal fato não autoriza uma equiparação jurídica entre elas e os consumidores, eis que são partes completamente

[10] Grans, Thiago Torres. O Inadimplemento no Contrato de Transporte Aéreo de Pessoas após a vigência da Lei nº 14.034 de 5 de agosto de 2020. 2020. Trabalho de Conclusão de Curso. Universidade Federal de Santa Catarina. Centro de Ciências Jurídicas. Direito. p. 38.

díspares e, nos termos do princípio da isonomia (artigo 5º, caput, da CF) não se deve conferir um tratamento igualitário aos desiguais."[11]

Superadas as características da Lei nº 14.034/2020, ao adentrar no conceito do §3º do artigo 3º, o qual versa sobre a desistência do voo por parte do consumidor, na medida em que se o passageiro desistir da viagem e solicitar o reembolso do valor da passagem ficará sujeito ao pagamento de eventuais penalidades contratuais.

Contudo, o ordenamento não prevê penalização para as empresas aéreas devido ao cancelamento da obrigação, visando o contexto de caso força maior, não abrangendo a mesma garantia para o consumidor. Cabe apresentar que é direito básico do consumidor à saúde, segurança e proteção à vida, fundamentados no artigo 6º, I do Código de Defesa do Consumidor[12]. A partir dessa análise, conclui-se que o transportador aéreo é beneficiado pelo dispositivo, tendo em vista que a regra de rescisão contratual sem penalidades só é garantida pela empresa, e não ao consumidor, que é a parte vulnerável na relação e sofre a situação de apreensão frente à crise sanitária.

Isto posto, com relação ao contrato de consumo o artigo 4º, III do CDC[13] garante os princípios de boa-fé e equilíbrio nas relações entre consumidores e fornecedores, considerando a vulnerabilidade do consumidor. O artigo 51º, IV do mesmo ordenamento, define que são nulas

[11] ARIENTE. Eduardo Altomare; MUNHOZ, Brenda Ariele; LELLIS, Maria Beatriz Lopes. Equilíbrio das Relações de Consumo Durante a Pandemia: Uma Análise Sobre os Direitos de Desistência, Revisão Contratual e Negativação dos Consumidores. São Paulo: Revista Pensamento Jurídico 16, Nº 2, maio/ago, 2022. p.16

[12] Código de Defesa do Consumidor, Art. 6º, I: "São direitos básicos do consumidor: I – a proteção da vida, saúde e segurança contra os riscos provocados por práticas no fornecimento de produtos e serviços considerados perigosos ou nocivos;"

[13] Código de Defesa do Consumidor, Art. 4º, III: "A Política Nacional das Relações de Consumo tem por objetivo o atendimento das necessidades dos consumidores, o respeito à sua dignidade, saúde e segurança, a proteção de seus interesses econômicos, a melhoria da sua qualidade de vida, bem como a transparência e harmonia das relações de consumo, atendidos os seguintes princípios: III – harmonização dos interesses dos participantes das relações de consumo e compatibilização da proteção do consumidor com a necessidade de desenvolvimento econômico e tecnológico, de modo a viabilizar os princípios nos quais se funda a ordem econômica (art. 170, da Constituição Federal), sempre com base na boa-fé e equilíbrio nas relações entre consumidores e fornecedores;"

cláusulas contratuais que se mostrem excessivamente onerosas para o consumidor, e determina que em casos de desequilíbrio ou desigualdade entre os contratantes deve ser realizada uma revisão contratual.[14]

Não obstante, o caput do artigo 3º da Lei nº 14.034/2020 possibilitou que o passageiro pudesse obter o reembolso da passagem em caso de cancelamento de voo no prazo de doze meses, contado a partir da data do voo cancelado e, quando adequado, a prestação de assistência material. Essa circunstância garante que as empresas aéreas consigam se restabelecer devido à perda econômica com a crise, sem ter que despender altos valores de reembolso para todos os consumidores de uma vez só, assegurando um prazo para o desembolso das companhias. Entretanto, examinando a norma, o prazo de doze meses, ou seja, um ano, pode ser considerado um período longo, tanto para a empresa aérea, quanto para o consumidor, pois podem ocorrer várias situações nesse ínterim, como necessidade do valor da passagem pelo consumidor devido a problemas financeiros ou até mesmo a quebra das companhias, não podendo arcar com o reembolso.

Por último, no §1º do artigo 3º da Lei nº 14.034/2020, prevê que consumidor pode optar por receber crédito de valor igual ou maior ou igual ao da passagem aérea, em nome próprio ou de terceiros, para a aquisição de produtos ou serviços oferecidos pelo transportador, em até 18 (dezoito) meses, contados de seu recebimento. A prerrogativa de concessão de crédito está pautada no cenário de que não há mais o estado de emergência, e consequentemente, a pandemia de coronavírus, uma vez que não é garantido que em 18 meses o COVID-19 tenha sido totalmente controlado e nem que o consumidor tenha segurança para realizar a viagem, ainda, não pode ser garantido, tendo a possibilidade de a empresa falir.

2.1. Afastamento do dano extrapatrimonial sofrido pelo consumidor no contrato de transporte aéreo

A Lei nº 14.034/2020 mantém a indenização por dano extrapatrimonial em virtude de falha no cumprimento do contrato de transporte aéreo, à

[14] NUNES, Antonio Rizatto. Curso de Direito do Consumidor. São Paulo: Saraiva, 2019. P. 240.

adequada comprovação da perda por parte do consumidor, presente no artigo 4º na norma.

Tendo em vista que o transporte aéreo é uma relação de consumo por haver um consumidor, um fornecedor e serviço ou produto que ligue os dois, e dessa forma, há por consequência, uma parte que é vulnerável e hipossuficiente nesse relacionamento. Como garantia dos direitos básicos do consumidor, o artigo 6º, VIII do Código do Consumidor postula que para facilitar a sua defesa têm o mecanismo da inversão do ônus da prova a seu favor. Contudo, o artigo 4º da Lei nº 14.034/2020 desconsidera a aplicação da inversão de ônus da prova e, como resultado, o dano moral das relações de transporte aéreo.

O entendimento da Ministra do STJ Nancy Andrighi, no acórdão do julgamento do REsp. 1.584.465[15], foi definida a efetivação das relações normativas da ANAC, com relação ao amparado ao passageiro, assim, o dano não é presumível e cabe ao consumidor provar a caracterização do abalo moral. O dano moral caracteriza-se como sendo aquele dano consubstanciado pela dor íntima intensa, no sentimento de perda de autoestima. A indenização concedida a título de danos morais tem caráter meramente satisfativo, destinada exclusivamente a compensar os efeitos sofridos pelo ofendido, não podendo representar o enriquecimento ilícito da parte que a aufere.

Em outras palavras, o dano moral representa dor interna, emoção torrencial, injúria física ou moral que abala psicologicamente a vítima. Deve ser proveniente de fato realmente lesivo, que traga consequências irreparáveis à moral da pessoa que o sofre. Somente nestas hipóteses, em que surgem conflito e angústia interna, pode-se falar em indenização e os fatos narrados na exordial, nem de longe, são capazes de ocasionar danos morais aos autores, conforme se pode identificar pelo recente entendimento do STJ nesse sentido:

> DIREITO DO CONSUMIDOR E CIVIL. RECURSO ESPECIAL. AÇÃO DE COMPENSAÇÃO DE DANOS MORAIS. CANCELAMENTO DE VOO DOMÉSTICO. DANO MORAL NÃO CONFIGURADO. (...) 4. Na espe-

[15] STJ – Recurso Especial – Proc. nº 1584465 – Rel. Min. Nancy Andrighi – 03ª Turma – j. em 21.11.2018.

cífica hipótese de atraso ou cancelamento de voo operado por companhia aérea, **não se vislumbra que o dano moral possa ser presumido em decorrência da mera demora e eventual desconforto, aflição e transtornos suportados pelo passageiro. Isso porque vários outros fatores devem ser considerados a fim de que se possa investigar acerca da real ocorrência do dano moral, exigindo-se, por conseguinte, a prova, por parte do passageiro, da lesão extrapatrimonial sofrida.** (...) 7. Recurso especial conhecido e não provido. (g.n) (RECURSO ESPECIAL Nº 1.796.716 - MG (2018/0166098-4) RELATORA: MINISTRA NANCY ANDRIGHI - Julgado em 27/08/2019) (grifos nossos)[16]

Entretanto, mesmo com a Lei nº 14.034/2020, um número reduzido de decisões aplicou o artigo 251-A do CBA, e possibilitou a condenação em danos extrapatrimoniais *in re ipsa*, defendendo que os danos são pressupostos pelos fatos contados. Além disso, deve-se ao fato que é difícil para o consumidor produzir provas a fim de garantir os danos morais.

Conclusões

Na responsabilidade civil do consumidor no contrato de transporte aéreo, deve prevalecer o princípio da reparação integral do dano prevista pelo Código de Defesa do consumidor, em detrimento da limitação implementada pela Convenção de Montreal, pois a teoria do diálogo das fontes estabelece que a norma consumerista mais benéfica deve ser aplicada em prol do consumidor. Assim, a responsabilidade do transportador aéreo deve ser objetiva, concernindo aos consumidores que se sentiram lesados com a prestação de serviço de má qualidade requerer indenização pelos danos sofridos.

Após dois anos de pandemia de Coronavírus, foi evidente o abalo sofrido pelo setor aéreo, tendo em vista o fechamento de fronteiras e o risco de contágio, os consumidores buscaram cancelar ou remarcar suas passagens. Esses motivos contribuíram para que o setor entrasse em crise, sendo necessário amparo do Governo Federal para auxiliar as empresas. Foi elaborada, nesse contexto, a Medida Provisória nº 925/2020, a qual

[16] STJ - Recurso Especial - Proc. nº 1340604 - Rel. Min. Macro Campbell - 02ª Turma - j. em 15.08.2013.

foi convertida na Lei 14.034/2020, devido ao prolongamento do estado de emergência e os efeitos do setor.

A Lei nº 14.034/2020, ainda que possuindo treze artigos, trouxe grandes mudanças para o ordenamento jurídico por impactar as companhias aéreas e os consumidores. A referida norma possui como objetivo auxiliar a aviação civil brasileira por meio de medidas emergenciais devido aos impactos da pandemia de COVID-19. Dessa forma, aborda sobre direitos e garantias para garantir a continuidade do serviço de transporte aéreo, bem como o adequado reembolso ou cancelamento das passagens, sendo pela devolução do valor ou em crédito para ser utilizado posteriormente, ou ainda remarcando a passagem.

As alterações trazidas pela nova Lei buscam dirimir os prejuízos causados pela pandemia no setor aéreo, todavia, tiveram efeitos no sistema jurídico com o aditamento de artigos como no Código Brasileiro de Aeronáutica e no entendimento jurisprudencial.

As modificações advindas da Lei nº 14.034/2020 mostram claro auxílio para as companhias aéreas, na medida em que não preveem penalização para as empresas aéreas devido ao cancelamento da obrigação, visando o contexto de caso força maior, não abrangendo a mesma garantia para o consumidor. Percebe-se que, nesse caso, o consumidor fica em desvantagem, pois com o prazo de doze meses para o reembolso do valor, demonstrado a efetiva ocorrência do prejuízo relacionado ao dano extrapatrimonial.

Ao analisar a aplicação da norma nos julgados, é perceptível que a Lei nº 14.034/2020 beneficiou as empresas aéreas em detrimento dos consumidores. Isso porque promove a manutenção do contrato de transporte firmado com o consumidor, permitindo a ampliação do prazo para a devolução dos valores relativos ao reembolso, possibilitando ao consumidor, caso queira obter o valor pago integramente, sem ônus ou controvérsias por conta de pedido de desistência, solicitar crédito para ser utilizado em até dezoito meses ou a remarcação da passagem.

As normas criadas pela Lei nº 14.034/2020 destoam das garantias previstas pelo Código de Defesa do Consumidor, que proporcionam ao consumidor a desistência de produtos comprados fora do estabelecimento no prazo de até sete dias, assim como a inversão do ônus probatório, pelo fato de o consumidor ser a parte vulnerável e hipossuficiente da relação.

É importante salientar que mesmo que o mundo esteja passando por um momento crítico, de grande abalo a saúde da população e consequentemente na área econômica recaindo também no setor aéreo, os aplicadores devem seguir os fundamentos consagrados pela Constituição Federal, regendo a dignidade humana, a proteção da vida, saúde e segurança. Dessa maneira, como o entendimento jurisprudencial, deve ser aplicado os princípios garantidores dos interesses sociais e do indivíduo.

Assim, pode-se concluir que a Lei nº 14.034/2020 presta socorro às empresas aéreas brasileiras de modo concorrente à regulamentação dos direitos consumeristas no setor de transporte aéreo, sendo possível dizer que não o faz garantido todo o suporte jurídico de que precisam para a defesa de suas prerrogativas. Apesar disso, a Lei proporciona um falso equilíbrio entre consumidores e as companhias de transporte aéreo.

Referências

ARIENTE. Eduardo Altomare; MUNHOZ, Brenda Ariele; LELLIS, Maria Beatriz Lopes. **Equilíbrio das Relações de Consumo Durante a Pandemia: Uma Análise Sobre os Direitos de Desistência, Revisão Contratual e Negativação dos Consumidores.** São Paulo: Revista Pensamento Jurídico 16, Nº 2, maio/ago, 2022.

BRASIL. Agência Nacional de Aviação. Resolução nº 400, de 13 de dezembro de 2016. Disponível em: https://www.anac.gov.br/assuntos/legislacao/legislacao-1/resolucoes/resolucoes2016/resolucao-no-400-13-12-2016/@@display file/arquivo_norma/RA2016-0400%20-%20Compilado%20at%C3%A9%20 RA2017 0434.pdf. Acesso em: 01 de set. 2022.

BRASIL. Constituição da República Federativa do Brasil de 1988. Disponível em: http://www.planalto.gov.br/ccivil_03/constituicao/constituicao.htm .Acesso em: Acesso em: 23 de set. 2022.

BRASIL. Medida Provisória nº 925 de 18 de março de 2020. Disponível em:

BRASIL. Lei nº 14.034, de 05 de agosto de 2020. Disponível em: http://www.planalto.gov.br/ccivil_03/_ato2019-2022/2020/lei/L14034.htm. Acesso em: 23 de set. 2022.

CONGRESSO NACIONAL. Disponível em: https://www.congressonacional.leg.br/materias/medidas-provisorias/entenda-a-tramitacao-da-medida-provisoria . Acesso em: 01 de set. 2022.

GRANS, Thiago Torres. **O Inadimplemento no Contrato de Transporte Aéreo de Pessoas após a vigência da Lei nº 14.034 de 5 de agosto de 2020.** 2020. Trabalho de Conclusão de Curso. Universidade Federal de Santa Catarina. Centro de Ciências Jurídicas. Direito.

NUNES, Antonio Rizatto. **Curso de Direito do Consumidor**. São Paulo: Saraiva, 2019.

STJ – Recurso Especial – Proc. nº 1340604 – Rel. Min. Macro Campbell – 02ª Turma – j. em 15.08.2013.

STJ – Recurso Especial – Proc. nº 1584465 – Rel. Min. Nancy Andrighi – 03ª Turma – j. em 21.11.2018.

3.
AS CONSEQUÊNCIAS PROCESSUAIS DA APLICAÇÃO RETROATIVA DAS DISPOSIÇÕES LEGAIS BENÉFICAS AO RÉU DA AÇÃO DE IMPROBIDADE ADMINISTRATIVA: ANÁLISE À LUZ DA LEI N. 14.230/21 E DO TEMA 1.199/STF

LETÍCIA TAJARA FLEURY[1]

Introdução

No direito brasileiro, há muito existe a discussão tanto na academia quanto no dia a dia forense sobre a possibilidade de aplicação retroativa da lei mais benéfica ao réu no âmbito do Direito Administrativo Sancionador, princípio estampado no art. 5º, XL da Constituição Federal, que prevê que "a lei penal não retroagirá, salvo para beneficiar o réu".

A discussão surge a partir da compreensão de que tanto o Direito Penal quanto o Direito Administrativo Sancionador (onde se insere a improbidade administrativa, objeto de estudo do presente artigo) são espécies integrantes do gênero Direito Público Sancionador, cujo papel fundamental é regular o *ius puniendi* do Estado sob diversos aspectos. Há quem entenda que, sob essa perspectiva, seria possível entender o princípio da retroatividade benéfica como princípio comum não só ao Direito Penal, mas ao Direito Público Sancionador como um todo, inclusive ao Direito Administrativo Sancionador.

[1] Artigo elaborado a partir da monografia apresentada ao Núcleo de Monografia Jurídica da Faculdade de Direito da PUC-SP, sob orientação do Professor Doutor Cassio Scarpinella Bueno.

Contudo, não há no Brasil, ao contrário do que ocorre, por exemplo, no Direito português, com seu Decreto-Lei n.º 433/82, ou no espanhol, com sua *Ley* nº 30/1992, regramento específico sobre a matéria, o que fez da doutrina e da jurisprudência pátrias campos férteis para o surgimento de diversos posicionamentos a esse respeito, cujos fundamentos merecem ser analisados em estudo próprio.

A despeito disso, para o que importa ao presente artigo, o debate acerca da retroatividade ou não das disposições legais mais benéficas aos réus foi recentemente enfrentado de maneira efetiva pelo Supremo Tribunal Federal (STF) em relação às ações de improbidade administrativa, braço do Direito Administrativo Sancionador, após a edição da Lei 14.230/21. A referida lei alterou a Lei 8.429/92 (LIA), trazendo intensas modificações ao sistema de responsabilização pela prática de atos ímprobos, em sua maioria favoráveis aos agentes públicos.

Dentre as principais alterações trazidas pela nova lei estão, dentre outras, (i) a extinção das modalidades culposas de atos de improbidade previstos na LIA (arts. 9º a 11), que passaram a exigir o dolo específico e (ii) a uniformização do prazo prescricional em 8 anos (art. 23).

Assim, por meio do Agravo em Recurso Especial (ARE) nº 843.989/PR, cuja repercussão geral foi reconhecida, dando origem ao Tema 1.199, o STF analisou a questão e, por maioria de votos, fixou a seguinte tese:

> "1. É necessária a comprovação de responsabilidade subjetiva para a tipificação dos atos de improbidade administrativa, exigindo-se – nos artigos 9º, 10 e 11 da LIA – a presença do elemento subjetivo – DOLO; 2. A norma benéfica da Lei 14.230/2021 – revogação da modalidade culposa do ato de improbidade administrativa –, é IRRETROATIVA, em virtude do artigo 5º, inciso XXXVI, da Constituição Federal, não tendo incidência em relação à eficácia da coisa julgada; nem tampouco durante o processo de execução das penas e seus incidentes; 3. **A nova Lei 14.230/2021 aplica-se aos atos de improbidade administrativa culposos praticados na vigência do texto anterior da lei, porém sem condenação transitada em julgado, em virtude da revogação expressa do texto anterior**; devendo o juízo competente analisar eventual dolo por parte do agente; 4. **O novo regime prescricional previsto na Lei 14.230/2021 é IRRETROATIVO**, aplicando-se os novos marcos temporais a partir da publicação da lei".

Até o momento da finalização do presente artigo, o inteiro teor do acórdão proferido pelo STF não foi disponibilizado, mas já é possível analisar e aplaudir o acerto da solução dada pela Corte.

Porém, mais do que analisar a possibilidade de aplicação do princípio da retroatividade benéfica aos casos de improbidade administrativa, mormente diante das recentes e relevantes alterações favoráveis aos administrados trazidas pela Lei 14.230/21, é essencial que haja um estudo aprofundado sobre as consequências processuais de tal aplicação retroativa. É a que este artigo se propõe.

1. O impacto da lei 14.230/21 e do julgamento do are 843.989/pr nas ações de improbidade administrativa em curso: direito superveniente

A tese firmada sobre o Tema 1.199 da Repercussão Geral pelo STF, longe de esgotar ou pacificar a controvérsia de direito intertemporal posta, assume relevante papel como norteador da aplicação da Lei 14.230/21, possibilitando a aplicação retroativa dos dispositivos que suprimiram as condutas ímprobas de cunho culposo para atingir os processos em andamento.

Assumindo, a despeito da literalidade do art. 927 do CPC[2], a decisão do ARE 843.989/PR como indexador jurisprudencial[3] sobre o procedimento da ação de improbidade administrativa surge, evidentemente, interesse em saber como aplicar o referido precedente aos processos ainda não transitados em julgado.

Especificamente, poderia a nova Lei ou, ainda, o precedente do STF que reconheceu a retroatividade de alguns de seus artigos, caracterizar fatos (ou direitos) supervenientes e aptos a atrair a aplicação dos arts. 493 e/ou 933 do CPC? Vejamos.

[2] Medina, José Miguel Garcia. **Integridade, estabilidade e coerência da jurisprudência no estado constitucional e democrático de direito: o papel do precedente, da jurisprudência e da súmula, à luz do CPC/2015**. In: Doutrinas Essenciais – Novo Processo Civil, vol. 6. São Paulo: Revista dos Tribunais, 2016, p. 129/154.

[3] Bueno, Cassio Scarpinella. **Curso Sistematizado de Direito Processual Civil**, vol. 2. *11ª ed. São Paulo: SaraivaJur,* 2022, p. 186.

Os fatos supervenientes ou *ius superveniens* são aqueles ocorridos após a propositura da ação ou então aqueles anteriores a ela, mas cuja ocorrência só chegou ao conhecimento das partes após a propositura da ação, e que têm o condão de modificar ou, quando menos, influenciar a prestação da tutela jurisdicional.

Para serem considerados como tal e, consequentemente, serem apreciados pelo magistrado, mister que os acontecimentos sejam, além de posteriores ao início do processo (ou desconhecidos pelas partes quando do seu início), relevantes para o julgamento da demanda[4]. Há de haver pertinência temática. Não podem, pois, ser considerados fatos supervenientes nem as questões sob as quais já recaiu a preclusão, pois não arguidas no momento adequado, tampouco acontecimentos que, embora posteriores ao início do processo, em nada influam para a solução da controvérsia.

O CPC dedica seu art. 493 ao tema, prevendo o dever de o magistrado, ao prolatar a sentença (ou outra decisão judicial), considerar a ocorrência de algum fato constitutivo, modificativo ou extintivo do direito, desde que relevante para o julgamento do mérito. O seu reflexo no âmbito recursal se dá pelo art. 933 do CPC.

Segundo escólios do saudoso Prof. Arruda Alvim, a despeito da literalidade dos mencionados dispositivos, a dinâmica por eles prevista aplica-se tanto aos fatos empíricos quanto à vigência de "norma jurídica nova"[5] – o direito superveniente, seja ele advindo de uma norma positivada ou do surgimento de um novo indexador jurisprudencial[6].

Contudo, há de se pontuar que, para que seja apreciado o alegado fato novo, o exercício do contraditório, em sua acepção ampla[7], é indis-

[4] Bueno, Cassio Scarpinella. **Curso Sistematizado de Direito Processual Civil**, vol. 1. 12ª ed. São Paulo: SaraivaJur, 2022, p. 161.

[5] Alvim, Arruda. **A incidência de novas normas ambientais em hipótese de haver ou não haver processos em curso (Parte 1).** Revista de Processo, vol. 218, 2013.

[6] Bueno, Cassio Scarpinella. **Curso Sistematizado de Direito Processual Civil**, vol. 2. 11ª ed. São Paulo: SaraivaJur, p. 162.

[7] Não se trata apenas de franquear um direito ou possibilidade de reação da parte sobre algo que foi suscitado, mas, sim, um direito de atuar ativamente ao longo do processo, com condições plenas de influenciar na decisão jurisdicional a ser tomada, visando a concretização da tutela jurisdicional em seu favor (BUENO, Cassio Scarpinella. **Curso**

pensável. Eventuais mudanças legislativas podem (e, a bem da verdade, devem) ser levadas em consideração pelos magistrados caso sejam relevantes para a solução da controvérsia. Isso, contudo, não significa dizer que o direito novo, ainda que aplicável de ofício (*iura novit curia*), possa servir de fundamento para eventual sentença se sobre ele as partes nunca chegaram a se pronunciar[8].

Aqui, o contraditório – que, frise-se, deve ser prévio –, deve imperar. Não só por decorrência da disposição específica contida no art. 493, parágrafo único, do CPC, mas também, indispensavelmente, dos art. 9º e 10º do CPC e do art. 5º, XV, da Constituição.

Ainda que o parágrafo único do art. 493 do CPC preveja a submissão ao contraditório apenas nos casos em que o fato (ou direito) seja conhecido de ofício pelo magistrado, não há como se afastar a conclusão de que, caso o fundamento novo seja suscitado por uma das partes, a parte contra quem se litiga também deverá ter a oportunidade de se manifestar[9].

Assim, cogitada a possibilidade de aplicação retroativa das disposições benéficas ao réu da ação de improbidade administrativa, especialmente daquelas referentes à supressão do ato de improbidade culposo, como decidiu o STF, deve o magistrado, antes de decidir a esse respeito, conceder prazo para que as partes se manifestem, inclusive em relação a eventual existência de dolo na atuação do réu.

A assertiva acima é verdadeira, como pontuado anteriormente, tanto quando a eventual aplicação retroativa da Lei 14.230/21 seja requerida pelo réu – hipótese na qual deverá o autor ser ouvido a respeito – quanto quando cogitada pelo próprio magistrado de ofício, hipótese na qual ambas as partes terão o direito de se pronunciar. Caso contrário, a hipótese seria de decisão-surpresa, assim definida como aquela "baseada em

Sistematizado de Direito Processual Civil, vol. 1. 12ª ed. São Paulo: SaraivaJur, 2022, p. 69; Dinamarco, Cândido Rangel. **Instituições de direito processual civil**, vol. I. 9ª ed. São Paulo: Malheiros, 2017, p. 351).

[8] Tucci, José Rogério Cruz e. **A causa petendi no processo civil**. 2ª ed. São Paulo: Revista dos Tribunais, 2002, p. 163.

[9] Bueno, Cassio Scarpinella. **Curso Sistematizado de Direito Processual Civil**, vol. 2. 11ª ed. São Paulo: SaraivaJur, 2022, p. 161.

questão, qualquer questão, a respeito da qual não foi oferecida à parte a oportunidade de manifestação"[10] e, portanto, nula[11].

A partir dessas afirmações é possível alcançar algumas conclusões.

A primeira delas é que, desde que seja pertinente para o julgamento da causa, não há dúvidas que a nova redação dos artigos 9º a 11 da LIA, dada com o advento da Lei 14.230/21, deve ser considerada direito superveniente à luz do que preveem os art. 493 e 933 do CPC e, portanto, deve ser levada em consideração pelo magistrado ao decidir o processo iniciado antes da promulgação da nova lei.

A segunda delas é que, não só a entrada em vigor da Lei 14.230/21 pode (e deve) ser considerada superveniente como também o próprio julgamento do Tema 1.199 pelo STF, que reconheceu pela retroatividade das disposições que excluíram a modalidade culposa dos atos de improbidade administrativa, por caracterizar verdadeiro indexador jurisprudencial, deve ser considerado como direito superveniente[12].

Sendo assim, deve ser avaliado, em especial nos casos cujas imputações de atos ímprobos sejam fundadas em condutas meramente culposas, se houve dolo específico na conduta, conforme restou fixado pelo Plenário do STF. Afinal, *da mihi factum, dabo tibi ius.*

A terceira conclusão a que se chega é a de que, ainda que se admita que as inovações de direito material da Lei 14.230/21 devam ser consideradas pelo magistrado, não se pode abrir mão de conceder oportunidade às partes para que se manifestem previamente sobre a existência e a aplicabilidade desse *ius superveniens*, conferindo-lhes o direito de influência sobre o pronunciamento judicial típico do princípio do contraditório. E isso, frise-se, independentemente do momento processual em que se constate a ocorrência do fato novo.

[10] DIDIER JR, Fredie. In: CRAMER, Antonio do Passo Cabral [coord.]. **Comentários ao novo Código de Processo Civil.** 2ª ed. Rio de Janeiro: Forense, 2016, p. 36.

[11] NERY JR, Nelson. **Princípios do processo na Constituição Federal: processo civil, penal e administrativo.** 9ª ed. São Paulo: Revista dos Tribunais, 2009, p. 225.

[12] BUENO, Cassio Scarpinella. **Curso Sistematizado de Direito Processual Civil**, vol. 2. 11ª ed. São Paulo: SaraivaJur, p. 162.

2. Consequências processuais da retroatividade das disposições da lei 14.230/21 às ação de improbidade administrativa em curso

Cabe-nos agora analisar as consequências de ordem processual do conhecimento e da apreciação do referido direito superveniente, especialmente aquelas decorrentes da aplicação retroativa da supressão da modalidade culposa dos atos ímprobos (arts. 9º, 10 e 11 da LIA) às ações de improbidade administrativa ainda não transitadas em julgado, à luz do que restou fixado pelo Tema 1.199/STF.

Nessa linha, a supressão da modalidade culposa dos atos de improbidade administrativa, com o advento da Lei 14.230/21, fará com que os acusados dessa prática, se antes do trânsito em julgado, não sejam por ela condenados. Uma vez reconhecida a retroatividade da nova redação da LIA, a demanda fundada na prática de condutas culposas será extinta. Mas, a que título tal extinção se dará?

Parte da doutrina composta, por exemplo, por José Miguel Garcia Medina[13] e Luiz Manoel Gomes Junior[14] entende que a superveniência da nova lei que extingue a modalidade culposa dos atos de improbidade administrativa seria fato novo capaz de extinguir o interesse de agir do autor[15], levando à extinção do processo sem o julgamento do mérito (art. 485, VI).

Para alcançar tal conclusão, fundamentam-se na ideia de que, uma vez extinta a modalidade culposa de atos de improbidade administrativa, as demandas que se baseassem em tais condutas seriam malogradas, esvaindo qualquer utilidade[16] e necessidade da prestação da tutela jurisdicional. Isso porque o processo anteriormente iniciado não seria mais capaz de atender os objetivos originais pretendidos pelo autor, dada a

[13] MEDINA, José Miguel Garcia. **A nova Lei de Improbidade Administrativa e os processos em curso**. 24 nov. 2021. Disponível em: https://www.conjur.com.br/2021-nov-24/processo-lei-improbidade-administrativa-processos-curso. Acesso em 14 out 2022.

[14] JUNIOR, Luiz Manoel Gomes. RODRIGUES, João Paulo Souza. BORGES, Sabrina Nunes. **Retroatividade da nova lei de improbidade administrativa: propostas para o tratamento adequado da Lei 14.230/2021 sobre processos em curso**. Revista de Processo, vol. 329, 2022.

[15] Ibidem.

[16] Ibidem.

maior restrição ao *ius puniendi* estatal estabelecido pela Lei 14.230/21[17], que impossibilitou a punição dos agentes públicos em determinadas circunstâncias antes permitidas pela legislação.

A perda superveniente do interesse processual pode ser explicada para essa corrente doutrinária também a partir da premissa de que o interesse de agir desdobra-se na acepção da "adequação"[18]. Para José Miguel Garcia Medina, por exemplo, "se o ato não puder ser caracterizado como ímprobo, a ação será incabível, faltando interesse processual em seu prosseguimento"[19].

Outra parte da doutrina entende que, uma vez aplicada a Lei 14.230/21 retroativamente para descaracterizar o ato imputado como ímprobo, a hipótese seria de extinção do processo com julgamento de mérito, com fulcro no art. 487, I, do CPC. O argumento principal defendido, por exemplo, por Daniel Amorim e Rafael Oliveira[20], Erick Halpern[21] e Fábio Medina Osório[22] é o de que a hipótese se enquadraria no que o CPC/73 denominava de "impossibilidade jurídica do pedido" que, na disciplina do atual código, deixa de ser uma das condições da ação (antigo art. 267, VI, CPC/73) e passa a configurar questão de mérito[23].

Se o direito superveniente extingue a modalidade culposa de atos ímprobos ou mesmo deixa de considerar ato de improbidade determinadas condutas, o pedido anteriormente formulado deixa de ser juri-

[17] Ibidem.

[18] Alvim, Eduardo Arruda; Granado, Daniel Willian; Ferreira, Eduardo Aranha. **Direito processual civil**. 6. ed. São Paulo: Saraiva Educação, 2019, p. 227/228.

[19] Medina, José Miguel Garcia. **A nova Lei de Improbidade Administrativa e os processos em curso.** 24 nov. 2021. Disponível em: https://www.conjur.com.br/2021-nov-24/processo-lei-improbidade-administrativa-processos-curso. Acesso em 14 out 2022.

[20] Neves, Daniel Amorim Assumpção. Oliveira, Rafael Carvalho Rezende. *Op. cit.*, p. 10.

[21] Oliveira, Rafael Carvalho Rezende; Halpern, Erick. **A retroatividade da Lei mais benéfica no Direito Administrativo sancionador e a reforma da Lei de Improbidade pela Lei nº 14.230/2021.** Revista IOB de Direito Administrativo, vol. 17, 2022.

[22] Osório, Fabio Medina. **Retroatividade da nova lei de improbidade administrativa.** 01 nov. 2021. Disponível em: https://www.migalhas.com.br/depeso/354112/retroatividade-da-nova-lei-de-improbidade-administrativa. Acesso em: 12 out 2022.

[23] REsp n. 1.938.984/PR, relatora Min. Nancy Andrighi, Terceira Turma, j. 15/02/2022; REsp n. 1.864.430/MG, relator Min. Mauro Campbell Marques, Segunda Turma, j. 26/05/2020.

dicamente possível, por vedação legal. A questão é limítrofe e enseja debates interessantes. Prova disso é que a própria possibilidade jurídica do pedido já foi considerada, até o advento do atual CPC, condição da ação cujo reconhecimento ensejava, por consequência, sentença extintiva (art. 267, VI, CPC/73).

Porém, embora respeitável o entendimento contrário, nossa posição é similar àquela defendida por Daniel Amorim e Rafael Oliveira, no sentido de ser a sentença que aplica retroativamente as disposições benéficas da LIA para não mais considerar ímproba determinada conduta uma sentença de mérito.

O primeiro motivo decorre do próprio conceito de possibilidade jurídica do pedido, definida pela doutrina como a "permissão dada pelo ordenamento jurídico para formulação de determinado pleito pelo autor da ação ou, ainda, a sua não proibição expressa"[24]. E, nesse aspecto, o direito superveniente que "destipifica" determinada conduta anteriormente considerada ímproba nada mais é do que uma proibição do ordenamento jurídico à formulação de um pedido que vise a condenação do agente público pela prática do ato atípico.

A hipótese, sob a égide do CPC anterior, levaria à extinção do processo sem resolução de mérito. Sob a égide do atual CPC (que, vale lembrar, aplica-se à ação de improbidade administrativa por força do art. 17 da LIA), deverá conduzir a uma sentença de mérito[25].

A sentença, se proferida nesses termos, será voltada à análise da ocorrência ou não de ato ímprobo e, uma vez constatado que não houve dolo específico na atuação do agente público, a consequência será o julgamento de improcedência da demanda, na medida em que o magistrado haverá de rejeitar, no todo ou em parte, os pedidos formulados na exordial (art. 487, I, do CPC). Este parece ser o entendimento do TJSP[26].

[24] Shimura, Sérgio. Alvarez, Anselmo Prieto. Silva, Nelson Finotti. **Curso de direito processual civil**. 3ª ed. Rio de Janeiro: Forense; São Paulo: Método, 2013, p. 73.

[25] Didier JR., Fredie. *Op. cit.*, p. 365/366.

[26] Apelação Cível 1002135-12.2018.8.26.0624; relator Des. Kleber Leyser de Aquino, 3ª Câmara de Direito Público, j. 20/09/2022; Apelação Cível 1009601-46.2019.8.26.0099; relatora Des. Teresa Ramos Marques, 10ª Câmara de Direito Público, j. 16/11/2021; Apelação Cível 1001594-31.2019.8.26.0369; relator Des. Oswaldo Luiz Palu, 9ª Câmara de Direito Público, j. 10/11/2021.

Mas não é só. Se analisarmos a questão traçando um paralelo com o Direito Penal – como é de ser feito, dada sua simetria[27] com o Direito Administrativo Sancionador –, a supressão da modalidade culposa pela Lei 14.230/21 seria equivalente ao *abolitio criminis*, fenômeno através do qual uma nova lei deixa de considerar crime determinada conduta que era anteriormente tipificada[28].

O *abolitio criminis* é considerado causa extintiva da punibilidade do agente e seu reconhecimento dá origem a uma sentença absolutória (art. 386, III, CPP) cuja natureza, reconhece a doutrina, é de mérito. Ainda que haja variações doutrinárias quanto à nomenclatura da classificação da sentença absolutória[29], certo é que, ao absolver o réu, o juiz está rejeitando o pedido da acusação.

O entendimento acima é corroborado pelo art. 17, §11 da LIA, incluído pela Lei 14.230/21, que prevê que, a qualquer tempo, se verificada a inexistência do ato de improbidade, o juiz deverá julgar demanda improcedente. É o que basta para endossar a conclusão de que eventual sentença que aplique retroativamente a Lei 14.230/21, reconhecendo a inexistência de ato de improbidade, deve ser considerada sentença de mérito.

Também não se pode afastar a possibilidade de o julgamento de mérito ocorrer de forma parcial, ou seja, em relação a parte dos pedidos afetados pela superveniência da Lei 14.230/21, conforme já defendia Cassio Scarpinella Bueno mesmo antes do advento do CPC/15[30].

Há ainda mais uma consequência em relação ao julgamento da demanda, criada pela Lei 14.230/21, que merece ser analisada. Se o juiz, ao reconhecer, por força do advento da nova lei, a impossibilidade de classificação do(s) ato(s) imputado(s) ao réu como atos de improbidade administrativa, mas ainda assim cogitar a ocorrência de alguma irregu-

[27] Osório, Fabio Medina. **Direito administrativo sancionador** [livro eletrônico]. 8ª ed. São Paulo: Revista dos Tribunais, 2022, p. 91.

[28] Nucci, Guilherme de Souza. **Curso de direito processual penal**. 18ª ed. Rio de Janeiro: Forense, 2021, p. 161.

[29] Para tanto, v.: Guilherme de Souza Nucci (*idem*, p. 757) e Fernando Capez (**Curso de Direito Penal**, vol. 1. 26ª ed. São Paulo: SaraivaJur, 2022, p. 203).

[30] Bueno, Cassio Scarpinella. **Julgamento parcial na ação de improbidade administrativa**. Revista Síntese Direito Administrativo, edição especial "25 anos da Lei de Improbidade Administrativa", 2017, p. 148.

laridade ou ilegalidade administrativa, poderá o magistrado converter a ação de improbidade administrativa em ação civil pública[31] (art. 17, § 16, da LIA).

O intuito da norma, inovação da lei de 2021, vai ao encontro com o princípio da efetividade do processo e visa o aproveitamento dos atos processuais anteriormente realizados, mesmo que já se verifique que a hipótese narrada na exordial não é sancionável nos termos da LIA[32].

A regra, contudo, deve ser aplicada com cautela, conforme alerta Marçal Justen Filho, especialmente considerando a diferença entre os pedidos característicos da ação de improbidade administrativa – cujo caráter é político, sancionatório, restritivo de direitos (art. 12 da LIA e art. 37, § 4º da Constituição) – e da ação civil pública – cujo caráter é essencialmente ressarcitório, patrimonial (art. 3º da Lei 7.347/85)[33].

3. Apreciação das inovações da lei 14.230/21 pelos tribunais superiores em recursos especial e extraordinário

Que os fatos supervenientes (sejam eles fatos empíricos ou normas) podem (e devem) ser apreciados em primeiro e segundo graus de jurisdição não há dúvidas, mormente diante da redação conferida aos artigos 493 e 933 do CPC, ambos já analisados. A discussão maior se põe em definir se o fato (ou direito) novo poderia ser apreciado e aplicado também pelos Tribunais Superiores em sede de recursos especial e extraordinário.

No âmbito doutrinário, há aqueles que entendem que o art. 493 destina-se apenas às instâncias ordinárias. É o caso de Cassio Scarpinella Bueno[34]. Por outro lado, vozes como Nelson Nery Junior e Rosa Maria

[31] José Miguel Garcia Medina. **A nova Lei de Improbidade Administrativa e os processos em curso**. 24 nov. 2021. Disponível em: https://www.conjur.com.br/2021-nov-24/processo-lei-improbidade-administrativa-processos-curso. Acesso em: 14 out. 2022.

[32] Bueno, Cassio Scarpinella. **Manual do Poder Público em Juízo**. São Paulo: SaraivaJur, 2022, p. 556.

[33] Justen Filho, Marçal. **Reforma da lei de improbidade administrativa comentada e comparada**. Rio de Janeiro: Forense, 2022, p. 200.

[34] Bueno, Cassio Scarpinella. **Curso Sistematizado de Direito Processual Civil,** vol. 2. 11ª ed. São Paulo: SaraivaJur, 2022, p. 162.

de Andrade Nery[35] apontam para a aplicabilidade do artigo não só em primeira e segunda instâncias, mas também nos Tribunais Superiores.

A dúvida surge, a despeito da redação aparentemente ampla do art. 933 do CPC – que, além de estar inserido no capítulo "Da ordem geral dos processos nos tribunais", destina seu comando aos relatores em geral – por uma razão até mesmo intuitiva: a exigência do prequestionamento como requisito de admissibilidade dos recursos excepcionais.

Daí advém a controvérsia em relação ao direito superveniente: se o direito é novo, como prequestioná-lo? A questão assemelha-se à problemática das matérias de ordem pública. Isso porque, considerando que a Constituição Federal exige na interposição recursos especial e extraordinário a existência de "causa decidida" (arts. 102, III e 105, III), para que a matéria suscitada pela parte recorrente seja apreciada pelo Tribunal Superior competente é necessário que sobre ela tenha se debruçado a decisão recorrida ou, quando menos, que contra a omissão do Tribunal a esse respeito tenham sido opostos embargos de declaração[36], para que se caracterize o que se convencionou chamar de "prequestionamento ficto" (art. 1.025, CPC)[37].

Sendo assim, em um primeiro momento não haveria que se cogitar da aplicação de direito superveniente ou de apreciação de matéria de ordem pública inovadora em sede de recursos excepcionais[38]. De fato, não há como se admitir que a suposta violação ao direito superveniente seja o fundamento do recurso a ser interposto. Pela lógica da competência constitucional do STJ e do STF, os recursos excepcionais direcionados a esses tribunais não poderão se basear na violação de um direito que, à época em que proferida a decisão impugnada, sequer existia.

Não é demais dizer. Inexistiria, nesse caso, causa decidida. Faltaria aqui o requisito do prequestionamento e a sua ausência conduz ao juízo

[35] Nery Junior, Nelson. Nery, Rosa Maria de Andrade. *Op. cit.*, p. 1.235.

[36] Mancuso, Rodolfo de Carmargo. **Recurso extraordinário e recurso especial**. 12ª ed. São Paulo: Revista dos Tribunais, 2013, p. 289.

[37] Câmara, Alexandre Freitas. **O novo processo civil brasileiro**, 8ª ed., Barueri: Atlas, 2022, p. 553.

[38] Nery Junior, Nelson. Nery, Rosa Maria de Andrade. **Comentários ao código de processo civil** [livro eletrônico]. São Paulo: Revista dos Tribunais, 2015, p. 1.928/1.929.

negativo de admissibilidade do recurso (Súmula 282/STF). A afirmação é tanto mais verdadeira quando a nova legislação que se pretende invocar for anterior à própria interposição do recurso excepcional. Se o direito é superveniente ao início do processo, mas não à interposição do recurso ao Tribunal Superior, cabe à parte recorrente forçar a apreciação e, se o caso, aplicação da inovação legislativa em segundo grau de jurisdição[39].

Isso, contudo, não deve significar que o direito superveniente não pode de nenhuma forma ser aplicado pelos Tribunais Superiores, até porque "é dever do julgador tomar em consideração os fatos supervenientes que influam no julgamento da lide"[40]. A hipótese deve ser analisada com cautela.

Como visto, não se admite que a inovação legislativa ou a matéria de ordem pública não apreciada no processo sejam invocadas como causa do recurso especial ou do recurso extraordinário, o que, se verificado, levaria a sua inadmissão[41].

Mas poderá ocorrer de um recurso que, embora seja impactado pelo direito superveniente, não o invoque como seu fundamento, ser admitido pelo STF ou STJ. E, uma vez admitido pelo Tribunal Superior, este deverá julgar o processo aplicando o direito à espécie.

É o que se infere do enunciado da Súmula 456 do STF[42] que deu origem ao atual art. 1.034 do CPC. Nesse momento processual, poderão os julgadores aplicar o direito novo ao caso respeitando, como sempre, o devido contraditório. Segundo Teresa Arruda Alvim, a expressão "julgar" presente na Súmula 456/STF "abrange necessariamente o dever de o Tribunal Superior levar em conta alterações do direito, ocorridas no curso da demanda, principalmente aquelas que tiveram lugar depois de o recurso ter sido interposto e admitido"[43].

[39] STJ, AgRg no Ag 456.538/MG, Primeira Truma, rel. Min. Teori Albino Zavascki, j. 04/08/2003.

[40] REsp nº 1.637.628/ES, Rel. Min. Nancy Andrighi, Terceira Turma, j. 04/12/2018.

[41] AgInt nos EREsp n. 1.462.237/SC, relator Min. Gurgel de Faria, Primeira Seção, j. 27/2/2019.

[42] "O Supremo Tribunal Federal, conhecendo do recurso extraordinário, julgará a causa, aplicando o direito à espécie".

[43] ALVIM, Teresa Arruda. **Repercussão do direito superveniente sobre o recurso extraordinário interposto**. In: Pareceres, vol. 2. São Paulo: Revista dos Tribunais, 2012.

Nesse caso, não haveria condições materiais de se exigir da parte recorrente o prequestionamento da matéria, pois não havia como se debater nas instâncias ordinárias uma alteração legislativa que até então não ocorrera. Seria, literalmente, missão impossível e, nas palavras de Teresa Arruda Alvim, o Direito não deve penalizar a parte por não realizar o que era impossível[44].

Essa tem sido a posição também assumida pelo STJ[45]. Por essas razões, entendemos que a correta interpretação aos artigos 493 e 933 do CPC é no sentido de que o comando neles contido se aplica aos Tribunais Superiores, em sede de recurso especial e extraordinário, desde que os mesmos tenham sido admitidos e, ao julgar a causa (art. 1.034, CPC e Súmula 456/STF), aplique-se o direito superveniente, sempre mediante prévio contraditório.

Isso se aplica, inclusive, ao direito superveniente decorrente das alterações promovidas à LIA pela Lei 14.230/21 e ao próprio precedente firmado pelo STF ao decidir o Tema 1.199 da Repercussão Geral, que reconheceu a sua aplicação retroativa.

Portanto, nos recursos especiais e extraordinários que versem sobre a matéria cujo alcance retroativo foi reconhecido pelo Tema 1.199/STF e que tiverem sido admitidos pelos respectivos Tribunais Superiores, estes poderão, ao julgar a causa, aplicar o direito vigente, ainda que retroativamente, reconhecendo, por exemplo, a descaracterização do ato de improbidade administrativa por ausência de dolo.

Até o momento, contudo, se tem conhecimento de apenas um caso em que a questão foi analisada colegiadamente em sede de recurso espe-

[44] Ibidem.

[45] AgInt no AREsp n. 850.277/MS, relatora Min. Maria Isabel Gallotti, Quarta Turma, j. 30/08/2018. No mesmo sentido: AgInt no AREsp n. 1.596.432/RJ, relatora Min. Assusete Magalhães, Segunda Turma, j. 14/06/2021; AgRg no REsp n. 1.116.836/MG, relator Ministro Luiz Fux, Primeira Turma, j. 05/10/2010. Há, ainda, precedente em que o STJ, verificando a existência de fato superveniente, mas não podendo o apreciar, ante o não conhecimento do recurso, determina o retorno dos autos à origem, para que lá seja feita a devida apreciação da matéria (AgInt no REsp n. 1.836.023/PR, relator Min. Moura Ribeiro, Terceira Turma, julgado em 1/6/2021, DJe de 28/6/2021).

cial[46] e, naquele caso, a 2ª Turma do STJ entendeu por não aplicar o direito superveniente à espécie já que, além de o recurso não ter sido conhecido, entendeu-se que:

> "Se a lei é superveniente ao ajuizamento da ação, significa dizer que ela não constou como causa de pedir mediata ou imediata e o julgamento desfavorável à parte não impedirá a formulação de pedido administrativo ou, em caso de recusa, o ajuizamento de uma nova demanda que tenha por fundamento a nova legislação".

Embora não se desconheça a controvérsia doutrinária em relação à existência ou não de efeito translativo nos recursos excepcionais, entendemos que isso não necessariamente impacta a questão que ora se analisa. É que aqueles que sustentam a inexistência de efeito translativo nos recursos excepcionais, como Cassio Scarpinella Bueno[47], fundamentam sua posição na ideia de que, por limitação constitucional, os Tribunais Superiores não poderiam, em nenhuma circunstância naquela sede, apreciar matérias que não tenham sido decididas pelo tribunal de origem.

Por outro lado, aqueles como Rodolfo de Camargo Mancuso[48], que enxergam nos recursos excepcionais o efeito translativo (ainda que mitigado), entendem que não ofenderia os ditames constitucionais a apreciação de matéria de ordem pública não constante do acórdão recorrido, desde que superado o juízo de admissibilidade recursal.

Ou seja, a controvérsia doutrinária pende sobre a possibilidade ou não de os Tribunais Superiores darem solução jurídica a fatos inéditos, que não foram apreciados pelas instâncias inferiores. E, no caso que se pretende analisar – a retroatividade das disposições da Lei 14.230/21 que suprimiram, em benefício dos réus, os tipos de improbidade administrativa culposos – essa problemática não obrigatoriamente irá ocorrer.

[46] AgInt no AREsp n. 1.278.862/SP, relator Ministro Og Fernandes, Segunda Turma, j. 18/05/2021.

[47] Bueno, Cassio Scarpinella. **Curso Sistematizado de Direito Processual Civil**, vol. 2. 11ª ed. São Paulo: SaraivaJur, 2022, p. 275.

[48] Mancuso, Rodolfo de Camargo. **Recurso extraordinário e recurso especial**. 12ª ed. São Paulo: Revista dos Tribunais, 2013, p. 294.

Nessas circunstâncias, caso o Tribunal Superior, uma vez que tenha admitido o recurso especial ou o recurso extraordinário, decida com base nas disposições da LIA tal como alteradas pela Lei 14.230/21, aplicando-as retroativamente, não haveria decisão sobre matéria inédita, mas sim decisão sobre matéria já apreciada, mas sob fundamento (superveniente) diverso.

Sobre isso não há, a nosso ver, óbice constitucional. Para tanto, é imperioso que seja franqueado o prévio contraditório em relação à norma superveniente e à sua aplicabilidade, conforme já delineado no alhures.

Conclusões

O presente artigo buscou, sem o pretencioso sentimento de que exauriria o tema, estudar as consequências processuais da aplicação retroativa do direito superveniente, especificamente das novas disposições da LIA provenientes da Lei 14.230/21, que suprimiram do ordenamento jurídico os atos de improbidade administrativa culposos (arts. 9º a 11 da LIA).

Para tanto, analisamos o recentíssimo julgamento proferido pelo Plenário do STF no ARE 843.989/PR que, em sede de repercussão geral, reconheceu a retroatividade das disposições que excluíram a modalidade culposa de ato ímprobo para atingir as ações de improbidade administrativa ainda não transitadas em julgado.

A partir desse relevante precedente, abordamos o conceito processual de *ius superveniens* para então chegar à análise das consequências processuais do seu reconhecimento. E as conclusões alcançadas pelo presente estudo foram as seguintes:

1)Partindo-se do conceito estabelecido pela doutrina e pela legislação processual vigente, seria possível entender não só as alterações sofridas pelos arts. 9º a 11 da LIA com o advento da Lei 14.230/21, mas também o precedente do STF (Tema 1.199 de Repercussão Geral) que decidiu sobre a sua retroatividade, como direitos supervenientes, arguíveis nos processos em curso à luz dos arts. 493 e 933 do CPC, desde que relevantes ao caso concreto.

2)O magistrado que, apreciando o direito superveniente, aplicar retroativamente a nova redação dos arts. 9º a 11 da LIA para reconhecer a inexistência de ato de improbidade administrativa culposo proferirá decisão de mérito (art. 487, I, CPC).

3) A apreciação acima poderá se dar livremente em primeiro e segundo graus de jurisdição. Os Tribunais Superiores, contudo, apenas aplicarão o direito superveniente ao julgar os recursos excepcionais se, em primeiro lugar, estes forem conhecidos.

4) Em qualquer das hipóteses acima mencionada, a apreciação do direito superveniente deverá ser precedida do devido e amplo contraditório, ainda que seu reconhecimento possa ser feito de ofício pelo juiz ou tribunal.

Não se deve nunca, ao estudar o direito processual, esquecer que o processo, como meio de atuação do Estado-juiz, tem como finalidade precípua garantir a efetividade do direito material.

Assim, estudar as consequências processuais é também entender como utilizar os mecanismos disponíveis no âmbito do direito processual de modo promover a concretização tanto dos novos contornos dados à LIA, pois o antigo sistema sancionatório clamava por mudanças[49], quanto do precedente firmado pelo STF sobre o assunto em sede de Repercussão Geral. Esperamos que o presente estudo possa, ainda que minimamente, contribuir para tanto.

Referências

ALVIM, Arruda. **A incidência de novas normas ambientais em hipótese de haver ou não haver processos em curso [Parte 1].** Revista de Processo, vol. 218, 2013.

ALVIM, Eduardo Arruda; GRANADO, Daniel Willian; FERREIRA, Eduardo Aranha. **Direito processual civil**. 6. ed. São Paulo: Saraiva Educação, 2019.

ALVIM, Teresa Arruda. **Repercussão do direito superveniente sobre o recurso extraordinário interposto.** In: Pareceres, vol. 2. São Paulo: Revista dos Tribunais, 2012.

BUENO, Cassio Scarpinella. **Manual do Poder Público em Juízo**. São Paulo: SaraivaJur, 2022.

49 Para tanto, v.: JUSTEN FILHO, *op. cit.*, p. 8.

–. **Curso Sistematizado de Direito Processual Civil**, vol. 1. 12ª ed. São Paulo: SaraivaJur, 2022.

–. **Curso Sistematizado de Direito Processual Civil**, vol. 2. 11ª ed. São Paulo: SaraivaJur, 2022.

–. **Julgamento parcial na ação de improbidade administrativa.** Revista Síntese de Direito Administrativo, vol. 12, n. 141, 2017.

CÂMARA, Alexandre Freitas. **O novo processo civil brasileiro**, 8ª ed., Barueri: Atlas, 2022.

CAPEZ, Fernando. **Curso de Direito Penal – Parte Geral: arts. 1º a 120**, vol. 1. 26ª ed. São Paulo: SaraivaJur, 2022.

DI PIETRO, Maria Sylvia Zanella. **Direito administrativo.** 35ª ed. Rio de Janeiro: Forense, 2022.

DIDIER JR., Fredie. In: CRAMER, Antonio do Passo Cabral [coord.]. **Comentários ao novo Código de Processo Civil**. 2ª ed. Rio de Janeiro: Forense, 2016.

DINAMARCO, Cândido Rangel. **Instituições de direito processual civil**, vol. I. 9ª ed. São Paulo: Malheiros, 2017.

JUNIOR, Luiz Manoel Gomes. RODRIGUES, João Paulo Souza. BORGES, Sabrina Nunes. **Retroatividade da nova lei de improbidade administrativa: propostas para o tratamento adequado da Lei 14.230/2021 sobre processos em curso**. Revista de Processo, vol. 329, 2022.

JUSTEN FILHO, Marçal. **Reforma da lei de improbidade administrativa comentada e comparada.** Rio de Janeiro: Forense, 2022.

LEONEL, Ricardo Barros. 17 nov. 2021. **Nova LIA: aspectos da retroatividade associada ao Direito Sancionador.** Disponível em: https://www.conjur.com.br/2021-nov-17/leonel-lia-retroatividade-associada-direito-sancionador#_ftnref. Acesso em: 12 out. 2022.

MANCUSO, Rodolfo de Camargo. **Recurso extraordinário e recurso especial**. 12ª ed. São Paulo: Revista dos Tribunais, 2013.

MEDINA, José Miguel Garcia. **Integridade, estabilidade e coerência da jurisprudência no estado constitucional e democrático de direito: o papel do precedente, da jurisprudência e da súmula, à luz do CPC/2015.** In: Doutrinas Essenciais – Novo Processo Civil, vol. 6. São Paulo: Revista dos Tribunais, 2016.

–. **A nova Lei de Improbidade Administrativa deve ser aplicada retroativamente?** 03 nov. 2021. Disponível em: https://www.conjur.com.br/2021-nov-03/processo-lei-improbidade-aplicada-retroativamente. Acesso em: 12 out. 2022.

NERY JUNIOR, Nelson. NERY, Rosa Maria de Andrade. **Comentários ao código de processo civil** [livro eletrônico]. São Paulo: Revista dos Tribunais, 2015.

–. **Princípios do processo na Constituição Federal: processo civil, penal e administrativo.** 9ª ed. São Paulo: Revista dos Tribunais, 2009.

NEVES, Daniel Amorim Assumpção. OLIVEIRA, Rafael Carvalho Rezende. **Comentários à reforma da lei de improbidade administrativa: Lei 14.230, de 25.10.2021 comentada artigo por artigo.** Rio de Janeiro: Forense, 2022.

NUCCI, Guilherme de Souza. **Curso de direito processual penal.** 18ª ed. Rio de Janeiro: Forense, 2021.

OLIVEIRA, Rafael Carvalho Rezende; HALPERN, Erick. **A retroatividade da Lei mais benéfica no Direito Administrativo sancionador e a reforma da Lei de Improbidade pela Lei nº 14.230/2021.** Revista IOB de Direito Administrativo, vol. 17, 2022.

OSÓRIO, Fabio Medina. **Retroatividade da nova lei de improbidade administrativa.** 01 nov. 2021. Disponível em: https://www.migalhas.com.br/depeso/354112/retroatividade-da-nova-lei-de-improbidade-administrativa. Acesso em: 12 out 2022.

–. **Direito administrativo sancionador** [livro eletrônico]. 8ª ed. São Paulo: Revista dos Tribunais, 2022.

SHIMURA, Sérgio. ALVAREZ, Anselmo Prieto. SILVA, Nelson Finotti. **Curso de direito processual civil.** 3ª ed. Rio de Janeiro: Forense; São Paulo: Método, 2013.

TUCCI, José Rogério Cruz e. **A causa petendi no processo civil.** 2ª ed. São Paulo: Revista dos Tribunais, 2002.

4.
CONCRETIZAÇÃO E EVOLUÇÃO DO DIREITO DE FAMÍLIA CIVIL-CONSTITUCIONAL POR MEIO DO REGISTRO CIVIL DAS PESSOAS NATURAIS

Catarina Maria Moreira Marino[1]

Introdução

O Direito de Família, desde o seu surgimento, sofreu diversas alterações, evoluindo conforme os valores de cada momento histórico, para que se chegasse ao Direito de Família atual. O Direito de Família, instituição social primária, atrelado intimamente com a própria vida, progrediu conforme o avanço do homem em sociedade, dessa maneira, as evoluções são ligadas com a realidade e necessidades da sociedade de cada tempo, estando, assim, em um permanente processo de mudança.

Atualmente o Direito de Família não é mais ligado apenas ao Direito Civil, mas também ao Direito Constitucional, que conectou o Direito de Família à Dignidade da Pessoa Humana, aos direitos fundamentais e a todas as evoluções da Constituição Federal de 1988 (CF). O Código Civil de 2002 (CC/2002) deve ser interpretado à luz da Lei Maior, há uma integração entre esses, resultando em um Direito de Família Civil-Constitucional.

Entre os diversos princípios Constitucionais, expressos ou implícitos, aplicáveis ao Direito de Família no CC/2002 estão: (1) a dignidade da pessoa humana (art. 1º e art. 226, § 7º, CF); (2) a paternidade responsável (§

[1] Artigo elaborado a partir da monografia apresentada ao Núcleo de Monografia Jurídica da Faculdade de Direito da PUC-SP, sob orientação do Professor Doutor Renato Barth Pires.

7º, art. 226, CF); (3) a igualdade entre os cônjuges e companheiros (§ 5º, art. 226, CF, e art. 5º, *caput* e inciso I, CF); (4) a igualdade entre os filhos (§ 6º, art. 227, CF), que proíbe a discriminação decorrente do fato de ter a concepção ocorrido dentro ou fora do casamento, ou seja, os filhos são iguais independentemente de sua origem; (5) o respeito recíproco entre pais e filhos (art. 229, CF); (6) a proteção a todas as espécies de família (art. 226, CF), princípio que decorre dos princípios gerais da igualdade e da liberdade; (7) o reconhecimento de outras formas de constituição familiar além do casamento (§§ 3º e 4º, art. 226, CF), de forma que a entidade familiar não é mais singular, mas sim plural; (8) a possibilidade de dissolução do casamento (§ 6º, art. 226, CF); (8) a liberdade no planejamento familiar (§ 7º, art. 226, CF), derivado do princípio geral da liberdade; (9) a assistência do Estado à família (§ 7º e § 8º, art. 226, CF).

O Registro Civil das Pessoas Naturais (RCPN) é destinado a garantir a publicidade, autenticidade, segurança e eficácia dos atos jurídicos (art. 1º, da Lei Federal n. 8.935/94). Entre os atos praticados pelo RCPN a sua maioria é relacionada ao Direito de Família. Ressalte-se que é no RCPN que se registra o nascimento, o primeiro documento que prova a relação familiar e a filiação (art. 1.603, CC), e a partir do registro de nascimento os demais registros ou averbações relacionados à filiação e situação conjugal.

São diversas, importantes e atuais, as questões envolvendo o Direito de Família na sociedade brasileira, como, por exemplo, a questão da união estável, conversão de união estável em casamento e casamento homoafetivos, questões envolvendo a socioafetividade e a multiparentalidade, questões de reprodução assistida, a filiação decorrente da presunção de filhos de casais homoafetivos, entre diversas outras questões que merecem atenção. Um caso polêmico, atualmente, seria a questão das famílias poliafetivas e a filiação dos filhos dessas no registro de nascimento.

Nesse cenário, o Registro Civil das Pessoas Naturais se mostra como um apoio à população em busca da concretização do Direito de Família positivado na CF e no CC/2002. Nos atos dos órgãos administrativos (o Conselho Nacional de Justiça (CNJ), o Conselho da Justiça Federal (CJF), a Corregedoria Nacional de Justiça, o Conselho Superior da Magistratura (CSM), e as Corregedorias Gerais da Justiça) fica cada vez mais claro o papel do RCPN como meio de corrigir injustiças e reforçar os princípios da soberana Constituição Federal.

Porém, a maioria das notícias e artigos sobre essas questões relevantes envolvendo o Direito de Família colocam o Supremo Tribunal Federal (STF) como protagonista da evolução desse direito, sem reconhecer o diálogo interinstitucional entre os Tribunais Superiores e os órgãos administrativos.

Ademais, o Registro Civil das Pessoas Naturais apresenta, também, um papel de desjudicialização dos temas que envolvem o Direito de Família, na medida em que já é possível na própria serventia a realização, por exemplo, da união estável, do casamento, do divórcio, da filiação socioafetiva, da filiação em casos de reprodução assistida, entre outros procedimentos, sem a necessidade da intervenção do Poder Judiciário, que se apresenta sobrecarregado. Assim, na maioria das vezes, o procedimento extrajudicial se apresenta mais célere.

Nessa toada, a presente pesquisa apresenta relevância ao tratar de um direito valioso, o Direito de Família, abordando temas atuais e polêmicos, e com uma visão da atuação do direito extrajudicial que é, ainda, pouco explorada e pouco reconhecida no âmbito das pesquisas jurídicas e na sociedade brasileira.

1. O direito de família civil-constitucional

Toma-se como ponto de partida do presente trabalho o cenário do Brasil recém independente, que ainda amparado por dogmas das Ordenações Filipinas de 1.603 (elaboradas para realidade de Portugal do século XVII), vigente no Brasil desde à época da colônia portuguesa, possuía um anseio de uma codificação civil que expressasse a veracidade brasileira[2].

Nessa conjuntura, após 314 (trezentos e quatorze) anos de vigência das Ordenações Filipinas, e com todas as mudanças experimentadas pelo país, foi editado o tão esperado Código Civil[3] de 1.916, que, principal-

[2] Resultado da reforma das Ordenações Manuelinas feita por Filipe II de Espanha durante o domínio castelhano.

[3] Diferentemente do que ocorreu com outros países que foram territórios do Império Português e Espanhol que renovaram suas legislações no século XIX, o Brasil passou diretamente das Ordenações Filipinas ao Código Civil.

mente no tocante à nossa matéria de interesse, o Direito de Família, trazia o conservadorismo enraizado[4].

No Código Civil de 1916 (CC/1916) é nítida a predominância de situações jurídicas patrimoniais no lugar de situações jurídicas existenciais, em outras palavras, no Código sobressaia mais o "ter" do que o "ser". Ser sujeito de direito durante a vigência do CC/1916 correspondia a ser "sujeito de patrimônio", aquele que tinha muitos bens, ou seja, a legislação era direcionada aos grandes proprietários[5].

Paulatinamente algumas leis foram modificando o caráter conservador do modelo de Direito de Família adotado pelo CC/1916. Porém, foi a Constituição Federal de 1988, firmada em seus princípios normativos, que revolucionou verdadeiramente o Direito de Família, a Constituição foi o grande marco nas conquistas do Direito de Família. Os valores da Constituição de 1988, denominada "Constituição Cidadã", romperam a concepção tradicional de família. O foco da família contemporânea não se baseia mais em valores patrimoniais, mas sim no amor, no afeto, na igualdade e na dignidade da pessoa humana, pode-se dizer que ocorreu uma despatrimonialização do Direito de Família, surgindo, consequentemente, novas concepções familiares.

São três os princípios constitucionais mais importantes aplicados ao Direito de Família: (1) o princípio da dignidade da pessoa humana, (2) o princípio da liberdade e (3) o princípio da igualdade.

O princípio constitucional matriz é o princípio da dignidade da pessoa humana (art. 1º, III, e art. 226, § 7º, CF). O art. 226, da CF, ressalta a importância do instituto da família ao designar a família como base da sociedade, ou seja, é o núcleo fundamental da sociedade, e além disso determina que ela tem a proteção do Estado.

[4] O mestre Orlando Gomes, em sua obra GOMES, Orlando. **Raízes históricas e sociológicas do código civil brasileiro**. Bahia: Livraria Progresso Editora, 1958. p. 9-10., traz com muita propriedade que o Código Civil brasileiro de 1916 foi mais influenciado pela tradição jurídica lusitana do que o próprio Código Civil português, em seu entendimento isso ocorreu pelo fato de Portugal no momento da promulgação de seu código estar influído pelas ideias francesas e, portanto, mais próximo da influência da renovação legislativa, do século XIX, pelo Código de Napoleão.

[5] FACHIN, Luiz Edson. **Teoria Crítica do Direito Civil**. Rio de Janeiro: Renovar, 2000. p. 298.

Em 2002, foi publicado o Novo Código Civil brasileiro (Lei nº 10.406/02). Porém, o CC/2002 na realidade não se demonstrava tão novo, isso porque desde a apresentação de sua redação até sua apreciação pelo Senado passaram-se aproximadamente 27 anos (iniciou sua tramitação no Congresso Nacional em 1975) e nossa sociedade está em permanente mutação. O novo Código foi omisso, por exemplo, em relação ao casamento entre pessoas do mesmo sexo e à regulamentação da família monoparental (já reconhecida pela CF de 1988). Além disso, as que eram para ser novidades trazidas por ele já haviam sido apresentadas pela Constituição Federal de 1988. Mas, de qualquer forma, o CC/2002 superou o caráter patrimonialista e patriarcal do CC/1916.

A Constituição Federal possui caráter hierárquico superior às legislações infraconstitucionais, sendo denominada lei superior, isto é, a Constituição é o centro do ordenamento jurídico brasileiro, irradia seus princípios normativos à toda legislação infraconstitucional, inclusive ao Código Civil.

O CC/2002 deve ser interpretado à luz dos princípios e regras constitucionais. As normas do Código Civil não devem ser aplicadas se não passarem antes por uma "validação" da Constituição, é o fenômeno da constitucionalização do direito civil, o que engloba as normas que dizem respeito ao Direito de Família. Desse modo, o Direito de Família deve ser entendido a partir da Constituição Federal e seus princípios, não se limita mais apenas ao Direito Civil, resultando no Direito de Família Civil-Constitucional.

Ressalte-se que o Direito Civil-Constitucional no Direito de Família é importante para que se de a máxima efetivação das normas constitucionais nas relações privadas, visto que grande parte dos princípios e regras aplicáveis ao Direito de Família estão na Constituição Federal de 1988. Por fim, palavras de Washington de Barros Monteiro[6] que elucidam a grandiosidade do Direito de Família:

[6] Monteiro, Washington de Barros. **Curso de direito civil. Direito de Família**. V. 3. 27. ed. São Paulo: Saraiva, 1987-1989. p. 1.

Desde logo, evidencia-se a importância desse estudo, tão de perto ligado à própria vida. Dentre todas as instituições, públicas ou privadas, a da família reveste-se da maior significação. Ela representa, sem contestação, o núcleo fundamental, a base mais sólida em que repousa toda a organização social.

2. Registro civil das pessoas naturais e a relação interinstitucional

O Registro Civil das Pessoas Naturais surge com uma íntima ligação à evolução da sociedade. Isso porque um dos primeiros sinais da necessidade da criação de um Registro Civil no Brasil, pode-se dizer, foi no Império, a partir da autorização, regulamentada pelo Decreto de Lei nº 3.069 de 1863, de efeitos civis dos registros dos casamentos das pessoas que professavam religião diferente daquela oficial do Estado, ou seja, das pessoas não católicas, um grande avanço à época.

De tal forma, podemos dizer, ainda, que o surgimento do Registro Civil das Pessoas Naturais é imediatamente ligado ao Direito de Família, pois é consequência do cuidado com a instituição do casamento, na época entendida como a base da família.

Ensinam, Daniela Mróz, Izolda, Andrea Ribeiro e Karine Boselli[7]:

> No Brasil, devido à colonização portuguesa e à forte influência da Igreja Católica, a principal preocupação, no âmbito de se estabelecer um regramento legislativo acerca da competência do que hoje denominamos Registro Civil das Pessoas Naturais, alicerçava-se no instituto do casamento como base da família, recebendo proteção legislativa em detrimento dos demais institutos e relações de cunho familiar.

A legislação atual que dispõe sobre os registro públicos, e dá outras providências, é a Lei nº 6.015 de 31 de dezembro de 1973, denominada Lei dos Registros Públicos.

A Constituição Federal de 1988 tratou como matéria constitucional os serviços notariais e de registro, dispondo sobre o sistema em seu art. 236. A Lei nº 8.935, de 18 de novembro de 1994, denominada Lei dos

[7] Mróz, Daniela; Ribeiro, Izolda Andrea; Boselli, Karine. **Registro Civil das Pessoas Naturais.** *In*. Gentil, Alberto (coord.). **Registros Públicos**. 2. ed. São Paulo: Método, 2019. p. 113.

Notários e Registradores, regulamenta o art. 236 da Constituição Federal. A importância do serviço do Registro Civil das Pessoas Naturais está demonstrada no § 2º, art. 44, da Lei nº 8.935, ao determinar que deve haver no mínimo um Registrador Civil das Pessoas Naturais em cada sede municipal. Dessa forma, o registrador acaba atuando em locais que, por muitas vezes, não apresenta nenhum outro serviço público, além do RCPN[8].

Ressalte-se que a Constituição Federal, em seu art. 5º, LXXVI, que dispõe sobre os Direitos e Garantias Fundamentais, estabelecendo o direito à gratuidade de registro civil de nascimento e de certidão de óbito, para os reconhecidamente pobres. Portanto, conclui-se que, pela necessidade desses registros, eles possuem natureza de direito e garantia fundamentais, motivo de sua gratuidade.

A Lei 9.534, de 1997, ampliou essa gratuidade para todo e qualquer cidadão, estabelecendo, ao acrescentar o inciso VI ao art. 1º da Lei 9.265 de 1996, que o registro civil do nascimento e o assento de óbito, bem como a respectiva primeira via de Certidão, serão gratuitos por se tratar de atos necessários ao exercício da cidadania[9].

Nossa realidade retrata um Poder Judiciário sobrecarregado, nesse cenário é importante destacar o papel dos Registradores Civis na desjudicialização, fenômeno que se caracteriza pela realização de procedimentos que podem ser feitos no Poder Judiciário, porém não necessitam da intervenção judicial, e, dessa forma, podem ser realizados nas serventias extrajudiciais.

Nessa toada, o Registro Civil das Pessoas Naturais recebe cada vez mais atribuições, reduzindo, assim, a sobrecarga do Poder Judiciário. Além de ir ao encontro dos interesses do cidadão que tem seu Direito concretizado de forma mais célere, efetivando o princípio da duração razoável do processo, em conformidade com o art. 5º, LXXVIII, da Constituição

[8] Mróz, Daniela; Ribeiro, Izolda Andrea; Boselli, Karine. **Registro Civil das Pessoas Naturais.** *In*. Gentil, Alberto (coord.). **Registros Públicos**. 2. ed. São Paulo: Método, 2019. p. 118.

[9] Mróz, Daniela; Ribeiro, Izolda Andrea; Boselli, Karine. **Registro Civil das Pessoas Naturais.** *In*. Gentil, Alberto (coord.). **Registros Públicos**. 2. ed. São Paulo: Método, 2019. p. 120-121.

Federal. Ademais, o processamento pelas serventias extrajudiciais é tão seguro, adequado e eficaz quanto aquele oferecido pelo Poder Judiciário.

Entre as atribuições do Registro Civil das Pessoas Naturais não são poucas as ligadas ao Direito de Família. Importantes procedimentos atuais a serem destacados e que podem ser realizados extrajudicialmente conectados à concretização e à evolução do Direito de Família, que colaboram com o fenômeno da desjudicialização, são: a união estável, o casamento civil e a conversão de união estável em casamento entre pessoas do mesmo sexo.

Outro exemplo é o reconhecimento voluntário e a averbação da paternidade e maternidade socioafetiva de crianças maiores de 12 (doze) anos por meio do RCPN, de modo que a inclusão do nome do pai ou da mãe na documentação pode ser feita diretamente no cartório de Registro Civil.

Além disso, um outro procedimento extrajudicial que merece destaque é o registro de nascimento dos filhos havidos por reprodução assistida. O art. 16, do Provimento nº 63/17, da Corregedoria Nacional de Justiça, permite o registro de nascimento de filho havido por técnicas de reprodução assistida pelo Registro Civil das Pessoas Naturais sem a necessidade de autorização judicial.

E, por fim, duas questões atuais de relevância para o estudo são a filiação decorrente da presunção pelo casamento ou união estável entre pessoas do mesmo sexo e a questão das famílias poliafetivas. Através da atribuição do Registro Civil das Pessoas Naturais para a realização desses procedimentos o RCPN se encontra em uma posição privilegiada na concretização do Direito de Família, sendo o RCPN um notável ponto de apoio à população em busca do que é seu por direito.Verifica-se uma verdadeira evolução do Direito de Família, com novos enfoques de vínculo conjugal e de filiação, com base no afeto, rompendo com a família patriarcal e o conceito de filhos "legítimos", que por muito tempo foram os únicos reconhecidos pela sociedade e eram os únicos protegidos pela legislação. Nesse sentido, todos os membros de todas as espécies de família merecem proteção, aliás, diversos doutrinadores preferem a utilização do termo "Direito das Famílias" e não mais "Direito de Família".

Em relação ao Direito das Famílias, com muita propriedade ensina Maria Berenice Dias: "(...) a expressão Direito das Famílias é a que melhor atende à necessidade de enlaçar, no seu âmbito de proteção, as famílias, todas elas, sem discriminação, tenham a formação que tiver"[10].

Nesse cenário, os órgãos administrativos, entre eles, o Conselho Nacional de Justiça, o Conselho da Justiça Federal, a Corregedoria Nacional de Justiça, o Conselho Superior da Magistratura, e as Corregedorias Gerais da Justiça, em um diálogo interinstitucional, juntamente ao Supremo Tribunal Federal e ao Superior Tribunal de Justiça, são fortes aliados do Registro Civil das Pessoas Naturais para essa tão necessária evolução e concretização do Direito de Família.

O papel desses órgãos e suas relações interinstitucionais serão mais bem compreendidos na leitura do próximo item da pesquisa.

4. Questões atuais

No caso da união estável, da conversão de união estável em casamento e casamento entre pessoas do mesmo sexo, a relação interinstitucional é verificada, à medida que o STF, em 2011, ao julgar a ADPF 132/RJ conjuntamente com a ADI 4.277, equiparou as uniões estáveis homoafetivas às uniões estáveis entre homem e mulher, porém, deixando em aberto a questão do casamento entre pessoas do mesmo sexo, a maioria dos Registros Civis de Pessoas Naturais, devendo cumprir o princípio da legalidade, não entendiam pela possibilidade de realizar o registro, encaminhando procedimentos de dúvida para as instâncias adequadas, colocando, dessa forma, o tema em pauta.

Em São Paulo, por exemplo, as ações chegaram até o Conselho Superior da Magistratura que proferiu acórdãos em apelações cíveis. Desse modo, em 2013, o Conselho Nacional de Justiça, como forma de solucionar a controvérsia, editou a Resolução nº 175 que vedou a recusa das autoridades competentes à habilitação e à celebração de casamento civil ou de conversão de união estável em casamento entre pessoas do mesmo sexo. Assim, os Registradores Civis das Pessoas Naturais foram possibilitados legalmente a realizar os registros, e, apenas dessa forma a finalidade expressa na decisão do STF de 2011 foi plenamente concretizada.

[10] Dias, Maria Berenice. **Manual de Direito das Famílias**. 14. ed. ver. ampl. E atual. Salvador: Editora JusPodivm, 2021. P. 44.

Com relação à filiação decorrente da presunção pelo casamento, o Enunciado que possibilitou a aplicação da presunção pelos Registradores Civis também nas uniões estáveis ocorreu por meio da I Jornada de Direito Notarial e Registral realizada pelo Conselho da Justiça Federal, os enunciados da Jornada foram focados na solução das controvérsias que surgiam no dia a dia dos cartórios, ou seja, o Registro Civil das Pessoas Naturais se viu mais uma vez no papel de exteriorizar as questões da sociedade para que ocorresse o debate que proporciona a possível evolução e a concretização. Ainda nesse caso, a relação interinstitucional é verificada à medida que antes do enunciado o STJ já havia conferido em precedente a possível presunção de filiação dos filhos na constância de união estável e, além disso, já havia normas estaduais das Corregedorias Gerais da Justiça nesse sentido.

Já no caso da filiação decorrente da presunção pelo casamento ou união estável entre pessoas do mesmo sexo a questão ainda não é consolidada e, portanto, o Registrador Civil das Pessoas Naturais não pode presumir a filiação. Ainda há muito o que evoluir nessa questão, o que é demonstrado, por exemplo, na imaturidade de regramento que trate da "inseminação caseira". O que se espera é um diálogo interinstitucional para que se edite regramentos de como o Registrador Civil deve agir em tais casos, com base no princípio da igualdade e que assegurem os pais e, em especial, o melhor interesse do menor.

Ainda é verificada a relação interinstitucional e a importância do RCPN na concretização do registro de nascimento e na emissão da respectiva certidão dos filhos havidos por reprodução assistida, questão que foi regulamentada pela Corregedoria Nacional de Justiça, no Provimento nº 63/17, resultado das diversas questões que surgiram nos Registros Civis das Pessoas Naturais.

O reconhecimento voluntário da paternidade e maternidade socioafetiva e a possibilidade da multiparentalidade por meio do RCPN com certeza foram uma das grandes conquistas da sociedade, à medida que reduzem os registros biológicos fraudulentos. A matéria foi regulamentada pela Corregedoria Nacional de Justiça, por meio do Provimento nº 63/2017 com posteriores alterações trazidas pelo Provimento nº 83/2019.

Ainda, a existência das famílias poliafetivas já é um fato na sociedade, portanto a questão merece atenção, esperando-se o seu reconhecimento como entidade familiar por meio de um diálogo interinstitucional que estabeleça os devidos regramentos com suas especificidades e, dessa forma, o RCPN fique possibilitado a registrá-las. Em especial, deve-se dar atenção à questão dos registros de nascimento dos filhos frutos de uniões poliafetivas, para que as crianças não tenham seu registro postergado e se possível já saiam do Registro Civil registrados em nome de todos os pais (biológicos e afetivos).

Conclusões

A evolução do Direito de Família ocorre conforme os valores da sociedade no tempo, ou seja, inicia-se com os fatos, vindo a alteração do direito depois, como reflexo, de acordo com os costumes da sociedade, uma alteração jurídico- social.

No Brasil, historicamente, o Direito de Família traz um conservadorismo enraizado influenciado pela tradição jurídica lusitana que é resultado do longo período de vigência das Ordenações Filipinas no Brasil, desde à época da colônia portuguesa até o CC/1916.

A Constituição Federal de 1988, com caráter hierárquico superior às legislações infraconstitucionais, rompeu com a concepção tradicional da família baseada em valores patrimoniais e patriarcais, incorporando ao Direito de Família os princípios da "Constituição Cidadã", entre eles, o princípio da dignidade da pessoa humana, o princípio da liberdade e o princípio da igualdade. A família contemporânea passou a ter como base o afeto e o amor.

Nessa toada, com a irradiação dos princípios normativos da Constituição à toda legislação infraconstitucional, a integração entre o direito civil e direito constitucional resultou no denominado "Direito de Família Civil-Constitucional". A família passou de uma família matrimonializada para uma família pluralizada; de uma família patriarcal para uma família democrática; de uma família hierarquizada para uma família igualitária substancialmente; de uma família heteroparental para uma família não só hétero, mas também homoparental; de uma família apenas com aceitação biológica para uma aceitação também de socioafetividade; de uma família como unidade de produção e reprodução para uma família socioafetiva baseada no afeto; e, por fim, a família deixou de apresentar caráter institucional e passou a ter caráter instrumental, servindo para o desenvolvimento da pessoa humana e a realização da personalidade de seus membros[11].

O Registro Civil das Pessoas Naturais surge como consequência dessa evolução do Direito de Família, mas, além disso, após sua criação passou a ser um dos principais caminhos para a evolução e concretização do Direito de Família no Brasil, ao passo que se tornou um apoio da população na positivação de seus direitos, sendo a maioria dos seus atos, por natureza, ligados ao Direito de Família.

Com a análise feita nessa pesquisa das questões atuais que envolvem o Direito de Família, foi possível compreender que os Registros Civis das Pessoas Naturais funcionam como uma porta de acolhimento às questões que existem na realidade e são trazidas pela sociedade. Quando o Registrador Civil não é autorizado expressamente em lei a concretizar a vontade dos indivíduos, precisando, assim, negar o registro desejado, posto que seus atos são estritos à lei, o Registrador Civil, mesmo assim, age, submetendo a questão às instâncias adequadas, sendo, dessa forma, possível ocorrer a evolução e concretização do Direito de Família.

É nesse ponto que ocorre a relação interinstitucional entre o Registro Civil das Pessoas Naturais e os órgãos administrativos em conjunto com os Tribunais Superiores. Assim, o Registro Civil das Pessoas Naturais apresenta um protagonismo para que se coloque em pauta as questões do Direito de Família nas discussões e decisões jurídicas, e, assim, evolua o direito e, consequentemente, com a regulamentação legislativa a respeito, o Registro Civil das Pessoas Naturais, respeitando o Princípio da Legalidade, possa concretizar o Direito de Família pleiteado com a realização do registro desejado.

É possível observar que os avanços no Direito de Família refletem-se em outros campos, como, por exemplo, após a decisão do STF no julgamento da ADPF 132/RJ conjuntamente a ADI 4277/DF, reconhecendo a equiparação das uniões de pessoas do mesmo sexo às uniões de homem e mulher, somada à edição da Resolução nº 175, do Conselho Nacional de Justiça, vedando às autoridades competentes recusarem a celebração de casamento civil ou de conversão de união estável em casamento entre

[11] FARIAS, Cristiano Chaves de; ROSENVALD, Nelson. **Curso de direito civil:** famílias. 9. ed. rev. e atual. Salvador: Editora JusPodivm, 2016. P. 24.

pessoas do mesmo sexo, vemos outras questões ganhando concretude como a averbação de alteração do prenome e do gênero nos assentos de nascimento e casamento de pessoa transgênero no Registro Civil das Pessoas Naturais, garantia trazida pelo Provimento nº 73/2018.

Por fim, todas essas questões são notórios avanços do fenômeno da desjudicialização, à medida que procedimentos só possíveis por meio do Poder Judiciário atualmente são alcançáveis por meio do Registro Civil das Pessoas Naturais sem a necessidade da intervenção judicial. Contribuindo, assim, com a diminuição da sobrecarga do judiciário, que está abarrotado, e, além disso, o Registro Civil das Pessoas Naturais viabiliza um procedimento mais célere e proporciona a segurança jurídica esperada.

Conclui-se que o Registro Civil das Pessoas Naturais funciona como um verdadeiro acolhedor dos anseios da sociedade, e promove, em uma relação interinstitucional, a evolução e concretização do Direito de Família Civil- Constitucional, baseados no afeto e no amor. Dessa forma, o direito evolui paralelamente à realização existencial da pessoa humana.

Referências

BRASIL. **Código Civil**, de 1 de jan. de 1916. Brasília, DF, jan. 1916. Disponível em: <http://www.planalto.gov.br/ccivil_03/leis/l3071.htm>. Acesso em: 17/10/2022.

BRASIL. **Código Civil**, de 10 de jan. de 2002. Brasília, DF, jan. 2002. Disponível em: <http://www.planalto.gov.br/ccivil_03/leis/2002/l10406compilada.htm>. Acesso em: 17/10/2022.

BRASIL. **Constituição da República Federativa do Brasil**, de 5 de out. de 1988. Brasília, DF, out. 1988. Disponível em: <http://www.planalto.gov.br/ccivil_03/constituicao/constituicao.htm>. Acesso em: 17/10/2022.

BRASIL. **Decreto nº 3.069**, de 17 de abril de 1863. Brasília, DF, abr. 1863. Disponível em: <https://www2.camara.leg.br/legin/fed/decret/1824- 1899/decreto-3069--17-abril-1863-555008-publicacaooriginal-74026-pe.html>.

Acesso em: 17/10/2022.

BRASIL. **Lei nº 6.015**, de 31 de dezembro de 1973. Brasília, DF, dez. 1973. Disponível em: <http://www.planalto.gov.br/ccivil_03/leis/l6015compilada.htm>. Acesso em 17/10/2022.

BRASIL. **Lei nº 8.935**, de 18 de novembro de 1994. Brasília, DF, nov. 1994. Disponível em: <http://www.planalto.gov.br/ccivil_03/leis/l8935.htm>. Acesso em 17.10.2022.

BRASIL. **Lei nº 9.265**, de 12 de fevereiro de 1996. Brasília, DF, fev. 1996. Disponível em: <http://www.planalto.gov.br/ccivil_03/leis/l9265.htm>. Acesso em 17/10/2022.

BRASIL. **Lei nº 9.534**, de 10 de dezembro de 1997. Brasília, DF, dez. 1997. Disponível em: <http://www.planalto.gov.br/ccivil_03/leis/l9534.htm>. Acesso em 17/10/2022.

CORREGEDORIA NACIONAL DE JUSTIÇA (Brasil). **Provimento nº. 63**, de 14 de novembro de 2017. Brasília, DF, nov. 2017. Disponível em: <https://atos.cnj.jus.br/atos/detalhar/2525#:~:text=63%2C%20de%2014%20de%20novembro,e%20maternidade%20socioafetiva%20no%20Livro%20%22>. Acesso em: 17/10/2022.

DIAS, Maria Berenice. **Manual de Direito das Famílias**. 14. ed. ver. ampl. E atual. Salvador: Editora JusPodivm, 2021.

FACHIN, Luiz Edson. **Teoria Crítica do Direito Civil**. Rio de Janeiro: Renovar, 2000.

FARIAS, Cristiano Chaves de; ROSENVALD, Nelson. **Curso de direito civil:** famílias. 9. ed. rev. e atual. Salvador: Editora JusPodivm, 2016.

GOMES, Orlando. **Raízes históricas e sociológicas do código civil brasileiro**. Bahia: Livraria Progresso Editora, 1958.

LÔBO, Paulo Luiz N. **Direito Civil Volume 5:** Famílias. 12. ed. São Paulo: Editora Saraiva, 2022. Disponível em: Minha Biblioteca. Acesso em: 13/05/2022.

MONTEIRO, Washington de Barros. **Curso de direito civil. Direito de Família**. V. 3. 27. ed. São Paulo: Saraiva, 1987-1989.

MRÓZ, Daniela; RIBEIRO, Izolda Andrea; BOSELLI, Karine. **Registro Civil das Pessoas Naturais.** *In*. GENTIL, Alberto (coord.). **Registros Públicos**. 2. ed. São Paulo: Método, 2019.

5.
LITIGÂNCIA PREDATÓRIA E HABITUAL: MECANISMOS DO PROCESSO CIVIL BRASILEIRO CONTRA O ABUSO DO DIREITO DE AÇÃO

EDUARDO ESTIVALETE DE AZEVEDO[1]

Introdução

Em 2020, o Poder Judiciário foi palco de 75.400.000 processos ativos, na espera de pronunciamento judicial definitivo. Apenas 17,2% deles se encontravam suspensos, sobrestados ou arquivados; daí que não causa surpresa o índice de 69,1% de congestionamento líquido (percentual de processos represados sem provimento jurisdicional definitivo) – presumindo-se que a crise do Coronavírus, que ocasionou a interrupção ou redução das atividades nas cortes brasileiras, certamente agravou ainda mais o índice.

Este panorama estatístico reflete a enorme litigiosidade no país e a dificuldade da máquina pública de agilizar a prestação da tutela jurisdicional. O prejuízo é coletivo, afrontoso a qualquer ideal de justiça e desmoralizador.

Deve-se enfrentar o fato de que alguns jurisdicionados repetidamente provocam o Judiciário, pulverizando demandas através das cortes pátrias. A prática nociva dos ditos "litigantes habituais", que aparelham estruturas jurídicas para se valer de sua prerrogativa constitucional com nítido

[1] Artigo elaborado a partir da monografia apresentada ao Núcleo de Monografia Jurídica da Faculdade de Direito da PUC-SP, sob orientação da Professora Doutora Marcia Conceição Alves Dinamarco.

caráter predatório, acarretam o sobrecarregamento das instituições judiciárias, forçadas a analisar repetidamente causas que ou se mostram desprovidas de fundamento, ou se assemelham a tantas outras em trâmite simultâneo.

Ao estatuir o direito fundamental de ação em seu Art. 5º, XXXV, a CRFB deu voz ao legítimo exercício dos direitos garantidos aos cidadãos, proporcionando-lhes a segurança de que o texto da lei há de ser respeitado. No entanto, tanto quanto defende o amplo acesso à justiça, a norma deve coibir o abuso do direito pelo indivíduo que se vale da prerrogativa para obter benefício indevido face a outrem, em nítida má-fé.

A reflexão proposta por este artigo tem por norte o fomento de um Judiciário mais eficiente e organizado – repudiando práticas predatórias que, em abuso do direito de ação, acabam prejudicando não apenas as partes contra as quais se voltam os litigantes de má-fé, mas todo o interesse coletivo na solução célere de conflitos. Mais importante ainda é a propagação do processo civil como um ordenamento normativo que extravasa à classificação de mera ferramenta técnica, para enxergá-lo também como um sistema regido por princípios éticos.

1. Má-fé, abuso do direito e o litigante predatório/habitual

Entre os diversos alicerces que sustentam a atuação dos indivíduos em sociedade e na via judicial está a boa-fé; um conceito que pode ser sintetizado como a vontade da pessoa natural de aderir fielmente ao que é justo, baseado na verdade e nas leis criadas pelo homem[2]. Identifica-se um comportamento humano que, guiado por um senso de higidez, exprime uma motivação interna do indivíduo em se portar de maneira previsível à luz da lei e dos bons costumes.

A antítese é óbvia quanto à má-fé, como o proceder temerário que contraria o bom direito e o que razoavelmente se espera da parte contrária nas relações humanas (MICHAELIS, 2022). A intenção do agente é notoriamente premeditada, carregada de dolo, com o propósito de lesar a outrem e se beneficiar diretamente de omissão, manipulação ou qual-

[2] Denota-se "sinceridade ou pureza de intenções", "convicção de agir com justiça e lealdade" e "consciência de quem acredita que age com lisura e de acordo com a lei" (MICHAELIS, 2022).

quer outra forma de distorção de informações vitais à compreensão do dissídio.

No âmbito processual, a boa-fé dos participantes integra o capítulo de normas fundamentais do CPC, em seu Art. 5º. Não se trata de mera faculdade aos litigantes; é, em verdade, o mínimo que deles se espera para garantir a segurança jurídica e a busca da união entre as verdades processual e real.

A boa-fé objetiva considera a imposição legal de uma norma de conduta, traçando maneira de agir por meio de obrigações. São parâmetros prescritos homogeneamente entre os participantes da contenda judicial, com vistas a um desenvolvimento justo e hígido da lide. Por outro lado, a boa-fé subjetiva é inerente ao ser humano e seu foro íntimo – o *animus* do agente que se vê fiel à lei e aos bons costumes. Por se tratar de elemento interno à psique do sujeito, sua verificação no processo demanda inevitável juízo de valor.

O debate acerca da aplicabilidade de cada conceito ao processo civil apresenta divergências fundamentais; entendeu DIDIER JR. (2018, p. 179) que a disposição do Art. 5º do CPC diz respeito tão somente à boa-fé objetiva, ao passo que THEODORO JUNIOR (2022, p. 71) compreendeu por sua instituição de forma flexível e indeterminada, encarando-a como cláusula geral. STOCO (2022, p. 39) cogitou de exercício hermenêutico para interpretar os atos jurídicos, melhore analisando a manifestação de vontade.

Embora não haja como tomar por certa a litigância de má-fé, os agentes envolvidos no processo necessitam analisar as situações que lhes são apresentadas, verificando a transgressão ou não das normas de conduta que o direito processual civil impõe e penalizando a parte violadora.

Nesse contexto, surge o direito de amplo acesso à justiça como inafastável por previsão constitucional. Todo cidadão tem a prerrogativa de, enxergando necessidade, provocar o Judiciário – órgão imparcial e alheio aos interesses pessoais do litigante – a solucionar sua demanda, resolvendo-a da forma mais próxima do ideal de justiça. Todavia, é possível pecar pelo excesso. A vida em sociedade obriga o indivíduo a balancear a defesa de seu direito com o respeito ao alheio (ALEXY, 2002, p. 10), sob pena de, em não o fazendo, cometer abuso do direito.

É justamente no conflito entre os interesses individuais e aqueles postulados por terceiros que surge o abuso do direito. É necessário reconhecer que, de forma a exercitar legitimamente o direito que lhe foi outorgado, o indivíduo deve se guiar por limitações éticas, para além da qual transgride a esfera da licitude e do exercício regular de direito e incorre em ilícito e abusividade (Stoco, 2002, p. 58-59).

Ao abusar do direito de acesso à justiça, o autor impõe ao réu não apenas pesado ônus probatório, mas também prático, uma vez que o obriga a mobilizar grande e custosa estrutura jurídica para combater a litigância temerária. O mal que se provoca ao exercício do contraditório e da ampla defesa é inegável, não merecendo aquiescência por parte das cortes brasileiras as atitudes que se amoldem a este padrão.

Quando o assunto é litigância de má-fé e abuso do direito, uma das figuras que se destacam é a do litigante predatório, habitual ou contumaz. Como as alcunhas sugerem, são indivíduos que se fazem valer do processo civil com frequência descomedida e repetitiva, muitas vezes sem amparo fático ou legal[3], alicerçando-se na prerrogativa constitucional do direito de ação para ajuizar inúmeras demandas contra pessoa ou grupo específicos – consciente de que seu proceder se encontra às margens da moralidade, por vezes impedindo a liberdade de expressão da parte oposta, ou até mesmo sobrecarregando sua estrutura jurídica, mobilizando-a exclusivamente a combater suas investidas.

Considerando as sanções aplicáveis, por vezes inócuas diante da gravidade da conduta, a parte faz do Judiciário um verdadeiro "*sandbox*" jurídico, demandando em verdadeira "litigância lotérica" – apostando na possibilidade de mais desfechos positivos do que negativos, através de decisões terminativas díspares entre si, em prejuízo da segurança jurídica pela qual devem prezar os órgãos julgadores.

Existem hoje diversos institutos processuais que combatem esse mal por diferentes vias – seja pela tentativa de impedir em primeiro lugar

[3] A doutrina fala em "anormal uso do poder de disposição do processo" (Theorodo Jr., 2000, p. 94) e "contornos de excesso (na) interposição de várias ações com o mesmo objeto ou a renovação de causa idêntica já decidida e com trânsito em julgado" (Stoco, 2002, p. 77)

o ajuizamento massificado das ações, seja pelas medidas preventivas ou sancionatórias impostas no deslinde do feito.

A conscientização e compreensão acerca do funcionamento destes mecanismos, mais do que se mostrar como uma forma de pacificação e regulação da lide, apresenta-os como recursos de administração capazes de colaborar para o desafogamento da máquina judiciária e impedir o seu uso despreocupado[4].

2. Mecanismos do direito processual civil

2.1. Indenização e multa por litigância de má-fé

O CPC/15 prevê em seus Arts. 79 e 80 a responsabilidade do litigante de má- fé por perdas e danos provocados por sua conduta, arcando com a indenização devida, além dos honorários advocatícios e demais despesas incorridas.

No tocante à aplicação da sanção pecuniária, o CPC dispõe de rol generalista de hipóteses nas quais se verifica a violação da boa-fé objetiva. Em que pese sua natureza aparentemente taxativa, são representadas manifestações das mais diversas no âmbito do processo, outorgando-se ao julgador poder discricionário para decidir se a conduta praticada no caso concreto se enquadra ou não nas previsões legais.

No caso da litigância contumaz, os tribunais pátrios se acostumaram a associá-la às hipóteses dos incisos II (“*alterar a verdade dos fatos*”) e III (“*usar do processo para conseguir objetivo ilegal*”).

Grande mudança trazida com o advento do novo CPC, com o objetivo de acentuar o caráter punitivo da medida, foi a possibilidade de aplicação de multa de até 10% do valor corrigido da causa – patamar muito superior

[4] A prática tem sido foco de atenção e represália por parte do próprio CNJ com sua Recomendação nº 127/2022, que recomendou aos tribunais a “adoção de cautelas visando a coibir a judicialização predatória que possa acarretar o cerceamento de defesa e a limitação da liberdade de expressão”. O CNJ instruiu a adoção de medidas para a “análise da ocorrência de prevenção processual, da necessidade de agrupamento de ações, bem como da eventual má-fé dos demandantes”, entre outras que entenderem apropriadas à condução do tema – possibilitando a defesa apropriada em juízo. A instituição recomenda que o Legislativo se mobilize quanto ao tema, definindo em lei a terminologia adequada e estipulando formas de identificação e sanção apropriadas (BRASIL, 2022).

ao previsto anteriormente no CPC/73, limitado a apenas 1% e inócuo em repreender a conduta.

Considerações importantes foram realizadas pela comunidade jurídica quanto à possibilidade de se condenar à indenização e multa não apenas por danos materiais ou patrimoniais, mas também por danos morais (Castro Filho, 1960, p. 205, *apud* Angher, 2005, p. 166) – admitindo a hipótese da parte prejudicada, diante da transgressão de sua esfera moral pelos atos da outra, requerer arbitramento de indenização conforme a seriedade da conduta e o caráter punitivo da sanção. Por óbvio, para que se reconheça o direito a indenização da parte prejudicada, cabe-lhe evidenciar o prejuízo sofrido diretamente pelos atos da outra.

Há de se levantar dúvida quanto à efetividade das sanções em questão: depreende-se na prática que o litigante habitual, justamente pelo caráter lotérico de sua conduta, frequentemente não se intimida com as penalidades impostas – diante do potencial econômico da massificação de ações, nem mesmo a aplicação da multa em seu patamar mais alto (10%) apresenta revés considerável.

O CPC, ao tratar do tema da justiça gratuita (que não era abordado no *codex* anterior), definiu em seu Art. 98, §4º que mesmo a parte beneficiada pelo instituto não pode se esquivar do pagamento de multas processuais que tenham lhe sido imputadas – nada mais justo, uma vez que a insuficiência de recursos financeiros não pode ser tida como carta branca para manejar o processo a bel prazer, em desprendimento às diretrizes que norteiam o seu andamento.

Porém, no caso da indenização por perdas e danos, há controvérsia quanto à sua incursão nesta previsão legal, justamente por não se revestir de caráter sancionatório. Assim, o litigante de má-fé, condenado a indenizar a parte contrária pelos atos que cometeu ao arrepio do devido processo legal, conseguiria fugir à exigibilidade dos valores devidos, conforme redação do Art. 98, §3º do CPC.

2.2. Multa por ato atentatório à dignidade da justiça

A multa por ato atentatório à dignidade da justiça, prevista no Art. 77 do CPC, se difere da aplicada por litigância de má-fé em função de quem é prejudicado pela conduta violadora; ao contrário da última, revertida em favor da parte no processo, a primeira é, por via de regra, destinada ao Estado.

Assim se considera, porque a prática do ato ofende as próprias estruturas do Poder Judiciário, atentando contra sua dignidade, força coercitiva e respeitabilidade. Perceba-seque aqui não se discute apenas como o proceder do litigante de má-fé afeta o seu adversário na lide, mas também as instituições judiciárias como um todo.

O conceito encontra paralelo parcial no direito anglo-americano, pelo instituto do *contempt of court* (De Assis, 2004, p. 03). O juiz estadunidense pode inclusive determinar a prisão da parte desobediente, pelo tempo que se mostrar necessário para que se digne a cumprir a ordem judicial (Nevitt, 1902, p. 448-461 *apud* Beres, 1994, p. 723) – isso sim sem correspondência no direito brasileiro, que optou apenas pela sanção pecuniária.

A aplicabilidade da sanção contra o litigante contumaz é evidente: seu ato causa prejuízos incalculáveis à máquina pública, impondo ônus gravoso às instituições judiciárias pelo processamento de demandas frívolas. A penalização da conduta temerária, por meio da multa por ato atentatório à dignidade da justiça, se apresenta como um instrumento de ordem pecuniária que visa reprimir e desestimular novas ocorrências.

A graduação da multa em até 20% do valor da causa deve ser arbitrada pelo juiz de acordo com a gravidade da conduta, cabendo prévia advertência à parte em algumas situações. Assim como é o caso com a penalidade prevista no Art. 80 do CPC, a multa por ato atentatório à dignidade da justiça também foge ao beneplácito da justiça gratuita, sendo exigível nos termos do Art. 98, §4º do mesmo *codex*.

2.3. Litispendência, perempção e conexão de processos, com análise da causa de pedir próxima e remota

A litispendência é um fenômeno jurídico que ocorre quando se verifica a existência de duas ações com identidade de partes, causa de pedir e pedidos – inclusive pela reprodução de ação anteriormente ajuizada, em curso ou não. Assim, dois processos são instaurados e tramitam de forma independente um do outro – o que, por óbvio, gera elemento de grande insegurança jurídica e pode dar azo à violação da coisa julgada por *bis in idem*, duplicando atos processuais em torno de um mesmo objeto (Câmara, 2022, p. 437).

Quando é ajuizada a demanda, induz-se imediatamente litispendência e se torna litigiosa a coisa *sub judice*. Impõem-se restrições ao direito de ação do autor por diversas formas: Verificada a litispendência, ele é impedido de entrar com a mesma ação em juízo diferente, devendo ser conservada a prevenção do juízo originário para conduzir o processo ao longo das fases processuais. Igualmente, se já houver coisa julgada em relação ao tema, não poderá o autor violar efeitos do trânsito em julgado da decisão que resolveu o mérito.

Também surge nesse contexto o conceito da perempção, segundo o qual não poderá o autor ajuizar nova demanda contra o mesmo réu e pautada no mesmo objeto, se tiver dado causa a sentenças fundadas em abandono da causa por três oportunidades. O juiz não tem opção outra que julgar extinta sem resolução de mérito a nova ação, reconhecendo a existência da litispendência, da perempção ou da preexistência de coisa julgada imutável.

Em outra banda, a competência relativa do juízo pode ser modificada quando se verifica serem iguais os pedidos ou causas de pedir das ações sob análise. Nesses casos, quando não se está diante de identidade tríplice, não ocorre a extinção do processo, mas sim a conexão das demandas, reunindo-as para decisão conjunta no juízo prevento em que se propôs a primeira delas.

De início, a subsunção dos casos de litigância predatória aos institutos narrados aparenta ser intuitiva, considerando que os fatos narrados nas inúmeras ações estariam respaldados pelo mesmo direito e não caberia tratamento distinto. No entanto, esse não é o entendimento prevalente na jurisprudência, que, na maioria dos casos, entende não haver identidade de causas de pedir – isso porque os fatos jurídicos que deram azo a cada demanda não necessariamente são os mesmos, apesar das semelhanças.

Assim acontece porque se considera que a identidade de causas de pedir deve se dar em ambas as suas facetas remota (fatos jurídicos, tal qual narrados pelo autor) e próxima (fundamentos jurídicos que decorrem dos fatos e eles respaldam), para se configurar a litispendência ou para que ocorra a reunião de processos (Cheker, 2014, p. 10).

A visão empregada pelo Judiciário no tocante à identidade de causas de pedir remota e próxima, alheia ao fito predatório do autor, se apresenta como verdadeira carta branca para que pulverize suas ações a bel prazer, dando cabo a múltiplas interpretações sobre a mesma aplicação do direito à espécie.

Em casos nos quais se verifique abuso do direito de acesso à justiça, caberia verificar a identidade entre as causas de pedir próximas das várias ações – tomando por certo que o direito não deve ser aplicado distintamente a situações nas quais, embora díspares quanto aos fatos narrados, se verifique a necessidade de se dar provimento jurisdicional idêntico. O resultado final desta interpretação ensejaria, no mínimo, a reunião por conexão dos processos com identidade de causas de pedir próximas – para que, então, se atinja denominador comum quanto à resolução de mérito.

2.4. Justiça gratuita

A gratuidade judiciária, estatuída pela CRFB em seu Art. 5º LXXIV para o abono de custas e despesas processuais ao cidadão hipossuficiente, é concedida no processo mediante simples declaração de pobreza e impossibilidade de cobri-las, firmada a próprio punho. Como o CPC estatui no Art. 99, §2º e 3º a presunção relativa (não absoluta) de veracidade da alegação, o indeferimento do pedido somente pode ocorrer se os elementos dos autos infirmarem tal asserção de hipossuficiência econômica – devendo o juiz, neste caso, determinar que a parte comprove sua situação.

É justamente essa desnecessidade de apresentação de quaisquer elementos probatórios da declaração que permite abuso do instituto, manejado por indivíduos que não possuem qualquer óbice econômico para financiar sua litigância. Muitos litigantes contumazes dependem da concessão deste beneplácito para praticarem a atividade lesiva; afinal, a litigância em massa dependeria do recolhimento das mesmas custas por dezenas, às vezes centenas de vezes, o que poderia impossibilitar sua operação.

Assim, o seu indeferimento com base no abuso do direito de ação serve para coibir a prática da litigância massificada, uma vez que impõe à parte ofensora o ônus financeiro de arcar com sua aventura jurídica. O cerne da questão não é a capacidade ou não do peticionante de assumir o pagamento dos valores, mas sim o fato de que o ajuizamento de demandas com essa essência lotérica não comporta amparo, devendo o magistrado avaliar com cautela a situação em tela – contanto, inclusive, com a possibilidade de aplicar a sanção do Art. 100, § único do CPC para determinar o recolhimento das custas pendentes em até dez vezes o valor.

2.5. Incidente de uniformização e julgamento de demandas repe titivas

Na prática jurisdicional do *civil law* moderno, nota-se que o juiz passou a desempenhar papel interpretativo muito mais contundente, deixando de meramente ser a "voz da lei" e passando a moldá-la ao caso concreto.

Um dos efeitos dessa técnica interpretativa é o surgimento de decisões que se mostram díspares entre si, embora tratem do mesmo objeto – violando a segurança jurídica e igualdade de tratamento entre os jurisdicionados em consequência direta da litigância predatória, vez que os julgadores dão à lei inúmeras visões e aplicações para os mesmos fatos.

O novo CPC trouxe remédio derivado do *common law* em seu Art. 927: a doutrina do *stare decisis*, que impõe precedentes vinculantes oriundos de instâncias superiores em face dos juízos de piso. Isso limita o escopo da autonomia de que gozavam os juízes de 1º e 2º grau, proporcionando confiança às partes de que obterão o mesmo provimento jurisdicional já aplicado e pacificado anteriormente pelas cortes brasileiras.

Não apenas as decisões advindas do STF ou do STJ terão força vinculativa, mas também as orientações de órgãos especiais e plenários, bem como julgamentos dos incidentes de assunção de competência e Resolução de Demandas Repetitivas – este último muito relevante ao presente estudo, como mecanismo trazido ao ordenamento pátrio nos Arts. 976 e seguintes do CPC/15 para os casos em que haja, simultaneamente, repetição de processos contendo controvérsia sobre a mesma questão de direito, bem como risco de ofensa à isonomia e segurança jurídica.

A decisão do presidente do Tribunal respectivo que admite o incidente suspende todo processo pendente correlato com o objeto do incidente que tramite sob sua jurisdição, devendo os órgãos jurisdicionais ser comunicados mediante publicação do CNJ; em caso de interposição de recurso especial ou extraordinário contra o julgamento de mérito, poderá ser requerida, ao tribunal competente para deles conhecer, a suspensão de todos os processos em curso a nível nacional que tratem do objeto do incidente.

Do julgamento do incidente pelo órgão colegiado advém a tese jurídica por ele fixada, que deverá ser observada em todos os processos que tratem da mesma questão de direito e que tramitem sob a jurisdição do tribunal julgador, bem como sobre casos futuros nos mesmos moldes. Seu emprego, embora não vinculante e sem efeito *erga omnes*, deve ser priorizado pelo juiz de piso, cabendo inclusive o recurso de reclamação contra a decisão que não aderir aos termos da tese.

Visando atender à segurança jurídica e à confiança que o jurisdicionado espera da atividade judiciária, é possível modular os efeitos *ex tunc* de tal julgamento para evitar incoerências advindas da alteração do direito interpretado – reconhecendo a carga normativa das decisões normativas, que indicam ao jurisdicionado como proceder em relação ao direito que postulam (Alvim, 2019, p. 52/53). Restariam incólumes as decisões pretéritas e, afastada a possibilidade de contra elas ajuizar rescisória, pacificada a análise de mérito.

O IRDR representa valiosa arma contra o litigante contumaz, uma vez que todas as suas ações, versando sobre a mesma questão de direito, podem ter seu mérito resolvido de forma uníssona. Em julgamento único, encerra-se ali toda discussão nas inúmeras lides – inclusive no tocante às anteriormente ajuizadas e já transitadas em julgado – levando em conta o caráter subordinativo atribuído à tese formulada.

Na prática, porém, a adesão ao mecanismo pode ser limitada por questões que fogem à discussão jurídica em si, principalmente quanto à possibilidade de se identificar que, por algum motivo, os objetos variam sensivelmente entre as ações, de forma que a tese não se aplicaria homogeneamente a todas.

Surge assim discussão sobre eventual dissonância entre a tese fixada e os processos afetados: se for maior em escopo do que a matéria discutida na 1ª instância, pode não ser adequado à resolução da celeuma por exceder os limites do seu objeto ou dos pedidos formulados pelas partes. No caso de a tese ser mais restrita do que a matéria do processo suspenso, assume-se que o feito restou inerte em decorrência de incidente que não o resolveu por completo, frustrando a expectativa de celeridade no trâmite processual.

Essas problemáticas suscitaram na doutrina questões sobre a possível supressão de instância, decorrente do fato de que a decisão sobre o mérito da ação não caberá ao juiz de 1º grau, mas sim ao órgão especial do tribunal superior – o que violaria o livre convencimento do julgador originário. Igualmente controverso é o possível cerceamento de defesa: uma vez que o jurisdicionado não teria oportunidade de influenciar a corte (vez que apenas *amici curiae* podem se manifestar no incidente, por serem em tese imparciais), tolher-se-ia o direito ao contraditório (De Paula, 2019).

A segurança jurídica que o incidente busca assegurar também pode ser colocada em xeque. Levando-se em conta que se outorga aos tribunais superiores de nível estadual a prerrogativa de fixar interpretação acerca de lei federal, é plenamente possível que surjam teses fixadas pelas 27 unidades da federação que se mostrem dissonantes entre si (considerando a opção das partes interessadas em não recorrer a decisão, mantendo a questão fora do alcance de tribunais com alcance nacional).

Conclusões

Muitos litigantes enxergam o processo como uma carta branca para locupletar sem causa e prejudicar os demais partícipes na lide – nitidamente abusando do direito de acesso à justiça ao ajuizar inúmeras demandas, idênticas em pretensão ou até mesmo desprovidas de fundamento idôneo.

Essas questões combinadas, veiculadas na prática pelo litigante habitual ou predatório, representam um desprezo generalizado aos ideais mencionados, no que se faz necessário que o processo civil pátrio impeça comportamentos divergentes.

Daí que a interpretação cuidadosa do CPC, como um sistema que prioriza a boa-fé objetiva, conduz à possibilidade de sancionar o litigante contumaz por diversos meios, voltados a manifestações diferentes da má-fé – seja de forma preventiva, voltada a impedir o futuro ajuizamento de demandas com o mesmo intuito, seja de forma repressiva no decorrer da lide.

As instituições judiciárias estão atentas à problemática. Tanto órgãos como o CNJ quanto os tribunais pátrios se posicionam contundentemente quanto ao tema, vilificando a conduta temerária e até demandando providências por parte do Legislativo. Porém, deve-se atentar à gravidade do tema, respondendo à altura do desdém que exibe o litigante predatório pelos princípios que norteiam o processo.

A crise vivenciada pelo Poder Judiciário, mais do que meramente administrativa ou burocrática, também é de ordem moral. Conscientizar os litigantes acerca das boas práticas processuais deve se tornar prioridade dos órgãos judiciais, fomentando a boa- fé dentro da lide e prestigiando as suas instituições.

Neste cenário, reforçar a aplicação incisiva dos mecanismos dos quais se tratou neste artigo, mais do que meramente resguardar os direitos da parte prejudicada, possui também por efeito restaurar a autoridade e respeitabilidade do Judiciário como um todo.

Referências

ALEXY, Robert *et al. Verfassungsrecht und einfaches Recht – Verfassungsgerichtsbarkeit und Fachgerichtsbarkeit. Primär- und Sekundärrechtsschutz im Öffentlichen Recht. Berichte und Diskussionen auf der Tagung der Vereinigung der Deutschen Staatsrechtslehrer in Würzburg vom 3. bis 6. Oktober 2001.* Berlin; New York: De Gruyter, 2002.

ALVIM, Teresa Arruda. *Modulação: na alteração da jurisprudência firme ou de precedentes vinculantes.* São Paulo, Thomson Reuters Brasil, 2019.

ANGHER, Anne Joyce. *Litigância de má-fé no processo civil.* São Paulo: Rideel, 2005.

BERES, Linda S. *Civil contempt and the rational contemnor.* Indiana Law Journal, Los Angeles, v. 69, ed. 03, art. 03, 1994. Disponível em: https://www.repository.law.indiana.edu/ilj/vol69/iss3/3. Acesso em: 28 set. 2022.

BRASIL. *Constituição da República Federativa do Brasil de 1988.* Brasília: Presidência da República, 2016. Disponível em: http://www.planalto.gov.br/ccivil_03/constituicao/constituicao.htm. Acesso em: 15 ago. 2022.

BRASIL. Lei nº 13.105, de 16 de março de 2015. *Código de Processo Civil.* Diário Oficial da União, seção 01, ano CLII, nº 51, p. 01, Brasília, 17 mar. 2015. ISSN 1677-7042.

BRASIL. Conselho Nacional de Justiça. *Justiça em Números.* Brasília, 2021. Disponível em: https://www.cnj.jus.br/pesquisas-judiciarias/justica-em-numeros/. Acesso em: 04 jun. 2022.

BRASIL. Conselho Nacional de Justiça. Recomendação nº 127, de 15 de fevereiro de 2022. *Recomenda aos tribunais a adoção de cautelas visando a coibir a judicialização predatória que possa acarretar o cerceamento de defesa e a limitação da liberdade de expressão.*

Diário da Justiça Eletrônico do Conselho Nacional de Justiça, nº 42/2022, p. 3-4, publicação: 17 fev. 2022, Brasilia, 2022. Disponível em: https://atos.cnj.jus.br/atos/detalhar/4376. Acesso em: 09 out. 2022.

CÂMARA, Alexandre Freitas. *Manual de direito processual civil* – Barueri: Atlas, 2022.

CHEKER, Monique. *Reflexões sobre a causa de pedir: no direito processual brasileiro.* Brasília: ESMPU, 2014.

DE ASSIS, Araken. *O Contempt of Court no direito brasileiro.* Academia Brasileira de Direito Processual Civil, São Paulo, 2004. Disponível em: http://www.abdpc.org.br/artigos/artigo6.htm. Acesso em: 27 set. 2022.

DE PAULA, Adriano Perácio. *As inconstitucionalidades do IRDR (Incidente de Resolução de Demandas Repetitivas).* Migalhas de Peso, Belo Horizonte, 25 fev. 2019. Disponível em: https://www.migalhas.com.br/depeso/296964/as- inconstitucionalidades-do-irdr--incidente-de-resolucao-de-demandas-repetitivas. Acesso em: 14 out. 2022.

DIDIER JR., Fredie. *Princípio da Boa-fé no Direito Processual Civil Brasileiro e Seu Fundamento Constitucional.* Revista do Ministério Público do Rio de Janeiro, Rio de Janeiro, nº 70, p. 179-188, out./dez. 2018. Disponível em: https://www.mprj.mp.br/documents /20184/1183784/Fredie_Didier_Jr.pdf. Acesso em: 17 set. 2022.

MICHAELIS Moderno Dicionário da Língua Portuguesa. São Paulo: Editora Melhoramentos, 2015. Disponível em: https://michaelis.uol.com.br/. Acesso em: 22 jul. 2022.

PEREIRA, Caio Mário da Silva. *Instituições de direito civil* – 24ª ed. – Rio de Janeiro: Editora Forense, 2011.

STOCO, Rui. *Abuso do direito e má-fé processual.* São Paulo: Editora Revista dos Tribunais, 2002.

THEODORO JÚNIOR, Humberto. *Curso de direito processual civil* / Vol. I – 63ª ed. rev. atual. e ampl. – Rio de Janeiro: Forense, 2022.

6.
O DESIGUAL EXERCÍCIO DO PODER FAMILIAR NA GUARDA COMPARTILHADA À LUZ DO DIREITO DA MULHER

Gabriela Rodrigues de Campos[1]

Introdução

A presente pesquisa propõe a realização de investigação doutrinária, jurisprudencial e sociológica acerca do poder familiar na dinâmica da guarda compartilhada no Brasil, bem como se propõe a averiguar se o exercício desse direito-dever é desempenhado de forma igualitária por ambos os pais e analisar tal cenário à luz dos direitos da mulher. A presente análise, válido destacar, retira fundamento de bases sociológica (a fim de compreender a mentalidade da sociedade brasileira em relação às paulatinas conquistas de direitos da mulher na dinâmica familiar), legislativa (eis que compreende a análise das mudanças no ordenamento jurídico e social propiciadas pela edição de leis, restringindo ou ampliando os direitos da mulher perante a unidade familiar), jurisprudencial (para entender a aplicabilidade da guarda compartilhada concretamente), bem como doutrinária (com o objetivo de apreender o que os juristas entendem sobre a temática).

Legalmente instituído por meio das Leis nº 11.698/2008 (que alterou os artigos 1.583 e 1.584 do Código Civil de 2002) e nº 13.058/2014 (que

[1] Artigo elaborado a partir da monografia apresentada ao Núcleo de Monografia Jurídica da Faculdade de Direito da PUC-SP, sob orientação do Professor Doutor Erik Frederico Gramstrup.

alterou os artigos 1.583, 1.584, 1.585 e 1.634 do referido diploma legal civil), o regime de guarda compartilhada foi criado no ordenamento jurídico brasileiro para o melhor e mais igualitário exercício do poder familiar entre pais em convívios separados, de modo a afetar o mínimo possível a criação, educação e o desenvolvimento do filho menor de idade, em que são criados dois núcleos de convivência (o materno e o paterno) e é estabelecida uma frequência maior e igual de convívio dos filhos com seus pais. Nesse sentido, esse tipo de regime de guarda nasceu no Direito Brasileiro com a intenção de não perpetuar a ideia de que o (mau) relacionamento entre os pais se sobrepusesse ao melhor interesse da criança e do adolescente proveniente da relação finda entre os genitores/adotantes.

Contudo, na prática, as decisões judiciais têm demonstrado divergentes entendimentos jurisdicionais perante a guarda compartilhada, sobretudo porque as funções familiares perante os filhos ainda permanecem sendo desempenhadas majoritariamente pelas mães, contrariando o objetivo do regime de guarda analisado. Com isso, é possível depreender as origens desse cenário na sociedade brasileira, que mesmo nos dias de hoje ainda reproduz comportamentos machistas, os quais refletem diretamente no imaginário tanto daqueles que aplicam as leis, quanto daqueles que deveriam cumpri-las. Em razão disso, a presente pesquisa se presta a criticamente analisar o cenário legal e judicial a respeito, bem como a aplicabilidade desse regime no plano naturalístico, a fim de concluir se o Poder Judiciário tem empregado as medidas legais para a devida aplicabilidade do regime e atuado de forma repressiva no caso de sua desvirtuação, levando em consideração os direitos da mulher no caso.

1. Do poder familiar no Brasil

Entendida pelo constituinte como sendo a base da sociedade, a família deve receber proteção especial do Estado e tal concepção tem perdurado no ordenamento jurídico brasileiro. Contudo, o conceito do que constitui a família mudou com o transcurso do tempo: do modelo único e tradicional de família que abarcava o casal de cônjuges e sua prole, para a pluralidade de formas de constituição, tendo como fundamento a afetividade, conforme previsto no art. 226 e parágrafos da Constituição Federal de 1988. O principal poder-dever proveniente das relações familiares é o chamado "poder familiar" e este está diretamente relacionado ao regime da guarda compartilhada.

O poder familiar corresponde ao conjunto de direitos e deveres atribuídos aos pais em relação à pessoa e aos bens de seus filhos menores não-emancipados. Nesse ponto, entende-se tal poder-dever como sendo um verdadeiro múnus público, uma vez que é um comprometimento de cuidado perante a sociedade acerca dos filhos, que são tidos como vulneráveis em vários aspectos por serem incapazes. Desta premissa, é possível depreender o alcance do poder familiar: estão sujeitos a este poder-dever os filhos na condição de menores de idade (não emancipados), não sendo admitida, ressalta-se, a discriminação entre eles, se consanguíneos, adotados ou se socioafetivos (vide art. 227, §6º da CRFB/88).

Nesse sentido, não se pode abrir mão desse dever (salvo situações excepcionais), considerando não somente sua importância perante toda a sociedade, mas também seu caráter eminentemente protetivo, haja vista todo o amplo conjunto de deveres que recaem sobre os pais em relação aos seus filhos.

Isso posto, restando manifesto o significativo interesse do Estado no Direito de Família, o poder familiar foi articulado enquanto obrigação de ordem pública cujas regras foram estabelecidas pelo Estado a fim de proteger o instituto familiar, havendo diminuta margem dispositiva aos pais. Por isso, as características do poder familiar refletem essa *mens legis*, dentre as quais é válido destacar: (i) inalienabilidade; (ii) irrenunciabilidade; (iii) imprescritibilidade; e (iv) temporariedade.

Ademais, válido destacar que, sob a égide do Código Civil de 1916 esse poder-dever era denominado de "pátrio poder", o que inequivocamente relacionava o instituto à figura paterna (tanto em razão da nomenclatura, quanto à predominância de direitos e deveres do pai em detrimento da mãe); o poder familiar ganhou tal alcunha com tão somente o advento do Código Civil de 2002, passando a evidenciar um caráter mais igualitário quanto ao seu exercício pelos pais, independentemente do gênero. Essa igualdade é reforçada de forma expressa no *caput* do art. 1.634 do diploma legal em referência, quando da atribuição da competência acerca do pleno exercício do poder familiar a ambos os pais, qualquer que seja sua situação conjugal.

Dentre as obrigações compreendidas no poder familiar conforme o CC/2002, cumpre mencionar: a educação e criação, o exercício da guarda unilateral ou compartilhada nos termos da lei, a concessão ou denegação de consentimento para se casarem, viajarem para o exterior e para mudarem sua residência fixa para outro município, a reclamação contra quem os detenha ilegalmente e dentre outros. Em suma: o poder familiar é a responsabilidade do dever de cuidado, de educação e de desenvolvimento da prole menor de idade.

2. Dos regimes de guarda no Brasil

A procriação é um fato natural e, portanto, pode-se entender que todo ser humano possui mãe e pai em termos científicos. No campo jurídico, no entanto, a filiação compreende a constituição, modificação e extinção da relação existente entre os pais e seus filhos – o que, inevitavelmente, abrange o poder familiar e seu exercício na dinâmica dos pais em relação aos filhos menores[2]. Comumente, depreende-se que a prole (consanguínea ou adotiva) é fruto da união, geralmente por meio do casamento ou união estável, de dois sujeitos; contudo, assim como em quase todas as relações abarcadas no âmbito civil, nem sempre a duração desses tipos de vínculos se perdura *ad eternum* e é a partir da dissolução da sociedade conjugal ou da extinção da união estável é que se passa a debater sobre os regimes de guarda dos filhos.

Nesse sentido, o poder familiar está constitucionalmente estabelecido de forma que ambos os pais possam exercê-lo, tanto quanto possível, em igualdade. Todavia, especialmente perante a inevitável mudança na dinâmica familiar ocasionada pela convivência em apartado dos pais, a legislação civilista procurou estabelecer diferentes tipos de guarda para atender aos princípios de proteção da criança e do adolescente, sobretudo o princípio do melhor interesse da criança, que confere fundamento ao direito à convivência familiar (vide art. 227 da CRFB/88, bem como art. 19 do Estatuto da Criança e do Adolescente).

Isso posto, convém discorrer sobre as modalidades de guarda compreendidas no ordenamento jurídico brasileiro, a fim de melhor enten-

[2] VENOSA, Silvio de Salvo. **Direito Civil: Família e sucessões**. 21. ed. São Paulo: Atlas, 2021, p. 225.

der o exercício do poder familiar nas dinâmicas trazidas nos diferentes regimes. Dispõe o artigo 1.583 do CC/2002 a regra geral para o regime de guarda (a citar: "a guarda será unilateral ou compartilhada"), sendo possível depreender que a legislação brasileira abarca apenas dois tipos de guarda: a unilateral e a compartilhada.

Nesta toada, nos termos do art. 1.583, §1º do CC/2002, tem-se como guarda unilateral aquela atribuída a apenas um dos genitores ou a alguém que o substitua (situação na qual não há pais vivos ou, havendo, estes perderam o poder familiar, conferindo a guarda do menor a sujeitos com relação de afinidade e afetividade, conforme art. 1.584, §5º do CC/2002).

Nessa dinâmica, o genitor não detentor da guarda tem como dever a supervisão dos interesses de sua prole (o que o possibilita ser parte legítima na solicitação de informações ou de prestação de contas, subjetivas e objetivas, em situações que direta ou indiretamente impactem na educação ou na integridade física e psicológica de seus filhos, vide o §5º do dispositivo legal em comento). Além disso, esse genitor (bem como qualquer dos avós) tem o direito de visita, estabelecido no art. 1.589 do dispositivo legal em comento, de sorte que este poderá visitar o menor ou tê-lo em sua companhia de acordo com o que restar estabelecido judicialmente ou com o que os genitores convencionarem entre si, incumbindo também a este genitor o dever de fiscalizar a educação e as condições de manutenção de sua prole, nos termos do art. 1.589, *caput* e parágrafo único, do CC/2002.

Ademais, diferentemente da lógica aplicada no Código Civil de 1916, em que era adotado o regime de guarda unilateral em favor do chamado "cônjuge inocente" (vide art. 326), a culpa dos genitores atualmente não é levada em consideração para atribuição da guarda a um deles, mas sim a quem revelar ser detentor de melhores condições de exercer a guarda (art. 1.584, do CC/2002). Depreende-se, então, da dinâmica instituída pelo Código Civil de 2002, a finalidade de atender ao melhor interesse da criança ou do adolescente.

Além disso, as mencionadas "melhores condições" para o exercício da guarda unilateral não necessariamente coincidem com o panorama financeiro dos genitores, seguindo na contramão do senso comum. Isso porque, apesar de revogados os incisos do §2º do art. 1.583, jurisprudência e doutrina ainda consideram englobadas na esfera de melhores condições relativas àquele genitor que demonstrar melhores condições de afeto nas relações com o filho menor, aptidão para integrar o menor em seu grupo familiar, bem como melhores condições de propiciar saúde, segurança e educação para sua prole.

Por outro lado, conforme ressalva Belmiro Pedro Welter[3], a guarda unilateral pode não garantir o desenvolvimento do menor, tampouco conferir o direito de igualdade a ambos os pais nas esferas pessoal, familiar e social. Isso porque, ao ver do jurista, o genitor não detentor da guarda unilateral acaba por desempenhar papel meramente coadjuvante no processo de criação e desenvolvimento de seus próprios filhos.

Em razão de tal concepção, é possível denotar que a adoção da guarda unilateral, após a vigência da Lei n.º 11.698/2008, tornou-se a exceção no ordenamento jurídico brasileiro com a superveniência da referida legislação, em que a regra passou a ser a aplicação da guarda compartilhada.

A guarda compartilhada, por sua vez, compreende a responsabilidade conjunta de ambos os pais, que não vivem juntos, acerca do exercício de direitos e deveres que dizem respeito ao poder familiar dos filhos em comum. Válido destacar que, apesar de instituído em 2002, o Código Civil foi alterado pela Lei Federal nº 12.058, em 2014, a fim de estabelecer o significado do regime de guarda compartilhada e dispor expressamente sobre sua aplicação (especialmente no que se refere aos arts. 1.583, 1.584, 1.585 e 1.634).

Nesta senda, o legislador infraconstitucional instituiu a base do regime de guarda compartilhada: a necessidade de que o tempo de convívio dos pais para com seus filhos seja dividido de forma equilibrada entre mãe e pai, considerando o melhor interesse dos filhos, bem como as circunstâncias fáticas, tanto quanto possível, e o direito de igualdade dos pais perante o direito-dever do exercício do poder familiar. Nesta mesma toada, a moradia fixa do menor deve ser aquela que melhor atender aos interesses deste.

Para tanto, o magistrado poderá, *ex officio* ou a requerimento do Ministério Público, contar com amparo técnico-profissional ou de equipe interdisciplinar (de educação, assistência social, saúde e demais áreas

[3] Welter, Belmiro Pedro. **Guarda Compartilhada**. São Paulo: Método, 2009, p. 56.

pertinentes por meio de relatório psicossocial prévio) para definir a divisão equilibrada do tempo de convivência do menor com seu pai e sua mãe.

Isso posto, da atenta leitura conjunta dos 1º e 2º parágrafos do art. 1.584, é possível conceber a relativa preferência do estabelecimento do regime de guarda compartilhada sobre a unilateral. Isso porque, desde a audiência de conciliação, o magistrado desempenha o cuidado de informar o significado da guarda compartilhada, bem como sua importância, similitude de deveres e de direitos conferidos aos genitores e as respectivas sanções aplicáveis na hipótese de descumprimento das cláusulas do regime, visando incentivar a aceitação dos pais em relação à guarda compartilhada.

Além disso, cumpre frisar que o regime de guarda compartilhada é aplicado ainda que não haja consenso entre os pais, contanto que ambos os pais estejam aptos ao exercício do poder familiar (salvo se qualquer um deles informar ao juiz seu desejo de não deter a guarda de seu filho menor, conforme expresso no art. 1.584, §2º, do CC/2002).

3. Brasil: o modo de pensar da sociedade sobre os direitos e deveres da mulher na entidade familiar

"Todos são iguais perante a lei, sem distinção de qualquer natureza": É esta forma que se apresenta o *caput* inaugural de um dos principais dispositivos legais presentes na Constituição Federal de 1988, os direitos e garantias fundamentais do artigo 5º. De forma mais específica, o constituinte originário se dispôs, tão logo no primeiro inciso do artigo, a apontar a igualdade de mulheres e homens em termos de direitos e obrigações. Isso posto, forçoso analisar o arcabouço de direitos da mulher no âmbito da família (tendo como parâmetro temporal o período do século XX até a atualidade), partindo da contradição de que apesar das mulheres, durante significativa parcela da história brasileira, não terem desempenhado poder decisório perante a entidade familiar e seus filhos, estas sempre foram tidas como o principal ponto de concentração de obrigações conjugais e familiares.

Desta feita, para compreender a profunda disparidade sofrida pela mulher brasileira perante o Direito de Família, convém partir da premissa de que a mulher é socialmente construída à sombra do homem, justamente pelo fato desta ser não ser vista como um ser autônomo e diferente do homem em razão de sua autenticidade e independência próprias. Muito pelo contrário: a figura da mulher é construída tendo o homem como seu referencial[4].

O Direito, por sua vez, é uma das ferramentas empregadas pela sociedade capitalista para reproduzir as relações de dominação de classe e consequentemente o julgamento moral da época em que editada e aplicada a lei[5]. Evidentemente, uma espécie de dominação social é justamente expressa na teoria da interseccionalidade sistematizada pela feminista norte-americana, Kimberlé Crenshaw[6], a qual sustenta a acentuação dos níveis de opressão social estrutural no tripé gênero, classe e raça, de modo que a sociedade articula formas de opressão contra as pessoas que fazem parte de minorias nos três substratos mencionados, sofrendo mais do que aquelas que não o fazem.

Coadunando-se as concepções supramencionadas, o que se pode concluir é que o Direito, relevante ferramenta de controle social, reproduz a desigualdade sofrida pelas mulheres (e, em maior grau, pelas mulheres negras e pobres), como um reflexo do pensamento da sociedade fundada no patriarcalismo, o qual preconiza papeis da mulher como subserviente ao homem – sobretudo em um âmbito mais íntimo: a família.

Nessa toada, muito contribui para a presente discussão o professor Miguel Reale com a teoria tridimensional do Direito[7] aplicada no contexto brasileiro, a qual consiste na concepção de que o Direito é uma estrutura social-axiológico-normativa, composta por três elementos: fato, valor e norma. Assim sendo, conforme ocorrem as transformações sociais, o Direito é compelido a acompanhar tais mudanças a fim de que continue a ser efetivo e aplicável às dinâmicas sociais. Com isso, a desi-

[4] Beauvoir, Simone de. **O Segundo Sexo. Os factos e os mitos (volume 1).** Venda Nova: Bertrand, 1949, p. 13.

[5] Pachukanis, Evgeny Bronislavovitch. **Lênin e os problemas do direito**. Rio de Janeiro: Direito e Práxis, 2018, p.1931.

[6] Crenshaw, Kimberle. **Demarginalizing the intersection of race and sex: a black feminist critique of antidiscrimination doctrine, feminist theory and antiracist politics**. 1989. Disponível em: < https://chicagounbound.uchicago.edu/cgi/viewcontent.cgi?article=1052&context=uclf > Acesso em: 09 out. 2022.

[7] Reale, Miguel. **Filosofia do Direito**. 8 ed., São Paulo: Saraiva, 1978.

gualdade contra a mulher tem sido legitimada pela norma jurídica, eis que as leis refletem justamente o pensamento reprodutor da sociedade patriarcal, motivo pelo qual a mulher não era vista como sujeito de direitos e deveres na vida civil de forma plena até 1988 (e era considerada incapaz até 1977).

Isso posto, é possível depreender que o Direito de Família (assim como as demais normas do ordenamento jurídico) foi articulado sob uma perspectiva predominantemente masculina, o que infere o fato de as normas de família desde a sua edição serem arbitrariamente mais benéficas aos homens em comparação às mulheres, garantindo aos homens privilégios que as mulheres não teriam[8].

Assim como destaca Maria Berenice Dias[9], a trajetória do direito de família está intrinsecamente ligada à emancipação feminina, motivo pelo qual é necessário desenvolver uma breve análise acerca do histórico percorrido pela mulher para alcançar a liberdade e a igualdade – ao menos, na esfera jurídica (eis que maiores foram os avanços no plano legal do que no cultural). A título meramente exemplificativo da flagrante desigualdade ora discutida, destaca-se que levou 462 anos para que a mulher casada deixasse de ser considerada relativamente incapaz (vide Estatuto da Mulher Casada), além de mais 26 anos para que fosse positivada a igualdade de direitos e deveres da mulher em comparação ao homem perante a família (por meio da Constituição Federal de 1988).

Ainda que atualmente a legislação tenha conferido tratamento isonômico a ambos os gêneros, muitas transformações (sociais e jurídicas) devem ser promovidas a fim de que o âmbito familiar seja, de fato, um espaço de igualdade entre mulheres e homens.

Preliminarmente, destaca-se o Código Civil de 1916, o qual retratava a sociedade à época do século XIX, posto que, a incumbência quanto a sua elaboração foi dada a Clóvis Beviláqua no ano de 1899. Nesse sentido, o Código refletiu os pensamentos conservador e patriarcal correntes daquele período, de tal forma que consagrou evidente superioridade do

[8] Venturelli, Camila de Camargo S. **Problemas da Família no Direito**. 1 ed. Minas Gerais: Del Rey, 2012, p. 336.

[9] Dias, Maria Berenice. **Manual de direito das famílias**, 14. Ed. Salvador: Editora JusPodvim, 2021, p. 146.

homem sobre a mulher por meio de dinâmicas que reforçavam a autoridade dele sobre o núcleo familiar e a dependência da mulher a ele.

De forma mais específica, é válido mencionar alguns dispositivos da legislação em comento. Dentre estes, o artigo 6º, inciso II, que estabelecia a perda da capacidade civil plena da mulher casada (enquanto subsistisse a sociedade conjugal), a qual se tornava relativamente incapaz. A *mens legis* do dispositivo refletia o pensamento corrente à época: o marido assumia o controle exclusivo da família, enquanto legalmente chefe da sociedade conjugal, e, por conseguinte, era quem dominava as decisões do casal. A lógica era que a mulher sempre precisasse da autorização do marido para validar seus atos civis.

Nesta mesma toada, o artigo 233 dispunha, sob a redação originária de 1916, que o marido era a figura designada expressamente como o chefe da sociedade conjugal, competindo-lhe a representação legal da família, a administração dos bens comuns e até aqueles particulares da esposa; para além disso, o marido tinha o direito de autorizar a profissão de sua esposa. Novamente, clara a intenção do legislador: a validação do marido acerca da vida da mulher, de forma ampla e manifesta. Ato contínuo, o Código estabelecia um rol de atos proibidos de serem praticados pela esposa sem a autorização de seu marido (vide art. 242), tal como o direito de disposição e alienação de seus bens particulares e até mesmo o de exercer profissão.

O artigo 240 do CC/1916, por seu turno, previa os direitos e deveres da mulher, dentre os quais: a obrigação de assumir o sobrenome do marido, bem como sua condição de companheira, "consorte e auxiliar dos encargos da família". Desta feita, depreende-se o que o próprio legislador infraconstitucional levou a crer: os deveres familiares a serem desempenhados pela mulher eram limitados àqueles tidos como verdadeiros fardos. Em síntese: ao homem cabia a chefia da família, à mulher, os deveres do lar. Ou seja: ao gênero feminino designava-se funções historicamente compreendidas como de menor prestígio e complexidade, bem como espaços de influência, força e reconhecimento eram voltados ao masculino, legitimando a desigualdade entre os gêneros.

Contudo, todas as mencionadas disposições foram modificadas em 1962, com as alterações do CC/1916 promovidas pelo Estatuto da Mulher Casada (Lei Federal n.º 4.121), por meio do qual o marido permanecia como chefe da sociedade conjugal, porém sob "a colaboração da mulher, no interesse comum do casal e dos filhos". Com o Estatuto, a mulher passou a ser plenamente capaz para exercer seu papel de colaboradora de seu marido na gestão da sociedade conjugal, bem como para administrar os bens que ela adquiriu com a força de seu trabalho (os chamados "bens reservados").

Ato contínuo, muitos avanços foram observados com a aprovação da Lei do Divórcio (Lei Federal n.º 6.515, de 1977), designando o desquite como "separação judicial", bem como tornou facultativa a adoção do sobrenome do marido pela esposa e a regra do regime legal de bens passou a ser o da comunhão parcial de bens caso as partes não dispuserem de forma diversa em acordos pré-nupciais (antes, era o regime universal).

Em que pese os avanços legislativos e até mesmo sociais perante os direitos da mulher no Brasil, sobretudo após a promulgação da Constituição Federal de 1988, foi somente em 2010 que a separação foi extinta do ordenamento por meio da Emenda Constitucional n.º 66 (de sorte que o casamento civil passou contar com a possibilidade de dissolução por divórcio), o que, por conseguinte, colocou fim à culpa pelo fim da união conjugal (a qual, por vezes, era diretamente atribuída à mulher).

Com a promulgação da Constituição cidadã, a igualdade entre os gêneros era evidente: tão logo em seu preâmbulo restou estabelecido o direito à igualdade. Para além disso, como objetivo fundamental do Estado, tem-se a promoção do bem de todos, sem preconceito de sexo (art. 3º, inciso IV), bem como a igualdade entre mulheres e homens em direitos e obrigações (art. 5º, inciso I) e o exercício igualitário dos deveres e direitos da entidade familiar (art. 226, §5º), como supramencionado.

No Constituição de 1988, é possível encontrar onze menções à mulher, nas quais são abrangidos tanto o conceito de igualdade formal entre gêneros (caput do artigo 5º) quanto a material (como exemplo, tem-se o artigo 7º, XX, do qual se extrai a proteção do trabalho da mulher mediante incentivos específicos) até mesmo reconhecendo direitos patrimoniais às mulheres de forma autônoma e independente (vide art. 183, §1º, a citar: "O título de domínio e a concessão de uso serão conferidos ao homem ou à mulher, ou a ambos, independentemente do estado civil"), direitos familiares (art. 226, §5º: "Os direitos e deveres referentes à sociedade conjugal são exercidos igualmente pelo homem e pela mulher") e dentre outros dispositivos igualmente relevantes.

Isso posto, insta frisar a importância que a Carta de direitos em comento trouxe para a luta de direitos das mulheres brasileiras, contemplando muitas das recomendações e reivindicações de movimentos feministas brasileiros de diferentes épocas e momentos histórico-sociais. A partir daquele momento de promulgação, a mulher brasileira, independente de credo, estado civil, condição financeira ou ocupação, tinha garantidos concomitantemente em um único documento de eficácia plena e nacional os direitos ao voto, à educação (nos níveis fundamental e superior); ao trabalho; ao patrimônio; à família e entre tantos outros que demandaram longos anos de luta.

O Código Civil de 2002, por sua vez, preconizou a manutenção da família e a presunção da fidelidade da mulher, ao manter a separação (e a relevância da culpa para o instituto), bem como ao estabelecer a presunção da paternidade dos filhos havidos na constância do casamento, ainda que a própria mulher admita a prática de adultério e negue a paternidade do cônjuge (vide redação dos artigos 1.697 e 1.600). Desse posicionamento adotado pelo legislador infraconstitucional, depreende-se que este não confere credibilidade alguma à palavra da mulher.

Nesse sentido, convém apontar a irrazoabilidade da presunção legal da paternidade perante confissão de adultério ou negativa de paternidade por parte da mulher, eis que a identificação do vínculo biológico por meio de exame de DNA é apta a demonstrar a paternidade. Nesse sentido, não há qualquer justificativa que seja razoável para o emprego de tal desprestígio à mulher que os mencionados artigos (e o que eles acabam expressando).

Assim sendo, como é possível depreender do exposto, tem sido longa a caminhada em prol da conquista de direitos da mulher, especialmente no direito de família (que, por consistir em seara mais próxima dos indivíduos na esfera social, acaba por refletir diretamente preconceitos e a própria cultura patriarcal). Contudo, paulatinamente, observa-se um esforço por parte do Estado de mudar essa realidade de forma a garantir a igualdade entre os cidadãos, independentemente de gênero ou classe, inclusive no que diz respeito à relação da mãe com seus filhos.

4. Da aplicabilidade da guarda compartilhada perante o poder judiciário

A guarda compartilhada, ao prever a distribuição igualitária entre os genitores acerca da tomada de decisões sobre os filhos menores, bem como a custódia física conjunta, implica na divisão de obrigações familiares (ao menos, aquelas envolvendo o exercício do poder familiar) entre mãe e pai, expressando a *mens legis* de conferir o melhor interesse do menor, mas também de viabilizar o contato próximo do pai com seus filhos e de a mãe trabalhar fora do lar, por exemplo, sem que isso implique prejuízos quanto à sua autoridade parental (apesar de, ainda assim, haver julgamentos morais contra tal dinâmica).

Nesse sentido, faz-se pertinente abordar a perspectiva jurisprudencial a fim de observar a aplicabilidade do regime de guarda compartilhada e os impactos dos entendimentos jurisdicionais para o gênero feminino. Desta feita, perante a amostragem de julgados analisados (no caso, cinquenta acórdãos dos Egrégios Tribunais de Justiça de São Paulo, Bahia, Minas Gerais, Santa Catarina, Distrito Federal e Rio Grande do Sul) e do Colendo Superior Tribunal de Justiça, tendo como delimitação temporal o período de 2015 a 2022, pode-se destacar o exame em tópicos, quais sejam: a violência doméstica relacionada à guarda compartilhada, o distanciamento da prole desempenhado pela figura paterna em comparação à materna, bem como a subversão das finalidades do regime de guarda compartilhada.

No que diz respeito à violência doméstica relacionada à guarda compartilhada, primeiramente convém mencionar que, contrariando o senso comum que entende haver relativa incompatibilidade da aplicação desse tipo de regime de guarda em núcleo familiar de menores cuja relação entre seus pais é permeada de conflitos e dissenso, o Poder Judiciário entende pela aplicação da guarda compartilhada mesmo em casos em que não há acordo entre os pais quanto à guarda da prole (desde que ambos estejam aptos ao exercício do poder familiar[10]). Não se olvida ressalvar que, estando presentes indícios de que a dinâmica da guarda

[10] TJBA. **Ação de reconhecimento e dissolução de união estável c/c regularização de guarda nº 0000052.94.2016.8.05.0268.** Juiz de Direito: Pedro Silva e Silvério – 1ª Vara dos feitos de relativos às relações cíveis e comerciais de Urandi. Julgado em 08/08/2020.

compartilhada pode conferir prejuízos para o menor (e não necessariamente à genitora) ou restar comprovado o risco ou consumação de dano (pelo estudo psicossocial que é realizado previamente no trâmite do processo que discute o regime de guarda), o magistrado não aplica a guarda compartilhada.

Contudo, perante tal cenário, emerge-se o questionamento: E quando esses conflitos envolvem alegações graves como de violência doméstica ou medo da proximidade da mãe dos menores com o ex-cônjuge ou ex--companheiro, mas sem haver conjunto probatório suficiente para amparar os apelos da genitora[11] ?

Utilizando-se do conceito de Realismo Jurídico do jurista dinamarquês Alf Ross, tem-se que "nós não vemos as coisas como elas são, mas como nós aprendemos a vê-las". Aplicando-se ao caso em tela, pode-se entender que a sensibilidade de os magistrados identificarem cenários de violência contra a mulher (considerando-se o espectro de diferentes tipos de violência, a citar: física, psicológica, sexual, patrimonial e moral) tende a ser menor, haja vista a cultura patriarcal sob qual eles foram criados.

Nesta senda, Ross sintetiza sua teoria de realismo jurídico de forma a dividir o conceito de realidade entre a verdade dos fatos e a verdade das partes, o que auxilia na presente discussão, eis que o com o olhar relativamente menos cuidadoso para aspectos de ordem mais vulnerável, mesmo o Juízo de Família (acostumado a dinâmicas de foro mais íntimo) pode não observar a realidade daquela mulher[12]. E, ao entender por aplicar a guarda compartilhada, pode-se abrir margem para um contato entre os genitores do menor (e, paralelamente, de um possível agressor com sua vítima).

Na maioria das vezes, a jurisprudência tem afastado irresignações das genitoras perante a guarda compartilhada, por falta ou fragilidade de provas de violência ou do motivo grave, de tal sorte que muitas mães expressam receio da aproximação com o ex-cônjuge que a guarda compartilhada inevitavelmente vai propiciar; bem como receiam que a

[11] TJSP, **Apelação cível n.º 1000776-27.2020.8.26.0278** – 8ª Câmara de Direito Privado. Relator: Des. Silvério da Silva. Julgado em: 17/11/2021.

[12] Acentua-se tal premissa o fato de a maior parte dos magistrados e operadores do direito serem homens, dotados de vieses (in)conscientes da lógica patriarcal.

dinâmica do compartilhamento de decisões mais iria prejudicá-las que beneficiá-las. Nesse sentido, mães, ainda que não mais convivendo com o genitor de sua prole, podem se ver alvo de alguns tipos de violência (verbal e patrimonial, por exemplo) sob a dinâmica da guarda compartilhada e não terem condições de reunir conjunto probatório satisfatório.

Além disso, a análise da casuística, como esperado, apontou para um maior distanciamento dos pais para com os seus filhos menores, independente do gênero destes últimos. Observou-se ser recorrente o pleito de regularização de visitas do pai aos seus filhos, uma vez que muito mais comum a definição da residência fixa do menor ser na casa das mães[13] [14] [15]. Isso posto, muito se questiona se a determinação da guarda compartilhada mais complicaria o contexto de criação (e responsabilização pela maior parte das obrigações envolvidas neste processo) para a mãe do que ajudaria, haja vista o inequívoco desequilíbrio no desempenho do exercício do poder familiar em detrimento da mãe.

Por fim, insta destacar que o estabelecimento de visitas, bem como a fixação de pensão alimentícia estão, no imaginário popular, mais ligados ao regime de guarda unilateral do que à compartilhada, ainda que o ordenamento jurídico assegure o direito de visitação e da prestação alimentícia em ambos os regimes. Nesse sentido, questiona-se se, na prática, a aplicação dos regimes é diferente em relação à genitora.

A principal diferença do regime unilateral de guarda para o da compartilhada diz respeito ao poder decisório sobre a criação e o desenvolvimento da prole, que no primeiro é exercido por apenas um dos genitores, enquanto no último, incumbe a ambos. Todavia, a partir da observação dos julgados sobre a temática, verifica-se significativa identificação do que é aplicado como guarda compartilhada sob a lógica da guarda unilateral: o Poder Judiciário designa como residência fixa dos filhos menores

[13] TJSC, **Apelação cível n.º 00202706120-12.8.24.0008**, Relator: Des. Marcus Tulio Sartorato – 3ª Câmara de Direito Civil, julgado em: 09/07/2020.
[14] TJSP, **Apelação cível n.º 1010923-40.2018.8.26.0066**. Relator: Des. Theodureto Camargo – 8ª Câmara de Direito Privado. Julgado em 23/09/2021, DJe em 23/09/2020.
[15] TJMG, **Agravo de Instrumento n.º 1.0000.22.106705-1/001**. Relator: Des. Paulo Rogério e Souza Abrantes – 8ª Câmara Cível Especializada. Julgado em: 18/08/2022. DJe: 22/08/2022.

a casa da mãe[16], competindo ao pai visitá-los e proceder ao pagamento da pensão alimentícia (observado o binômio necessidade-possibilidade[17]), estando os direitos de visitação e de alimentos amparados pelo CC/2002.

Com isso, resulta-se na perduração da sobrecarga sobre a figura da mulher perante as obrigações familiares, ao passo que a participação dos homens fica em segundo plano – tratando pais e mães de forma diversa e prejudicando o desenvolvimento da criança que, na prática, é criada efetivamente pela figura materna apenas, desvirtuando a finalidade da guarda compartilhada. E, na remota possibilidade de a figura paterna faltar com quaisquer das responsabilidades geralmente atribuídas (visitação e alimentos), acentua-se ainda mais a sobrecarga das mães[18].

Conclusões

Em que pese a premissa de igualdade de gênero consagrada na Constituição Federal de 1988, ainda é possível vislumbrar manifesto desequilíbrio entre as figuras materna e paterna na guarda compartilhada, reflexo dos séculos em que a mulher se manteve à margem dos direitos de família (inclusive acerca dos próprios filhos), apesar de ser a principal encarregada dos afazeres domésticos e de cuidado com os filhos, ao passo que o homem exercia o protagonismo na tomada de decisões dentro e fora do lar. E, ainda que o ordenamento jurídico tenha passado por diversas transformações e avanços no campo dos direitos das mulheres (inclusive na seara da família, sendo a própria guarda compartilhada uma relevante exemplificação de tal assertiva), as interpretações dos magistrados ainda refletem muito da dinâmica patriarcal.

Com isso, observa-se na atualidade que o Poder Judiciário ainda procede em aplicar a norma de forma a atribuir mais deveres quanto ao cuidado dos filhos menores às mães do que aos pais, mesmo na guarda compartilhada: seja pela determinação massiva da residência fixa do

16 TJDFJ, **Apelação cível n.º 0703141-52.2021.8.07.0010**. Relator: Des. João Egmont – 2ª Turma cível. Julgado em: 27/04/2022, DJe: 11/05/2022.

17 TJDFT. **Apelação cível n.º 0701526-50.2018.8.07.0004**. Relator: Des. Diva Lucy de Faria Pereira – 1ª Turma Cível. Julgado em: 15/09/2021, DJe em: 29/09/2021.

18 TJMG, **Agravo de Instrumento n.º 1.0000.18.087743-3/001**. Relator: Des. Oliveira Firmo. Julgado em 2018.

menor junto à mãe (o que, por vezes, implica na concentração de mais deveres em relação à mãe do que ao pai), seja relativizando e até menosprezando as colocações e inseguranças suscitadas pela mulher perante risco ou receio de violência doméstica (moral, patrimonial e outras) cuja verificação não reúne provas suficientes para ensejar na modificação da guarda. Assim, o que acaba por ocorrer é a aplicação da lógica da guarda unilateral em favor da mãe sob os moldes do que deveria ser a guarda compartilhada (eis que a mãe remanesce com a maior parte dos deveres) e pior: ainda assim precisa da validação do genitor acerca dos seus atos perante a própria prole.

Considerando-se todo o disposto no presente estudo, foi possível conceber que, não havendo mudanças na forma de pensar da sociedade, perdurar-se-á a estrutura patriarcal na dinâmica social – ainda que as formas de família se modifiquem.

Sintetizando-se a conclusão da análise, forçoso relacionar o conceito de Miguel Reale acerca da Tridimensionalidade do Direito: o Direito é norma, fato e valor. Portanto, a seara jurídica deve refletir valores e fatos para que a norma se adeque às mudanças sociais, acompanhando-as, de modo a preencher de protagonismo e do devido tratamento compensatório em relação à mulher, sobretudo na condição de mãe, considerando a história marcada de ausências da mulher brasileira no âmbito da família.

Referências

BEAUVOIR, Simone de. **O Segundo Sexo. Os factos e os mitos (volume 1).** Venda Nova: Bertrand, 1949.

CRENSHAW, Kimberle. **Demarginalizing the intersection of race and sex: a black feminist critique of antidiscrimination doctrine, feminist theory and antiracist politics**. 1989. Disponível em: < https://chicagounbound.uchicago.edu/cgi/viewcontent.cgi?article=1052&context=uclf > Acesso em: 09 out. 2022.

DIAS, Maria Berenice. **Manual de direito das famílias**, 14 ed. Salvador: Editora JusPodivm, 2021.

DINIZ, Maria Helena. **Código civil anotado**. 16 ed. São Paulo: Saraiva, 2012.

GRAMSTRUP, Erik Frederico. **O princípio da igualdade**. 2002. Disponível em: https://www.academia.edu/10625678/Princ%C3%ADpio_da_Igualdade?email_work_card=view-paper. Acesso em: 16 out. 2022.

HIRONAKA, Giselda Maria Fernandes Novaes. **Direito e responsabilidade**. Belo Horizonte: Del Rey, 2002.

PACHUKANIS, Evgeny Bronislavovitch. **Lênin e os problemas do direito**. Rio de Janeiro: Direito e Práxis, 2018.

REALE, Miguel. **Filosofia do Direito**. 8 ed., São Paulo: Saraiva, 1978.

ROSS, Alf. **Direito e justiça**. 3 ed. São Paulo: Edipro. 2021.

VENOSA, Silvio de Salvo. **Direito Civil: Família e sucessões**. 21 ed. São Paulo: Atlas, 2021.

VENTURELLI, Camila de Camargo S. **Problemas da Família no Direito**. 1 ed. Minas Gerais: Del Rey, 2012.

WELTER, Belmiro Pedro. **Guarda Compartilhada**. São Paulo: Método, 2009.

7. OS EFEITOS DA CONCILIAÇÃO NA RESOLUÇÃO DE CONFLITOS DE MENOR COMPLEXIDADE À LUZ DO ACESSO À JUSTIÇA

ISABELA REGINA DE OLIVEIRA MONTEIRO[1]

Introdução

O presente trabalho trata do fenômeno da conciliação no âmbito do Judiciário, que sofre com um déficit operacional. Além de debater seus os efeitos na quantidade e qualidade de acordos realizados e os impactos causados ao acesso à justiça. A utilização das alternativas processuais, mostra-se efetiva em casos com menor tensionamento, em que há cooperação entre as partes, além do império da boa-fé. Envolvem o diálogo direto e constante, além de uma terceira pessoa imparcial. Atualmente, a conciliação serve como facilitadora de processos em que as partes buscam resolução de modo negociado, sem intervenção.

A pesquisa adentra na problemática no âmbito dos Juizados Especiais Cíveis, conhecidos popularmente como Justiça Gratuita, uma vez que a Lei 9.099/95 em seus artigos 16 e 54, expõe que ao protocolar o processo será designada a sessão de conciliação e também que o acesso a esse tipo de justiça, em primeiro grau, não está condicionado ao pagamento de custas, taxas ou despesas.

[1] Artigo elaborado a partir da monografia apresentada ao Núcleo de Monografia Jurídica da Faculdade de Direito da PUC-SP, sob orientação do Professor Doutor Flávio Crocce Caetano.

A relevância do estudo se justifica ao adentrar nesse instituto que ressurge com mais força ano a ano e que vem demonstrando ser uma ferramenta célere e eficaz na resolução de conflitos, restabelecendo o diálogo e quebrando o paradigma de uma justiça improdutiva e inacessível. Além de oferecer possíveis soluções para uma implementação mais efetiva.

1. Acesso à justiça

É de conhecimento notório, que a problemática do acesso à justiça é uma preocupação universal, se fazendo presente em praticamente todas as civilizações. Não há dúvidas, que ao longo da história, o conceito de acesso à justiça sofreu diversas modificações, que podem ser consideradas revolucionárias, desde sua amplitude até sua conotação.

Em relação ao conceito de acesso à justiça, cabe a lição de Cappelletti e Garth:

> "A expressão 'acesso à Justiça' é reconhecidamente de difícil definição, mas serve para determinar duas finalidades básicas do sistema jurídico – o sistema pelo qual as pessoas podem reivindicar seus direitos e/ou resolver seus litígios sob os auspícios do Estado. Primeiro, o sistema deve ser igualmente acessível a todos; segundo, ele deve produzir resultados que sejam individual e socialmente justos."[2]

Na antiguidade clássica, existiam medidas que visavam a ampliação do acesso à justiça, por exemplo, em Atenas eram anualmente nomeados dez advogados para realizarem a defesa dos pobres em juízo. Na Idade Média, existiam medidas para garantir assistência jurídica necessária. Na França Medieval, havia um sistema de patrocínio gratuito das pessoas pobres em juízo.

Já nos Estados Liberais dos séculos XVIII e XIX, o acesso à justiça era tratado de forma individualista. A partir do século XX, com o desenvolvimento da sociedade burguesa complexa, às relações mostraram um perfil voltado ao coletivo, por exemplo a Constituição Francesa de 1946,

[2] Cappelletti, Mauro e GARTH, Bryant. **Acesso à Justiça**. Tradução de Ellen Gracie Northleet. Porto Alegre: Fabris, 1988, p. 8.

em que são reconhecidos os direitos e deveres sociais do governo como necessários ao efetivo e igual acesso à justiça para todos.

A partir deste momento, principalmente na Europa e na América no Norte, o Estado passou a intervir com o intuito de assegurar a qualidade de vida da população e a efetivação de seus direitos. As primeiras medidas tomadas foram ineficientes, já que o serviço de assistência era prestado por advogados particulares e o argumento utilizado se voltava ao lado humanitário. No Brasil, uma das ações mais significativas foi a edição da Lei da Assistência Judiciária Gratuita (Lei n° 1.060/50), que foi recepcionada pela Constituição Federal de 1988. Também, foram criados os Juizados de Pequenas Causas provenientes da Lei n° 7.244/84, que atualmente são regulados pela Lei n° 9.099/95 e são conhecidos como Juizados Especiais Cíveis e Criminais. Contudo, foi a promulgação da Constituição Federal de 1988, que proporcionou a possibilidade de abertura do debate e concretização de espaço em prol do acesso à justiça (art. 5º, LXXIV da CF), também criou a figura das Defensorias Públicas (art. 134 da CF), que possibilitou, na prática, ao cidadão hipossuficiente, a oferta de consultas jurídicas e representação judicial, sem arcar com as custas, sendo assim um avanço gritante que permite o acesso à justiça sem o comprometimento da renda familiar.

2. Déficit operacional no sistema judiciário

Atualmente, o Poder Judiciário passa por uma séria crise de efetividade. O Estado Moderno possui, como uma de suas funções a solução de conflitos individuais, com a finalidade de pacificação, que ocorre por meio das demandas apresentadas ao Judiciário.

Sabe-se que fortes críticas são tecidas quanto a administração da justiça, sendo pública a situação de colapso em seu funcionamento. Os problemas estruturais e históricos mais evidentes são a demora na prestação jurisdicional, a escassez de recursos, a morosidade na execução das decisões judiciais, sendo observado um descaso com os serviços que são oferecidos aos cidadãos, em especial aqueles que vivem em situação de pobreza. Patrícia Luíza Kegel aborda este tema:

> "Essa crise, que possui seu epicentro na estrutura orgânica e funcional do Judiciário brasileiro, possui desdobramentos que podem vir a afetar a con-

solidação da democracia nacional, pois que envolvem uma das funções mais básicas e inerentes ao Estado, qual seja, a administração da justiça e o direito constitucional de cada cidadão à prestação jurisdicional."[3]

Além deste ponto, vivemos em uma cultua do conflito, em que a inércia do cidadão em tentar solucionar o conflito presente, a dificuldade de acesso à justiça, se contrapondo, assim, à ausência de celeridade processual, dificultam a resolução de problemas graves e criam uma situação de descontentamento da sociedade frente a qualidade dos serviços prestados pelo Judiciário.

3. Surgimento dos meios alternativos de resolução de conflitos

Desde o surgimento de sua existência, o ser humano possui a necessidade de convivência em grupos. Com o surgimentos das sociedades, ocorreu a imposição de regras para controle do ambiente, com o intuito de fornecer assim a possibilidade do bom convívio social.

Na década de 1970, Boaventura de Souza Santos realizou um trabalho denominado "Direito de Pasárgada" em sua tese de doutoramento em Sociologia na Universidade de Yale. Este estudo sociológico consistia em analisar, dentre outros fatores, o surgimento de uma ordem jurídica paraestatal, criada em virtude da exclusão feita pelo Estado de componentes da comunidade da favela do Jacarezinho no Rio de Janeiro. O sociólogo informou que devido à exclusão promovida pelo Estado com a anuência de parte da sociedade, os excluídos trataram de se organizar para obter melhorias de forma coletiva. O autor esclarece, que a existência de mais de uma ordem jurídica no mesmo espaço geopolítico, pode ter como fundamentos a questão racial, profissional e econômica.

> "[...] ela pode corresponder a um período de ruptura social como, por exemplo, um período de transformação revolucionária; ou pode ainda resultar, como no caso de Pasárgada, da conformação específica do conflito de classes numa área determinada da reprodução social – neste caso, a habitação"[4].

[3] KEGEL, Patrícia Luíza. Introdução. In: RODRIGUES, Horácio Wanderlei. **O terceiro Poder em Crise: Impasses e Saídas**. São Paulo: Fundação Konrad Adenauer Stiftung, 2002. p. 9.
[4] SANTOS, Boaventura de Sousa. **Notas sobre a história jurídico social de Pasárgada**.

O autor traz a ideia de um novo direito, oriundo das classes marginais, o qual se emancipa tornando-se efetivo e legítimo, contrapondo-se a burocracia do processo legislador formal estatal. Apesar da grande repercussão no mundo acadêmico, o Direito de Pasárgada recebeu diversas críticas, que viram em sua teoria certa ingenuidade. Motivo pelo qual, Boaventura reformulou suas teses, afirmando que o reconhecimento da pluralidade de ordens jurídicas não implica a perda da centralidade do direito estatal.

Em relação ao surgimento dos meios alternativos de resolução de conflitos no Brasil, o contexto de enfrentamento das dificuldades no acesso à justiça no contexto de uma sociedade de consumo em massa, a doutrina passou a incentivar e defender que o Brasil deveria adotar um modelo sistematizado para a conciliação, sendo que o Conselho Nacional de Justiça editou a Resolução nº 125/2010, estabelecendo a Política Judiciária Nacional de tratamento dos conflitos de interesses, com o objetivo expresso no artigo 1º de assegurar a todos o direito à solução dos conflitos por meios adequados à sua natureza e peculiaridade. José Maria Rossani Garcez afirma sobre está alternativa:

> "[...] apresentam um novo tipo de cultura na solução de conflitos, totalmente centrados nas tentativas para negociar harmoniosamente a solução desses conflitos, em um sentido, em realidade, direcionado à pacificação social tendo em vista seu conjunto, em que são utilizados e realçados a boa-fé e os métodos cooperativos"[5].

Entende-se que há uma tendência mundial para a busca de meios alternativos de solução de litígios instaurados perante o Poder Judiciário. O aumento da população e a ampliação do acesso à justiça são fatores importantes para tornar inoperante a jurisdição, exigindo sua reconstrução para a resolução de controvérsias fora dos padrões tradicionais.

In: SOUTO, Cláudio e FALCÃO, Joaquim (Orgs.); **Sociologia e Direito: textos básicos para a disciplina da sociologia jurídica**. São Paulo: Pioneira, 1999, p. 87.

[5] GARCEZ, José Maria Rossani. **Negociação. ADRS. Mediação. Conciliação e Arbitragem**. 2. ed. Rio de Janeiro: Lumen Juris, 2003, p. 1.

4. Conciliação

O termo "conciliação" é definido pelo Conselho Nacional de Justiça como um método utilizado em conflitos mais simples, ou restritos, no qual o terceiro facilitador pode adotar uma posição mais ativa, porém neutra com relação ao conflito e imparcial. É um processo consensual breve, que busca uma efetiva harmonização social e a restauração, dentro dos limites possíveis, da relação social das partes."[6]

Portanto, a conciliação é uma técnica utilizada com o intuito de corrigir percepções unilaterais e desproporcionais das partes, alcançando uma solução para o conflito. O objetivo principal é expandir a comunicação entre as partes, de forma a permitir uma troca positiva de opiniões e discussões entre elas, que tornem possível o acordo.

Os interessados contam com o auxílio de um terceiro, o conciliador, que interfere de forma imparcial no diálogo, apontando possíveis soluções para o litígio, que estejam de acordo com as propostas apresentadas pelos envolvidos, cabendo a estes, aceitarem ou não as soluções apontadas. A conciliação é indicada para conflitos em que as partes não possuam vínculo emocional ou afetivo, sendo utilizada para solucionar conflitos patrimoniais, como colisão de veículo, recálculo de dívida, relações de consumo, ou seja, divergências que não possuam relações contínuas.

No Brasil, a conciliação remonta a época imperial (século XVI e XVII), precisamente nas Ordenações Manuelinas (1514) e Filipinas (1603). Porém, foi apenas com a Constituição de 1824, que a conciliação ganhou *status* constitucional, nos artigos 161 e 162, que instituiram a conciliação prévia como condição essencial de procedibilidade para todos os processos cíveis. O Código de Processo Civil de 1973, legislava sobre a conciliação e reconhecia como principal meio de pacificação de conflitos (arts.125, IV, 277, 331, 447, 448 e 449 do CPC/73). Já o Código de Processo Civil de 2015 oferece diversas novidades em relação a está matéria, como uma Seção que aborda sobre conciliadores judiciais (arts. 165 a 175 do CPC), um Capítulo que trata das audiências de conciliação, merecendo destaque a intimação que será realizada na pessoa do seu advogado, a possibilidade de não realização da audiência e a possibilidade de

[6] **Conciliação e Mediação.** [*S. l.*], Disponível em: https://www.cnj.jus.br/programas-e--acoes/conciliacao-e- mediacao/. Acesso em: 22 set. 2022.

ser realizada via digital (art. 334 do CPC). Cumpre elencar que no Brasil, o ordenamento jurídico possibilita a existência de duas espécies de conciliação, de forma que esta pode ser extrajudicial (extraprocessual) que ocorre antes do processo ou judicial (endo processual), que acontece no Poder Judiciário no curso do processo.

Ao final, podemos elencar que a conciliação já é uma realidade no processo civil brasileiro, e, infelizmente, é inegável que a falta de aculturamento dos juízes, advogados e das partes impediu que houvesse um aproveitamento integral deste instituto que, por muitas vezes, foi considerado como um procedimento vulgarizado e meramente formal no escopo do processo civil. Ainda, temos que ao criar uma fase processual, a conciliação muitas vezes não consegue cumprir o papel de inovar e modificar a mentalidade das partes, já que estas encontram a conciliação no formato de uma audiência, ou seja, com um aspecto formal.

5. Resolução nº 125 do CNJ

A criação da Resolução nº 125 do CNJ decorreu da necessidade de se estimular, apoiar e difundir a sistematização e o aprimoramento de práticas já adotadas pelos tribunais, assim como a necessidade de se estabelecer uma política pública nacional em resolução adequada de conflitos o Conselho Nacional de Justiça aprovou esta Resolução.

Os objetivos dessa Resolução estão indicados de forma taxativa: i) disseminar a cultura da pacificação social e estimular a prestação de serviços autocompositivos de 38 qualidade (art. 2º); ii) incentivar os tribunais a se organizarem e planejarem programas amplos de autocomposição (art. 4º); iii) reafirmar a função de agente apoiador da implantação de políticas públicas do CNJ (art. 3º).

Com a Resolução nº 125 do Conselho Nacional de Justiça, começa-se a criar a necessidade de tribunais e magistrados abordarem questões como solucionadores de problemas ou como efetivos pacificadores. Passa-se a compreender o usuário do Poder Judiciário como um ser capaz de aprender meios para solucionar seus conflitos com o uso de comunicações eficientes. O verdadeiro acesso à Justiça abrange não apenas a prevenção e reparação de direitos, mas a realização de soluções negociadas e o fomento da mobilização da sociedade para que possa participar ativamente dos procedimentos de resolução de disputas como de seus resultados.

6. Relatório Justiça em Números do CNJ

O Relatório Justiça em Números é realizado pelo Conselho Nacional de Justiça e, atualmente, é a principal fonte das estatísticas oficiais anuais do Poder Judiciário. Nele está presente o índice de conciliação, que é dado pelo percentual de sentenças e decisões resolvidas por homologação de acordo em relação ao total de sentenças e decisões terminativas proferidas.

Em 2021, foram 11,9% sentenças homologatórias de acordo proferidas, valor que registrou crescimento em relação ao ano anterior, muito embora ainda não tenha retornado aos patamares que eram verificados antes da pandemia causada pela covid-19. Na fase de execução, as sentenças homologatórias de acordo corresponderam, em 2021, a 8,1%. É notória a curva de crescimento, tendo dobrado o valor ao longo da série histórica, com aumento em 4,6 pontos percentuais entre os anos de 2015 e 2021.

Na fase de conhecimento, a conciliação foi de 17,4%, acima do observado em 2020. Na fase de conhecimento dos juizados especiais, o índice de conciliação foi de 19%, já na execução dos Juizados Especiais Federais (JEFs) temos 24% de conciliação.

7. Direito comparado

Os meios alternativos de resolução de conflitos, se apresentam como um movimento global em busca da justiça conciliativa. Há uma tendência de se estabelecer inclusive obrigatoriedade da prévia tentativa de conciliação como condição de procedibilidade na instância judicial.

Nos Estados Unidos da América, a *Alternative Dispute Resolution* (ADR) praticamente se tornou obrigatória ao se tratar de conflitos civis. Na Itália, se discute sobre a *giurisdizione condizionata*, com decisão da Corte Constitucional não reconhecendo a inconstitucionalidade material no condicionamento da ação à prévia tentativa de conciliação. Na Alemanha, o Tribunal Federal de Justiça (BGH), no sentido de criar a cultura da conciliação, afastou a alegativa de inconstitucionalidade. O mesmo caminho foi tomado pela Bulgária e Romênia, que instituíram a conciliação obrigatória.

Já o Uruguai possui a conciliação totalmente incorporada à cultura e à tradição jurídica do país, desde sua primeira Constituição em 1830. A Argentina, diante de um contexto de ineficiência do Poder Judiciário, estabeleceu o "*Programa Nacional de Mediación de la República Argentina*", institucionalizado em 1996. A Colômbia foi um dos primeiros países que, no início dos anos 80, começou a desenvolver práticas consensuais, contando hoje com um sistema muito avançado no setor privado. Na Bolívia, a conciliação tem assento constitucional e a lei de regência da conciliação e arbitragem data de 1997. No Chile, a tentativa de conciliação em conflitos cíveis e trabalhistas é obrigatória. No Peru, a conciliação passou a ser um requisito obrigatório antes de iniciar um processo judicial nas matérias de natureza civil, laboral e assuntos de família, a partir de 2001, com a edição da Lei de Conciliação n. 26.872.

8. Juizado especial civil

Durante a década de 80, o Legislador editou a Lei n° 7.244, criando os "Juizados Especiais de Pequenas Causas", tal inovação foi considerada um sucesso, já que milhares de causas cíveis foram resolvidas por intermédio da conciliação entre as partes, "desafogando" muitos cartórios judiciais pela forma célere e eficaz de resolução dos conflitos através do consenso entre as partes. A promulgação da Lei nº 9.099/95 ocorreu diante da necessidade de levar os princípios da informalidade e do consenso para a esfera do Processo Penal, além da Civil. No mesmo evento, o então membro do Ministério Público e Deputado Estadual paulista Dráusio Barreto exprimiu:

> "Não há dúvida alguma que os Juizados Especiais, tanto no cível quanto o criminal, trazem um conteúdo revolucionário, no bom sentido, para a nossa justiça, justiça que há muito tempo vem sendo criticada, justiça que sofre por parte da opinião pública, por parte da sociedade, um desgaste intenso na sensação de que ela não se materializa, que não acontece, de que é morosa, de que não é acessível, de que não é igualitária, de que ela trata os iguais de forma desigual. Essa lei federal, a 9.099, seguramente traz esse conteúdo de

levar a justiça à nossa sociedade, especialmente à parcela mais carente do nosso povo, que não tem nenhum contato com nossa justiça."[7]

A motivação principal para a criação dos Juizados Especiais foi a ampliação do acesso à justiça, diante da possibilidade da resolução de seu conflito ocorrer por meio de um sistema judicial completo, o mais autossuficiente possível, que não confundisse, nem em termos processuais nem do ponto de vista da organização e do equipamento humano, com os demais procedimentos e órgãos da Justiça Comum.

Percebe-se que a Lei nº 9.099/95 fez com que o cidadão mais simples, com menor nível de instrução e menor poder aquisitivo pudesse ter a tutela jurisdicional do Estado em âmbito nacional. No âmbito dos Juizados Especiais, os meios alternativos são muito valorizados, uma vez que todos os casos, sem distinção, são submetidos à conciliação, pois estes juizados objetivam a pacificação das controvérsias, sendo que os julgamentos são uma exceção à finalidade principal.

Walter Nunes destaca:

> "A conciliação, que começou a ser estimulada desde a criação dos Juizados Especiais, é o avanço natural das organizações de classe, e a Justiça mais aproximada do interesse das partes. O movimento vai não só sensibilizar os órgãos da Justiça sobre a importância disso, como também fazer os envolvidos se aprofundarem no desenvolvimento de técnicas de conciliação."[8]

Certamente a criação dos Juizados Especiais contribuiu para a promoção de uma cultura voltada à paz, visando precipuamente à composição amigável de litígios, além do enfoque na celeridade e efetividade das lides ocasionando resoluções de tutelas jurídicas efetivas. Cumpre apontar que alguns advogados possuem dificuldades em lidar com a informalidade do rito que, não creditam apoio e não se conscientizam que o JEC é um juízo de pacificação.

[7] Barreto, Dráusio. In: D'urso, Luiz Flávio Borges. **Os novos juizados especiais criminais**. São Paulo: Madras, 1996. p. 93.
[8] Disponível em: <http//:www.tj.ms.gov.br – notícias>

9. Críticas ao sistema atual e possíveis soluções

A cultura do litígio ainda está essencialmente presente nos Tribunais de Justiça, de modo que mesmo com a prolatação de uma sentença por um juiz togado, persiste um sentimento de inconformismo. Ainda, em muitos casos de resolução por meio de um acordo homologado, esse sentimento persiste, já que os próprios operadores destes instrumentos não possuem, por vezes, intimidade e preparo para a aplicação de métodos alternativos.

Sob o problema acima, esclarecido a respeito do cenário atual de crise pelo qual passa o sistema judiciário, surgiram muitas propostas de soluções que foram apresentadas, resultando no que se convencionou em chamar de "acesso à justiça". Segundo a Ministra Ellen Gracie:

> "a implementação da conciliação como prática permanente é simples. Não demanda grandes gastos nem providencias complicas. Prescinde da construção de prédios e da contratação de pessoal. Não depende de edição de leis e não exclui a garantia constitucional de acesso a justiça [...] uma justiça mais acessível, efetiva, simples e informal é o que deseja a população brasileira. A adoção da conciliação tem se revelado fórmula hábil para atender esse anseio [...]".[9]

Uma das possíveis soluções é a instauração da conciliação pré-processual, está prática é adota com sucesso em muitos países, como foi explanada no tópico de "Direito Comparado". Contudo, está não é a mais indicada, já que a busca por meios alternativos deve ser voluntária. Portanto, a solução proposta nesse trabalho consistente no fortalecimento da disseminação da cultura do diálogo, uma vez que é o principal meio para alcançar um acordo, com a intensificação das ações do Conselho Nacional de Justiça, iniciada em 2006, com a implantação do Movimento pela Conciliação. Desde então são promovidas, anualmente, as Semanas Nacionais pela Conciliação.

[9] NORTHFLEET, Ellen Gracie. **Conversar faz a diferença**. Brasília: Correio Brasiliense, 2007. Disponível em: <http://www.stf.jus.br/arquivo/cms/conciliar>. Acesso em 20 set. 2022.

Neste ponto destaca, que um meio bastante eficiente seria a implementação do "Ensino Jurídico" nas escolas de educação fundamental tanto na rede pública como na rede privada como matéria curricular obrigatória, com o objetivo de conscientizar a população sobre seus direitos e deveres desde cedo, ou até mesmo no ensino médio, assim como é feito em alguns países que são considerados como desenvolvidos. É ineficiente a compilação de garantias sem que os jurisdicionados saibam de sua existência, além da abordagem da temática de cultura de paz, incentivando assim, o uso de negociações quando um conflito se apresentar.

No aspecto da remuneração dos conciliadores, uma solução para que as partes não arquem com tais custas, seria a contratação por meio de concurso público de provas e títulos ou a sua prestação de serviço da mesma maneira que ocorre com os peritos atualmente, ou seja, por meio de um cadastro e livre distribuição.

Por fim, em relação à desvalorização das audiências de conciliação no âmbito processual, uma solução seria a imposição de sanção a parte que usa o judiciário como forma de esquivar de suas obrigações, cenário que é observado em diversas empresas. Do outro lado, poderíamos implementar um benefício para as partes que fizerem uso da conciliação, por meio da redução do valor das custas judiciais.

Conclusões

A conciliação está presente no ordenamento jurídico brasileiro, contudo ainda enfrenta problemas no que concerne ao acesso à justiça, à celeridade processual, à segurança jurídica e o diálogo entre as partes. No sistema brasileiro, a grande maioria dos jurisdicionados busca o litígio judicial, aceitando tão somente uma decisão de última instância para a sua conformação. Por essa razão, o Poder Judiciário acaba julgando demandas que poderiam ser resolvidas de forma mais rápida e eficaz através dos métodos de resolução alternativos de conflitos.

Foram, então, criados os Juizados Especiais Cíveis, que valorizam a prática da conciliação, além de absorvarem uma demanda reprimida que não tem o devido acesso à justiça e à celeridade processual, bem como daqueles litigantes que não confiam na função jurisdicional estatal e buscam outras formas de resolução de conflitos. A utilização das alternativas processuais mostra-se efetiva em casos com menor tensionamento, em que há cooperação entre as partes, além do império da boa-fé. Envolvem o diálogo direto e constante, além de uma terceira parte como conciliadora. Atualmente, a conciliação serve como facilitadora de processos em que as partes buscam resolução de modo negociado, sem intervenção.

É bom lembrar que a prática da conciliação não retira do Estado-Juiz as suas prerrogativas, pelo contrário, surge como mais uma ferramenta hábil a contribuir para resolução de conflitos. Por isso, a importância de se conciliar as partes, pois diante dos resultados que vêm sendo obtidos em relação a demandas judiciais, não restam dúvidas de que todos saem ganhando no processo e assim, o Estado cumpre com o seu objetivo constitucional de pacificação social.

Ainda, foram oferecidas propostas para melhor aplicar os métodos alternativos na cultura brasileira. Como o fortalecimento da disseminação da cultura do diálogo, a implementação do "Ensino Jurídico" nas escolas de educação fundamental, a contratação por meio de concurso público de provas e títulos de conciliadores judiciais ou a sua prestação de serviço da mesma maneira que ocorre com os peritos atualmente, ou seja, por meio de um cadastro e livre distribuição.

Por fim, em relação à desvalorização das audiências de conciliação no âmbito processual, uma solução seria a imposição de sanção a parte que usa o judiciário como forma de esquivar de suas obrigações e implementação de um benefício para as partes que fizerem uso da conciliação, por meio da redução do valor das custas judiciais.

Referências

BARRETO, Dráusio. In: D'URSO, Luiz Flávio Borges (org). **Os novos juizados especiais criminais.** São Paulo: Madras, 1996.

CAPPELLETTI, Mauro. **Os Métodos Alternativos de Solução de Conflitos no Quadro do Movimento Universal de Acesso à Justiça.** Revista Forense, Rio de Janeiro, n° 326, 1994.

CAPPELLETTI, Mauro e GARTH, Bryant. **Acesso à Justiça**. Tradução de Ellen Gracie Northleet. Porto Alegre: Fabris, 1988.

DINAMARCO, Candido Rangel. **Universalizar a Tutela Jurisdicional. Fundamentos do Processo Civil Moderno.** 6. ed. São Paulo: Malheiros, 2010.

GARCEZ, José Maria Rossani. **Negociação. ADRS. Mediação. Conciliação e Arbitragem.** 2. ed. Rio de Janeiro: Lumen Juris, 2003.

KEGEL, Patrícia Luíza. Introdução. In: RODRIGUES, Horácio Wanderlei. **O terceiro Poder em Crise: Impasses e Saídas**. São Paulo: Fundação Konrad Adenauer Stiftung, 2002.

KELSEN, Hans. **Teoria pura do direito**. Tradução de João Baptista Machado. 5. ed. São Paulo: Martins Fontes, 1996.

MOREIRA, José Carlos Barbosa. **O novo processo civil brasileiro: exposição sistemática do procedimento**. 24. ed. Rio de Janeiro: Forense, 2006.

NETO, Adolfo Braga. **Alguns aspectos relevantes sobre mediação de conflitos.** In Estudos sobre mediação e arbitragem. Lilia Maia de Morais Sales (Org.). Rio – São Paulo – Fortaleza: ABC Editora, 2003.

NORTHFLEET, Ellen Gracie. **Conversar faz a diferença**. Brasília: Correio Brasiliense, 2007. Disponível em: <http://www.stf.jus.br/arquivo/cms/conciliar>. Acesso em 20 set. 2022.

PINHO, Humberto Dalla Bernardina de. **Teoria Geral da Mediação: à Luz do Projeto de Lei do Direito Comparado.** São Paulo: Lumen Juris, 2008.

SANTOS, Boaventura de Sousa. **Notas sobre a história jurídico social de Pasárgada**. In: SOUTO, Cláudio e FALCÃO, Joaquim (Orgs.); **Sociologia e Direito: textos básicos para a disciplina da sociologia jurídica**. São Paulo: Pioneira, 1999.

SOUZA, André Pagani de. **Teoria geral do processo contemporâneo.** 5. ed. São Paulo: Atlas, 2021.

THEODORO JÚNIOR, Humberto. **Celeridade e Efetividade da Prestação Jurisdicional. Insuficiência da Reforma das Leis Processuais.** RDCPC n. 36, 2005.

8.
O TEMA 988 DO STJ DESDE SUA ORIGEM E APLICAÇÕES

Marcella Saleta Pacheco[1]

Introdução

O agravo de instrumento, previsto nos arts. 994, inciso II, e 1.015, do CPC, é o recurso que cabe, no geral, contra as decisões interlocutórias que versam sobre certos assuntos, tais como tutelas provisórias. Ou seja, trata-se de recurso interposto diante de situações processuais capazes de causar prejuízos imediatos a um dos litigantes, pois não há como trazer tal questão processual à tona somente em preliminar de apelação (art. 1.009, § 1º, do CPC), por conta do lapso temporal.

Por isso, o agravo de instrumento se demonstra demasiadamente importante para o exercício prático e teórico da Advocacia e da Magistratura. Sua notoriedade se demonstrou, também, quando da afetação do Tema Repetitivo n. 988 do E. Superior Tribunal de Justiça.

O Tema Repetitivo 988 do STJ, afetado em 28 de fevereiro de 2018, teve como questão submetida a julgamento a de definir a natureza do rol do art. 1015 do CPC e verificar a possibilidade de sua interpretação extensiva, para se admitir a interposição de agravo de instrumento contra decisão interlocutória que verse sobre hipóteses não expressamente versadas

[1] Artigo elaborado a partir da monografia apresentada ao Núcleo de Monografia Jurídica da Faculdade de Direito da PUC-SP, sob orientação do Professor Doutor Cassio Scarpinella Bueno.

nos incisos do referido dispositivo. A tese firmada, em 19 de dezembro de 2018, foi a seguinte: "o rol do art.

1.015 do CPC é de taxatividade mitigada, por isso admite a interposição de agravo de instrumento quando verificada a urgência decorrente da inutilidade do julgamento da questão no recurso de apelação".

Ou seja, o rol do art. 1.015 do CPC, antigamente reconhecido como taxativo, na realidade, é de taxatividade mitigada, dependendo de urgência causada pela inutilidade do julgamento da questão no recurso de apelação. Desse modo, o cabimento do recurso de agravo de instrumento, previsto nos arts. 1.015 a 1.020 do CPC, além da previsão em legislação extravagante, foi ampliado.

Este artigo tem como objetivo geral observar o cabimento do recurso de agravo de instrumento, e como objetivo específico o de se voltar ao Tema 988 do STJ, observando sua origem e aplicação. Isto se dará por meio de pesquisas doutrinárias e jurisprudenciais, cabendo, ao final, o apontamento de críticas quanto à tese firmada.

1. O agravo no cpc/73

Antes de adentrar ao Tema 988 do STJ por si próprio, há de se contextualizar o recurso de agravo, neste primeiro momento, no Código de Processo Civil de 1973. O referido recurso possuía duas modalidades: por instrumento ou retido.

A forma retida era a regra, sendo cabível o agravo de instrumento tão somente quando se tratava de decisão suscetível de causar à parte lesão grave e de difícil reparação, bem como nos casos de inadmissão da apelação e nos relativos aos efeitos em que a apelação é recebida (art. 522, segunda parte do *caput*, do CPC/73).

Ou seja, o de instrumento era utilizado em questões que necessitavam de maior celeridade processual pelo possível prejuízo a ser causado, sendo, inclusive, interposto diretamente ao Tribunal competente (art. 524, caput, do CPC/73), enquanto o retido era empregado nos demais casos contra as decisões interlocutórias, bem como contra as proferidas em audiência de instrução, sendo, neste último caso, interposto de forma oral e imediatamente (art. 523, § 3º, do CPC/73). O relator, entendendo que não há risco de lesão grave e de difícil reparação no agravo de instrumento, o converterá em agravo retido (art. 527, inciso II, do CPC/73).

Importante destacar que o CPC/73 e as leis que o alteraram foram criados em um contexto completamente diferente do em que se escreve este artigo: o dos processos físicos. Ora, o agravo retido possuía tal nome porque não era examinado de imediato, mas ficava retido fisicamente até o momento da remessa ao Tribunal por conta da interposição do recurso de apelação por alguma das partes, sendo, por fim, julgado como matéria preliminar (art. 523, *caput*, do CPC/73). Depois do breve histórico construído, passa-se a analisar o agravo de instrumento no CPC/15.

2. O agravo de instrumento no cpc/2015 e as escolhas legislativas envolvidas

Agora, quanto ao atual recurso de agravo, esse ocorre em uma só modalidade: a de instrumento. Contudo, não depende mais de a decisão interlocutória ser capaz de causar lesão grave e de difícil reparação à parte, como ocorria no CPC/73. Percebe-se que, mais uma vez, o agravo passou por uma reforma, porém, manteve a sua essência, qual seja, a de reforma de decisões interlocutórias, só que, agora, limitando os temas abarcados.

Isto é, o CPC/73 não previa hipóteses de cabimento específicas para o recurso de agravo, somente o diferenciava em tipos, considerando as circunstâncias advindas da decisão interlocutória em questão. Desse modo, todas as decisões interlocutórias eram recorríveis por meio do agravo, sendo ele retido ou de instrumento. Tal histórico só demonstra como as interlocutórias devem ser impugnadas de forma específica, e, ainda que muitas possam ser atacadas em sede de apelação, outras demandam exame imediato pelo Tribunal, como bem pontua Osmar Mendes Paixão Côrtes[2]. Além disso, as diversas reformas ocorridas explicitam a dificuldade em se definir o melhor modelo de impugnação.

O CPC/15 alterou, e muito, o agravo de instrumento, já que passou a prever quais temáticas são passíveis de discussão no recurso – e não somente em preliminar de apelação (art. 1.009, § 1º, do CPC/15), sendo essa uma escolha legislativa. Entretanto, no decorrer do tempo, tal rol, que era considerado taxativo, demonstrou-se insuficiente para a prática

[2] CÔRTES, Osmar Mendes Paixão. **A evolução do agravo de instrumento: justificativa e consequências da atual sistemática**. Revista de Processo, vol. 288. São Paulo: Revista dos Tribunais, fev. 2019, p. 235/250.

jurídica, tendo em vista a extrema dificuldade do legislador em prever todas as necessidades dos casos concretos. Tal motivo, como se verá a seguir, deu origem ao Tema 988 do STJ.

Quanto às escolhas legislativas supramencionadas, importante comentar acerca do Parecer n. 956, de 2014, de relatoria do Senador Vital do Rêgo, em que, por exemplo, a Emenda n. 92, do Senador Aloysio Nunes Ferreira, na qual se pretendia afastar o regime da taxatividade das hipóteses de cabimento de agravo de instrumento, foi rejeitada, já que tal regime teria sido aprovado pelo Senado Federal na forma do art. 969 do Projeto de Lei do Senado n. 166 (Reforma do CPC), de 2010, de autoria do Senador José Sarney.

Replicam-se passagens relevantes do Parecer acerca do tema:

> O projeto de Novo Código de Processo Civil segue **o caminho da simplificação recursal e do desestímulo ao destaque de questões incidentais para discussões em vias recursais antes da sentença**, especialmente quando, ao final do procedimento, esses temas poderão ser discutidos em recurso de apelação. Por essa razão, no PLS, não se exacerbou na previsão de hipóteses de cabimento de **agravo de instrumento. Essa espécie recursal ficou restrita a situações que, realmente, não podem aguardar rediscussão futura em eventual recurso de apelação.** Nesse sentido, o PLS **flexibilizou o regime de preclusão quanto às decisões interlocutórias** para permitir, se necessário for, a sua impugnação em futuro recurso posterior a sentença. Uma das espinhas dorsais do sistema recursal do projeto de Novo Código é **o prestígio ao recurso único**.
> [...]
> Com isso, **as hipóteses de cabimento de agravo de instrumento ficarão em consonância com a vocação célere e eficiente de processo que inspira o novo Estatuto Processual Civil**, sem que tenham sido violados os preceitos regimentais que não admitem a inovação no texto em exame nesta altura da tramitação da matéria. (grifos não originais)

Diante desse contexto, fica claro o objetivo pretendido: a diminuição das hipóteses de cabimento do agravo de instrumento, para que, assim, as demais questões sejam discutidas em um único momento, na apelação. Ou seja, o legislador estava consciente da escolha do rol taxativo do art.

1.015 do CPC/15, tendo em vista a celeridade e a eficiência processuais. Com tal rol, a princípio, de *numerus clausus*, inicia-se a discussão acerca do Tema 988 do STJ e dos recursos que o originaram.

3. A origem do tema 988 do STJ

A origem do Tema Repetitivo 988 do STJ é a afetação, pelo art. 1.036 e seguintes do CPC/15, de dois casos: do REsp n. 1.696.396/MT e do REsp n. 1.704.520/MT. Isto é, houve o reconhecimento da multiplicidade, neste caso, de recursos especiais, com fundamento em idêntica questão de direito, muito embora suas questões fáticas sejam distintas.

Tal afetação se deu nos dois recursos que representam a controvérsia com abrangente argumentação e discussão a respeito do tema (art. 1.036, §§ 1º e 6º, do CPC/15), entretanto, sem a determinação de suspensão nacional de todos os processos pendentes, individuais ou coletivos acerca do tema.

3.1. O REsp n. 1.696.396/MT

O REsp n. 1.696.396/MT foi interposto contra o acórdão proferido pelo E. TJMT que, por unanimidade, negou provimento ao agravo interno interposto contra decisão monocrática do Relator que não conheceu do agravo de instrumento interposto pela recorrente. A ação originária tratava de reintegração de posse, tendo sido ajuizada pelo recorrido, que alega ter cedido, em comodato verbal, um apartamento de sua propriedade, e que a recorrente, mesmo notificada regularmente, se recusa a desocupar e restituir o bem.

As decisões interlocutórias recorridas por meio de agravo de instrumento tratavam sobre (i) declínio de competência por conta de existência de vara especializada em Direito Agrário e (ii) rejeição, na vigência do CPC/15, da impugnação do valor da causa ofertada na vigência do CPC/73. Ou seja, matérias não elencadas expressamente no rol do art. 1.015 do CPC/15, tendo como resultado o não conhecimento do recurso.

Além disso, também foi apontado o conflito jurisprudencial com acórdãos proferidos pelo E. TJMG.

No mais, os fundamentos do recurso especial foram de que as decisões que versam sobre competência e valor da causa adentram ao mérito do litígio, portanto, impugnáveis via agravo de instrumento; a não possibilidade de se apreciar tais questões somente nas preliminares de apelação, pois a ação já teria sido julgada com vícios que anulariam sua propositura; a Vara de Violência Doméstica e Familiar ter competência absoluta, atraindo todas as ações conexas e ligadas à mesma questão de fato; e o valor da causa deve refletir o valor do imóvel cuja reintegração de posse é requerida.

3.2. O REsp n. 1.704.520/MT

O REsp n. 1.704.520/MT foi, também, interposto contra o acórdão proferido pelo E. TJMT que, por unanimidade, negou provimento ao agravo interno interposto contra decisão monocrática do Relator que não conheceu do agravo de instrumento interposto pela recorrente.

A ação originária tratava de rescisão contratual cumulada com reparação de danos patrimoniais e morais, tendo sido ajuizada pela insurgente, que alega a existência de descumprimento de contrato de franquia celebrado com cláusula de eleição de foro e de danos de natureza material e extrapatrimonial.

A decisão interlocutória recorrida por meio de agravo de instrumento acolheu exceção de incompetência ofertada pela recorrida e determinou a remessa do processo à comarca do Rio de Janeiro/RJ, pois considerou inexistente a alegada nulidade da cláusula de eleição de foro prevista no contrato em questão.

Além disso, também foi apontado o conflito jurisprudencial com acórdãos proferidos pelo E. TJPR. No mais, o fundamento do recurso especial foi de que a questão acerca da competência não poderia aguardar o reexame apenas no momento da apelação, pois a tramitação do processo em juízo incompetente geraria danos à atividade judiciária e prejuízo às partes.

3.3 O julgamento do Tema 988 do STJ

a) O voto vencedor – Relatora Ministra Nancy Andrighi

Em 05 de dezembro de 2018 houve o julgamento do Tema 988 do STJ, sendo o voto vencedor o da Relatora Ministra Nancy Andrighi. O propósito do Tema foi o de definir a natureza jurídica do rol do art. 1.015 do CPC/15, além de verificar a possibilidade de sua interpretação extensiva, analógica ou exemplificativa.

Após breve histórico do recurso, adentra-se à divergência doutrinária, que se divide em três correntes: o rol é absolutamente taxativo e deve ser interpretado restritivamente; o rol é taxativo, mas comporta interpretações extensivas ou analogia; e o rol é exemplificativo. Ato contínuo, a Relatora extrai conclusões preliminares:

> (i) **A controvérsia limita-se, essencialmente, à recorribilidade das interlocutórias na fase de conhecimento do procedimento comum e dos procedimentos especiais, exceto o processo de inventário**, em virtude do que dispõe o art. 1.015, parágrafo único, do CPC, que prevê ampla recorribilidade das interlocutórias na fase de liquidação ou de cumprimento de sentença, no processo de execução e no processo de inventário.
> (ii) A **majoritária doutrina se posicionou no sentido de que o legislador foi infeliz ao adotar um rol pretensamente exaustivo** das hipóteses de cabimento do recurso de agravo de instrumento na fase de conhecimento do procedimento comum, retornando, ao menos em parte, ao criticado modelo recursal do CPC/39.
> (iii) **O rol** do art. 1.015 do CPC, como aprovado e em vigor, **é insuficiente**, pois **deixa de abarcar uma série de questões urgentes e que demandariam reexame imediato pelo Tribunal.**
> (iv) Deve haver uma **via processual sempre aberta para que tais questões sejam desde logo reexaminadas quando a sua apreciação diferida puder causar prejuízo às partes decorrente da inutilidade futura da impugnação apenas no recurso de apelação.**
> (v) **O mandado de segurança**, tão frequentemente utilizado na vigência do CPC/39 como sucedâneo recursal e que foi paulatinamente reduzido pelo CPC/73, **não é o meio processual mais adequado para que se provoque o reexame da questão ventilada em decisão interlocutória pelo Tribunal.**
> (vi) Qualquer que seja a interpretação a ser dada por esta Corte, **haverá benefícios e prejuízos, aspectos positivos e negativos, tratando-se de uma verdadeira "escolha de Sofia".**
> (vii) Se, porventura, o posicionamento desta Corte se firmar no sentido de que também é cabível o agravo de instrumento fora das hipóteses listadas no art. 1.015 do CPC, **será preciso promover a modulação dos efeitos da presente decisão ou estabelecer uma regra de transição, a fim de proteger às partes que, confiando na absoluta taxatividade do rol e na interpretação**

restritiva das hipóteses de cabimento do agravo, deixaram de impugnar decisões interlocutórias não compreendidas no art. 1.015 do CPC. (sem ênfase no original)

Em seguida, passa-se ao exame mais detalhado acerca do objeto controverso. Conclui-se que o legislador do CPC/15 pretendeu, conscientemente, restringir a utilização do recurso de agravo de instrumento, por isso foi empregada a técnica de enumerar as hipóteses que, a seu ver, ensejariam imediato reexame pelo Tribunal, aquelas "situações que, realmente, não podem aguardar rediscussão futura em eventual recurso de apelação" (Parecer n. 956, de 2014, de relatoria do Senador Vital do Rêgo).

A Relatora também aponta que "a realidade normalmente supera a ficção e a concretude torna letra morta o exercício de abstração inicialmente realizado pelo legislador". Isto é, dificilmente um rol que se pretende taxativo enuncia todas as hipóteses vinculadas à sua razão de existir.

Desse modo, o critério a ser utilizado como norte da interpretação para o cabimento do recurso de agravo de instrumento fora das hipóteses do rol do art. 1.015 do CPC é a urgência. Embora o termo "urgência" seja vago e relativo, a Relatora diz que não pretende exaurir os exemplos, pois seria de impossível realização, "como é igualmente impossível enunciar, de antemão, as hipóteses em que o reexame da interlocutória será urgente".

Quanto à preclusão, a Ministra diz que não há esse problema, por conta da tese jurídica que se propõe: taxatividade mitigada pelo requisito da urgência. Não haverá preclusão temporal, pelo respeito ao momento legalmente previsto para impugnação das interlocutórias, além de que a tese não pretende dilatar o prazo, mas antecipá-lo; não haverá preclusão lógica, já que a decisão interlocutória não impugnável de imediato está momentaneamente imune, podendo ser desestabilizada somente por ato comissivo da parte quando eventualmente preencher o seu requisito; e não haverá preclusão consumativa, uma vez que apenas será rompido o estado de inércia se houver juízo positivo de admissibilidade do agravo de instrumento.

A Relatora conclui, então, que a adoção da tese de taxatividade mitigada é mais benéfica ao jurisdicionado e ao sistema recursal do que àquela que consubstancia as interpretações extensivas ou as analogias.

Passando ao caso concreto, a Relatora decide sobre os dois recursos especiais afetados. O REsp n. 1.696.396/MT: em relação à competência, o agravo de instrumento deve ser conhecido e regularmente processado, entretanto, quanto ao valor da causa, o agravo é inadmissível, porque não se verifica a presença da urgência. O REsp n. 1.704.520/MT: como no anterior, em relação à competência, o agravo de instrumento deve ser conhecido e regularmente processado.

Finalmente, após voto minucioso, a Relatora conhece o recurso especial repetitivo para fixar a tese jurídica de que "O rol do art. 1.015 do CPC é de taxatividade mitigada, por isso admite a interposição de agravo de instrumento quando verificada a urgência decorrente da inutilidade do julgamento da questão no recurso de apelação." e para modular os efeitos da tese jurídica para aplicação às decisões interlocutórias proferidas após a publicação do acórdão.

b) O resultado final do julgamento

Veja-se o resultado final do julgamento do Tema 988 do STJ: os Ministros Napoleão Nunes Maia Filho, Jorge Mussi, Luis Felipe Salomão, Benedito Gonçalves, Raul Araújo e Felix Fischer acompanharam a Relatora, enquanto os Ministros Maria Thereza de Assis Moura, João Otávio de Noronha, Humberto Martins, Og Fernandes e Mauro Campbell Marques votaram de forma divergente.

Diante de tal desfecho, e considerando que os Ministros Francisco Falcão e Herman Benjamin não participaram do julgamento, a tese firmada foi a de que "O rol do art. 1.015 do CPC é de taxatividade mitigada, por isso admite a interposição de agravo de instrumento quando verificada a urgência decorrente da inutilidade do julgamento da questão no recurso de apelação.", conforme pretendia a Relatora.

O "placar", de sete contra cinco, demonstra como o tema é extremamente controverso no Direito Processual Civil brasileiro, pois não houve julgamento unânime, muito longe disso. Passa-se à análise da abordagem doutrinária acerca da tese firmada no Tema 988 do STJ, e, posteriormente, às suas aplicações práticas.

4. Abordagem doutrinária acerca da taxatividade mitigada do rol do artigo 1.015 do CPC/2015

Antes de adentrarmos às aplicações, pelos Tribunais, do Tema 988 do STJ, há, também, de se considerar a abordagem doutrinária acerca da tese de taxatividade mitigada do rol do art. 1.015 do CPC.

Em seu livro “Os agravos no CPC de 2015”, Teresa Arruda Alvim tece comentários sobre o resultado do Tema 988 do STJ, como o de que o enunciado teórico constante do acórdão corresponde ao *periculum in mora* e que houve a eleição de um critério para identificar as situações que ensejam a impugnabilidade pela via do agravo de instrumento, sem vinculá-lo a nenhum dos incisos do art. 1.015 do CPC.

No mais, quanto à atividade interpretativa, a autora diz que é critério interessante, embora não completamente seguro, já que poderia haver discordância até mesmo quanto ao conteúdo mínimo de significado dos termos constantes da lei. Ou seja, o sentido das palavras que estão presentes na lei não deve ser desprezado pelo intérprete. Assim, a existência de significados mínimos incorporados seria um limite para o intérprete.

Embora não concorde com o decidido pelo STJ, Teresa afirma que o critério eleito no acórdão para viabilizar a imediata possibilidade de impugnação da decisão é, de fato, harmônico com a Constituição Federal.

Osmar Mendes Paixão Côrtes já previa o aumento excessivo no número de agravos de instrumento, podendo causar um aumento consequente no número de recursos para as Cortes Superiores. No mais, em havendo, ao longo do tempo, “um progressivo elastecimento do cabimento fora das hipóteses previstas na legislação de forma expressa, as consequências deverão ser objeto de detida reflexão.”[3]2

Em contraponto, Fernanda Medina Pantoja traz, em seu recente artigo de dezembro de 2021, alguns dos mitos do cabimento do agravo de instrumento. Um deles seria sobre um suposto aumento significativo de interposições de agravos de instrumento após a fixação da tese da taxatividade mitigada: na realidade, o índice de recorribilidade no ano de 2019 permaneceu no mesmo patamar reduzido.

[3] CORTÊS, Osmar Mendes Paixão. **A evolução do agravo de instrumento: justificativa e consequências da atual sistemática**. Revista de Processo, vol. 288. São Paulo: Revista dos Tribunais, fev. 2019, p. 9.

Porém, conforme gráfico abaixo, que possui os dados mais recentes de 2014 a 2021, há de se perceber que o número de agravos de instrumento interpostos perante os Tribunais, está em uma crescente desde 2019, isto é, logo após a fixação da tese do Tema 988 do STJ. Mesmo assim, não há como se comparar tais números com os de 2014 a 2017, pois exorbitantes estes últimos.

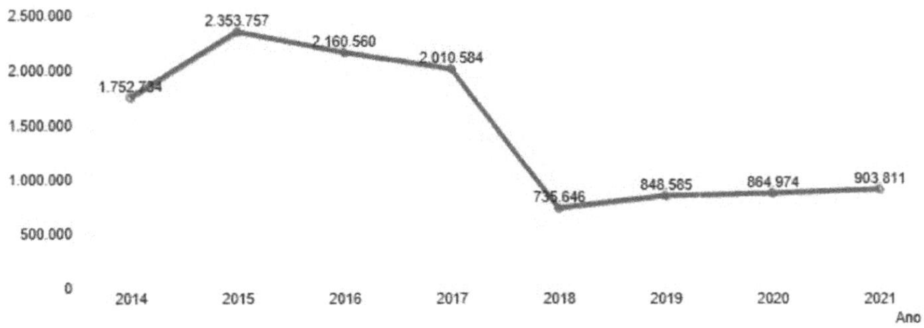

Fonte: CNJ. Justiça em Números 2022 (ano-base 2021). Disponível em *https://paineis.cnj.jus.br/QvAJAXZfc/opendoc.htm?document=qvw_l%2FPainelCNJ.qvw&host=QVS%40neodimio03&anonymous=, "Demandas por classe e assunto", Classe "PROCESSO CÍVEL E DO TRABALHO" e "Agravo de Instrumento". Acesso em 06/10/2022.*

Por fim, mas não menos importante, cabe destacar a primeira abordagem dada pelo professor William Santos Ferreira, que defende que, ao CPC adotar o sistema de recorribilidade de todas as decisões interlocutórias, não há como se falar em recurso inútil, devendo caber o agravo de instrumento, mesmo que não enumerado nas hipóteses previstas. Assim, a base a ser utilizada é a da utilidade prospectiva do recurso, pois, havendo recorribilidade, o recurso tem de ser útil.

Com tantas visões e opiniões trazidas acima, percebe-se a importância e a inquietude que o tema traz à doutrina, além da distância que estamos de uma pacificação sobre esse recurso tão valoroso para o processo civil brasileiro.

5. Aplicações do tema 988 no tribunal de justiça do estado de são paulo

Agora, há de se observar o comportamento da jurisprudência, mais especificamente do Tribunal de Justiça do Estado de São Paulo. Diante do grande volume de agravos de instrumento, e para que a pesquisa possa ser mais bem direcionada e delimitada, passa-se a utilizar o critério de publicação entre 24 de março de 2022 e 24 de junho de 2022. Com tal limitação, foram analisados 465 (quatrocentos e sessenta e cinco) recentes acórdãos.

Desconsiderando os agravos de instrumento julgados prejudicados e aqueles em que o Tema não foi utilizado, mas somente apontado como alegação dos agravantes, foram contabilizados 432 (quatrocentos e trinta e dois). Dentre estes, pode-se observar a prevalência de sete temas:

OS TEMAS MAIS RECORRENTES							
	Total	Não conhecidos	Conhecidos	Parcial ou Totalmente Providos	Improvidos	Porcentagem de não Conhecimento	Porcentagem de Conhecimento
Produção Probatória	58	50	8	6	2	86%	14%
Competência	51	2	49	23	26	4%	96%
Honorários Periciais	30	18	12	8	4	60%	40%
Emenda à Inicial	27	21	6	2	4	78%	22%
Valor da Causa	25	14	11	10	1	56%	44%
Suspensão do Processo	22	11	11	8	3	50%	50%
Ilegitimidade Passiva	15	12	3	2	1	80%	20%

Em uma análise geral, do total de 432 acórdãos: 275 não foram conhecidos (64%) e 157 foram conhecidos (36%). Percebe-se, portanto, que os tópicos presentes nos recursos especiais afetados pelo Tema, de competência e valor da causa, apareceram em 76 julgados, não tendo sido conhecidos em apenas 21% (16 de 76), contra aproximadamente 79% (60 de 76) de conhecimento – ou seja, a porcentagem de conhecimento dos agravos de instrumento que tratam sobre tais assuntos demonstra como os Desembargadores tendem a aceitar mais facilmente o cabimento dos exemplos dos casos concretos do Tema 988 do STJ, pois já decidido por Tribunal Superior, quando em comparação com o quadro geral de conhecimento acima.

Conclusões

O Tema 988 do STJ poderia ter se proposto a somente julgar os casos concretos advindos dos recursos especiais n. 1.696.396/MT e 1.704.520/MT, contudo, decidiu por ir além, tornando o rol do art. 1.015 do CPC de taxatividade mitigada, a depender da urgência decorrente da inutilidade do julgamento da questão no recurso de apelação.

Isto é, o STJ não se limitou a dizer sobre o cabimento do agravo de instrumento contra decisões interlocutórias que versem sobre competência, valor da causa e exceção de incompetência, mas, na realidade, transferiu a responsabilidade de decisão aos Tribunais sobre os demais temas, nos quais caberá a cada Câmara ou Desembargador reconhecer, ou não, a urgência do caso.

Dessa forma, como demonstrado na pesquisa jurisprudencial, os julgamentos passam a ser mais subjetivos, uma vez que os termos urgência e inutilidade não são facilmente definidos e abrangem diversas opiniões e visões. Importante apontar que tal subjetividade tende a recair mais sobre os recursos que tratam dos temas não versados nos casos concretos do Tema – com, no geral, 36% de conhecimento – do que sobre os trazidos – com aproximadamente 80% de conhecimento.

Assim, numa possível tentativa de "se livrar" da subida de inúmeros recursos especiais desafiando acórdãos dos Tribunais que não conhecem os agravos de instrumentos contra decisões interlocutórias não previstas nos incisos do art. 1.015 do CPC, o STJ acaba por superlotar e congestionar os demais Tribunais do país, já que em não havendo regras claras sobre o cabimento, a tendência é a de interposição contra toda e qualquer decisão interlocutória, em uma mera técnica de "tentativa e erro".

Tal consequência, advinda da tese firmada no Tema 988 do STJ, traz consigo, também, a insegurança jurídica, já que, ao interpor um agravo de instrumento contra interlocutória não prevista no rol, o agravante não consegue obter alguma mínima previsão sobre o conhecimento, ou não, do recurso, pois dependerá não somente da Câmara a que for distribuído perante aquele Tribunal, mas também sobre o conceito de urgência que os 3 (três) julgadores têm sobre determinado assunto.

A rigor e para evitar a dispersão e o surgimento de dúvidas, o STJ poderia, e deveria, ter limitado a tese aos casos afetados representantes da controvérsia, buscando, de certa forma, generalizar o extraível dos casos concretos então julgados. Contudo, considerando que o STJ quis ir além, o melhor, à época, teria sido a fixação da tese de que o rol do art. 1.015 do CPC é taxativo, mas não havendo impedimento acerca da interpretação extensiva das hipóteses – e, quando extremamente necessário, fosse dada a interpretação da lei federal pelo STJ em casos específicos, como, por exemplo, o do segredo de justiça.

Isto porque, não há como negar que o rol é insuficiente para tutelar as diversas questões que o fenômeno jurídico apresenta, pois seria uma verdadeira inocência e ignorância acerca da realidade jurídica brasileira.

Referências

ABBOUD, Georges; VAUGHN, Gustavo Favero. **O CABIMENTO DO AGRAVO DE INSTRUMENTO SOB A ÉGIDE DO CPC DE 2015 NAS AÇÕES DE RECUPERAÇÃO JUDICIAL: COMENTÁRIOS AO RECURSO ESPECIAL1.722.866/MT**. Revista de Direito Recuperacional e Empresa, vol. 13. São Paulo: Revista dos Tribunais, jul/set 2019.

ALVIM, Teresa Arruda. **Os agravos no CPC de 2015**. 5. ed. Curitiba: Editora Direito Contemporâneo, 2021.

ARAÚJO, José Henrique Mouta. **A recorribilidade das interlocutórias no novo CPC: variações sobre o tema**. Revista de Processo, vol. 251. São Paulo: Revista dos Tribunais, jan. 2016.

ARAÚJO, José Henrique Mouta. **O RECURSO DE AGRAVO E AS DIRETRIZES ESTABELECIDAS PELA LEI 11.187/2005**. Revista de Processo, vol. 130. São Paulo: Revista dos Tribunais, dez. 2005.

BUENO, Cassio Scarpinella. **Manual de direito processual civil**. 7. ed. São Paulo: Saraiva Educação, 2021.

BUENO, Cassio Scarpinella. **OS IMPACTOS DO NOVO CÓDIGO DE PROCESSO CIVIL NO MANDADO DE SEGURANÇA**. Revista de Processo, vol. 297. São Paulo: Revista dos Tribunais, nov. 2019.

CARPES, Artur Thompsen. **A "taxatividade mitigada" do art. 1.015, CPC: notas sobre a *ratio decidendi* fixada no Superior Tribunal de Justiça na perspectiva da teoria das normas**. Revista de Processo, vol. 294. São Paulo: Revista dos Tribunais, ago. 2019.

CÔRTES, Osmar Mendes Paixão. **A consolidação da "objetivação" no novo Código de Processo Civil**. Revista de Processo, vol. 265. São Paulo: Revista dos Tribunais, mar. 2017.

CÔRTES, Osmar Mendes Paixão. **A evolução do agravo de instrumento: justificativa e consequências da atual sistemática**. Revista de Processo, vol. 288. São Paulo: Revista dos Tribunais, fev. 2019.

FERREIRA, William Santos. **Cabimento do agravo de instrumento e a ótica prospectiva da utilidade – O direito ao interesse na recorribilidade de decisões interlocutórias**. Revista de Processo, vol. 263. São Paulo: Revista dos Tribunais, jan. 2017.

FERREIRA, William Santos. Comentários ao art. 1.015 In: BUENO, Cassio Scarpinella (coordenador). **Comentários ao Código de Processo Civil** – v. 4 (arts. 926 a 1.072). São Paulo: Saraiva, 2017.

MARANHÃO, Clayton. **Agravo de instrumento no Código de Processo Civil de 2015: entre a taxatividade do rol e um indesejado retorno do mandado de segurança contra ato judicial**. Revista de Processo, vol. 256. São Paulo: Revista dos Tribunais, jun. 2016.

NERY JR., Nelson; NERY, Rosa Maria de Andrade. **Código de Processo Civil comentado**. 16. ed. São Paulo: Revista dos Tribunais, 2016.

NUNES, Dierle José Coelho. **PRIMEIROS COMENTÁRIOS À LEI 11.187, DE 19.10.2005, QUE ALTERA A SISTEMÁTICA DO RECURSO DE AGRAVO, E À APLICAÇÃO DA CLÁUSULA GERAL LESÃO GRAVE E DE DIFÍCIL REPARAÇÃO DO NOVO ART. 522 DO CPC. Revista de Processo, vol. 132. São Paulo: Revista dos Tribunais, abril 2006.**

OLIVEIRA, Pedro Miranda de; WITTE, Gisele. **AS 15 HIPÓTESES DE CABIMENTO DE AGRAVO DE INSTRUMENTO PREVISTAS NO NOVÍSSIMO SISTEMA RECURSAL DO CPC/2015 (ART. 1.015 + TEMA 988 DO STJ)**. Revista de Processo, vol. 311. São Paulo: Revista dos Tribunais, jan. 2021.

PANTOJA, Fernanda Medina. **CABIMENTO DO AGRAVO DE INSTRUMENTO: ALGUNS MITOS**. Revista de Processo, vol. 322. São Paulo: Revista dos Tribunais, dez. 2021.

PEREIRA, Adelmo José. **DECISÕES INTERLOCUTÓRIAS DE RECORRIBILIDADE DIFERIDA: PRECLUSÃO LÓGICA E JUÍZO DE ADMISSIBILIDADE RECURSAL**. Revista de Processo, vol. 318. São Paulo: Revista dos Tribunais, ago. 2021.

PEREIRA, Carlos Frederico Bastos. **Interpretação extensiva, analogia e o rol do artigo 1.015 do Código de Processo Civil**. Revista de Processo, vol. 282. São Paulo: Revista dos Tribunais, ago. 2018.

VASCONCELOS, Ronaldo; CARNAÚBA, César Augusto Martins. **DERROTABILIDADE DA REGRA DE CABIMENTO DO AGRAVO DE INSTRUMENTO**. Revista de Processo, vol. 308. São Paulo: Revista dos Tribunais, out. 2020.

9. UM PROGNÓSTICO SOBRE AS LIMINARES EM FACE DO PODER PÚBLICO APÓS A ADI 4.296: A APLICAÇÃO DA *RATIO DECIDENDI* PELOS TRIBUNAIS DE JUSTIÇA

Taís Santos de Araújo[1]

Introdução

As percepções negativas sobre o impacto do tempo na prestação de tutela jurisdicional útil foram responsáveis pela introdução dos procedimentos cautelares em nosso sistema e, mais tarde, da antecipação da tutela (que "evoluiu" para a atual tutela provisória prevista nos artigos 294 e seguintes do Código de Processo Civil de 2015 - CPC). Essa temática ganhou relevo por causa da menção expressa do texto constitucional sobre a inafastabilidade da jurisdição também para tutelar as *ameaças* de lesão a direito (art. 5º, XXXV, CF), reforçando a necessidade de uma tutela mais célere e eficiente naqueles casos. Apesar da codificação desse avanço ter sido bem recepcionada para os conflitos de caráter privado (ou seja, pelo duelo entre *Caio vs. Tício* diante do Estado-juiz), houve maior resistência sobre a permissiva da concessão de cautelares e, posteriormente, da antecipação da tutela nos processos envolvendo o Poder Público, sobretudo naqueles casos em que, requerida e concedida eventual medida liminar, fosse possível vislumbrar algum tipo de "prejuízo" aos interesses de cunho econômico do ente estatal.

[1] Artigo elaborado a partir da monografia apresentada ao Núcleo de Monografia Jurídica da Faculdade de Direito da PUC-SP, sob orientação do Professor Doutor Cassio Scarpinella Bueno.

Ao longo dos anos, como será demonstrado, os processualistas se debruçaram sobre essas restrições para debater a respeito de sua constitucionalidade. Foi somente em junho de 2021, que o Supremo Tribunal Federal (STF) proferiu decisão no julgamento da Ação Direta de Inconstitucionalidade nº 4.296/DF (ADI 4296), declarando inconstitucional a previsão do artigo 7º, §2º, da Lei 12.016/2009 (LMS), cuja redação vedava a concessão de liminares em mandado de segurança em situações genéricas previamente determinadas.

Contudo, a decisão do STF foi omissa em relação às demais previsões sobre o tema como, por exemplo, a Lei 9.494/97, que continua a ser objeto de discussão, sendo, inclusive, reputada aplicável, a despeito da consideração de que aquelas regras aplicáveis à "tutela antecipada" do CPC/73 teriam sido revogadas com o advento do CPC[2].

Assim, o presente artigo se propõe a analisar os efeitos da declaração de inconstitucionalidade proferida pelo STF em relação ao microssistema da tutela provisória em face do Poder Público. Para tanto, será realizado um enfrentamento do entendimento doutrinário a respeito da vinculação aos motivos determinantes da ADI e a aplicação dessa decisão pelos tribunais ao longo do primeiro ano após o seu proferimento. Dessa forma, pretende-se formular um prognóstico sobre o microssistema que regula as liminares em relação ao Poder Público, a fim de verificar a (in) aplicabilidade daquelas previsões não mencionadas expressamente na ADI 4.296.

1. A contextualização histórica das restrições à tutela provisória em face do Poder Público e a sua inconstitucionalidade

Embora as tutelas provisórias sejam recorrentes na prática forense, a incorporação do instituto ao procedimento comum, sobretudo na forma genérica prevista no CPC, é ainda relativa novidade. Isso porque o fator temporal nem sempre foi uma preocupação para o processo. Arruda Alvim, em estudo que remonta ao direito processual hodierno, esclarece, a partir de Roger Perrot, que o modelo de processo indiferente à necessidade de decisões cuja cognição não é exauriente decorreu da orientação

[2] Scarpinella Bueno, Cassio. **Manual do Poder Público em Juízo**. São Paulo: SaraivaJur, 2022, p. 157/158.

do procedimento para tutelar os interesses da burguesia do século passado. Essa peculiaridade se deve, principalmente, à constatação de que "a demora não era um fator tão negativo, quanto veio a ser para as sociedades sucessivas"[3].

O estudo do processo civil brasileiro, até então regulamentado de forma geral pelo CPC/73, passa a se voltar de forma específica e aprofundada aos efeitos do tempo na efetividade da tutela jurisdicional a partir do reconhecimento de que, em muitos casos (senão a sua maioria), o chamado "procedimento comum", por ser demasiado formalista, se tornava moroso aos interesses dos ingressantes em juízo[4]. Essa concepção de que a tutela jurisdicional nem sempre será efetiva se concedida apenas ao final do processo se tornou familiar ao processo civil contemporâneo e é geralmente atrelada a uma "virada" histórica que modifica *quem* acessa o Poder Judiciário[5], tendo em vista a ocorrência de acentuação das vulnerabilidades dos litigantes.

Para o tema das medidas liminares em face do Poder Público, é relevante a constatação de que, ao longo do tempo, o direito processual brasileiro se adaptou não apenas para tutelar a vulnerabilidade econômica de alguns litigantes[6], mas também para nivelar um desequilíbrio entre as partes nos processos instaurados em face do Estado e dos entes que compõem a administração pública. Essa observação histórica coincide com o fato de que uma das primeiras previsões sobre a concessão de medida liminar tenha sido no procedimento da antiga "ação sumária especial",

[3] Alvim, Arruda. Anotações sobre alguns aspectos das modificações sofridas pelo processo hodierno entre nós: Evolução da cautelaridade e suas reais dimensões em face do instituto da antecipação de tutela. As obrigações de fazer e de não fazer. Valores dominantes na evolução dos nossos dias. **Revista de Processo**, São Paulo, v. 97, p. 51-106, jan-mar 2000, p. 66.

[4] Fux, Luiz. **Tutela de segurança e tutela da evidência**. São Paulo: Saraiva, 1996, p. 31. De forma semelhante: Marinoni, Luiz Guilherme. **Antecipação da tutela**. 11. ed. São Paulo: Editora Revista dos Tribunais, 2009, p. 135.

[5] Fux, Luiz. Op cit. p. 34/35; Viana, Juvêncio Vasconcelos. **Efetividade do processo em face da Fazenda Pública**. São Paulo: Dialética, 2003, p. 95.

[6] É o que Mauro Cappelletti e Bryant Garth denominam como "primeira onda de acesso à justiça",
v. Cappelletti, Mauro; Garth, Bryant. **Acesso à justiça**. Porto Alegre: Sergio Antonio Fabris, 1988. Tradução de Ellen Gracie Northfleet, p. 15 e 31/32.

regulamentada pela Lei nº 221, de 20 de novembro de 1894 – o primeiro instrumento criado para garantir direitos individuais no caso de lesão por atos ou decisão de autoridades administrativas da União. Inclusive, ao abordar mencionada lei, Arnoldo Wald destaca que a previsão da medida liminar foi uma das novidades enunciativas do procedimento, que futuramente veio a ser previsto para o procedimento do mandado de segurança[7].

Não fosse suficiente essa assimetria que, em tese, deveria ser sopesada frente às prerrogativas do Estado (ou quem lhe faça às vezes) em juízo, o tema das liminares contrárias aos interesses do Poder Público é objeto de controvérsias em razão das limitações que sofreu ao longo da história do instituto no Brasil. A primeira das previsões legislativas nesse sentido foi a da Lei 2.410, de 29 de janeiro de 1955, que impedia a concessão de liminar em mandado de segurança para suspender ato que embaraçasse a entrada de bens de qualquer ordem, vindos do exterior sem licença prévia ou com licença considerada falsa pelo órgão competente (e que, posteriormente, foi replicada na redação da Lei 2.770, de 4 de maio de 1956). Sobre o diploma legal em questão, Betina Rizzato Lara[8] explica que a mencionada lei foi reação a abusos cometidos entre os anos de 1946 e 1955, quando foram impetrados milhares de mandados de segurança visando à liberação de centenas de veículos que entraram ilegalmente no Brasil. Outro acontecimento histórico foi o uso da liminar em mandado de segurança por funcionários públicos, em litisconsórcio ativo, para o recebimento de vencimentos ou vantagens atrasadas.

Em relação à vedação de liminares com efeitos patrimoniais, a primeira legislação nesse sentido foi a Lei 4.348, de 26 de junho de 1964. Alguns anos depois, a proibição foi ampliada para o procedimento comum pela Lei 5.021, de 9 de julho de 1966. No tocante à generalização da tutela antecipada a partir da reforma processual de 1994, a limitação nos processos em que fosse parte a Fazenda Pública decorreu do artigo 1º da Lei 9.494, de 10 de setembro de 1997, que alterou a Lei 7.347, de 24 de julho

[7] Wald, Arnoldo. **Mandado de segurança na prática judiciária** (com a colaboração de Mário Henrique de Barros Dorna). 6. ed. Rio de Janeiro, Forense: 2021, p. 13.

[8] Lara, Betina Rizzato. **Liminares no processo civil**. 2. ed. São Paulo: Revista dos Tribunais, 1994, p. 73.

de 1985, e passou a prever que se aplicavam à tutela antecipada as restrições esparsas à época.

Atualmente, as tutelas provisórias em face do Poder Público, no procedimento comum, têm limitação prevista na redação do art. 1.059 do CPC, que dispõe que "à tutela provisória requerida contra a Fazenda Pública aplica-se o disposto nos arts. 1º a 4º da Lei nº 8.437, de 30 de junho de 1992, e no art. 7º, § 2º, da Lei nº 12.016, de 7 de agosto de 2009".

Essas restrições às liminares proferidas em desfavor do Poder Público são objeto de debate quanto à sua constitucionalidade. Especificamente sobre as vedações no procedimento do mandado de segurança, a doutrina sustentou assiduamente a inconstitucionalidade da restrição em razão da própria finalidade e essência do instrumento[9]. As críticas sobre as vedações genéricas no procedimento comum ganharam impulso após a promulgação da Constituição Federal de 1988, porque a antecipação da tutela, a proteção cautelar de direitos e mesmo a mais recente tutela da evidência, passaram a ser matéria de tratamento constitucional a partir da nova roupagem do princípio da inafastabilidade da jurisdição que, de forma expressa, dispõe que não se excluirá da apreciação do Poder Judiciário também as ameaças de lesão a direito (CF, art. 5º, XXXV)[10].

Sobre o tema, Cassio Scarpinella Bueno destaca que o preceito constitucional não faz qualquer ressalva sobre a sua aplicabilidade em processos envolvendo o Poder Público ou seus delegatários[11]. Outros autores

[9] ALVIM, Arruda. Anotações sobre a medida liminar em mandado de segurança. **Revista de processo**, São Paulo, v. 39, p. 16-26, 1985, p. 21; MACHADO, Hugo de Brito. **Mandado de segurança em matéria tributária (de acordo com a Lei 12.016/2009)**. 8. ed. São Paulo: Dialética, 2009, p. 141; ALVIM, Eduardo Arruda. **Mandado de segurança**: 4ª edição, reformulada e atualizada da obra mandado de segurança no direito tributário (de acordo com a Lei Federal nº 12.016, de 07/08/2009). 4. ed. atual. Rio de Janeiro: GZ, 2021, p. 302; REMÉDIO, José Antonio. **Mandado de segurança individual e coletivo.** São Paulo: Saraiva, 2002, p. 327, e CRETELLA JÚNIOR, José. **Comentários à lei do mandado de segurança** (de acordo com a Constituição de 1988 e da nova Lei do Agravo. Rio de Janeiro: Forense, 1998, p. 212; SCARPINELLA BUENO, Cassio. **Liminar em mandado de segurança**: um tema com variações. São Paulo: Editora Revista dos Tribunais, 1997, p. 49.

[10] MARINONI, Luiz Guilherme. **Antecipação da tutela**. 11. ed. São Paulo: Editora Revista dos Tribunais, 2009, p. 135.

[11] SCARPINELLA BUENO, Cassio. **Liminar em mandado de segurança**: um tema com variações. São Paulo: Editora Revista dos Tribunais, 1997, p. 59.

apontam que impedir a concessão dessas medidas somente em processos nos quais o Poder Público figura como réu é criar nova camada de assimetria, inclusive porque se o litigante fosse o próprio Poder Público, a medida estaria autorizada[12].

2. A ação direta de inconstitucionalidade nº 4.296/DF e a inconstitucionalidade do artigo 7º, §2º, da LMS: extração da ratio decidendi e sua vinculatividade

As discussões sobre a (in)constitucionalidade das restrições às medidas liminares (e, mais tarde, à tutela antecipada) em face do Poder Público não se limitaram à retórica acadêmica ao longo dos anos.

Em outubro de 2008, o STF concluiu o julgamento da Ação Declaratória de Constitucionalidade nº 4/DF, que tinha por objeto o artigo 1º da Lei nº 9.494/97, cujo teor reafirma a aplicabilidade das restrições previstas nas Leis nº 4.348/1964, nº 5.021/1966 e nº 8.473/1992 à tutela antecipada generalizada incluída nos artigos 273 e 461 do Código de Processo Civil de 1973. Naquela oportunidade, a composição da Corte Constitucional entendeu, por maioria dos votos, que a extensão das restrições à tutela antecipada no procedimento comum seria constitucional, julgando a ADC procedente para afirmar a validade jurídico-constitucional do texto mencionado.

Pouco menos de um ano depois, a Lei nº 12.016/2009, que disciplina o mandado de segurança individual e coletivo, entrou em vigor e reproduziu, em seu artigo 7º, §2º, as antigas restrições às liminares concedidas nos *mandamus*. Em 15 de setembro de 2009, foi autuada a Ação Direta de Inconstitucionalidade nº 4.296/DF, proposta pelo Conselho Federal da Ordem dos Advogados do Brasil, questionando a constitucionalidade do artigo 1º, § 2º, do artigo 7º, III, e §2º, e dos artigos 23 e 25, todos do mesmo diploma legal.

Para o presente trabalho, importa o destaque da declaração de inconstitucionalidade, em junho de 2021, da previsão do artigo 7º, §2º, tendo em vista a existência de outras leis esparsas que, embora não impugnadas de forma direta, tem o mesmo conteúdo material em relação às liminares

[12] Viana, Op. Cit., p. 126; Marinoni, Luiz Guilherme. **Antecipação da tutela**. 11. ed. São Paulo: Editora Revista dos Tribunais, 2009, p. 258/259.

e à tutela provisória. Relevante, portanto, identificar qual a *ratio decidendi* daquele acórdão em função dessa previsão específica para questionar a vinculação da *ratio* aos demais órgãos do Poder Judiciário. Para o ordenamento jurídico brasileiro, a definição de *ratio* que mais se coaduna é aquela atrelada à premissa de que a *ratio* são "as razões necessárias e suficientes para a solução da causa ou de qualquer questão julgada pelo tribunal"[13].

Aplicando essa definição ao acórdão da ADI 4.296 no que diz respeito às vedações às liminares, o que se extrai é que a maioria dos votos favoráveis à declaração de inconstitucionalidade têm um ponto de convergência: a possibilidade de extrair a combinação de alguns fatores jurídicos que ensejam a inconstitucionalidade das vedações, quais sejam a inafastabilidade da jurisdição e a indevida restrição do poder geral de cautela do juiz[14]. Exemplicativo dessa conclusão é o voto do Ministro Ricardo Lewandowski, que, ao fazer menção expressa ao artigo 5º, XXXV, da CF, argumenta a contrariedade das vedações àquele preceito pois "essa norma deve ser interpretada de forma ampliativa, porque diz respeito aos direitos da cidadania" (p. 67 da ADI 4.296).

A solução para a lacuna de pronunciamento do STF a respeito das demais previsões em sentido idêntico àquela declarada inconstitucional é a aplicação da teoria da eficácia transcendente da motivação. Essa proposta consiste em identificar na motivação da decisão aquela força vinculante tradicionalmente atribuída somente ao dispositivo para, dessa forma, assegurar sua aplicação futura a situações que, embora singulares, têm grande semelhança com aquela já decidida anteriormente e, consequentemente, merecem ser tratadas na mesma linha da anterior[15]. Daniel

[13] Cramer, Ronaldo. **Precedente judicial**: teoria e dinâmica. Rio de Janeiro: Forense, 2016, p. 106.

[14] Ainda que com métodos diferentes, é a mesma conclusão a que chegou Cassio Scarpinella Bueno no seguinte trabalho: Scarpinella Bueno, Cassio. ADI 4.296 e liminar em mandado de segurança: uma proposta de compreensão de seu alcance. **Revista Suprema**, v. 2., n. 1., 2022. Disponível em https://suprema.stf.jus.br/index.php/suprema/article/view/150 Acesso em: 08.09.2022, p. 172.

[15] Marinoni, Luiz Guilherme. **Precedente constitucional**. São Paulo: Thomson Reuters Brasil, 2022, p. 16. Favorável também à transcendência dos motivos determinantes: Martins, Ives Gandra da Silva; Mendes, Gilmar Ferreira. **Controle concentrado de**

Mitidiero associa a fidelidade ao precedente ao respeito às "razões necessárias e suficientes empregadas pelo Supremo Tribunal Federal e pelo Superior Tribunal de Justiça para solução de uma determinada questão de um caso"[16].

Assim, pelo simples reconhecimento de que as razões determinantes têm aptidão para vincular, soluciona-se a questão das previsões idênticas que limitam as liminares e tutelas provisórias em face do Poder Público. Contudo, a discussão doutrinária não esgota as possibilidades fáticas, sendo necessário estar atento à aplicação da tese nos tribunais para vislumbrar o contexto em que essas medidas se inserem após a declaração de inconstitucionalidade do artigo 7º, §2º, da LMS.

3. A aplicação da transcendência dos motivos determinantes pelos tribunais de justiça e um prognóstico após a ADI 4.296

Apresentada a discussão sobre a possibilidade (ou não) de se estender as conclusões alcançadas no acórdão da ADI 4.296 para a tutela provisória no procedimento comum, adotou-se método empírico para averiguar como os tribunais estaduais brasileiros têm dirimido eventual controvérsia sobre a subsistência de vedações no microssistema de tutelas provisórias em face do Poder Público. Para tanto, a partir dos sítios eletrônicos dos 27 tribunais de justiça brasileiros[17], foram selecionados 109 acórdãos proferidos entre 9 de junho de 2021 (data do julgamento da ADI) e 17 de agosto de 2022[18].

constitucionalidade: comentários à Lei n. 9.898, de 10-11-1999. São Paulo, Saraiva, 2001, p. 339/341.

[16] Mitidiero, Daniel. **Cortes superiores e cortes supremas**: do controle à interpretação da jurisprudência ao procedente. São Paulo: Editora Revista dos Tribunais, 2013, p. 103/104.

[17] Não foram localizadas decisões sobre a temática nos seguintes tribunais: Tribunal de Justiça do Acre, Tribunal de Justiça do Espírito Santo, Tribunal de Justiça do Estado do Pará, Tribunal de Justiça do Estado do Paraná, Tribunal de Justiça de Roraima e Tribunal de Justiça de Sergipe.

[18] Em todos os tribunais, foram utilizados os seguintes termos: "ADI 4296"; "ADIN 4296". A pesquisa foi direcionada para o inteiro teor de acórdãos quando disponível esta função nos portais dos tribunais.

Mais de 60 acórdãos apreciaram recursos interpostos contra decisões proferidas em procedimento especial, sendo que, dessas, apenas uma é originária de procedimento diverso do previsto para o mandado de segurança (ação civil pública). Isso significa que, dentro da amostragem, mais de 55% das decisões que mencionaram a ADI tratavam de hipótese em que se enfrentava, direta e exclusivamente, a aplicabilidade do artigo 7º, §2º, da LMS.

Contudo, o procedimento do processo de origem não foi impedimento para que acórdãos discutissem outras previsões simétricas que não foram mencionadas na ADI. As Câmaras Reunidas do Tribunal de Justiça do Amazonas, por exemplo, entenderam que embora tenha ocorrido a declaração de inconstitucionalidade da previsão da LMS, a impossibilidade da concessão de tutela provisória subsistiria em razão do artigo 170-A do Código Tributário Nacional e pela Súmula 212 do STJ[19]. Interessante observar que recentemente a Súmula mencionada foi cancelada pela Primeira Seção do STJ em razão do entendimento exarado pelo STF na ADI 4.296, o que demonstra a insuficiência da conclusão adotada pelo TJAM para casos futuros. Também se identificou casos em que as turmas julgadoras afirmaram que as previsões simétricas estariam inalteradas apesar da decisão proferida pelo STF na ADI[20].

Em sentido contrário, uma parcela dos acórdãos localizados aplicou a transcendência dos motivos determinantes para reconhecer a insubsistência das demais vedações genéricas às liminares e à tutela provisória previstas em nosso ordenamento. Nesse sentido, interessante um acórdão proferido pela 3ª Câmara de Direito Público do Tribunal de Justiça do Estado do Ceará, em que o voto da relatora destacou que as vedações como as previstas na Lei 9.497/97, no entendimento do STF, seriam incompatíveis com o Estado Democrático de Direito por retira-

[19] TJAM, Câmaras Reunidas, Agravo de Instrumento n. 4005839-86.2019.8.04.0000, rel. Des. João de Jesus Abdala Simões, j.un. 23.06.2021, DJe 19.07.2021, p. 12.

[20] TJGO, 4ª Câmara Cível, Agravo de Instrumento n. 5163352-98.2022.8.09.0051, rel. Desa. Beatriz Figueiredo Franco, j.un. 27.06.2022, DJe 05.07.2022; TJGO, 4ª Câmara Cível, Agravo de Instrumento n. 5385863-43.2021.8.09.0051, rel. Desa. Beatriz Figueiredo Franco, j.un. 14.02.2022, DJe 18.02.2022; e TJRN, Decisão Monocrática, Agravo de Instrumento n. 0800161- 42.2022.8.20.9000, rel. Des. Fábio Antônio Correia Filgueira, j. 11.05.2022, p. 3.

rem o poder-dever geral de cautela do juiz[21], em interpretação ampliativa daquela tese em relação às leis esparsas, portanto.

Outro exemplo é acórdão proferido pela 4ª Câmara Cível do Tribunal de Justiça do Rio de Janeiro no qual se afirmou que com o julgamento da ADI 4.296 e a declaração de inconstitucionalidade do artigo 7º, §2º, da LMS, "operou-se um verdadeiro efeito cascata de modo que não há mais barreiras para a antecipação de tutela contra a Fazenda"[22]. Para demonstrar, o acórdão afirma que somente o artigo 1º da Lei 8.437/92, mencionada pelo artigo 1º da Lei 9.494/97, estaria vigente, uma vez que as demais teriam sido revogadas pela LMS. Assim, com a declaração de inconstitucionalidade daquela previsão, não teria espaço a aplicação da Lei 9.494/97. E, por conseguinte, não teria razão de se aplicar o artigo 2º-B da Lei 9.494/97, além de estar atingido o artigo 1.059 do CPC por referenciar aquelas leis[23].

Veja-se que a existência de entendimentos conflitantes entre tribunais e até internamente entre turmas julgadoras de um mesmo tribunal é sinal de alerta para a garantia do tratamento isonômico aos jurisdicionados e de violação ao dever de uniformização horizontal previsto no artigo 926 do CPC. Isso porque um jurisdicionado pode promover ação pelo procedimento comum em face de órgão da administração indireta, com pedido de tutela provisória para liberação de mercadorias, e ter o seu pedido deferido (desde que presentes os requisitos legais) pelo Tribunal de Justiça de São Paulo. Outro jurisdicionado, cuja competência para apreciar seu pedido seja o Tribunal de Justiça de Goiás, por exemplo, poderá ter o seu pedido negado, em situação fática idêntica, por ser predominante, naquela jurisdição, o entendimento de que as restrições às liminares dispersas no ordenamento brasileiro não foram declaradas

[21] TJCE, 3ª Câmara de Direito Público, Agravo de Instrumento n. 0627339-13.2018.8.06.0000, rel. Des. Maria Iracema Martins do Vale, j.un. 20.09.2021, DJe 30.09.2021, p. 8.

[22] TJRJ, 4ª Câmara Cível, Agravo de Instrumento n. 0031489-84.2022.8.19.0000, rel. Des. Antonio Iloizio Barros Bastos, j.un. 08.07.2022, DJe 12.07.2022, p. 3. No mesmo sentido: TJRJ, 4ª Câmara Cível, Agravo de Instrumento n. 0079236-64.2021.8.19.0000, rel. Des. Myriam Medeiros da Fonseca Costa, j.un. 23.03.2022, DJe 25.03.2022, p. 7.

[23] TJRJ, 4ª Câmara Cível, AgInst n. 0031489-84.2022.8.19.0000, rel. Des. Antonio Iloizio Barros Bastos, j.un. 08.07.2022, DJe 12.07.2022, p. 3/4.

inconstitucionais pelo STF. Pode, ainda, acontecer de dois jurisdicionados promoverem ações com pedidos e causa de pedir idênticas, contra a mesma pessoa jurídica de direito público, e, ao final, cada um deles receber uma resposta diferente quanto ao seu direito à concessão de tutela provisória.

E mais: ainda que se entenda pela inaplicabilidade da transcendência dos motivos determinantes, é possível que se retorne a uma solução que não representa qualquer novidade na temática: a possibilidade (e necessidade) de controle difuso a ser exercido pelos juízes no momento da concessão das liminares ou tutelas provisórias em desfavor do Poder Público. Mais do que se fazer mera distinção entre as hipóteses previstas em lei e outras situações para fins da concessão da liminar[24], a recomendação de que os juízes afastassem a aplicação das vedações por serem inconstitucionais (independentemente de prévia manifestação do STF sobre o tema) já se colocava presente na doutrina diante dessas restrições legais[25].

Essa possibilidade, como é inegável que seja, não afasta a de se propor novas (e tantas quanto forem necessárias) ações originárias de controle concentrado perante o STF com a finalidade de se obter a tutela eficaz da Constituição Federal – seja em relação a futuras previsões nesse sentido, quanto sobre as restrições esparsas pelo ordenamento sobre as quais emergem dúvidas, sobretudo jurisprudenciais, sobre a sua vigência após a ADI 4.296.

Mesmo para aqueles que entendam que é possível impor restrições ao princípio da inafastabilidade da jurisdição, é interessante a posição de Cândido Rangel Dinamarco que condiciona a legitimidade dessas restrições à especificação de uma finalidade específica, sendo essencial distinguir os "óbices legítimos" dos "óbices perversos", sendo que esses

[24] Interessante nesse sentido a ponderação de Hugo de Brito Machado, que relata, em sua obra, ter feito a distinção entre as hipóteses de abuso do uso das liminares cuja lei pretendia reprimir e as hipóteses do litigante de boa-fé (v. MACHADO, Op. cit., p. 141).

[25] Nesse sentido: COSTA, Eduardo José da Fonseca. A efetivação das liminares monetárias contra a Fazenda Pública. **Revista Tributária e de Finanças Públicas**, São Paulo, vol. 56, p. 11-38, maio-jun/2004. Versão eletrônica, p. 11.; SCARPINELLA BUENO, Cassio. **Tutela antecipada**. São Paulo: Saraiva, 2004, p. 148.

últimos, conquanto possam estar previstos em lei (como as vedações às liminares o foram ao longo dos anos), são resultado de "interpretação apegada a valores do passado e principalmente em certas realidades sociais, econômicas ou culturais estranhas à ordem processual"[26].

Assim, a implementação dessas mudanças no microssistema da tutela provisória em face do Poder Público dependerá de uma mudança cultural no direito processual que reflita sobre as razões de ser das vedações e da finalidade do sistema de precedentes e seus instrumentos próprios.

Conclusões

Ao longo dos anos, a doutrina majoritária sustentou que as vedações genéricas às liminares e tutelas provisórias em face do Poder Público seriam inconstitucionais, seja por violação direta à inafastabilidade da jurisdição ou por causa do afunilamento da assimetria já existente em conflitos envolvendo particulares e o Estado.

Nesse sentido, a declaração de inconstitucionalidade da restrição prevista no artigo 7º, §2º, da LMS, é um marco relevante para compreender esse microssistema. Essa relevância se acentua a partir da extração das razões de decidir daquele julgamento, que, de acordo com a teoria da transcendência dos motivos determinantes, têm aptidão para inferir a inconstitucionalidade de todas as previsões idênticas que não foram mencionadas pelo STF.

Nada obstante, a análise jurisprudencial do primeiro ano de acórdãos proferidos pelos tribunais de justiça revela que há uma inconsistência sobre a aplicação da transcendência. A multiplicidade de entendimentos, inclusive com conflitos de posicionamento em um mesmo tribunal, reforça a necessidade de se ficar alerta à aplicação da tese da ADI 4.296, pois há risco de prejuízo à isonomia entre os jurisdicionados que podem obter decisões distintas para a mesma matéria.

Ademais, a efetiva aplicação do entendimento do STF pressupõe mudança cultural, seja no modo de interpretar essas restrições em razão da sua ilegitimidade e inconstitucionalidade, seja porque os conceitos indispensáveis de transcendência dos motivos determinantes e da pró-

[26] Dinamarco, Cândido Rangel. **Instituições de direito processual civil,** vol. I. 8. ed. São Paulo: Malheiros, 2016, p. 328.

pria vinculação horizontal privilegiada pelo artigo 926 do CPC dependem de projeção nova sobre o direito processual vigente.

Referências

ALVIM, Arruda. Anotações sobre alguns aspectos das modificações sofridas pelo processo hodierno entre nós: Evolução da cautelaridade e suas reais dimensões em face do instituto da antecipação de tutela. As obrigações de fazer e de não fazer. Valores dominantes na evolução dos nossos dias. **Revista de Processo**, São Paulo, v. 97, p. 51-106, jan-mar 2000.

–. Anotações sobre a medida liminar em mandado de segurança. **Revista de processo**, São Paulo, v. 39, p. 16-26, 1985.

ALVIM, Eduardo Arruda. **Mandado de segurança**: 4ª edição, reformulada e atualizada da obra mandado de segurança no direito tributário (de acordo com a Lei Federal nº 12.016, de 07/08/2009). 4. ed. atual. Rio de Janeiro: GZ, 2021.

CAPPELLETTI, Mauro; GARTH, Bryant. **Acesso à justiça**. Porto Alegre: Sergio Antonio Fabris, 1988. Tradução de Ellen Gracie Northfleet.

COSTA, Eduardo José da Fonseca. A efetivação das liminares monetárias contra a Fazenda Pública. **Revista Tributária e de Finanças Públicas**, São Paulo, vol. 56, p. 11-38, maio-jun/2004.

CRAMER, Ronaldo. **Precedente judicial**: teoria e dinâmica. Rio de Janeiro: Forense, 2016.

CRETELLA JÚNIOR, José. **Comentários à lei do mandado de segurança** (de acordo com a Constituição de 1988 e da nova Lei do Agravo. Rio de Janeiro: Forense, 1998.

DINAMARCO, Cândido Rangel. **Instituições de direito processual civil,** vol. I. 8. ed. São Paulo: Malheiros, 2016.

FUX, Luiz. **Tutela de segurança e tutela da evidência**. São Paulo: Saraiva, 1996.

LARA, Betina Rizzato. **Liminares no processo civil**. 2. ed. São Paulo: Revista dos Tribunais, 1994

MACHADO, Hugo de Brito. **Mandado de segurança em matéria tributária (de acordo com a Lei 12.016/2009)**. 8. ed. São Paulo: Dialética, 2009.

MARINONI, Luiz Guilherme. **Precedente constitucional**. São Paulo: Thomson Reuters Brasil, 2022.

– . **Antecipação da tutela**. 11. ed. São Paulo: Editora Revista dos Tribunais, 2009.

MARTINS, Ives Gandra da Silva; MENDES, Gilmar Ferreira. **Controle concentrado de constitucionalidade**: comentários à Lei n. 9.898, de 10-11- 1999. São Paulo, Saraiva, 2001.

MITIDIERO, Daniel. **Cortes superiores e cortes supremas**: do controle à interpretação da jurisprudência ao procedente. São Paulo: Editora Revista dos Tribunais, 2013.

REMÉDIO, José Antonio. **Mandado de segurança individual e coletivo.** São Paulo: Saraiva, 2002, p. 327,

SCARPINELLA BUENO, Cassio. **Manual do Poder Público em Juízo**. São Paulo: SaraivaJur, 2022.

–. ADI 4.296 e liminar em mandado de segurança: uma proposta de compreensão de seu alcance. **Revista Suprema**, v. 2., n. 1., 2022. Disponível em https://suprema.stf.jus.br/index.php/suprema/article/view/150 Acesso em: 08.09.2022

–. **Tutela antecipada**. São Paulo: Saraiva, 2004.

– . **Liminar em mandado de segurança**: um tema com variações. São Paulo: Editora Revista dos Tribunais, 1997.

VIANA, Juvêncio Vasconcelos. **Efetividade do processo em face da Fazenda Pública**. São Paulo: Dialética, 2003.

WALD, Arnoldo. **Mandado de segurança na prática judiciária** (com a colaboração de Mário Henrique de Barros Dorna). 6. ed. Rio de Janeiro, Forense: 2021.

PARTE II

DIREITO PENAL E PROCESSUAL PENAL

10.
A POSSIBILIDADE DE UMA ALAVANCAGEM MATERIAL DA POSIÇÃO DE GARANTIDOR NOS CRIMES DE OMISSÃO IMPRÓPRIA

DAVI BENATTI CONTE LOPES LIMA[1]

Introdução

O presente trabalho, tem como objetivo analisar, por meio do método hipotético-dedutivo, a viabilidade de se arrimar a interpretação do catálogo de hipóteses do nascimento do dever de agir, previstas no artigo 13, §2º, do Código Penal, ao conceito material de garantidor.

Dentro conceito analítico de delito, desde a corrente mecanicista, a definição de conduta sempre colocou os holofotes na ação humana positiva, isto é, em um fazer. É notório que a dogmática penal foi pensada para solucionar casos em que o autor causava, por um comportamento próprio, um resultado naturalístico no mundo exterior. A seu turno, a omissão foi deixada como espécie sucedânea, marginal na ciência jurídica. Por isso, tal espécie de delito pertence a um âmbito em que há uma gama de problemas sem solução.

Eis que a complexa sociedade pós-industrial gera uma crescente interdependência dos indivíduos na vida social, de sorte que cada vez em maior medida a segurança dos bens jurídicos de um sujeito depende da realização de condutas positivas de controle de risco por parte de terceiros. As esferas individuais de organização deixam de ser totalmente autô-

[1] Artigo elaborado a partir da monografia apresentada ao Núcleo de Monografia Jurídica da Faculdade de Direito da PUC-SP, sob orientação do Professor Doutor Edson Luis Baldan.

nomas, pois se produz de modo continuado fenômenos de transferência e assunção do asseguramento de esferas alheias. No Direito Penal, este fenômeno implica na tendência de exasperação dos delitos de comissão por omissão[2]. Kurt Seelmann, em sentido similar, observa que há um claro aumento na importância dos delitos omissivos impróprios, o qual se deve à crescente visão assistencialista do Estado e da sociedade[3]. Sob esta ótica, erige-se um sistema penal cujo viés é iminentemente preventivo, pune-se o "deixar de fazer". O holofote passa, então, para os delitos omissivos impróprios.

Ao revés dos crimes omissivos puros, cujo dever de solidariedade se estendem sem embargos a toda a coletividade, os crimes comissivos por omissão exigem uma específica posição jurídica do sujeito perante o bem jurídico. Tal relação de proximidade atribui-lhe a obrigação de evitar o resultado proibido, e a inobservância de deste dever corresponde a realização do tipo legal por meio de uma conduta ativa[4]. A esta especial condição dá-se o nome de posição de garantidor, mas como se dá a atribuição de tal posição? Quais são os seus contornos?

1. A suficiência (?) do artigo 13º,§2º, do Código Penal

O Código Penal, com a alteração da reforma de 1984, notadamente com a inclusão do §2º do artigo 13, externa, no texto da lei, as hipóteses que formam o dever jurídico de agir, sendo elas: a) a obrigação legal de cuidado, proteção ou vigilância; b) a assunção da responsabilidade de impedir o resultado; ou c) o comportamento antecedente que cria o risco da ocorrência do resultado[5]. Observa-se, pois, que, no direito pátrio, a técnica de situar formalmente as fontes da posição de garantidor foi integralmente

[2] Silva Sánchez, Jesús Maria. *La expansión del derecho penal: aspectos de la política criminal en las sociedades postindustriales*. 3. ed. Madrid: Edisofer, 2011. p, 17 – 18.

[3] Seelmann, Kurt *et al*. *Estudios de filosofía del derecho y derecho penal*. Madrid: Marcial Pons, 2013. p, 134.

[4] Wessels, Johannes/ Beulke, Werner/ Satzger, Helmut. *Derecho Penal. Parte General. El delito y su estrutura*. Lima: Instituto Pacífico, 2018. p, 490.

[5] Estellita, Heloísa. *Responsabilidade penal de dirigentes de empresas por omissão: estudo so- bre a responsabilidade omissiva imprópria de dirigentes de sociedades anônimas, limitadas e encar- regadas de cumprimento por crimes praticados por membros da empresa*. São Paulo: Marcial Pons, 2017. p, 80.

acolhida, razão pela qual parte da doutrina entende que tal previsão fez com que perdesse a relevância continuar discutindo sobre um conceito material da posição de garantia[6].

A teoria das fontes formais foi criada, no começo do século XIX, por Feuerbach, com a tentativa de deduzir a equiparação entre ação e omissão da teoria do Estado liberal. Em função de os cidadãos estarem fundamentalmente obrigados apenas a omitirem lesões a direitos subjetivos dos demais cidadãos, em princípio só a causação ativa poderia produzir o resultado, de tal sorte que uma ação de salvamento só poderia ser pensada caso existisse vinculada a um dever jurídico especial. E o fundamento de tal dever seriam a lei e o contrato, ou seja, localizados em âmbito extrapenal[7]. Posteriormente, a tais hipóteses, foi adicionada, pela dou- trina alemã, a ingerência, isto é, o comportamento precedente que deu fruto ao risco de lesão ao bem jurídico.

Tal teoria, segundo Jorge de Figueiredo Dias, encontra-se, nos dias de hoje, na doutrina e na jurisprudência abandonada. Isto se dá porque essa corrente dogmática acabou por renunciar de modo integral à consideração do conteúdo dos deveres criados, de sorte a se revelar de todo incapaz de proporcionar um elemento material delimitador[8]. No mesmo sentido, Heloisa Estellita defende que a maior falha dessa teoria é a de não fornecer um critério material propriamente penal que pudesse explicar e legitimar a aplicação da mesma resposta penal a duas condutas diversas (fazer e não fazer), colocando a aplicação da sanção penal com fundamento apenas e tão somente em um dever extrapenal, razão pela qual desafia o princípio da legalidade[9].

[6] Como exemplo: Toledo, Francisco de Assis. *Princípios básicos de direito penal: de acordo com a Lei n. 7.209, de 11-7-1984 e com a Constituição Federal de 1988*. 5. ed. São Paulo: Saraiva, 1994. p, 116

[7] Schünemann, Bernd. *Sobre a posição de garantidor nos delitos de omissão imprópria – possibilidades histórico-dogmáticas, materiais e de direito comparado para escapar de um caos*. In: Schünemann, Bernd/Greco, Luís (coord.). Estudos de direito penal, direito processual penal e filosofia do direito. São Paulo: Marcial Pons, 2013. p, 166.

[8] Dias, Jorge de Figueiredo. *Direito penal: parte geral. tomo I*. 3. ed. Coimbra: Gestlegal, 2019. p, 1088.

[9] Estellita, Heloísa. *Responsabilidade penal de dirigentes (...)*. p, 82.

O conceito formal da posição de garantia não é suficiente para solucionar uma gama de casos, por exemplo, o Código Civil prevê o dever de alimentos entre ascendentes e descendentes (artigo 1.696), por óbvio, uma mãe que deixa de alimentar seu filho recém-nascido, levando-o a morte por inanição, responderá por homicídio por omissão imprópria (artigo 121 c.c. artigo 13, §2º, alínea "a"). Mas é imperioso questionar se esse dever de garantia permanece quando os filhos atingem a maioridade e saiem da esfera de dependência dos pais. Há de se destacar, ainda, o artigo 225 da Constituição Federal, que prevê o dever da coletividade de proteger o meio ambiente, é idônea tal previsão para colocar toda e qualquer pessoa como garantidora do meio ambiente?

A insuficiência não é menor em relação à alínea *b*, que coloca como garante aquele que assumiu o dever de impedir o resultado, porém não determina como se dá a assunção. Ora, é sufiente para a atribuição de garantidor a promessa, a veiculção publicitária, o mero dever contratual?

Por fim, a alínea *c* também deixa margem para dúvidas porque não de pode esquercer a hipótese de o risco criado por determinada conduta ser social e juridicamente tolerado, a título de exemplo, aquele que dirige um carro, não obstante esteja na velocidade adequada, observando as normas de cuidado, gera um risco para os demais motoristas e para os pedestres. Neste cenário, o motorista seria atribuído, a todo tempo, com o estado de garante? Isso irá torna-lo garante diante de qualquer acidente? Caso possa salvar a vítima e deixar de fazê-lo, responderá por homicídio ou omissão de socorro? Ou tal imputação será possível apenas ao motorista que inobserva as precauções de segurança?[10]

3. A viabilidade de um conceito mateiral da posição de garantidor (artigo 13, §2º, do Código Penal)

Heloísa Estellita entende que a alavancagem material da posição de garante nos crimes omissivos advêm de duas exigências constitucionais, a saber: o princípio da legalidade e o da igualdade. O primeiro, com assento no artigo 5º, inciso XXXIX, da Lei Maior, determina que não há crime sem lei anterior que o defina, assim a autora defende que as normas

[10] Bottini, Pierpaolo Cruz. *Da omissão imprópria por ingerência*. Revista Brasileira de Ciências Criminais, São Paulo, v. 28, n. 171, p. 134, set. 2020

extrapenais não devem constituir, por si só, originariamente hipóteses de responsabilidade penal. Seria essencial, portanto, um *plus* propriamente penal para justificar uma imputação com lastro em um dever jurídico instituído por uma norma extrapenal. Apesar de legal, o fundamento da posição de garantidor não nasce das normas extrapenais, mas de uma norma penal que dá azo ao dever especial de agir para evitar o resultado.

Pelo princípio da igualdade, cujo conteúdo mínimo é o tratamento igualitário perante a lei, na forma do artigo 5º, *caput*, da Constituição Federal de 1988, condu- tas que recebem a mesma sanção penal devem ter a mesma gravidade, isto é, o mesmo desvalor, e condutas desiguais devem ser tratadas de forma desigual. Neste sentido, na medida em que o artigo 13º, §2º, aplica no omitente a mesma pena prevista ao crime praticado por meio de uma comissão, é necessário que o desvalor das condutas, ontologicamente diferentes, seja equivalente. A resposta dada a um garantidor em relação ao não-garantidor varia consideravelmente. Isso demonstra que o dever de evitar o resultado atribuído ao garantidor detêm um conteúdo jurídico especial quando comparado com dever geral de solidariedade. Somente este dever especial pode justificar a divergência na intensidade da resposta penal. Por essa razão, Estellita entende que é desnecessária uma cláusula de equivalência, como há no direito alemão e espanhol, já que ela pode ser extraída do princípio constitu- cional da igualdade

Para mais, tal cláusula de equivalência, baseada no princípio da igualdade, constitucionalmente prevista abre margem para aplicação do conceito material de garante propriamente com a finalidade de temperar as hipóteses previstas no artigo 13º, §2º, do Código Penal, de forma a criar um conceito formal-material.

4. As principais propostas de fundamentação do conceito material

4.1. O domínio sobre o fundamento do resultado de Bernd Schünemann

Com a finalidade de buscar uma razão para a mesma intensidade da imputação tanto a uma ação quanto para uma omissão, Bernd Schünemann (Univer- sidade de Munique) busca o *tertium comparationis* entre os dois institutos. Isso porque, se os delitos de omissão imprópria são equiparados à realização do tipo na forma comissiva, então a omissão deve apresentar uma estrutura ontológica equi- parável sob o mesmo aspecto valorativo reitor que a ação. Em outros termos, como se trata de um crime comissivo que foi perpetrado mediante uma omissão, é necessário que, na análise do fato, leve-se em consideração a realidade própria dos crimes comissivos[11].

De forma sintética, na tese de Schünemann, a equiparação da omissão imprópria ao comportamento ativo deve apoiar-se na ideia de "domínio". Na ação, o fundamento da imputação é a relação entre o centro de direção pessoal e o movimento corporal que causa o resultado. A relação entre a pessoa e o movimento corporal consiste no domínio absoluto da pessoa sobre o próprio corpo, é dizer: a pessoa psicofisicamente intacta domina seus movimentos corporais a tal ponto que minimiza e mediatiza qualquer outra influência. Devido a este controle, o sujeito que goza de liberdade de agir pode iniciar, por meio de um movimento corporal, o nexo causal no sentido de lesar o bem jurídico.

O movimento corporal, como consequência do nexo causal, aparece como fundamento imediato do resultado. E, sob outro prisma, o domínio imediato sobre o movimento corporal (causa do resultado) é fundamento mediato do evento, pois a causa da causa também é causa do efeito. Logo, o controle imediato sob a causa imediata da lesão ao bem jurídico é o fundamento que permite a imputação do fato à pessoa. Desta forma, a imputação de um resultado a uma pessoa, em virtude de uma ação, se dá em função do princípio geral de que se imputa aquele que exerce o domínio sobre o fundamento do resultado[12].

Assim sendo, a imputação do resultado, nos crimes omissivos impróprios, de forma semelhante, deve se dar mediante a aferição de duas etapas: (i) indagar sobre a causa ou fundamento do resultado e (ii) verificar se o omitente exercia o domínio real, não meramente hipotético, sobre a

[11] SCHÜNEMANN, Bernd. *Sobre a posição de garantidor nos delitos de omissão imprópria – possibilidades histórico-dogmáticas, materiais e de direito comparado para escapar de um caos*. In: SCHÜNEMANN, Bernd/GRECO, Luís (coord.). *Estudos de direito penal, direito processual penal e filosofia do direito*. São Paulo: Marcial Pons, 2013. p, 163.

[12] SCHÜNEMANN, Bernd. *Fundamento y limites de los delitos de omisión impropria*. Madrid: Marcial Pons, 2009. p, 281 – 282.

causa ou fundamento do resultado[13]. É dizer: o sujeito deve ter o domínio sobre o fundamento do resultado.

Com base nessa equiparação material, Schünemann supera a divisão da posição de garante fundada em deveres de proteção de determinados bens jurídicos e na responsabilidade por determinadas fontes de perigo e passa para um sistema construído a partir das condições lógico-materiais na qual o sujeito tem o efetivo domínio sobre o acontecimento típico, sendo elas duas situações: (i) domínio sobre o desamparo do bem jurídico, na qual há o domínio de proteção ou de custódia, aqui, devido à evidente situação de vulnerabilidade do bem jurídico, o garante detêm o controle sobre sua proteção, como é o caso dos pais em relação a seus filhos, do professor de natação em relaçao a seus alunos e de determinadas funções públicas; e (ii) domínio sobre uma causa essencial do resultado, que engloba as posições de garantidor decorrentes dos deveres de controle, ou supervisão, sobre coisas perigosas e sobre pessoas ou funções perigosas.

A equiparação entre ação e omissão se baseia, assim, ou na assunção de uma função de proteção de um bem jurídico desamparado, ou na assunção de uma função de vigilância sobre determinada fonte de perigo. E o contorno da esfera do domínio demarcam sempre os limites da posição jurídico-penal de garantidor, de tal sorte que quando se perde o domínio sobre a fonte de perigo se está na mesma relação que qualquer outro com referência aos acontecimentos ulteriores.

4.2. Os deveres decorrentes de competência institucional e os decorrentes de competência organizativa de Günther Jakobs

Günther Jakobs (Universidade de Bonn) parte do pressuposto de que o fundamento da posição de garante independe da qualidade do comportamento, seja ele comissivo, seja ele omissivo, todos, sob uma perspectiva jurídica, tem como base uma violação de um dever de garantia[14]. O crité-

[13] Idem. Ibidem. p, 285.

[14] Costa, Fernando Calix Coelho da. *A fundamentação da posição de garantia*. In: Compliance e temas relevantes de direito e processo penal: estudos em homenagem ao advogado e professor Felipe Caldeira. Organização de Bruno Espiñeira Lemos et al. Belo Horizonte: D'Plácido, 2018. p, 387; Bottini, Pierpaolo Cruz. *Crimes de omissão imprópria*. p, 99.

rio proposto por Jakobs tem um fundo puramente normativo que oferece dois vértices para a fundamentação material da posição de garante, sendo eles os deveres oriundos de responsabilidade por organização e os deveres da responsabilidade institucional[15].

O professor da Universidade de Bonn entende que o reconhecimento de alguém como pessoa se dá pela liberdade desta para organizar sua vida da maneira que bem entender, mas deve assegurar que de tal esfera de competência não advenham efeitos externos para a esfera de organização dos demais cidadãos. Isso decorre da expectativa social de que os cidadãos não causem danos a terceiros, para tanto são impostos deveres negativos cuja finalidade é a não criação de risco para as esferas de competência alheia[16]. O âmbito de organização pode ser definido por ações, isto é, pela vulneração do asseguramento com base no próprio corpo, quando tratar-se de crimes comissivos, ou por via de meios materiais, objetos ou pessoas, cujo perigo o garante deve assegurar que não prejudique terceiros[17]. O agente, devido ao seu direito de organização, deve garantir que, quando em contato com uma organização alheia, a sua própria esfera se mantenha dentro do risco permitido. Portanto, sob outra perspectiva, todo titular de um círculo de organização é garantidor da prevenção de um *output* que exceda o risco tolerado[18]. Por exemplo, o dono de um cachorro deve evitar que este lese os demais, o dono de uma indústria deve garantir que o seu processo produtivo esteja de acordo com as medidas de cuidado. Há de se destacar que, no entendimento de Jakobs, aqui estaria inserida a ingerência, pois o agir precedente é um ato de organização que gera um perigo cuja existência o autor é possui o dever de controlar. Ainda nos deveres decorrentes da esfera de organização estariam os deveres oriundos da assunção do domínio do risco, que se dá quando alguém assume a tutela de um bem jurídico, de tal sorte que o seu titular diminua os esforços para protegê-la[19].

[15] Jakobs, Günther. *Derecho penal: parte general.* 2.ed. Madrid: Marcial Pons, 1997. p, 971; Estellita, Heloísa. *Responsabilidade penal de dirigentes (...).* p. 78.
[16] Idem. *Ação e omissão no direito penal.* Barueri: Manole, 2003, p, 2-5.
[17] Idem. *Derecho penal: parte general.* p, 972-973.
[18] Idem. *Ação e omissão no direito penal.* P. 36-39.
[19] Idem. Ibidem. p. 41-42.

Os deveres provindos da competência institucional estão relacionados com âmbitos vitais, de um mundo que, idealmente, é configurado pelo altruísmo. Tais deveres positivos decorrem, como o próprio nome diz, de instituições e somente serão equivalentes à comissão se esta for de uma importância básica para a manutenção da sociedade, aqui entram a relação paterna, o matrimônio, a relação especial de confiança (no caso da tutela do patrimônio alheio), as relações estatais de poder (no caso da função policial em relação à segurança pública e a legalidade dos atos no caso da Administração Pública e da Justiça)[20]. Nestes deveres, devido a importância do papel social, há uma especial qualidade do autor que difere dos deveres de responsabilidade organizacional.

No que diz respeito ao critério proposto por Jakobs, é de rigor trazer a crítica feita por Juarez Tavares, segundo o qual os deveres de organização são próprios de considerações de direito privado, voltadas para atribuição de responsabilidade em entidades e corporações, e não de pessoas[21]. E tais deveres, em regra voltados para um processo de trabalho ou produção não pode ser transferido para o direito penal, que exige uma responsabilidade subjetiva e individual. Neste, a imputação não se faz exclusivamente porque determinado órgão ou pessoa teria descumprido deveres inerentes ao sistema organizativo em que se vê inserido; muito pelo contrário, a responsabilidade penal deve ser lastreada no fato de que o dano causado possa ser atribuído ao agente como obra sua, que se constitua como uma opção deste. Dito de outra forma, quando se fala em infração de deveres de organização leva-se em consideração fatos que se desenvolvem em uma estrutura, e não em um processo individual de dano ou de perigo[22].

4.3. Tomada de posição

No que diz respeito aos critérios propostos por Bernd Schünemann e Günther Jakobs, nota-se uma certa semelhança entre o conceito de

[20] Jakobs, Günther. *Derecho penal: parte general.* p, 994; Costa, Fernando Calix Coelho da. *A fundamentação da posição de garantia.* p, 389; Estellita, Heloísa. *Responsabilidade penal de dirigentes (...).* p. 91.

[21] Tavares, Juarez. *Teoria dos crimes omissivos.* São Paulo: Marcial Pons, 2018. p. 89-90.

[22] Tavares, Juarez. *Teoria dos crimes omissivos.* p. 91.

domínio sobre o foco de perigo, proposto pelo primeiro, e os deveres oriundos da competência organizativa, proposto pelo segundo[23]. Além disso, em relação aos deveres oriundos de competências institucionais, estes se aproximam da relação de custódia sobre o desamparo do bem jurídico defendido por Schünemann[24].

A base exclusivamente normativa proposta por Jakobs, a despeito de esboçar uma elaborada construção de esferas de liberdade individuais e da dicotomia entre liberdade-responsabilidade, tendo a corcordar com Estellita, quando a autora assevera que esta padece não só de falta de clareza – afinal o que seria uma esfera de liberdade? Como pode conduzir a uma incontrolada amplitude das posições de garantia em uma sociedade cada vez mais regulada. Ainda, seu caráter normativo elimina o necessário apoio empírico que conecte o comportamento humano ao resultado típico e que seja capaz, ao mesmo tempo, de explicar e legitimar, a igualdade da severidade da resposta penal atribuída ao garantidor[25].

Por outro lado, o critério proposto por Schünemann não enfrenta tal deficiência, uma vez que o parte de uma premissa empírica, sendo passível de prova. Não se desconhece, todavia, que o problema desta posição está em se determinar, com precisão, quando se deve afirmar que o resultado está no domínio da causalidade do agente[26]. Esta é a preocupação de Claus Roxin, para quem a teoria do domínio do controle deve ser usada como diretiva para solução de diversos casos na vida real, contudo, sem excluir a necessidade de uma limitação normativa[27]. E a essa limitação normativa será essencial principalmente no que diz res- peito a ingerência (artigo 13, §2º, do Código Penal), a qual, aos olhos do Professor de Munique, será subordinada aos critérios da imputação objetiva, a saber:

[23] Roxin, Claus. *Derecho Penal, Parte General, tomo II. Especiales formas de aparición del delito.* Madrid: Civitas-Tomson Reuters, 2014. p, 852. No mesmo sentido: Estellita, Heloísa. *Responsabilidade penal de dirigentes (...).* p. 94.

[24] Neste sentido: Roxin, Claus. *Derecho Penal, Parte General, tomo II,* 2014. p, 854; Estellita, Heloísa. *Responsabilidade penal de dirigentes (...).* p. 94.

[25] Estellita, Heloísa. *Responsabilidade penal de dirigentes (...).* p. 94.

[26] Tavares, Juarez. *Teoria dos crimes omissivos.* p. 159.

[27] Roxin, Claus. *Derecho Penal, Parte General, tomo II.* p. 853

(a) a limitação objetiva da causalidade, (b) o risco permitido, (c) âmbito de responsabilidade do sujeito e (d) ilicitude do fato[28].

Não se pode negar que há um fundo normativo na posição de garantia, afinal a criação do instituto é uma ficção jurídica. A omissão não existe em si mesma, ela apenas ganha relevância penal quando prevista pelo legislador com o fim de evitar a lesão a um bem jurídico em perigo. Nessa hipótese, a omissão de uma possibilidade certa de salvamento equivale à causação de uma lesão.

Mas, para que se fale em uma especial relação entre o bem jurídico e o omitente, é imprescindível a assunção fática do domínio sobre a causa do resultado típico, seja sobre o desamparo do bem jurídico, seja em relação à fonte de perigo. Dito de outra forma, tanto a relação especial, como a fonte de perigo não são con- dições suficientes para que se fale em posição de garantia, pois é essencial que o sujeito tenha o domínio real, não meramente hipotético, sobre a causa ou fundamento do resultado. E, por ter este domínio, deve garantir que os riscos que caminhão em direção ao bem jurídico permaneçam dentro do permitido.

Outro ponto a ser levado em consideração é que ao contrário da legislação alemã e espanhola, o Código Penal brasileiro, no artigo 13º, §2º, coloca como pressuposto da posição de garantia a possibilidade de agir. Isso vai de encontro ao critério do domínio. "Domínio" é a influência decisiva sobre algo ou alguém. "Poder", a seu turno, é passível de ser interpretado como possibilidade ou capacidade de algo. Ora, quem não detêm a capacidade, naturalmente não tem o domínio. O primeiro é condição necessária para o segundo e vice-e-versa. Com efeito, aquele que não é capaz de agir não é garante, a uma porque não possui o domínio sobre a causa ou fundamento do resultado, a duas porque não pode a sociedade ou o ordenamento jurídico criar a expectativa de que aquele que não tem capacidade físico-real de evitar a lesão ao bem jurídico irá fazê-lo.

Portanto, para que que seja possível a incidência das hipóteses de incidência da posição de garantia, é necessário que o agente tenha o domínio sobre o fundamento do resultado, seja pelo controle sobre o desamparo da vítima, seja pelo controle da fonte de perigo.

[28] Cf. Roxin, Claus. *Derecho Penal, Parte General, tomo II.* p. 903.

Conclusões

Por todo o exposto, conclui-se que a despeito de o Código Penal brasileiro adotar, em princípio, as teorias das fontes formais, pelas quais o dever de garante nasceria da lei, do contrato ou da ingerência, as fontes taxativas não são suficientes para resolver de forma satisfatória uma gama de casos. Neste passo questionou-se a possibilidade de alavancar um conceito material de garante.

No presente trabalho, caminhamos no sentido proposto por Bernd Schünemann, temperada com a ingerência e os critérios normativos propostos por Claus Roxin. O artigo 13º, §2º, do Código Penal coloca como condição da posição de garantia o "poder agir". O "domínio" é pressuposto do "poder". Aquele que não é capaz de agir não é garante, afinal não pode a sociedade ou o ordenamento jurídico criar a expectativa de que aquele que não tem capacidade físico-real de evitar a lesão ao bem jurídico irá fazê-lo. Portanto, apenas será garantidor aquele que tenha o domínio sobre o fundamento do resultado típico, que tinha o controle sobre o asseguramento ou a lesão do bem jurídico. As hipóteses de incidência das alíneas do supramencionado dispositivo, seja a obrigação legal, seja assunção da responsabilidade, ou seja a ingerência devem ser interpretadas de acordo com o critério do domínio.

Conclui-se, em relação ao artigo 13º, alínea *a*, do Código Penal, que a o de- ver legal não é condição suficiente para que haja o dever *ipso facto* de garantidor. Por outro lado, deve-se analisar se o sujeito detinha o domínio sobre a vulnerabili- dade do bem jurídico, ou sobre a fonte de perigo. Assim, podemos ponderar que os filhos, ao atingirem a maioridade, deixam de possuir uma relação de absoluta de- pendência com seus pais, de tal sorte que os ascendentes deixam de ter o domínio sobre o desamparo de seus filho e, portanto, deixam de assumir uma posição inte- gral de garantia. Já fundamento a hipótese da alínea *b* do dispositivo *sub examine* radica da assunção, por parte do garante, da função de guarda e assistência de determinado bem jurídico, e o que oferece fundamento ao dever não é uma relação contratual, mas sim a assunção fática de uma função de proteção materialmente baseada em uma relação de confiança, porque devido a assunção a vítima deixa de tomar maiores medidas de cuidado, esperando que o garante irá fazê-lo, de forma a ficar vulnerável. É o caso, por exemplo, do professor de natação, que se obriga a dar lições, do exercício de atividades perigosas, a relação médico-paciente e o exercício de funções ou serviços públicos. Por fim, em relação à ingerência (artigo 13º, alínea *c*, do Código Penal) o resultado, antes de tudo, deve ser objetivamente imputável ao sujeito, para que se fale em comissão por omissão. Assim, não se torna garante aquele que com seu fato precedente atua dentro dos limites do risco permitido, desta forma o motorista que, adotando todas as medidas de cui- dado, vem a colidir com outro veículo e, da colisão se produza uma lesão a um terceiro. Neste contexto, caso não auxilie a vítima, o motorista responderá por omis- são de socorro (artigo 304 do Código de Trânsito Brasileiro), e não homicídio.

Referências

BOTTINI, Pierpaolo Cruz. *Crimes de omissão imprópria*. São Paulo: Marcial Pons, 2018.

BOTTINI, Pierpaolo Cruz. *Da omissão imprópria por ingerência*. Revista Brasileira de Ciências Criminais, São Paulo, v. 28, n. 171. set. 2020

COSTA, Fernando Calix Coelho da. *A fundamentação da posição de garantia*. In: COMPLIANCE e temas relevantes de direito e processo penal: estudos em homenagem ao advogado e professor Felipe Caldeira. Organização de Bruno Espiñei-ra LEMOS et al. Belo Horizonte: D'Plácido, 2018

DIAS, Jorge de Figueiredo. *Direito penal: parte geral. tomo I*. 3. ed. Coimbra: Gestlegal, 2019.

ESTELLITA, Heloísa. *Responsabilidade penal de dirigentes de empresas por omissão: estudo sobre a responsabilidade omissiva imprópria de dirigentes de sociedades anônimas, limitadas e encarregadas de cumprimento por crimes praticados por membros da empresa*. São Paulo: Marcial Pons, 2017.

JAKOBS, Günther. *Derecho penal: parte general*. 2.ed. Madrid: Marcial Pons, 1997 JAKOBS, Günther. *Ação e omissão no direito penal*. Barueri: Manole, 2003 KAUFMANN, Armin. *Dogmática de los delitos de omisión*. Madrid: Marcial Pons, 2006.

SCHÜNEMANN, Bernd. *Sobre a posição de garantidor nos delitos de omissão imprópria – possibilidades histórico-dogmáticas, materiais e de direito comparado para escapar de um caos*. In: SCHÜNEMANN, Bernd/GRECO, Luís (coord.). Estudos de direito penal, direito processual penal e filosofia do direito. São Paulo: Marcial Pons, 2013.

SCHÜNEMANN, Bernd. *Fundamento y limites de los delitos de omisión impropria*. Madrid: Marcial Pons, 2009.

SEELMANN, Kurt *et al. Estudios de filosofía del derecho y derecho penal*. Madrid: Marcial Pons, 2013.

SILVA SÁNCHEZ, Jesús Maria. *La expansión del derecho penal: aspectos de la política criminal en las sociedades postindustriales*. 3. ed. Madrid: Edisofer, 2011 TAVARES, Juarez. *Teoria dos crimes omissivos*. São Paulo: Marcial Pons, 2018.

TOLEDO, Francisco de Assis. *Princípios básicos de direito penal: de acordo com a Lei n. 7.209, de 11-7-1984 e com a Constituição Federal de 1988*. 5. ed. São Paulo: Saraiva, 1994

11.
PROGRAMAS POLICIALESCOS: A ESPETACULARIZAÇÃO DA VIOLÊNCIA À LUZ DO DIREITO PENAL

GIOVANNA MORAES DE SOUZA[1]

Introdução

A mídia de massa nacional explora o fenômeno do crime através de uma exposição massiva de casos, que servem como espetáculo para angariar uma maior audiência e aumentarem o lucro das companhias de televisão. Os jornais policialescos são marcados por diversos crimes que chocaram o Brasil, especialmente crimes brutais, que envolvem algum caso escandaloso. Esses casos são incessantemente exibidos na televisão, com coberturas que parecem ter fim.

O caso Isabella Nardoni é um exemplo de uma cobertura midiática de um crime que se prologou por meses, com vários desdobramentos, como se fossem "capítulos" de novela. Outros crimes também ganharam notoriedade no Brasil, como é o caso do Maníaco do Trianon (1963); Caso do Maníaco do Parque (1998); Caso Ônibus 174 (2000); Caso Richthofen (2002); Caso Eloá Pimentel. (2008); Caso Eliza Samúdio (2010); Caso Matsunaga (2012) e Caso Lázaro Barbosa (2021).

É certo que todos os casos mencionados têm algo em comum: trata-se de exemplos de crimes e investigações que ficaram muito conhecidos e foram acompanhados bem de perto – até perto de mais – pela imprensa.

[1] Artigo elaborado a partir da monografia apresentada ao Núcleo de Monografia Jurídica da Faculdade de Direito da PUC-SP, sob orientação do Professor Doutor Gustavo Junqueira.

Fica o questionamento: Por que esses crimes, esses casos e essas histórias, despertam tanto interesse?

Para isso, é necessária uma análise dos motivos pelos quais as audiências de programas policialescos, que vivem da exploração da tragédia, são campões de audiência. A constatação de que o fenômeno do crime é tema de curiosidade da sociedade é importante para se entender como a mídia se aproveita deste interesse para espetacularizar e dramatizar os acontecimentos de modo a conquistar uma maior audiência, a todo e qualquer custo.

Para isso, aprofunda-se na estética dos Programas de cunho Policialescos, propondo uma reflexão sobre as concessões de serviços de Radiodifusão sonora de sons e imagens no Brasi, que permite sistemáticas violações de direitos humanos proferidas por Programas Policialescos diariamente na televisão. Uma consequência da popularidade desses programas é o afastamento das funções legitimadoras do Direito Penal, já que clamor midiático, endossado pelos Policialescos, contribui para uma expansão do direito penal simbólico e para a consolidação do populismo penal.

Dessa maneira, discute-se propostas de uma regulamentação do setor de comunicação no Brasil, a fim de as possíveis soluções para uma mídia mais democrática, que não renuncie sua função pública de informar a população para dar espaço a programas violadores de direitos humanos, como os Policialescos. Para tanto, serão discutidas propostas de uma regulamentação do setor da comunicação no Brasil.

A importância desta discussão reside na constatação da constante expansão do direito penal simbólico na legislação penal brasileira, tornando-se crucial investigar quais são as causas por trás deste fenômeno, a efetividade destas medidas e as consequências da criação de leis penais mais rigorosas para a população.

1. A função da tragédia

Os chamados programas policialescos invadem as casas dos cidadãos todos os dias e expõem o que há de mais bárbaro na programação da televisão brasileira. Ao sentar-se durante cinco minutos em frente a televisão, é possível constatar como estes programas utilizam-se do fenômeno midiático criminal como produto a ser ofertado ao público.

"Atira, meu camarada, é bandido!". Esta frase foi dita no dia 23 de junho de 2015, em uma emissora de TV aberta, pelo apresentador Marcelo Rezende, no programa Cidade Alerta, durante a cobertura de uma perseguição policial que terminou com disparos contra dois suspeitos na capital paulista, exibido pelo policialesco.

Essas e outras barbaridades são proferidas diariamente por esses tipos de programas e a abordagem dos fatos criminosos é veiculada como entretenimento: há a transformação dos "criminosos" em personagens, a dramatização das notícias e proliferação do medo na sociedade.

A mídia de massa nacional explora o fenômeno do crime através de uma exposição massiva de casos, que servem como espetáculo para angariar uma maior audiência e aumentarem o lucro das companhias de televisão. Assim, é de se afirmar que a temática criminal desperta o interesse não somente dos operadores do direito, mas de toda a sociedade.

De tal maneira, o que se pretende compreender, em um primeiro momento, é justamente o que está por trás da existência desses tipos de programas na atualidade. Em outras palavras: Como é possível que determinados jornalistas e apresentadores construam toda a sua carreira exclusivamente na espetacularização do crime? Como é possível que alguém faça uma carreira em cima da dor alheia?

É importante reiterar que, as respostas para essas perguntas certamente exigem uma análise extremamente complexa a respeito do comportamento humano. No entanto, uma tese que se levantar é a de que existe público para esses programas, ou seja, há pessoas que consomem esse tipo de conteúdo. Afinal, esses programas são campeões de audiência.

A espetacularização e dramatização dos crimes é uma prática comum, de modo a captar a atenção e o interesse dos indivíduos. Ao longo da história, diversos são os exemplos, desde o pão e circo, na Roma Antiga, no qual a violência como espetáculo representava um meio pelo qual os líderes conquistavam o apoio da população no geral; até o período da inquisição na Idade Média; as penas executadas em praças públicas durante os Estados monárquicos; e até mesmo a guilhotina durante a Revolução Francesa.

Uma primeira resposta possível aos questionamentos levantados, é uma resposta aristotélica: a catarse, ou seja, a purgação de sentimentos negativos de um determinado grupo ao ter contato com uma tragédia. Para Aristóteles, que a função da tragédia é purgar os sentimentos negativos de um grupo. Então, um indivíduo, ao ter contato com um caso estrondoso, experienciaria um sentimento de catarse. É fundamental haver o crime escandaloso, que uma pessoa cometa um delito de ódio profundo, porque somente na presença deste criminoso, o indivíduo pode se "sentir melhor", se "sentir mais apto", fornecendo uma válvula de escape a fim de evitar a explosão de conflitos e restaurar a harmonia social.

De tal forma, é possível perceber como a mídia apela a sentimentos de tragédia e violência primitivos. A mídia é muito bem instruída e diante da noção do interesse do público, explora excessivamente episódios que evoquem essa conotação trágica.

Através da exploração constante de temas com conotações trágicas gera-se uma verdadeira ficcionalização e teatralização deste gênero que conta com uma apreciação estética do bárbaro, provocando assim, a catarse. Há uma sedução exercida pela mídia que visa tender os desejos trágicos do público.

Assim, conclui-se que a temática criminal desperta o interesse não somente dos operadores do direito, mas de sociedade como um todo e a mídia se aproveita desse fato para ampliar sua audiência. É dentro desta estrutura que estão inseridos os programas de cunho policialescos.

2. Política, mídia e espetáculo

É oportuno uma análise acerca da atuação da mídia como instrumento político. No caso dos programas policialescos, há uma transformação do medo e da violência em mercadoria a ser ofertada ao público. A notícia é transformada em mercadoria e o espetáculo é justamente o que garante o sucesso dessa mercadoria, ocupando totalmente a vida social.

O discurso midiático tem a capacidade de impor e consequentemente fixar sua ideologia para uma determinada parcela da sociedade. É comum presenciar diversos momentos em que a mídia atua como um condutor da opinião pública, principalmente em casos de grande repercussão criminal. A mídia, na sociedade moderna, se transformou em um verdadeiro ator político.

A relação entre o Sistema Penal e a Mídia, que está permeada pela opinião pública. É uma relação de duas vias já que o Sistema Penal constrói uma noção de opinião pública ao mesmo tempo que esse sistema se deixa influenciar por essa construção. De tal forma, a informação é transformada em mercadoria pela mídia e incorporada na lógica do processo produtivo e distributivo. O fenômeno do crime e a criminalidade não escapam dessa lógica e são transformados em produtos rentáveis pela mídia, fomentando um alarmismo injustificado em matéria de segurança, o que desencadeia diversos problemas para a sociedade, como a aceitação de medidas penais repressivas.

É necessário analisar o conceito de sociedade do espetáculo, de Guy Debord. A linha de pensamento de Guy Debord parte a ideia de que toda a vida na sociedade se apresenta como uma acumulação de espetáculos, tudo que é vivido diretamente torna-se uma representação, e a teatralidade e representação tomam conta da sociedade.

Os programas policialescos nada mais são do que o espetáculo formado por informações sensacionalistas a respeito de crimes. O noticiário, ao invés de ter a função de informar a população, passa a divertir o público que é submisso às leis espetaculares. Debord reforça a ideia que através da visualidade é que o espetáculo cativa o público. Em especial no meio televiso, a espetacularização tem presença constante e é responsável por sustentar os elevados níveis de audiência. É comum vermos programas policialescos que se parecem mais com verdadeiros shows, voltados absolutamente à dramaturgia.[2]

A notícia, ao atingir o estágio de espetacular, inviabiliza que os cidadãos sejam capazes de produzir suas próprias realidades. Nos telejornais, isto é feito através de uma incansável exaltação da visualidade na cobertura dos crimes, com uma apresentação exaustiva de imagens. As telas mostram assassinatos chocantes, ataques terroristas, escândalos sexuais, transformando os envolvidos em verdadeiras celebridades, mas todos os conflitos sociais e políticos por trás são afastados. Cada vez mais a mídia promove espetáculos sofisticados para conquistar audiências e aumentar o poder de lucro da indústria cultural.

[2] Debord, Guy. **A Sociedade do Espetáculo**. Rio de Janeiro: Contraponto, 1997.

3. Os Programas de cunho Policialescos

O caso Isabella Nardoni é um exemplo do modo como esses programas veiculam as notícias e foi alvo de diversos dias de extensiva cobertura e exposição por parte dos telejornais, que interromperam suas programações para se dedicarem exclusivamente ao desenrolar do caso em capítulos, os quais foram formados por diversos personagens e foram apresentados a história aos poucos, com base nas investigações. Ou seja, casos penais são transformados em mercadorias, em verdadeiras novelas, já que a indústria do entretenimento passa a vislumbrar espetáculos rentáveis.

Tantos outros são os casos em que foram levados ao ar pelos policialescos, com choros e gritos dos parentes das vítimas; repórteres questionando familiares sobre detalhes da vida privada dos mortos; em que se retrataram suspeitos como se culpados fossem e violam a presunção de inocência; em que os locais de crime se transformam em um cenário para a transmissão ao vivo dos telejornais, entre tantas outras situações. Em uma, arquiteta-se um verdadeiro espetáculo imagético, o qual da oportunidade para que o público fique bem próximo do fenômeno do crime e detalhes da morte, gerando mais lucro para esses telejornais.

Os programas policialescos sabem bem como utilizar o espetáculo ao seu favor: se valendo de uma mescla mal resolvida entre jornalismo e entretenimento para conquistarem uma cartela diversa de patrocinadores, a despeito de transgredirem direitos humanos sistematicamente.

Os policialescos se aproveitam do interesse do telespectador pelo sensacionalismo, pelo drama, pelo grotesco, ou seja, pela provocação de fortes emoções. A mídia explora e transforma em mercadoria o aspecto da criminalidade, através da dramatização e distorção de fatos cotidianos. Como se sabe, a cobertura midiática da criminalidade é um fator poderoso para conquistar audiência, já que a atração por esse tipo de conteúdo é intrínseca ao ser humano, seja pela função catártica da tragédia ou para que os "cidadãos de bem" consigam reforçar suas condições de superioridade.

A mídia ocupa um espaço expressivo na contemporaneidade e produz significações sobre os fenômenos cotidianos, através da exposição desses fenômenos massivamente. Por isso, a mídia contribui para a construção estereotipada da figura do "criminoso". O próprio processo de produção de notícias é seletivo e se atenta aquilo que chamaria mais atenção do grande público: o que é mostrado na mídia é fruto de uma pressão do mercado e é definido pelos índices de audiência. Nesta mesma linha, Herman e Chomsky afirma que os "produtos" da mídia estão diretamente relacionados aos interesses de quem a financia.[3] Ora, os donos da mídia são indivíduos de alto poder financeiro e não é interessante mostrar os "crimes" cometidos pelas classes mais abastadas, como lavagem de dinheiro, corrupção, entre outros, como é o caso de muitos empresários ou políticos no Brasil. Nesse sentido, é muito mais fácil acentuar a presença visual de cidadãos pobres, negros e moradores de bairros periféricos e favelas.

Uma característica dos programas policialescos é que eles são capazes de reforçar imagens e estereótipos, incitando clamor e disseminação de ódio contra uma parcela da população que já sofre com o estigma da sociedade e é historicamente marginalizada. A capacidade de selecionar os fatos a serem iluminados pelos holofotes de grandes noticiários é uma forma de controle social, que se fundamenta a partir dos estereótipos da opinião pública.

A criação de estereótipos é feita a partir de uma linguagem e uso de imagem próprio de um espetáculo, de uma história de quadrinhos e filme de super-heróis: há uma luta pelo bem e o mal, entre heróis e vilões, entre bandidos e mocinhos, entre o "cidadão de bem" e os marginais, em que jargões como "bandido bom é bandido morto" são comuns de se ouvir.

Os policialescos apostam no maniqueísmo, criam uma dicotomia entre o bem e o mal e uma "imagem do criminoso" que pertence a certa classe social, certa raça e certa etnia, embora os jornais ignorem completamente os fatores de ordem estrutural por trás da vida das pessoas marginalizadas. Em nenhum momento sequer são mencionados os problemas sociais complexos que envolvem a criminalidade no Brasil, muito menos as violências institucionais as quais as pessoas marginalizadas são expostas desde cedo em sua vida: a maioria das pessoas sob as quais recaem o estigam de criminoso não tem o Estado presente em nenhuma esfera de suas vidas – seja na saúde, educação, segurança, entre tantos

[3] Herman, Edward S.; Chomsky, Noam. **A manipulação do público.** São Paulo: Futura, 2003.

outros – sendo que a figura do Estado só faz questão de aparecer através da atuação ostensiva da polícia e através do Ministério Público, que quase sempre visa condena-lo.

Assim, somente a versão da policial é apresentada ao espectador, não há nenhum contexto a respeito da vida do suspeito e dimensão social em que está inserido. Não se discute propriamente a criminalidade e suas possíveis causas e consequências, apenas se vende a ideia de que existem criaturas puramente más e perversas que ameaçam a vida dos cidadãos honestos.

Além de tudo, os policialescos promovem uma distorção da realidade e evidenciam crimes bárbaros como se fossem cotidianos, provocando assim um alarmismo na população, ocasionando a denominada sociedade do medo.

São programas como estes que contribuíram para a ascensão de discursos com "direitos humanos ou direito dos manos?" ou "bandido bom é bandido morto" que prejudicam a compreensão popular acerca do tema e afastam qualquer tipo de reflexão mais significativa. Na prática, há uma repulsa ao tema de direitos humanos, que é alimentada pelos discursos conservadores desses apresentadores. É fundamental reconhecer o papel desses programas para a legitimação de falas que incitam a vingança, com ideias que representam o ideal de "olho por olho, dente por dente", e menosprezam todos os aspectos da legislação brasileira que envolvem a garantia de um devido processo legal.

Nenhum dos programas policialescos ou seus apresentadores têm comprometimento real com a legislação brasileira e os direitos fundamentais, apenas com o número de sua própria audiência e lançam mão de todo tipo de sensacionalismo em prol disso. No caso do programa Alerta Nacional, apresentado por Sikeira Junior, por exemplo: um dos quadros mais conhecidos é o "CPF cancelado", em que é comemorado quando suspeitos de crimes são mortos pela polícia.

É evidente, nesse sentido, que esses programas são violadores de direitos humanos e não obstante, esses programas se valem da concessão pública dos radiodifusão sonora de sons e imagens, ou seja, de televisão aberta. Está é uma abordagem importante tendo em vista que a televisão, por ser uma concessão pública, caracteriza-se como serviço público, devendo estar fundada no interesse público, observando os princípios e finalidades a ele elencados.

Analisado o sistema de concessões públicas de serviços de radiodifusão sonora de sons e imagens no Brasil, observa-se que que as concessões públicas de televisão feitas a essas empresas privadas são praticamente inatingíveis e inalcançáveis. Tanto é verdade que nunca houve um caso de rejeição de renovação da concessão no Brasil após a Constituição de 1988, já que o quórum de votação torna a não renovação praticamente impossível.

Na prática, Celso Antônio explica que o artigo 233 da Constituição Federal dispõe que a outorga e renovação de concessão, permissão ou autorização para radiodifusão sonora e de sons e imagens competem ao Poder Executivo, sendo que o Congresso Nacional é responsável por apreciar tais atos no mesmo prazo e condições conferidos aos projetos de lei de iniciativa do presidente. Assim, a outorga ou renovação só passará a valer após a deliberação do Congresso, mas o grande problema é que para não ser renovada a concessão e permissão é necessário a deliberação de 2/5 (dois quintos) do Congresso Nacional, através de votação nominal. E não bastasse, o cancelamento da concessão ou permissão antes de vencido o prazo só poderá ocorrer mediante decisão judicial o que, para Celso Antônio, viola a regra geral que faculta à concedente extinguir ou concessões ou permissões de serviço público.[4]

Ainda que, por um lado, essas regras visem proteger o concessionário de censuras e perseguições políticas e para tal fim, são completamente válidas, é evidente que isso dificulta a fiscalização e a punição de emissoras que violem os princípios e finalidades públicas estabelecidos sobretudo no artigo 121 Constituição Federal. Não é à toa que alguns doutrinadores apelidaram a utilização das concessões de radiodifusão como "coronelismo eletrônico". Inclusive, para Celso Antônio, há um critério de concessão que é puramente técnico, mas sim baseado em interesses políticos e em favoritismo.

Fato é que não há, no Brasil, uma legislação que regulamente este setor e que permita frear a violação de direitos humanos sistemática des-

[4] Mello, Celso Antônio Bandeira de. Curso de direito administrativo. São Paulo: Malheiros, 2021.

ses programas e a propagação de violência gratuita na televisão. O que garante a permanência e dominação desse gênero na televisão brasileira são os índices de audiência, mas também a falta de legislação sobre a questão

Não bastasse a problemática que envolve as concessões públicas de radiodifusão no Brasil, que não garante a pluralidade da mídia e permite que as emissoras exibam o que bem entenderem, como é o caso dos policialescos, ainda que isso viole direitos humanos, há outra questão que merece igual atenção, que é o uso dos Programas policialescos como palanque eleitoral.

A massiva audiência dos programas policialescos colaborou para transformar os apresentadores e repórteres em personalidades nacionais muito conhecidas, como foi o caso de Marcelo Rezende, Luiz Bacci, José Luiz Datena, entre tantos outros. Esses apresentadores e as emissoras para qual trabalham tem a consciência de que são representantes da cultura dos "justiceiros", só precisando de uma boa história para conquistarem o apreço do público.

Os dados de uma pesquisa feita pelo Coletivo Intervozes dão conta de que no ano de 2022, em comparação com 2018, o número de candidatos policialescos e donos de mídia dobrou. São 45 candidatos donos de mídia e 43 candidatos apresentadores e repórteres de policialescos. A esmagadora maioria desses candidatos são brancos, homens e com alto poder aquisitivo, inclusive, tendo alguns declarado fortuna maior de 600 milhões de reais.[5]

No caso de apresentadores e donos de mídia, em ano de eleição, a legislação proíbe que emissoras transmitam programas apresentados por pré-candidatos a partir do dia 30 de junho. Mas, afastar um apresentador meses antes da campanha eleitoral de nada adiante perto de toda a visibilidade que antes contribuía para que sua candidatura fosse bem-sucedida. A função desempenhada por esses apresentadores é a de intermediação entre a população e o Estado, sendo que essa associação

[5] COMUNICAINTER. Eleições 2022: Monitoramento do Intervozes mapeia 43 candidatos de programas policialescos. Intervozes, 26 set. 2022. Disponível em: https://intervozes.org.br/eleicoes-2022-monitoramento-do-intervozes-mapeia-43-candidatos-de-programas-policialescos/. Acesso em: 4 out. 2022.

permite com que esses candidatos vendam a ideia de que as atitudes que eles defendem nos programas, também irão defender no parlamento. Esses apresentadores constroem uma relação muitas vezes até sagrada com seus espectadores, que reúne na figura do apresentador uma espécie de chamamento da sociedade para denúncia de suas mazelas.

Dessa maneira, tem-se que o período de afastamento antes da eleição é muito curto e esses apresentadores se utilizam da televisão aberta, ou seja, de concessões públicas – como já visto – para construírem suas campanhas eleitorais. Isso é um flagrante abuso do poder das comunicações, dado ao fato que as candidaturas de programas policiais já saem na frente em termos de visibilidade midiática. Esses apresentadores têm tempo intermitente para fazer campanha eleitoral e o pior: suas pautas são violadoras de direitos humanos.

4. Mazelas dos Programas Policialescos: distanciamento das funções legitimadoras do Direito Penal

Frente as problemáticas levantadas acerca dos Programas policialescos, importante analisar as consequências para o Direito Penal, ou seja, como a mídia influencia o sistema penal como um todo. Portanto, pretende se demonstrar como a mídia sensacionalista, que se utiliza da espetacularização de crimes para angariar audiência tem o poder afastar o Sistema Penal de sua legitimidade. Há um afastamento do Direito Penal de suas funções legitimadoras para atender a um simbolismo, em virtude do pelo social e midiático. O Direito Penal passa a agir como um confronto dos medos sociais ao invés de atuar como um instrumento garantidor dos bens jurídicos atingidos pelo delito.

Apesar de não ser consolidada a função legítima do Direito Penal, a premissa a ser trabalhada é a função do direito penal centrada na proteção do bem jurídico construída, principalmente, com os pensamentos de Claus Roxin. O pensamento de Roxin tem como pressuposto a ideia de que a legitimação para uma intervenção jurídica reside na função social que é exercida pelo Direito Penal, sendo que, o que extrapola esta função não deve ser considerado. Nesse sentido, o Estado deve garantir, incluindo os instrumentos jurídicos penais, as condições que possibilitem essa existência pacífica ao qual o autor se refere. E é justamente através da proteção desses objetos legítimos, que são os bens jurídicos, que isso será assegurado. Os bens jurídicos são, por exemplo, a vida, a integridade corporal, o patrimônio, entre tantos outros.

Conforme Claus Roxin, podem-se definir os bens jurídicos como "circunstâncias reais dadas ou finalidades necessárias para uma vida segura e livre, que garanta todos os direitos humanos e civis de cada um na sociedade".[6] O Direito penal, portanto, deve se basear nesses objetivos. E para Roxin, as leis penais simbólicas não buscam a proteção de bens jurídicos e por esse motivo afastam o Direito Penal de sua legitimidade.

Assim, Nilo Batista trata da utilização mercadológica do medo da criminalidade e como os meios de comunicação em massa são transformados em agências de privatização parcial do poder punitivo, responsáveis por pré-julgamentos que só serão ratificados pelo judiciário posteriormente[7].

Dessa forma, se defende que o medo e a sensação de insegurança, como muitos autores já relevaram, são predominantes na sociedade contemporânea, apelidas por muitos de "sociedade do medo" ou "sociedade de risco". Ao lado de uma campanha midiática bem empenhada em legitimar a violência estatal, como é veiculado nos policialescos se desemboca na atual banalização do Direito Penal, com a expansão do caráter simbólico e com a criação de legislações penais de emergência pouco preocupadas com a real eficácia da norma e na estigmatização e humilhação de certos indivíduos.

É justamente o clima de insegurança, característico da sociedade do medo, que possibilita o crescimento da demanda de uma maior intervenção do Direito Penal. Essa mentalidade punitivista exacerbada, que enxerga o Direito Penal como primeira razão e não como *ultima ratio*, é apelidada como "populismo penal", em que há a perda do caráter subsidiário e fragmentário do Direito Penal. O contexto do populismo penal traz junto a si sérias consequências, como a criação de legislações penais simbólicas, mas cada vez mais repressivas e inconstitucionais.

[6] ROXIN, Claus. A proteção de bens jurídicos como função do Direito penal/ Claus Roxin: org. e. trad. André Luis Callegari, Nereu José Glacomolli – 2 ed. Porto Alegre: Livraria do Advogado Editora, 2009.

[7] BATISTA, Nilo. Mídia e sistema penal no capitalismo tardio. 1994. Disponível em http://bocc.ubi.put. Acesso em 14 de setembro de 2022.

Por Direito Penal simbólico, como indica a denominação, entende-se um Direito Penal com efeitos meramente simbólicos. Na prática, significa a expansão do Direito Penal, com criação de legislações mais severas, normalmente motivadas por um caso que tenha ganho alta notoriedade e busca responder os anseios atinentes a segurança pública, mas, na prática, acaba sendo ineficaz. Devido ao forte clamor social e midiático, há uma pressão para respostas imediatas ao problema da criminalidade, resultando na criação de leis mais severas, mas que não possuem efeitos para de fato fazerem aquilo que se propõe a fazer: combater a criminalidade.

Ao se deixar influencer pelo populismo penal midiático, o Direito Penal comete excessos. A legislação penal simbólica representa um uso desvirtuado do direito penal. Devido a influência da mídia e discursos veiculados em programas como os policialescos, a sociedade passa a enxergar o Direito Penal como solucionador de problemas sociais, especialmente relativos à segurança pública. Isso contribui cada vez mais para que o Direito Penal seja utilizado de forma indiscriminada.

A conclusão é uma só: há um distanciamento das funções legitimadoras do Direito Penal, que deixa de ser visto como um protetor dos bens jurídicos e passa agir como um meio de confronto dos medos sociais, como um "solucionador" de todas as mazelas sociais.

Algumas lições tão elementares do direito, como a subsidiariedade do Direito Penal, ainda parecem não ser assimiladas pela mídia e pela opinião pública, que tem sede por maior rigor penal. O Direito Penal simbólico, com a criação de leis penais de emergência que somente visam dar uma "resposta" rápida ao problema da criminalidade frente a pressão popular, é caracteriza pela perda do seu caráter subsidiário e fragmentário. O Direito Penal que tanto se lutou para construir, com menor repressão e intervenção do Estado, está em crise: o que se vê é um Direito Penal que pretende impor o combate ao crime a qualquer custo, o que prejudica sua própria credibilidade.

Em outras palavras, o apreço por uma maior atuação da justiça penal atua de forma a encobrir as contradições sociais: tenta-se compensar o menor estado social, com um maior Estado penal. Evidente que é mais fácil tratar as consequências do problema do que suas reais causas e assim, na carência de políticas sociais adequadas que seriam capazes de gerar reformas e mudanças sociais, coloca-se tudo sob responsabilidade do Direito Penal. O grande problema é que a simples existência não é suficiente para resolver os problemas no que toca a criminalidade.

O enfrentamento da questão, a bem da verdade, é bem raso e superficial: o aumento do crime é explicado pela falta de leis penais, ao passo que a solução mágica é sempre a criação destas. Não há qualquer debate profundo acerca da configuração social brasileira, que é a grande causa da violência estrutural na sociedade, apenas se desvia o foco dos verdadeiros motivos que geram insegurança.

Assim, a criação de leis penais mais rigorosas apenas para acalmar os nervos da população em nada contribui para o combate efetivo à criminalidade e representa uma ameaça às garantias constitucionais e a segurança jurídica, por afastarem o Direito Penal de seu caráter fragmentário e subsidiário. Não obstante, são vários os exemplos de legislações penais simbólicas no ordenamento jurídico brasileiro, entre elas: a Lei de Crimes Hediondos (Lei 8.072 de 1990); as leis que incluíram o homicídio qualificado e adulteração de remédios entre crimes hediondos (Leis nº 8.930 de 1994 e 9.685 de 1998); O Estatuto do desarmamento (Lei 10.826 de 2003), a Lei do Regime Disciplinar Diferenciado (Lei 10.729 de 2003), entre outras.

Todas essas legislações têm algo em comum: em maior ou menor grau foram precedidas de agitações da mídia. Não é demais mencionar o caso da Lei 8.930 de 1900 envolveu o famoso caso da morte da atriz Daniella Perez. Mais recentemente, outra legislação advinda de um caso midiático foi sancionada, a Lei Henry de Borel, que torna homicídio de criança crime hediondo. Fato é que essas legislações, baseadas puramente em repercussão midiática, apesar de prometerem resultados, não são capazes de entregá-los.

Apesar de o cumprimento da função simbólica por parte do direito penal não ter consequências efetivas na prevenção da criminalidade, certamente traz consequências muito reais sobre aqueles que são objetos do controle penal, como a estigmatização da população marginalizada e a superlotação de presídios.

Diante de todo o exposto, é possível concluir que os setores midiáticos, em especial os programas policialescos, podem pressionar severamente a política, através de criação de um medo generalizado, e com reinvindicações de guerra ao crime e leis penais mais rígidas, fortalecendo discurso populista punitivo. O fenômeno do crime e tudo que o envolve – como o sentimento de medo e a criação de políticas criminais – se transformam em mercadoria. Muitos dos exemplos trazidos até então, demonstram como os programas policialescos se utilizam da espetacularização do crime e da violência e fomentam um sentimento de vingança, o que além de ineficaz, é incompatível a um sistema penal condizente a um Estado Democrático de Direito. Os policialescos são responsável proliferação de um medo desmedido e um alarmismo na população, garantindo a expansão do sistema penal, sobretudo, simbólico.

5. Democratização da mídia e regulamentação dos Programas de cunho Policialescos

Diante desta problemática, é urgente discutir propostas de regulamentação da comunicação no Brasil. A influência da mídia no Sistema Penal e o clamor midiático afastam o Direito Penal de suas funções legitimadoras e estudou as concessões públicas de serviços de radiodifusão no Brasil permitem que canais abertos exibam programas violadores de direitos humanos, como o caso dos policialescos, cujos muitos apresentadores possuem relações com a política, prejudicando o jogo democrático no Brasil.

Tudo o que foi abordado denota uma necessidade urgente de que haja uma regulamentação dos meios de comunicação. Para se iniciar uma discussão a respeito da regulamentação dos meios de comunicação é necessário, primeiramente, descontruir o equivocado senso comum de que a regulamentação da mídia é uma forma de censura. A regulamentação dos meios de comunicação não é censura: nada mais é do que criar regras para que o acesso à informação seja democrático e plural, evitando a concentração da mídia na mão de poucas famílias – como é atualmente – e para garantir direitos aos jornalistas.

Veja que é preciso descontruir a associação entre o assunto e a censura: é justamente o contrário. A bem da verdade, muitos países já aderiram e reconheceram a importância de uma regulamentação, como o Canadá, a Alemanha, a França, Japão, Portugal, Espanha, Estados Unidos e muitos outros. A comunicação transparente é de extrema importância para um regime democrático, devendo ser regulada pelo Estado, na medida em que é o espaço para manifestação da vida social, política, cultura e econômica do país. A obstrução desses canais impossibilita o crescimento e a veiculação de informações a respeito dos mais diversos campos sociais. Ainda, tem-se que a mídia desempenha papel determinante no desenvolvimento de uma opinião pública, na definição de direitos políticos, no pluralismo democrático e na manutenção de uma esfera pública e dessa forma, assume papel fundamental para o desenvolvimento da Democracia.

No caso dos Programas policialescos, eles não são e nem deveriam ser enquadrados como jornalismo: objetivo não é informar, mas entreter, criando espetáculos ao redor de casos criminais. Esses "shows' utilizam-se da forma jornalística – com repórteres na rua, com a figura do apresentador e de manchetes, entre outros – para simularem uma credibilidade, mas sequer respeitam os valores éticos que norteiam a profissão dos jornalistas. O jornalismo deve servir a democracia e ao interesse público.

É evidente que mídia tende a explorar o extraordinário em detrimento do daquilo que é cotidiano, no entanto, isso não significa que para atingir tal fim, possam renunciar ao compromisso com os direitos humanos. O direito a informação pressupõe uma pluralidade de vozes e esses programas só incentivam a divulgação das mesmas vozes: a voz dos apresentadores e repórteres e a voz das forças policiais. Além disso, espalham a desinformação ao trazem visibilidade aos indicies de violência do Brasil, mas apenas dando enfoque a casos específicos, sem dar conta do todo, sem colocá-los em proporção com o conjunto noticiário. Isso contribui para visões estereotipadas de que, por exemplo, as comunidades e favelas são violentas ou que os bailes funks são comandados por bandidos e traficantes e devem ser criminalizados, entre outros.

É notável que o debate sobre uma regulamentação é imprescindível e não pode ser adiado sob o pretexto de estar se protegendo a liberdade de expressão. A tese que se defende é que o direito à liberdade de expressão e comunicação tem seu âmbito de incidência até o limite em que não atinja outros direitos de igual hierarquia constitucional. A mídia, como exerce função pública, deve primar pela qualidade da cobertura da notícia e pela propagação da informação, em total consonância com os direitos humanos.

O Uruguai é um exemplo de como pode ser feita a regulamentação desses programas. O marco regulatório das comunicações no Uruguai ficou conhecido como a Lei dos Meios e foi aprovada em 2014, passando a valer em 2015. Basicamente, entre as 6 horas e 22 horas, não poderia haver conteúdo violento na televisão, o que fez com que muitos programas policialescos perdessem força. Tal medida poderia ser implementada no Brasil, chamando atenção ao fato de que deveria haver uma constante fiscalização, de forma a notificar e multar as emissoras que descumprissem com essa regra.

No entanto, no Brasil, os policialescos não estão sujeitos a restrições de horários e muito menos classificações indicativas, apesar de conterem cenas fortes e violentas. Isso, porque, esses programas são vistos como "jornalísticos" e não se reconhece o teor de entretenimento. Evidente que a pesquisa não defende que deva se silenciar o discurso acerca da criminalidade, mas tão somente proteger as crianças e adolescentes de certas imagens transmitidas nesses programas, em tom sensacionalista.

A discussão acerca da democratização da mídia não pode deixar de lado uma reflexão acerca de uma melhor distribuição das concessões públicas, já abordadas anteriormente. É necessário se que retire as concessões das mãos de grupos políticos ou religiosos e se crie critérios verdadeiramente técnicos para tais concessões, critérios que fujam da regra do favoritismo que atualmente está em vigor. É no mínimo inadmissível que programas como os policialescos, firam sistematicamente direitos humanos utilizando-se de uma concessão pública para tanto.

No que toca a questão da participação de apresentadores de programas policialescos e donos de mídia no processo eleitoral, há a necessidade de criar quarentenas de maior período para que essas pessoas possam se candidatar a cargos políticos, de modo a garantir que a televisão seja utilizada para servir e informar a população e não como uma plataforma de uma candidatura dessas figuras. Isso não significa proibir que essas pessoas se candidatem, mas significa tão somente garantir que certas plataformas, como a televisão, não sejam utilizadas como campanha eleitoral, gerando uma desigualdade de concorrência entre os candidatos a cargos políticos e corrompendo as regras do jogo democrático.

Ainda que exista uma resistência a uma lei de regulamentação da mídia, é necessário maiores debates acerca do tema, uma vez que a liberdade de alguns não pode ser um prejuízo para a sociedade como um todo. O Brasil precisa discutir uma lei de mídias que trate da questão das quarentenas e afastamentos, de vedações, que trate de responsabilidade social e de direitos humanos, da vedação a propriedade cruzada, dos monopólios e oligopólios da mídia, entre todos outros assuntos, e crie meios reais de fiscalização, regulando suspensões, multas e indenizações por violações a direitos humanos. A falta de uma legislação nesse sentido faz com que a única solução dada atualmente a casos de violações de direitos humanos por programas policialescos seja uma indenização de valores que irrisórios para essas emissoras, que detêm enorme poder econômico.

Esses são apenas alguns exemplos de como a mídia pode se tornar mais democrática, sendo que todas essas hipóteses obrigatoriamente devem incluir uma discussão acerca da criação de uma legislação que regulamente a mídia no país. Somente assim será possível garantir que programas violadores de direitos humanos – como os policialescos – não ditem a pauta jornalística da televisão brasileira e afastem o Direito Penal de suas funções legitimadoras.

Conclusões

Conclui-se que os programas policialescos, a despeito de afrontarem repetidamente direitos humanos, promoverem o ódio, a incitação à violência, o desrespeito às garantias processuais do acusado, e a própria democracia, continuam sem uma responsabilização efetiva. A resistência ainda é tímida no âmbito do poder judiciário e da academia.

É preciso repensar as atuais políticas de comunicação social que permitem que programas violadores de Direitos Humanos, como os policialescos, tenham passe livre na televisão brasileira. É preciso questionar qual é a real necessidade de se transmitir programas de televisão, que se passam de jornalísticos, para violarem direitos humanos e incitarem o ódio descaradamente. Já passou da hora da sociedade desaprovar Programas como os policialescos e por esse e outros motivos elencados ao longo desta tese é que a regulação da mídia é fundamental para a democracia e para o Direito Penal condizente com o Estado de Direito. O Brasil precisa de uma mídia que valorize e promova os direitos humanos e é inadmissível que programas como estes se utilizem de concessões públicas para atacar os direitos humanos.

O poder de "fabricar" leis penais é limitado e o texto do legislador não deve ser bíblico. Não se pode permitir, em prol de uma "maior segurança", que o Direito Penal simbólico se espalhe e deixe suas mazela e disfunções por onde quer que passe. É necessário que lições tão elementares do Direito, como a proteção dos bens jurídicos e a limitação do poder punitivo do Estado sejam assimilados pela mídia e pela opinião pública. Não se deve consentir que os Programas Policialescos corrompam a função social do jornalismo e prestem um desserviço à população, não perdendo uma oportunidade para gerar mais medo, mais intranquilidade e mais insegurança.

É necessário repudiar esses programas e se dar conta dos graves impactos que eles podem gerar, de forma a pressionar os órgãos responsáveis a fiscalizar os meios de comunicação, contribuindo para a redução progressiva das violações de direitos humanos. A função do jornalismo é prestar um serviço público e a dramatização exagerada dos crimes não deve ser reconhecida no cunho jornalístico: a única conclusão possível é a de que a mídia deve banalizar menos, e informar mais.

Referências

BATISTA, Nilo. **Mídia e sistema penal no capitalismo tardio**. 1944. Disponível em http://bocc.ubi.put. Acesso em 14 de setembro de 2022.

COMUNICAINTER. Eleições 2022: **Monitoramento do Intervozes mapeia 43 candidatos de programas policialescos**. Intervozes, 26 set. 2022. Disponível em: https://intervozes.org.br/eleicoes-2022-monitoramento-do-intervozes-mapeia-43-candidatos-de-programas-policialescos/. Acesso em: 4 out. 2022.

DEBORD, Guy. **A Sociedade do Espetáculo**. Rio de Janeiro: Contraponto, 1997.

HERMAN, Edward S.; CHOMSKY, Noam. **A manipulação do público**. São Paulo: Futura, 2003.

MELLO, Celso Antônio Bandeira de. **Curso de direito administrativo**. São Paulo: Malheiros, 2021.

ROXIN, Claus. **A proteção de bens jurídicos como função do Direito penal/ Claus Roxin**: org. e. trad. André Luis Callegari, Nereu José Glacomolli – 2 ed. Porto Alegre: Livraria do Advogado Editora, 2009.

PARTE III

MEIOS ADEQUADOS DE RESOLUÇÃO DE CONFLITO

12. CRÍTICAS AO DIREITO SISTÊMICO: A APLICAÇÃO DA CONSTELAÇÃO FAMILIAR NO PODER JUDICIÁRIO DO BRASIL E DE OUTROS ESTADOS

STEFANIE DE CARVALHO AVELINO DOS SANTOS[1]

Introdução

O presente artigo traz diversos questionamentos ao chamado Direito Sistêmico, isto é, à aplicação do método da constelação familiar ao Poder Judiciário como uma forma de autocomposição, sob o pretexto de mitigar a morosidade de tal ente público.

Para tanto, tecer-se-á as seguintes críticas a tal técnica: (i) a constelação familiar não possui qualquer evidência científica de sua efetividade; (ii) tal método, assim como os consteladores, não contam com qualquer tipo de regulamentação; (iii) a constelação familiar possui origens conservadoras, místicas e preconceituosas, não devendo ser aplicada em órgãos públicos; (iv) e, por fim, a constelação familiar, tendo origem na pseudociência, não deve ser aplicada em Estados laicos, os quais separam a religião da tomada de decisão política.

A metodologia a ser utilizada no presente artigo é o método dialético, já que para além de criticar o Direito Sistêmico no Brasil, realizar-se-á uma comparação da aplicação de tal método em outros Estados.

[1] Artigo elaborado a partir da monografia apresentada ao Núcleo de Monografia Jurídica da Faculdade de Direito da PUC-SP, sob orientação da Professora Doutora Clarisse Laupman Ferraz Lima.

1. Conceito de constelação familiar

A constelação familiar surgiu através de um único expoente: o alemão Bert Hellinger, o qual conceitua tal método como uma técnica aplicada a um grupo sob orientação de um constelador, com o objetivo de servir as pessoas e descobrir suas origens.

Em meados de 2012, a constelação familiar passou a ser aplicada no Poder Judiciário, como uma tentativa de mitigar os efeitos da morosidade do Estado, tendo, como seu expoente, o magistrado Sami Storch, o qual criou o nome "Direito Sistêmico" para realizar a aplicação de tal prática no Poder Judiciário.

Com relação à prática em si, a constelação familiar é baseada, primariamente, na representação. Assim, na constelação familiar, três figuras são de extrema importância: o constelado (pessoa que possui conflitos familiares); o constelador (aquele que irá aplicar o método); e, por fim, os representantes, que atuam como se fossem os membros da família com conflitos internos[2].

O constelado irá trazer uma questão pessoal que causa conflitos no núcleo familiar e, a partir disso, o constelador escolhe certos representantes para atuarem como se fossem os integrantes daquela família, passando a interrogá-los sobre questões familiares. Dependendo das respostas dos representantes, o constelador poderá incentivar que o constelado profira certas palavras, atitudes ou gestos aos representantes e, por fim, irá organizar a posição das pessoas na família, tentando chegar à resolução de todos os problemas que afligem a família em questão.

Logo, a constelação familiar se utiliza da vontade e sentimento dos representantes, bem como do constelador, o qual será o responsável por reger todo o procedimento, mesmo que esse não possua qualquer formação ou experiência, baseando-se, para tanto, nas vulnerabilidades explicitadas pelo constelado.

[2] QUEIROZ, Rafael Pereira de. **Direito Sistêmico: a constelação familiar como método auxiliar de autocomposição de conflitos.** Tese (Bacharelado em Direito) – Faculdade de Direito, Universidade Federal do Ceará, 2019, p. 28.

2. Direito sistêmico: o poder judiciário brasileiro

As primeiras constelações familiares a serem aplicadas no Brasil foram um incentivo do magistrado Sami Storch, o qual, ademais, também introduziu o termo "Direito Sistêmico" ao Judiciário[3]. A técnica é majoritariamente aplicada na "resolução" de conflitos envolvendo a área de Direito de Família e Sucessões[4], violência doméstica[5] e infrações cometidas por crianças e adolescentes[6]. Considerando que as constelações familiares são aplicadas em diversos casos envolvendo violência doméstica, tal artigo focará nessa esfera.

Contudo, antes de passar à análise específica da Lei nº 11.340/2006, mais conhecida como Lei Maria da Penha, faz-se mister ressaltar que a legislação processual penal não possui qualquer dispositivo que regule e/ou permita audiências conciliatórias. Tal situação também já foi decidida nesse sentido pelo Superior Tribunal de Justiça[7]8. Apesar disso, certos magistrados insistem em tentar conciliar as partes nessas situações, aplicando-se, para tanto, a constelação familiar.

É importante aduzir que a Lei nº 11.340/2006 sequer permite que os crimes cometidos e enquadrados consoante tal diploma normativo sejam regidos conforme as normas dos Juizados Especiais Cíveis e Criminais. Sendo assim, o legislador possuía o intuito de criminalizar as condutas de

[3] Storch, Sami. **O Direito Sistêmico.** Direito Sistêmico, 2013. Disponível em: <https://direitosistemico.wordpress.com/>.

[4] Reis, Drieli Melchior dos.; Dias, Lenise Antunes. **Direito Sistêmico: a Constelação aplicada nos Conflitos Familiares.** Fundação Educacional do Município de Assis, Biblioteca Virtual, 2018, p. 2. Disponível em: <https://cepein.femanet.com.br/BDigital/arqPics/1511401491P801.pdf>.

[5] Gonçalves, Paula Regina de Oliveira. **O direito sistêmico no combate a novos episódios de violência doméstica e familiar contra a mulher**. Revista de Doutrina e Jurisprudência do Tribunal de Justiça do Distrito Federal, Brasília, v. 111, n. 1, 2019, p. 52.

[6] Siqueira, Rafaela Pinheiro. **A aplicação da constelação familiar aos casos que envolvem adolescentes em conflito com a Lei nos tribunais brasileiros**. Tese (Bacharelado em Direito)
– Universidade Federal de Mato Grosso, Faculdade de Direito, Mato Grosso, 2021, p. 27.

[7] BRASIL, Superior Tribunal de Justiça. Recurso em Mandado de Segurança nº 56.784 – MS (2018/0047293-0), Relator: Ministro Ribeiro Dantas. Mato Grosso do Sul, 1 de agosto de 2019,
p. 3.

violência doméstica e, ademais, proibir que o autor do crime em questão fosse agraciado com as benesses contidas na Lei nº 9.099 de 1995, a qual somente deve ser aplicada para os crimes de menor potencial ofensivo[8], não estando a violência doméstica entre eles.

Diversos magistrados, inclusive, têm entendido que a mulher, vítima de violência doméstica, não é obrigada a comparecer em qualquer sessão de mediação para tentar extinguir o processo contra o autor do crime[9].

A aplicação do chamado Direito Sistêmico, nesse caso, não somente vai de encontro à principiologia adotada nas decisões do Superior Tribunal de Justiça, como desrespeita certos artigos da Lei nº 11.340/2006, os quais aduzem que a mulher vítima de violência doméstica não será revitimizada e sequer será obrigada a ter "contato direto com os investigados ou suspeitos e pessoas a eles relacionadas"[10].

Dessa maneira, conclui-se que o Direito Sistêmico, utilizado como uma forma de mediação, não somente culpabilizará e revitimizará a mulher vítima de violência doméstica, mas também tentará imiscuir o autor do crime de sua responsabilidade na esfera penal e processual penal.

3. Críticas ao direito sistêmico

Com vistas a facilitar o entendimento do leitor, o presente tópico será divido em quatro subtópicos com as principais críticas sobre a aplicação da constelação familiar: a) a questão pseudocientífica por trás da constelação familiar; b) falta de regulamentação da constelação familiar e dos

[8] CZIECZEK. José Roberto. **As inovações trazidas pela Lei 9.099/95, como ferramentas de alcance da celeridade e efetividade no Processo Penal**. Tese (Bacharelado em Direito), Universidade do Vale do Itajaí, Faculdade de Direito, Santa Catarina, 2010, p. 63-64. CZIECZEK. José Roberto. **As inovações trazidas pela Lei 9.099/95, como ferramentas de alcance da celeridade e efetividade no Processo Penal**. Tese (Bacharelado em Direito), Universidade do Vale do Itajaí, Faculdade de Direito, Santa Catarina, 2010, p. 63-64.

[9] BRASIL, Tribunal de Justiça de São Paulo, Comarca de São Carlos, Agravo de Instrumento nº 2097212-21.2022.8.26.0000, Relator: Alcides Leopoldo, São Paulo, data de julgamento: 15 de junho de 2022; BRASIL, Tribunal de Justiça de São Paulo, Comarca de Ribeirão Preto, Agravo de Instrumento nº 2174578-39.2022.8.26.0000, Relator: Rebello Pinho, São Paulo, data de julgamento: 1 de setembro de 2022.

[10] *Ibidem*, inciso II.

consteladores; c) o método e a violência psicológica; d) a constelação familiar e o desrespeito aos princípios dos Estados laicos.

a. A constelação familiar é uma pseudociência

Segundo os doutrinadores Felipe Alonso Marcos e Sergi Cortiñas Rovira, a pseudociência pode ser conceituada como

> (...) (1) o conjunto de práticas que tentam se apoderar de um status científico (2) mediante a exposição de resultados isolados, não demonstráveis e subjetivos, (3) obtidos de maneira acrítica, não sistemática, interessada e imprecisa, (4) para gerar um conhecimento que não é cumulativo e nem válido cientificamente, que (5) opera em âmbitos onde a ciência não chega ou onde não tenha oferecido resultados satisfatórios e que (6) é geralmente hábil no manejo dos meios de comunicação e nas emoções do público[11].

Conforme será demonstrado, a constelação familiar encaixa-se perfeitamente no conceito de pseudociência.

Primeiramente, a constelação familiar tenta se apoderar de um *status* de evidência científica, algo que não ocorre na realidade, uma vez que nenhum pesquisador ou cientista foi capaz de provar que tal método é irrefutável[12].

Em segundo lugar, Bert Hellinger traz em seus diversos livros casos isolados e completamente subjetivos sobre a aplicação e consequência do método inventado, não havendo, pois, qualquer pesquisa realizada de forma acrítica pelo próprio inventor do método em questão.

Em terceiro lugar, a pseudociência reside nas pesquisas realizadas com métodos viciados, de forma acrítica, imprecisa e não sistemática. Assim, não existem artigos científicos que realmente apliquem todos os métodos investigativos necessários para que o método em questão seja

[11] MARCOS, Felipe Alonso; ROVIRA, Sergi Cortiñas. ***La pseudociencia como (des)información tóxica. Una taxonomía para comprender el fenómeno y sus manifestaciones. Revista Andaluza de Comunicación***, Espanha, n. 24, p. 2. Tradução livre.

[12] RIBEIRO, Marcelo Costa; NASCIMENTO, Antônia Micarla Ferreira do. **Constelação familiar sistêmica: a pseudociência nos tribunais brasileiros**. Revista Conjecturas, Rio Grande do Sul, v. 22, n. 8, 2022, p. 1185.

considerado como ciência, tais como a randomização, o método duplo-cego e a falta de imparcialidade dos avaliadores e pesquisadores[13].

Em quarto lugar, uma das manobras utilizadas pela pseudociência é a de realizar afirmações extremamente amplas e vagas, que não podem ser refutadas, pela falta de certeza. Bert Hellinger não somente se utiliza de tal técnica, como também tangencia perguntas que questionam o método inventado[14].

Por fim, consoante a própria afirmação de Hellinger, a constelação familiar foi um método que "alcançou muito mais do que a psicoterapia", já que trata de temas que a ciência ainda não foi capaz de provar e demonstrar. Assim, utilizando-se da vulnerabilidade daqueles que possuem conflitos familiares, Hellinger apela à emoção do público, realizando afirmações de que a constelação familiar é um método prático, rápido e fácil que pode resolver diversos conflitos no núcleo familiar em apenas uma sessão[15].

Sendo assim, a constelação familiar, e, consequentemente, o Direito Sistêmico, são pseudociências que se utilizam de afirmações completamente vagas e imprecisas, causando diversos danos àqueles que a ela se submetem, uma vez que não há qualquer pesquisa científica séria ou regulamentação da técnica em questão.

b. O direito sistêmico não possui respaldo legal

No Brasil, a constelação familiar está sendo utilizada em duas frentes: no SUS, como forma de terapia alternativa; e no Poder Judiciário, consoante já explanado. Com a constante falta de investimentos em saúde, foram incluídas no SUS dez novas Práticas Integrativas e Complementares, como a constelação familiar, juntamente com outras pseudociências[16].

[13] FERREIRA, Cláudia Galiberne; GONZAGA, Heitor Ferreira; ENZWEILER, Romano José. **Constelação Familiar e a promoção da economia do medo: mais uma das muitas formas de violência contra a mulher**. Revista da ESMESC (Escola Superior de Magistratura do Ceará), Ceará, v. 28, n. 34, 2021, pp. 126-127.

[14] Vide: HELLINGER, Bert. **Ordens do Amor: um guia para o trabalho com Constelações Familiares**. São Paulo: Editora Pensamento-Cultrix LTDA., 2003, p. 18, 330, 363 e 382.

[15] *Ibidem*, p. 7.

[16] BRASIL, Ministério da Saúde. Gabinete do Ministro. Portaria nº 702, de 21 de março de 2018, Brasília, 2018.

Apesar de a constelação familiar estar inserta no SUS, tanto o Conselho Federal de Psicologia quanto o Conselho Federal de Medicina rechaçam tal técnica, com fulcro na falta de evidência científica no uso desse método.

O Conselho Federal de Medicina, após a inclusão das dez novas Práticas Integrativas Complementares emitiu uma nota aduzindo que tais práticas não possuem comprovação científica e a recomendação e uso de tais procedimentos terapêuticos alternativos são proibidos aos médicos brasileiros[17].

Assim, observa-se que não há qualquer tipo de regulamentação dessa técnica e, consequentemente, aqueles que já se encontram em situação de vulnerabilidade e procuram o serviço público permanecem à completa mercê da vontade dos consteladores e dos magistrados, já que esses podem optar por aplicar ou não a técnica. Tal situação vai de encontro à própria Constituição Federal de 1988, a qual aduz que todos deverão ser tratados igualmente[18], principalmente pelos órgãos públicos.

Para além da constelação familiar não possuir qualquer tipo de pesquisa científica que embase sua teoria, ainda há um novo perigo: o papel dos consteladores, os quais, no Brasil, não precisam de qualquer tipo de formação para aplicarem a técnica[19]. Diversos autores defendem que aqueles responsáveis por lidar com a vulnerabilidade de indivíduos devem possuir formação em Psicologia, para terem a possibilidade de aplicar métodos específicos a cada paciente. No entanto, no Poder Judiciário brasileiro, não há sequer a conferência de que o constelador participou de qualquer "curso" de constelação familiar.

Ademais, não são todos os magistrados que possuem conhecimento acerca da aplicação da constelação familiar, fazendo com que a prática de

[17] **CFM emite nota sobre inclusão de terapias alternativas pelo SUS. Sociedade Brasileira de Reumatologia**, 2018. Disponível em: <https://www.reumatologia.org.br/noticias/cfm-emite- nota-sobre-inclusao-de-terapias-alternativas-pelo-sus/>.

[18] BRASIL. Constituição Federal de 1988. Constituição da República Federativa do Brasil. Brasília, DF: Senado Federal: Centro Gráfico, 1988.

[19] MORILLA, Sergio Garcia. ***Constelaciones familiares, un peligroso método pseudocientífico. Psyciencia***, 2017. Disponível em: <https://www.psyciencia.com/constelaciones-familiares--un-peligroso-metodo-pseudocientifico/>. [21] MONTE, Catherine Del. ***Family Constellations: A controversial and bold 'development' in therapeutic practices.*** *Daily Maverick*, 2021.

tal método nos dezesseis Estados brasileiros estejam, também, relegados à atuação do constelador. Sendo assim, conclui-se que o Direito Sistêmico origina-se de práticas místicas e é primariamente aplicado por pessoas que não possuem qualquer tipo de formação, podendo trazer sequelas irreversíveis àqueles que a ela se submetem e que já estão em posição de vulnerabilidade, como é o caso daqueles que recorrem ao poder público com certas demandas que necessitam de resolução.

c. A constelação familiar e a violência psicológica

No Brasil, com relação às questões envolvendo violência doméstica, é importante ressaltar que as mulheres vítimas ainda se sentem extremamente amedrontadas, sendo esse o principal motivo para não realizarem denúncias contra seus agressores[20]

Assim, quando a mulher consegue deixar de lado esses diversos medos e pensamentos e seguir com a denúncia, submetê-la ao Direito Sistêmico é um ato que irá aumentar sua vulnerabilidade e revitimizá-la. Nesse sentido, é importante estudar algumas afirmações feitas por Hellinger ao longo de seus trabalhos, não somente para entender a problemática por trás dessa técnica, mas também para entender o porquê tal método não é adequado à aplicação no Poder Judiciário.

No presente artigo, focar-se-á nas afirmações de Bert Hellinger relativas aos seguintes assuntos: a adoção; a submissão da mulher ao homem; o abuso sexual sofrido no seio de uma família; e, por fim, a questão do incesto. Conforme as orientações do criador da constelação familiar, a adoção é algo perigoso que não deve ser feito, sendo, inclusive, mencionado que a criança deverá ser devolvida à família de origem, independentemente de como e em que situação ocorreu a adoção em questão, equiparando-se a criança a um objeto retornável[21].

Passando-se à análise do segundo ponto, faz-se mister destacar que Hellinger sempre acreditou que a mulher era inferior ao homem,

[20] Orsi, Carlos; Pasternak, Natália. ***Family Constellation: the pseudoscience retraumatising victims at the approval of Brazilian courts***. *The Skeptic*, 2022. Tradução livre.

[21] Vide: Hellinger, Bert. **Ordens do Amor: um guia para o trabalho com Constelações Familiares.** São Paulo: Editora Pensamento-Cultrix LTDA., 2003, p. 22 e 268.

devendo ela ser submissa ao "provedor da casa"[22]. Para Hellinger, as mulheres devem sempre obediência e submissão ao homem, devendo, inclusive, abdicar da própria cultura para seguir apenas a do marido e passar tal legado a seus filhos, algo que vai de encontro às disposições constitucionais de isonomia de gênero.

O abuso sexual também deve ser um tema tratado no presente artigo, uma vez que, para Hellinger, quando a criança é abusada sexualmente, ela o faz por assumir o lugar da mãe[23]. Nesse caso, não somente Hellinger afirma que o abuso sexual pode ser justificado, como isenta o abusador de sua culpa, colocando-a na mulher que não quis ter relações sexuais com o marido. Assim, a filha teoricamente passa a tomar o lugar da mãe; conforme o autor, dizer isso à criança irá supostamente libertá-la de todas as mazelas advindas do abuso sexual.

Por fim, deve-se estudar a questão do incesto, já que Hellinger afirma que a criança não somente deve assumir o lugar da mãe ou do pai com boa vontade como poderá até mesmo gostar de sofrer o incesto[24], algo completamente desarrazoado. Nesse sentido, observa-se que a implementação do Direito Sistêmico lida com questões extremamente delicadas, as quais, se exploradas de maneira errada, poderão culminar em sequelas irreparáveis.

d. O direito sistêmico e o desrespeito à laicidade dos Estados

As relações entre religião e política ainda são temas bastante polêmicos, uma vez que alguns Estados ainda mantém a chamada teocracia como forma de governo, isto é, há mistura entre o poder político e a religião, tal como a República do Irã[25]. O modelo mais adotado atualmente,

[22] *Ibidem*, pp. 39-40 e 157.

[23] *Ibidem*, p. 104.

[24] *Ibidem*, p. 222.

[25] Miranda, Jorge. **Estado, liberdade religiosa e laicidade.** In: MARTINS FILHO, Ives Gandra da Silva; NOBRE, Milton Augusto de Brito. **O Estado laico e a liberdade religiosa.** São Paulo: LTr, 2011, pp. 106-107. *Apud.* Lima, Clarisse Laupman Ferraz. **Liberdade religiosa e segurança internacional: desafios e perspectivas.** Dissertação (Doutorado em Direito Internacional) – Pontifícia Universidade Católica de São Paulo, São Paulo, 2016, p. 36.

porém, é o do Estado laico, em que o poder político e a religião são tidos como entes extremamente separados e bem delimitados.

No Brasil, sendo um Estado laico, a separação total entre Estado e Igreja é um direito fundamental de todos os cidadãos. Sendo assim, o Direito Sistêmico desrespeita a liberdade religiosa dos indivíduos, já que impõe uma prática com fulcro no misticismo. Tal situação, dessa maneira, pode ser um desrespeito àqueles que praticam outros tipos de religião dentro do Estado brasileiro e que necessitam do auxílio do poder público.

Realizada a análise do contexto de laicidade no Brasil, passar-se-á ao estudo da Alemanha, a qual também adota a mesma forma de Estado laico que o Brasil. Apesar da separação entre o poder público e a religião possuir mais de cem anos na República da Alemanha, tal Estado também sofre com diversas polêmicas no tocante ao assunto, assim como no Brasil. Nesse sentido, diversos judeus passaram a questionar as técnicas de Hellinger, criticando as suas posições sobre o nazismo e a questão judaica, principalmente após a escrita e divulgação de um poema para Hitler. Sendo assim, as constelações familiares foram cada vez mais criticadas dentro do território alemão, mas tal técnica ainda é utilizada como forma de terapia alternativa, apesar de não ser aplicada no Poder Judiciário alemão, diferentemente do que ocorre no Brasil.

Passando à análise de Portugal, tal Estado também é laico e, a partir da chamada Lei da Separação do Estado e das Igrejas, os cidadãos e estrangeiros passaram a ter plena liberdade de consciência e religião[26]. Com relação às constelações familiares nesse Estado, apesar de tal método ainda ser utilizado como uma forma de terapia alternativa, a Ordem dos Psicólogos de Portugal emitiu um parecer aduzindo que tal método não é reconhecido pelas ciências psicológicas e nem goza de qualquer comprovação científica[27].

Pode-se observar, pois, que a situação de Portugal é bastante parecida com a do Brasil: há a utilização da constelação familiar como uma

[26] Pintassilgo, Joaquim; Hansen, Patrícia. **A laicização da sociedade e da escola em Portugal: um olhar sobre o século XX**. Universidade de Lisboa: Instituto de Educação, 2013, p. 5.

[27] Parecer da Ordem dos Psicólogos. **Constelações Familiares**. Gabinete de Estudo da Ordem dos Psicólogos, Lisboa, 2019, p. 1-4.

forma de terapia alternativa, apesar de ambos os Estados terem emitido opiniões por parte do corpo responsável de psicologia que rechaça tal técnica, já que essa não possui suficiente embasamento científico para ser aplicada. Ademais, Portugal também é um país que vem apoiando a aplicação das constelações familiares no Poder Judiciário, com o intuito de mitigar a morosidade de tal órgão público[28].

Na Espanha, é importante considerar uma diferença com relação a outros países. A Constituição Espanhola não aduz, de forma expressa, que a Espanha é um Estado laico, apesar de o Tribunal Constitucional deste local sempre afirmar, em diversos pronunciamentos, que a Espanha respeita a liberdade de crença e não tem ligação direta com qualquer religião[29].

Neste Estado, as constelações familiares são aplicadas como terapia alternativa. Apesar disso, o Colégio Oficial de Psicologia de Madrid posicionou- se contra esta técnica, aduzindo, em suma, que: as constelações familiares não possuem embasamento científico, não são eficazes, não necessitam de uma formação profissional para serem aplicadas e, por fim, mantém uma visão muito conservadora do que é família[30]. Faz-se mister ressaltar, no entanto, que as constelações familiares não são aplicadas no Poder Judiciário deste Estado.

Após a breve exposição acima delineada, conclui-se que, mesmo nos Estados laicos, há a adoção da técnica da constelação familiar, mas diversas críticas são tecidas, principalmente no que diz respeito aos órgãos reguladores da ciência da Psicologia.

Conclusões

Neste artigo, almejava-se conceituar o método da constelação familiar e analisar sua evolução para o chamado Direito Sistêmico. Ademais,

[28] NEGRÃO, Mia; COELHO, Joana Pinto. **Esoterismo na Justiça portuguesa? Não, obrigada...**Público Portugal, 2020.

[29] MOLANO, Eduardo. ***La laicidade del Estado em la Constitucion Española.*** Universidade de Zaragoza: Espanha, 1986, p. 240.

[30] CHAVARRÍAS, Marta. ***Constelaciones familiares: una pseudoterapia sin ningún aval científico.*** *El Diarío*, 2021. Disponível em: <https://www.eldiario.es/consumoclaro/cuidarse/constelaciones-familiares-pseudoterapia-aval- cientifico_1_7162259.html>.

realizou-se críticas à adoção de tal técnica pelos órgãos públicos pelos seguintes motivos: (i) a falta de embasamento científico da constelação familiar; (ii) a ausência de regulamentação do método, assim como de seus consteladores; (iii) a consequente violência psicológica acarretada pelo uso da constelação familiar; (iv) o desrespeito aos princípios basilares dos Estados laicos.

Constata-se que a constelação familiar é uma prática com pensamentos retrógrados e demasiadamente tradicionalistas e, ademais, não há qualquer estudo científico sério e rigoroso que tenha aprovado a efetividade da constelação familiar, sendo essa, pois, uma pseudociência.

A falta de regulamentação da constelação familiar, assim como de seus consteladores, gera insegurança jurídica e vai de encontro à isonomia constitucional, a qual também é desrespeitada através das falas extremamente polêmicas externadas por seu criador, gerando a culpabilização e responsabilização das vítimas submetidas a tal método.

Por fim, tem-se que a constelação familiar diverge dos princípios adotados pelos chamados Estados laicos, em que há a completa separação entre o poder político e a religião, já que, consoante explanado, o método em questão é tido, pelo seu próprio criador, como algo relacionado à religião e espiritualidade, não podendo, pois, ser aplicada em órgãos públicos.

Referências

BRASIL. Constituição Federal de 1988. Constituição da República Federativa do Brasil. Brasília, DF: Senado Federal: Centro Gráfico, 1988.

BRASIL. Lei nº 11.340, de 7 de agosto de 2006. Lei Maria da Penha, Brasília, 7 de agosto de 2006.

BRASIL, Tribunal de Justiça de São Paulo, Comarca de São Carlos, Agravo de Instrumento nº 2097212-21.2022.8.26.0000, Relator: Alcides Leopoldo, São Paulo, data de julgamento: 15 de junho de 2022.

BRASIL, Tribunal de Justiça de São Paulo, Comarca de Ribeirão Preto, Agravo de Instrumento nº 2174578-39.2022.8.26.0000, Relator: Rebello Pinho, São Paulo, data de julgamento: 1 de setembro de 2022.

CFM emite nota sobre inclusão de terapias alternativas pelo SUS. Sociedade Brasileira de Reumatologia. 2018. Disponível em: <https://www.reumatologia.org.br/noticias/cfm-emite-nota-sobre-inclusao-de- terapias-alternativas-pelo-sus/>.

CHAVARRÍAS, Marta. ***Constelaciones familiares: una pseudoterapia sin ningún aval científico.*** *El Diarío*, 2021. Disponível em: <https://www.eldiario.es/consumoclaro/cuidarse/constelaciones-familiares- pseudoterapia-aval-cientifico_1_7162259.html>.

FERREIRA, Cláudia Galiberne; GONZAGA, Heitor Ferreira; ENZWEILER, Romano José. **Constelação Familiar e a promoção da economia do medo: mais uma das muitas formas de violência contra a mulher.** Revista da ESMESC (Escola Superior de Magistratura do Ceará), Ceará, v. 28, n. 34, 2021.

GONÇALVES, Paula Regina de Oliveira. **O direito sistêmico no combate a novos episódios de violência doméstica e familiar contra a mulher.** Revista de Doutrina e Jurisprudência do Tribunal de Justiça do Distrito Federal, Brasília, v. 111, n. 1, 2019.

HELLINGER, Bert. **Ordens do Amor: um guia para o trabalho com Constelações Familiares.** São Paulo: Editora Pensamento-Cultrix LTDA., 2003.

LIMA, Clarisse Laupman Ferraz. **Liberdade religiosa e segurança internacional: desafios e perspectivas.** Dissertação (Doutorado em Direito Internacional) – Pontifícia Universidade Católica de São Paulo, São Paulo, 2016.

MARCOS, Felipe Alonso; ROVIRA, Sergi Cortiñas. ***La pseudociencia como (des) información tóxica. Una taxonomía para comprender el fenómeno y sus manifestaciones.*** Revista Andaluza de Comunicación, Espanha, n. 24, 2014.

MIRANDA, Jorge. **Estado, liberdade religiosa e laicidade.** In: MARTINS FILHO, Ives Gandra da Silva; NOBRE, Milton Augusto de Brito. **O Estado laico e a liberdade religiosa.** São Paulo: LTr, 2011.

MOLANO, Eduardo. ***La laicidade del Estado em la Constitucion Española.*** Universidade de Zaragoza: Espanha, 1986.

MONTE, Catherine Del. ***Family Constellations: A controversial and bold 'development' in therapeutic practices.*** Daily Maverick, 2021.

MORENO, Jacob Levy. ***Gruppenpsychotherapie und Psychodrama: Einleitung in die Theorie und Praxis.*** Stuttgart: Thieme, 1959.

MORILLA, Sergio Garcia. ***Constelaciones familiares, un peligroso método pseudocientífico. Psyciencia***, 2017. Disponível em:
<https://www.psyciencia.com/constelaciones-familiares-un-peligroso-metodo-pseudocientifico/>.

NEGRÃO, Mia; COELHO, Joana Pinto. **Esoterismo na Justiça portuguesa? Não, obrigada...**Público Portugal, 2020.

ORSI, Carlos; PASTERNAK, Natália. ***Family Constellation: the pseudoscience retraumatising victims at the approval of Brazilian courts***. The Skeptic, 2022.

Parecer da Ordem dos Psicólogos. **Constelações Familiares**. Gabinete de Estudo da Ordem dos Psicólogos, Lisboa, 2019.

PAULA, Vanêssa Emanuela Marques de. **A aplicabilidade da constelação sistêmica e familiar e sua eficácia enquanto método pacificador de conflitos no âmbito da inovação social nas organizações e no empreendedorismo, com foco no Judiciário**. Dissertação (Mestrado em Inovação Tecnológica e Propriedade Intelectual) – Faculdade de Ciências Biológicas, Universidade Federal de Minas Gerais, 2021.

TASSILGO, Joaquim; HANSEN, Patrícia. **A laicização da sociedade e da escola em Portugal: um olhar sobre o século XX**. Universidade de Lisboa: Instituto de Educação, 2013.

QUEIROZ, Rafael Pereira de. **Direito Sistêmico: a constelação familiar como método auxiliar de autocomposição de conflitos**. Tese (Bacharelado em Direito) – Faculdade de Direito, Universidade Federal do Ceará, 2019.

REIS, Drieli Melchior dos.; DIAS, Lenise Antunes. **Direito Sistêmico: a Constelação aplicada nos Conflitos Familiares**. Fundação Educacional do Município de Assis, Biblioteca Virtual, 2018. Disponível em: <https://cepein.femanet.com.br/BDigital/arqPics/1511401491P801.pdf>.

RIBEIRO, Marcelo Costa; NASCIMENTO, Antônia Micarla Ferreira do. **Constelação familiar sistêmica: a pseudociência nos tribunais brasileiros**. Revista Conjecturas, Rio Grande do Sul, v. 22, n. 8.

SIQUEIRA, Rafaela Pinheiro. **A aplicação da constelação familiar aos casos que envolvem adolescentes em conflito com a Lei nos tribunais brasileiros**. Tese (Bacharelado em Direito) – Universidade Federal de Mato Grosso, Faculdade de Direito, Mato Grosso, 2021.

STORCH, Sami. **O Direito Sistêmico**. Direito Sistêmico, 2013. Disponível em: <https://direitosistemico.wordpress.com/>.

13.
O DEVER DE REVELAÇÃO DO ÁRBITRO: UM ESTUDO COMPARADO DAS JURISDIÇÕES BRASILEIRA, INGLESA E FRANCESA

Rebeca Franzoni Matheus[1]

Introdução

Ao redor do mundo se vê uma intensificação no número de impugnações e ações anulatórias fundamentadas na existência de conflitos de interesses dos árbitros. Isso porque, como a comunidade arbitral é restrita, a intensidade das relações e nomeações repetidas acabam gerando desconforto nas partes. Embora legítimo para alguns, para outros essa situação se tornou uma forma de reverter decisões desfavoráveis, sendo o dever de revelação a principal arma nessa guerrilha.

Embora seja um dever acessório aos deveres de imparcialidade e independência, o dever de revelação não se confunde com eles, não podendo acarretar as mesmas consequências jurisdicionais. A condensação desses princípios acaba por extirpar a função e finalidade do dever de revelação, corroborando a atual crise de legitimidade da arbitragem. Dessa forma, o presente artigo por finalidade investigar a natureza, função e contornos do dever de revelação, delimitando quais são as consequências específicas e necessárias da não revelação, de forma a conferir eficácia a esse dever.

[1] Artigo elaborado a partir da monografia apresentada ao Núcleo de Monografia Jurídica da Faculdade de Direito da PUC-SP, sob orientação do Professor Doutor Cláudio Finkelstein.

1. Da função do árbitro e deveres de imparcialidade e independência

A jurisdição, seja arbitral ou judicial, só pode ser exercida por julgador independente e imparcial.[2] Dessa forma, o árbitro é o elemento central da arbitragem na medida que dele depende a solução justa e equânime do litígio. De sua integridade, infere-se a integridade do procedimento arbitral, como se observa no adágio mundialmente conhecido: "*a arbitragem vale o que vale o árbitro*".[3]

Contudo, posição de árbitro não é uma profissão, mas um encargo provisório, temporário e transitório, que se constitui da nomeação e se encerra com a prolação da sentença. Ninguém "*é*" árbitro, mas "*está-se*" árbitro.[4] A faculdade de eleição do árbitro faz com que não se aplique na arbitragem o princípio do juiz natural, que tampouco é considerado violado.[5]

Como ensina Luiz Olavo Baptista, a arbitragem envolve um contrato *suis generis*, "*um modelo especial de contrato de prestação de serviços cujo objeto é institucional*".[6] No entanto, embora a figura do árbitro advenha de um contrato, sua função não deixa de ser jurisdicional, na medida que a lei lhe confere o poder de dizer o direito em paridade com o magistrado.[7]

Assim, as especificidades do procedimento arbitral criam a necessidade do desenvolvimento de um padrão de comportamento próprio dos árbitros que ultrapassa os requisitos legais estipulados aos juízes estatais,

[2] Carmona, Carlos Alberto. Em torno do árbitro. ***Revista de Arbitragem e Mediação***, vol. 8, n. 28, pp. 47–63. São Paulo: Revista dos Tribunais, Jan/Mar 2011.

[3] Lemes, Selma Maria Ferreira. Dos árbitros. In: Martins, Pedro B.; Lemes, Selma Ferreira; Carmona, Carlos Alberto. **Aspectos fundamentais da lei de arbitragem**. Rio de Janeiro: Forense, 1999.

[4] Marques, Ricardo Dalmaso. **O dever de revelação do árbitro.** São Paulo: Almedina, 2018. p. 33.

[5] Nery Junior, Nelson. **Princípios do Processo na Constituição Federal.** 12 ed. São Paulo: Revista dos Tribunais, 2016. p. 186.

[6] Baptista, Luíz Olavo. **Arbitragem Comercial e Internacional.** São Paulo: Lex Magister, 2011. p. 172.

[7] BRASIL. STJ (2ª seção) Conflito de competência 111.230/DF, rel. Ministra Nancy Andrighi, 03/04/2014; Lemes, Selma Maria Ferreira. O papel do arbitro. **Revista do Direito da Energia**, vol. 3, n. 4. São Paulo: Instituto Brasileiro de Estudos do Direito da Energia, Mar/2006. p. 118 – 119.

em especial no que diz respeito ao exercício dos deveres de independência e imparcialidade.[8]

Interessante notar que algumas legislações nacionais utilizam apenas o termo *"imparcialidade"* para descrever a qualidade que o árbitro deve ostentar. É o caso da English Arbitration Act ("EAA"), cujo art. 33[9] trata somente da imparcialidade do árbitro, escolha legislativa para blindar o tribunal contra queixas sem relevância.[10] O Código de Processo Civil Francês ("CPCF"), embora traga ambos os deveres de imparcialidade e independência do árbitro no art. 1456(2),[11] os estipula dentro da norma referente ao dever de revelação. Já Lei de Arbitragem Brasileira ("LArb") traz ambos os deveres de imparcialidade e independência expressamente previstos em seu art. 13, § 6º.[12]

[8] Lee, João Bosco. Procopiak, Maria Claudia de Assis. A Obrigação da Revelação do Árbitro Está influenciada por Aspectos Culturais ou Existe um Verdadeiro Standard Universal? **Revista Brasileira de Arbitragem**, ano 4, v. 14, pp. 9 – 22. São Paulo: Comitê Brasileiro de Arbitragem e Kluwer Law International, 2007. p. 14 – 15.

[9] *"General duty of the tribunal. (1) The tribunal shall– (a) act fairly and impartially as between the parties, giving each party a reasonable opportunity of putting his case and dealing with that of his opponent,"* (REINO UNIDO. **English Arbitration Act 1996.** Disponível em: <https://url24.top/hHNVb>. Acesso em: 3/10/2022.)

[10] Government's Departmental Advisory Committee on Arbitration Report on the Arbitration Bill 1996. Cf: REINO UNIDO. **Law Comission Consultation Papert 257:** Review of the Arbitration Act 1996. Publicado: 09/2022. Disponível em: <https://www.lawcom.gov.uk/project/review-of-the-arbitration-act-1996/>. Acesso em: 3/10/2022. p. 19.

[11] *"(2) Cabe ao árbitro, antes de aceitar sua missão, revelar qualquer circunstância suscetível de afetar sua independência ou sua imparcialidade. Ele também é obrigado a divulgar sem demora qualquer circunstância da mesma natureza que possa surgir após a aceitação de sua missão."* (FRANÇA. **Code Procédure Civile.** Disponível: <https://www.legifrance.gouv.fr/codes/texte_lc/LEGITEXT000006070716/>. Acesso em: 3/10/2022.) Nota-se que essa previsão consta do bloco de normas referentes à arbitragem nacional, mas se aplicam à arbitragem internacional por força do art. 1506(2) do CPCF.

[12] *"No desempenho de sua função, o árbitro deverá proceder com imparcialidade, independência, competência, diligência e discrição"* (BRASIL. **Lei n. 9307, 23 de setembro de 1996.** Dispõe sobre a arbitragem. Disponível em: <http://www.planalto.gov.br/ccivil_03/leis/l9307.htm>.Acesso em: 3/10/2022).

2. Do dever de revelação

Enquanto o juiz estatal goza de investidura institucional, que delimita seus direitos e deveres na posição de julgador, os pressupostos e prerrogativas da função do árbitro se fundamentam na relação contratual entre ele e as partes e, como consequência dela, a confiança que se deposita no profissional nomeado. Para a parte que nomeia um árbitro ao tribunal arbitral, a confiança é ampla, já para a contraparte, a confiança residirá em não existirem motivos que comprometam a legitima expectativa de ter o litígio julgado na forma contratada – justa, equânime, célere, com minúcia técnica e que produza uma sentença arbitral executável.[13]

A confiança das partes consta expressamente do caput do art. 13, que dispõem: *"pode ser árbitro qualquer pessoa capaz e que tenha a confiança das partes"*. Por esse motivo, grande parte da doutrina brasileira utiliza do elemento *"confiança das partes"* como critério para aferir a imparcialidade e independência do árbitro. Contudo, a confiança não tem qualquer repercussão normativa na configuração da independência ou da imparcialidade, pois a confiança requerida pelo dispositivo liga-se à aceitação ou confirmação do árbitro, e não ao exercício do seu poder jurisdicional.[14] Ou seja, não é a confiança da parte na pessoa do árbitro que a lei protege, mas a prestação jurisdicional por uma pessoa que demonstre ser imparcial e independente.[15]

Dessa forma, o dever de revelação é manifestação da gama dos deveres informativos para o contrato de investidura do árbitro.[16] Já a sua finalidade é prevenir que fatos ligados à pessoa do árbitro comprometam a

[13] Marques, *op. cit.*, p. 100.

[14] Elias, Carlos Eduardo Stefen. **Imparcialidade dos árbitros.** São Paulo: Almedina, 2021. p. 77.

[15] Lemes, Selma Maria Ferreira. 1. Arbitro. Dever de revelação. Inexistência de Conflito de Interesses. Princípios da Independência e Imparcialidade do Árbitro. 2. Homologação de Sentença Arbitral Estrangeira no STJ. Inexistência de Violação à Ordem Pública (Processual). Artigos 39, II, da Lei de Arbitragem e Convenção de Nova Iorque. **Revista Brasileira de Arbitragem,** v. XI, Issue 41, p. 7 – 41. São Paulo: Comitê Brasileiro de Arbitragem e Kluwer Law International, 2014.

[16] Martins-Costa, Judith. **A boa-fé no direito privado:** critérios para a sua aplicação. 2. ed. São Paulo: Saraiva, 2018. pp. 305 – 306

regularidade e validade do procedimento arbitral.[17] A devida revelação vai evitar, ou pelo menos diminuir, o risco de a procedimento arbitral ser frustrado ou interrompido, agindo como um verdadeiro *"seguro de vida"* da arbitragem.[18]

Ademais, a extensão do dever de revelação será moldado segundo *standard* de imparcialidade adotado pela câmara arbitral ou pela corte nacional responsável pela apreciação da impugnação do árbitro ou pedido de anulação da sentença arbitral. Explica-se: embora a revelação se preste às partes, dando-lhes as informações necessárias para que decidam se confiam na atuação do árbitro, ficará a cargo da instituição responsável, corte ou câmara, ponderar quanto a legitimidade da desconfiança da parte quanto ao exercício da função pelo árbitro segundo determinados critérios por ela elegidos.[19]

Esses parâmetros oscilam entre causas de "*parcialidade aparente*", uma ficção jurídica que pretende verificar o risco de parcialidade no caso tendo em vista que a imparcialidade como estado psíquico seria inauferível, até causas de "*verdadeira parcialidade*", que pretende a efetiva comprovação da parcialidade.[20] Embora haja casos em que a verdadeira parcialidade admite prova objetiva, como no caso de fraude e corrupção, em regra, tal análise esbarra no mérito da arbitragem, gerando risco de usurpação da competência do tribunal arbitral pela revisão da sentença.[21]

Nesse sentido, é preponderante o teste da aparência de parcialidade, que pode ser realizado segundo os critérios de apreensão razoável, real possibilidade/dúvida justificada e perigo real de parcialidade do árbitro, os quais variam gradativamente quanto a severidade das dúvidas susci-

[17] MARQUES, *op. cit.*, p. 141.

[18] CLAY, Thomas. **L'arbitre.** Paris: Dalloz, 2001. p. 60.

[19] **FINKELSTEIN, Cláudio. A 'guerrilha' no procedimento arbitral: O dever de revelação do árbitro. FGV Blog de Arbitragem. Publicado em: 20/08/2021. Disponível em: <https://www.fgvblogdearbitragem.com.br/post/a-guerrilha-no-procedimento-arbitral-o-dever-de-revela%C3%A7%C3%A3o-do-%C3%A1rbitro> Acesso em: 3/10/2022.**

[20] MARQUES, *op cit.*, p. 124.

[21] BORN, Gary B. **International Commercial Arbitration.** 3rd edition. Haia: Kluwer Law International, 2021. p. 1779.

tadas.[22] O critério de "dúvida justifica" é adotado pelas três jurisdições estudadas, expressamente do art. 24(1)(a) do EAA[23] e art. 14, § 1º, da LArb,[24] e pela jurisprudência francesa. [25] Ele se refere a circunstância na qual há evidência preponderante de *bias* ou falta de imparcialidade, segundo perspectiva de um terceiro desinteressado que, embora não tenha conhecimento técnico, tem noção do contexto político em que surge tal questão processual e da natureza da advocacia.[26] Vale notar, que da sua concepção e definição, o critério da *"dúvida justificada"* é objetivo.[27]

Ademais, em diversos regulamentos de arbitragem o conceito de *"dúvida justificada"* se vê subordinado à perspectiva das partes. Em suma, entende-se que a expressão "*aos olhos das partes*" significa a visão de nacionalidade do sistema legal atinentes às partes, de sua identidade cultural. Nesse sentido, tal previsão teria a finalidade de flexibilizar os critérios de revelação na arbitragem internacional, moldando-a a realidade e necessidade das partes.[28] No entanto, ao substituir o sujeito cuja referência guia a análise de existência de uma dúvida justificada da parcialidade do árbitro, é reduzida a objetividade desse conceito.

[22] LUTTRELL, Samuel. **Bias Challenges in International Commercial Arbitration – The Need for a "Real Danger" Test.** Haia: Kluwer Law International, 2009. p. 7 – 8.

[23] *"[1] party to arbitral proceedings may (upon notice to the other parties, to the arbitrator concerned and to any other arbitrator) apply to the court to remove the arbitrator on any of the following grounds (a) that circumstances exist that give rise to justifiable doubts as to his impartiality (...)"* (REINO UNIDO, EAA, *op. cit.*)

[24] "*as pessoas indicadas para funcionar como árbitro têm o dever de revelar, antes da aceitação da função, qualquer fato que denote dúvida justificada quanto à sua imparcialidade e independência*" (BRASIL, LArb, *op. cit*)

[25] FRANÇA. CC (Première Chambre Civile). *Sté J. & P. AVAX v. Sté Tecnimont SPA.* 16-18349. M. Jean-Noël Acquavica. 19/12/2018; FRANÇA. CAP (Pôle 1, Chambre 1) *Société La Valaisanne Holding 'LVH' v. Guy Besnardeau et autre* [2013/52]. 2/7/2013; FRANÇA, CAP. *Voith Turbo GmbH AG v. Société Nationale des Chemins de Fer Tunisiens.* 28/11/2002. In: Revue de l'arbitrage, n. 2003, n. p. 445; FRANÇA, CAP. *Ardi v. Scapnor.*12/1/1995. In: Revue de l'arbitrage, 1996, p.72.

[26] LEW, Julian D. M. MISTELLIS, Loukas A. KROLL, Stefan M. **Comparative International Commercial Arbitration.** Haia: Kluwer Law International, 2003. pp. 305 – 306.

[27] FINKELSTEIN 2021, *op. cit.*

[28] LEE E PROCOPIAK, *op. cit.*, p. 21.

Isso porque esse critério não limita escopo algum, uma vez que a parte, na sua formação e subjetividade, pode ser acometida de qualquer dúvida sobre a parcialidade do árbitro. Também porque por *"partes"* pode-se entender quaisquer dos atores arbitrais além do Requerente e Requerido, como seus representantes, câmara arbitral ou próprio juiz estatal que terá de *"vestir os sapatos da parte"* e tentar imaginar, com seu conhecimento limitado sobre sua identidade e origem, o que poderia ser uma dúvida razoavelmente significativa para que ela perca confiança na imparcialidade do árbitro.

Uma saída proposta pelo International Bar Association em suas Diretrizes sobre conflitos de Interesses em Arbitragem Internacional foi unir as duas perspectivas em um exame duplo para acervar a relevância e necessidade de revelação de determinado fato pelo árbitro, que tem o dever de realizar (i) um julgamento objetivo, segundo o qual devem ser avaliados os fatos relevantes que poderiam causar dúvidas a uma "*reasonable third person*", e (ii) um julgamento subjetivo, segundo o qual devem ser avaliados os fatos a partir dos olhos das partes envolvidas no caso em questão.[29]

De qualquer forma, é cediço que uma conclusão óbvia da consideração da perspectiva das partes na revelação é o dever do árbitro de realizar uma pesquisa/investigação mínima de forma a levantar circunstâncias de possível conflito.[30] Esse dever de investigação encontra limite no princípio da razoabilidade, sendo aceito o fato de que não pode se esperar dos árbitros que realizem um levantamento completo e irrestrito de toda sua biografia profissional.[31]

[29] O IBA Guidelines é o instrumento mais próximo que há de um vetor universal para preenchimento dos *standards* de forma a auxiliar o intérprete quanto ao exercício do dever de revelação pelo árbitro. Embora seja um *soft law*, esse instrumento é referência principal para as câmaras e cortes nacionais, sendo a sua utilização um sinal de boa fundamentação da decisão e receptibilidade da instituição dos padrões de arbitragem internacional. (International Bar Association Council. **IBA Guidelines on Conflicts of Interest in International Arbitration.** Londres, 2015. Disponível em: <https://www.ibanet.org/MediaHandler?id=e2fe5e72-eb14-4bba-b10d-d33dafee8918> Acesso em: 3/10/2022.)

[30] Lew, Mistellis, Kröll, *op. cit.*, p. 269.

[31] ESTADOR UNIDOS. SC. *Commonwealth Coatings Corp v Continental Casualty*. 393 U.S. 145. Justice Black. 18/11/1968; Magalhães, José Carlos de. Os deveres do árbitro. In:

Nesses termos, surge reflexamente o dever das partes de informar o árbitro de todas as informações relevantes para guiar sua pesquisa. Esse dever das partes vai além de uma mera colaboração, admitindo-se a existência de uma obrigação de curiosidade das partes que limita a extensão da revelação excluindo fatos notórios, cujo exercício intempestivo ocasiona preclusão da impugnação do arbitro ou anulação da sentença arbitral.[32]

Por fim, cabe notar que o momento do exercício da revelação implicará nos limites impostos sobre a extensão do dever de revelar acima expostos. Isso porque, o dever de revelação não se exaure no momento de confirmação da nomeação do árbitro, mas perdura durante todo o procedimento.[33] Em contrapartida, a obrigação de curiosidade da parte não se estende.[34]

Ante o exposto, fica claro que o conteúdo e a extensão da revelação pelo árbitro são determináveis apenas em vista de um compósito de elementos contextualmente interligados, quais sejam: (i) elementos fáticos subjetivos (ligados à pessoa dos envolvidos); (ii) elementos normativos (existência do dever legal na lei de arbitragem da jurisdição sede de arbitragem e da câmara em questão); e (iii) elementos objetivos (conceito de dúvida justificada e os deveres de investigação e curiosidade).

Carmona, Carlos Alberto; LEMES, Selma M. Ferreira; Martins, Pedro Batista (coord.) ***20 anos da Lei de Arbitragem***: homenagem a Petrônio R. Muniz. São Paulo: Atlas, 2017. p. 236.

32 Trakman, Leon. The impartiality and independence of arbitrators reconsidered. ***International Arbitration Law Review,*** v. 10, p. 1018. Londres: Sweet & Maxwell, 2007; Pedroso, Luiza Romanó. Baquedano, Luis Felipe Ferreira. A violação do dever de revelação enquanto fundamento para a impugnação do árbitro: onde há fumaça há fogo? **Revista Brasileira de Arbitragem,** Volume XV Issue 60, pp. 7 – 35. São Paulo: Comitê Brasileiro de Arbitragem e Kluwer Law International, 2018. p. 27.

33 Tal norma consta do art. 1456 (2) do CPCF e no Enunciado n. 109 da II Jornada de Prevenção e Solução Extrajudicial de Litígios.

34 FRANÇA. CC (Première Chambre Civile). *SBA v. AVME.* 18-15756. Mme. Anne-Marie Batut, 3/10/2019. FRANÇA. CC (Première Chambre Civile). *Société Dukan de Nitya v Société VR Services.* 14/11085. Mme. Anne-Marie Batut. 18/12/2014.

3. Das consequências da não revelação

Deve haver muita cautela na caracterização do dever de revelação através dos deveres de independência e imparcialidade uma vez que, embora seja acessório a eles, com eles não se confunde em natureza muito menos nas consequências. Da violação do dever de revelação, surge a prerrogativa para impugnação do árbitro ou anulação da sentença. Contudo, a procedência desses pleitos passa pela análise da efetiva aparência de parcialidade do árbitro, que pode ser corroborada, até certo ponto, por uma omissão.

A impugnação do árbitro é incidente processual que pode ser proposto em momento prévio à constituição do tribunal ou no curso da arbitragem, perante a instituição de arbitral, o tribunal arbitral (arbitragem *ad hoc*) ou pelo judiciário, para remoção do árbitro dada (i) nomeação que difere dos requisitos da cláusula arbitral; ou (ii) pela aparência de parcialidade do árbitro.[35] Note-se, ela tem fundamentos e consequências jurisdicionais, na medida que trata da adequada constituição do tribunal arbitral.

Tendo sido infrutífera a impugnação, ou caso a violação do dever de revelação venha a ser conhecido em momento posterior ao fim do procedimento, cabe propositura de ação anulatória. Cabe salientar que o processo de anulação requer demonstração de materialidade e prejudicialidade da parcialidade do árbitro no procedimento arbitral.[36]

O EAA prevê em seu art. 68 rol taxativo de hipóteses para propositura de ação anulatória, que ainda se condiciona pela demonstração de uma séria irregularidade, que causou ou causará à parte injustiça substancial. Nesses termos, consta do § 2º, alínea (a), do referido artigo a possibilidade de anulação da sentença arbitral por falta no cumprimento dos deveres constantes do art. 33 que institui o dever de imparcialidade do árbitro. Demonstra-se, dessa forma, que o alto patamar instituído pelo artigo e a taxatividade de suas hipóteses afasta completamente a pro-

[35] Carmona, Carlos Alberto. **Arbitragem e processo: um comentário à Lei no 9.307/96.** São Paulo: Atlas, 2009. p. 402.

[36] Born, *op. cit.*, p. 3566.

cedência de uma ação anulatória pela mera inobservância do dever de revelação.[37]

Ademais, o art. 1520 CPCF elenca as hipóteses para anulação da sentença arbitral, das quais podem fundamentar anulatória pela violação do dever de revelação o item (ii) quanto a irregularidades na constituição do tribunal arbitral e (v) da violação à ordem pública. Carlos Elias defende que, tendo a lei francesa dado ênfase ao dever de revelação do árbitro e se ausentado de fazer referência à imparcialidade e independência como causa de anulação da sentença arbitral, os tribunais franceses teriam tratado da violação do primeiro como causa do segundo, enquadrando-os na hipótese do inciso II. Contudo, isso não significa que a falta de revelação ocasiona automaticamente a anulação da sentença arbitral, mas sim que a análise do cumprimento do dever de revelação é requisito anterior e necessário à apuração da aparência de parcialidade do árbitro.[38] Novamente, não se anula a sentença arbitral por mera falta de revelação.

Finalmente, a LArb prevê rol taxativo para propositura de ação anulatória no art. 32, sendo que a hipótese referente à falta de revelação consta do inciso II, que prevê anulação: "se a sentença emanou de quem não podia ser árbitro ou se forem desrespeitados os princípios de que trata o art. 21, § 2º (contraditório, da igualdade das partes, da imparcialidade do árbitro e de seu livre convencimento)". Assim, entende-se que o fato não revelado pode fundamentar anulação caso o árbitro não tivesse capacidade de exercer sua função (ou seja, não tivesse capacidade civil e não preenchesse qualquer requisito essencial constante da cláusula compromissória), ou se houvesse violação do dever de imparcialidade pelo árbitro.[39] Nesses termos, foi reforçada a impossibilidade de anulação da sentença arbitral por mera falta de revelação com a edição de enun-

[37] REINO UNIDO. UKSC. *Halliburton Company v. Chubb Bermuda Insurance Ltd.* [2020] UKSC 48. Lord Justice Patrick Hodge, 27/11/2020; INGLATERRA E PAÍS DE GALES. CA (Civil Division). *AT&T Corporation and Another v. Saudi Cable Company.* [2000] EWCA Civ J10515-1. Lord Justice Potter, 15/3/2000.

[38] Heintz, Tom Philippe. Cerqueira, Gustavo Vieira da Costa. Racionalização do dever de revelação no direito francês da arbitragem. **Revista de Arbitragem e Mediação**, n. 36, pp. 411 – 431. São Paulo: Revista dos Tribunais, Jan/Mar 2013.

[39] ELIAS, *op. cit.*, p. 78.

ciado específico na II Jornada de Prevenção e Solução Extrajudicial de Litígios.[40]

Visto que os instrumentos acima são de cunho jurisdicional, e tendo por óbvio que a a violação de um dever contratual deve engendrar consequências contratuais, conclui-se que a consequência natural e específica da falta de revelação é a responsabilização civil do árbitro. Explica-se: dado o caráter híbrido ou *sui generis* da atividade do árbitro, não se admite um tratamento idêntico ao do juiz togado no que diz respeito aos erros *in procedendo*. Assim, do contrato de prestação de serviços jurisdicionais pelo árbitro, esse assume com a parte uma série de deveres contratuais de caráter privado, que em nada tem a ver com o devido processo legal, mas sim com a expectativa das partes do serviço prestado.

Nesse sentido, Dario Alessi defende que *"o árbitro, como parte contratante, deve ser responsabilizado por violações ao contrato a que aceitou se submeter"*.[41] Dentre essas violações podem ser citadas: renúncia do mandato sem uma justificativa razoável, erros em matéria procedimental e que acarretaram a anulação do laudo – como questões de forma e prazo para prolação de uma sentença arbitral, ou ainda falta no dever de revelação.[42]

Contudo, a possibilidade de responsabilização do árbitro depende da extensão da imunidade estendida a ele pela legislação nacional, sendo permitida,[43] mas não bem quista, [44] pelo direito inglês, possível,[45] mas

[40] *"A omissão do árbitro em revelar às partes fato que possa denotar dúvida quanto à sua imparcialidade e independência não significa, por si só, que esse árbitro seja parcial ou lhe falte independência, devendo o juiz avaliar a relevância do fato não revelado para decidir ação anulatória."* (BRASIL. Conselho da Justiça Federal. **II Jornada de Prevenção e solução extrajudicial de litígios: enunciados aprovados.** Brasília:Centro de Estudos Judiciários, 2021.)

[41] ALESSI, Dario. Enforcing Arbitrator's Obligations: Rethinking International Commercial Arbitrator's Liability. **Journal of International Arbitration**, v. 31, Issue 6, p. 735 – 784. Haia: Kluwer International Law, 2014. p. 783. Também: CARMONA 2009, *op. cit.*, p. 226.

[42] CORREIA, Marcelo dos Santos Barradas. A Responsabilidade Civil do Árbitro. **Revista Brasileira de Arbitragem**, vol. X, issue 39, pp. 7 -24. São Paulo: Comitê Brasileiro de Arbitragem e Kluwer Law International, 2013. p. 20.

[43] Interpretação dos arts. 25 e 29 do EAA, confirmada pelo precedente *Halliburton v. Chubb*.

[44] REINO UNIDO. Law Comission Consultation Papert 257, *op. cit.*, pp. 39 a 43.

[45] Interpretação do art. 17 da LArb e art. 389 do Código Civil brasileiro. Cf: CORREIA, *op. cit.*, p. 19.

não comum,[46] no direito brasileiro, e possível[47] e corriqueira no direito francês.[48] Cabe notar que caso a responsabilidade de um árbitro seja reconhecida, pode ser ordenada indenização mediante pagamento de danos correspondentes aos custos de arbitragem pagos, aos honorários e despesas do árbitro, aos honorários do advogado e aos custos incorridos com os procedimentos arbitrais desnecessários, e/ou aos custos dos procedimentos legais e honorários legais incorridos com os procedimentos de impugnação.[49]

Por fim, frente a negligência dos árbitros quanto aos deveres na condução do procedimento arbitral, admite-se também a aplicação de sanções administrativas, como a redução dos honorários ou a suspensão das nomeações ou exclusão do árbitro da lista da instituição, ou mesmo éticas, aplicadas por entidades de classe, clubes de juristas ou pelo próprio mercado como consequência natural da mácula à reputação do árbitro.[50]

[46] Marques, *op. cit.*, p. 296.
[47] Interpretação do art. 1463(3) do CPCF segundo precedente: FRANÇA. CC (Première Chambre Civile). *Azran, Bull.* 11-17196. Mme. Maitrepierre. 15/1/2014. Sobre o tema: CLAY, *op. cit.* p. 928.
[48] Garaud, Jean-Yves. **Rapport du Clube des Juristes: La Responsabilité de L'Arbitre.** Disponível em: < https://www.leclubdesjuristes.com/wp-content/uploads/2016/03/rapport-club-des-juristes-la-responsabilite-de-larbitre.pdf>. Acesso em: 3/10/2022.
[49] Fouchard, Philippe. GAILLARD, Emmanuel. SAVAGE, John. **Fouchard Gaillard Goldman on International Commercial Arbitration.** Haia: Kluwer Law International, 1999. pp. 595 – 597.
[50] Exemplo: O Chartered Institute of Arbitrators, organização profissional britânica que procura promover a resolução alternativa de litígios, incluindo a arbitragem e a mediação, prevê procedimento disciplinar para sancionar falta no dever de revelação pelo árbitro segundo Art. 15.2 de seu Regulamento c/c item 3 do Código de Ética. (Chartered Institute of Arbitrators. **Royal Charter Bye-Laws and Schedule to the Bye-Laws.** Approved August 2013. Website da CIARB. Disponível em: <https://www.ciarb.org/media/1558/ciarb_bye-laws_a-pdf-jan14.pdf>. Acesso em: 3/10/2022; **Code of Professional and Ethical Conduct for Members.** Approved October 2009. Website da CIARB. Disponível em: <https://www.ciarb.org/media/4229/ciarb-code-of-professional-and-ethical-conduct-october-2009.pdf>. Acesso em: 3/10/2022.)

4. Estudo de casos

Os primeiros itens do artigo trouxeram caracterização dos deveres dos árbitros e medidas imputáveis a sua inobservância levando em consideração as leis nacionais, regulamento institucionais e jurisprudência majoritária. Contudo, traz-se breve relatório de três decisões quanto a falta de revelação para demonstrar o seu tratamento pelas cortes brasileira, inglesa e francesa.

Referente à jurisdição brasileira, elegeu-se o caso Fazon, que cuida dos efeitos da inobservância do dever de revelação pelo Presidente do Tribunal Arbitral, em procedimento arbitral entre Luiz Henrique de Souza Faria ("L.H.S.F.") e Alper Consultoria e Corretora de Seguros S/A ("A.C.C.S"), sediado no Brasil e regido segundo as normas de direito brasileiro e do Regulamento de Arbitragem do CAM-CCBC de 2012.

A Arbitragem Fazon teve início em 2015, tendo as partes nomeado os coárbitros, que por sua vez apontaram o Prof. Cristiano Zanetti como presidente do Tribunal Arbitral ("TA"). A sentença arbitral final foi proferida em 07/02/2018. Contudo, em resposta a pedidos de esclarecimentos contra a sentença, o TA proferiu Ordem Processual na qual informou, pela primeira vez, que o Prof. Zanetti havia aceitado indicação pela A.C.C.S., em 18/08/2016, para atuar como coárbitro em outro procedimento arbitral.

Ante o exposto, L.H.S.F propôs ação anulatória da sentença arbitral, com pedido urgente de antecipação da tutela, perante a 1ª Vara Empresarial e de Conflitos de Arbitragem do TJSP. O autor alegou que as questões discutidas nas arbitragens em que atuava o Prof. Zanetti eram "*muito próximas*",[51] a ponto de suscitar dúvida da parte quanto a imparcialidade do árbitro. Assim, a inobservância do dever de revelação, constante do art. 14 da LArb e disciplinado pelos enunciados do Código de Ética do CAM-CCBC, teria feito "*ruir a inequívoca confiança das partes*",[52] indispensável ao exercício da função de árbitro segundo o art. 13 da LArb. Nesses termos, a sentença arbitral seria nula por aplicação dos arts. 32 e 33 da LArb.

[51] BRASIL. TJSP (1a Câmara Reservada de Direito Empresarial). Apelação Cível n. 1056400-47.2019.8.26.0100. Rel. Des. Fortes Barbosa, 25/8/2020. ("Acórdão Fazon"). p. 6.
[52] Acórdão Fazon, p. 3.

A ação foi julgada improcedente pelo juízo ordinário e reformada em 11/08/2020, por acórdão proferido em sede de apelação de número 10564000-47.2019.8.26.0100. Nele o Desembargador justifica a gravidade da falta de revelação no caso concreto pelo momento (após prolação de sentença) e forma (mediante instigação da parte) em que ocorreu a revelação, circunstâncias que não poderiam ser entendidas como normais ou corriqueiras. Nota-se que do acórdão não consta qualquer ponderação quanto a veracidade das alegações de proximidade entre os procedimentos arbitrais em que atuava o Prof. Zanetti, sem justificar os motivos do convencimento do Desembargador sobre a questão. Por fim, transcreve-se a ementa de Abengoa como precedente sobre violação do dever de revelação.

A A.C.C.S recorreu da decisão, porém ambos recurso e agravo em recurso especial foram indeferidos pelo Supremo Tribunal de Justiça, confirmando a anulação da sentença arbitral no caso. A decisão do AResp reafirmou a fundamentação do acórdão, contudo foi omissa quanto a alegação de utilização impropria de precedente judicial. Nesses termos, cabe crítica de que o acórdão desconsidera o critério de dúvida justificada expressamente previsto na LArb, substituindo-o pelo de dúvida mínima.[53]

Para mais, com a justificativa de preconizar a confiança das partes, o acórdão acaba subvertendo-a. Embora a decisão do AREsp faça referência a elementos fáticos reunidos dos autos, o acórdão em si não menciona qualquer prova da proximidade das arbitragens para além das alegações do autor/apelante. O resultado prático dessa omissão é a adoção irrestrita da perspectiva de apenas uma das partes sobre o árbitro, conclusão que não é tutelada pela LArb.

Referente à jurisdição britânica, foi eleito o caso Halliburton v. Chubb, que trata da falta de revelação de árbitro que presidia procedimento arbitral *ad hoc* entre Halliburton Company ("Halliburton") e Chubb Bermuda Insurance Ltd. ("Chubb"), sediado em Londres e regido processualmente pelas leis inglesas. O litígio entre Halliburton e Chubb remonta a explosão na plataforma Deepwater Horizon, no Golfo do México, em

[53] Acórdão Fazon, p. 9

20/04/2010. A empresa Transocean Holdings LLC ("Transocean") era dona do poço de perfuração, no qual a apelante Halliburton prestava serviços de vedação e monitoramento.

O procedimento para constituição do TA constava expressamente da cláusula compromissória: cada uma das partes deveria nomear um coárbitro que, em conjunto, nomeariam o presidente do TA, incumbência transferida à English High Court ("EHC") na ausência de consenso entre os coárbitros. Assim, em junho de 2015, a EHC nomeou Sr. Keneth Rokinson ("Mr. R") para figurar como presidente do tribunal arbitral. No ato da nomeação, Mr. R revelou ter atuado como árbitro em diversos procedimentos envolvendo Chubb, o que não foi tido como razão para impedimento pela EHC.

Contudo, em dezembro de 2015, o mesmo escritório que representava Chubb na arbitragem contra Halliburton indicou Sr. R para atuar como coárbitro em arbitragem envolvendo o mesmo incidente, dessa vez contra a Transocean. Ainda, em agosto 2016, Sr. Rokinson foi nomeado pela Transocean para atuar como árbitro substituto em arbitragem contra outra seguradora. Esses fatos, porém, não foram revelados por Sr. R à Halliburton, que só tomou conhecimento das nomeações subsequentes em novembro de 2016, após já ter apresentado sua defesa nos autos da arbitragem contra Chubb. Sr. R explicou que não sabia que tinha o dever de revelar estas nomeações à Halliburton, mas ofereceu abdicar de sua função se as partes concordassem na nomeação de um árbitro substituto, o que não aconteceu.

Assim, em 21/12/2016, Halliburton entrou com ação perante a EHC para afastamento do árbitro presidente, alegando haver circunstâncias que criavam dúvidas justificadas quanto a imparcialidade de Sr. R.[54] Em fevereiro de 2017 a ação foi julgada improcedente, pois juiz de primeira instância entendeu que não havia qualquer dever de revelação pelo árbitro presidente, mas que ele deveria, assim como os demais coárbitros, manter a os mesmos standards de imparcialidade durante todo o procedimento. Ademais, o fato não revelado não justificaria qualquer alegação de aparência de parcialidade do árbitro.

[54] INGLATERRA E PAÍS DE GALES. HCJ. (Quee's Bench Division, Commercial Court). *H v. L & Ors.* [2017] EWHC (comm). Justice Andrew Poppewell, 3/2/2017.

Em fevereiro de 2018, Halliburton apelou da decisão. Contudo, em 19/04/2018, a Court of Appeals também indeferiu o pleito de Halliburton.[55] A Corte reconheceu que, embora não houvesse dever legalmente previsto para a revelação de circunstâncias que propiciam conflito de interesses, existe prática na arbitragem pela revelação. Também, a falta de revelação não justificaria inferir a parcialidade do árbitro, que carece de indício substancial para sua constatação.

Irresignada, Halliburton apelou à Suprema Corte do Reino Unido, que em 27/11/2020, negou mais uma vez o afastamento do Sr. R.[56] A Suprema Corte esclareceu que este dever não é mera prática na arbitragem, mas é de fato um dever legal implícito que decorre da interpretação conjunta das sessões 24(1)(a) e 33, assim como das sessões 1 e 68 do EAA, mas justificou que o mero fato de o árbitro ter aceitado nomeações em múltiplas arbitragens de matéria similar não é suficiente para causar dúvidas quanto à sua imparcialidade.

A despeito da completude da sentença, cabe algumas críticas a essa decisão, como por exemplo: (i) que ela não identificou as hipóteses de exceção dos deveres de privacidade e confidencialidade frente o dever de revelação do árbitro, (ii) não tratou conclusivamente do dever de investigação do árbitro; e (iii) admitiu a possibilidade de responsabilização civil do árbitro como consequência da não revelação, mas não desenvolveu de forma a criar precedente sobre o assunto. Em suma, a decisão desempenhou bem frente à circunstância de omissão legal e foi bem aceita em âmbito internacional.

Por fim, referente à jurisdição francesa, escolheu-se o caso *SBA v. Audi Volkswagen*, que trata da falta de revelação de árbitro indicado por Saad Buzwair Automative Co. ("SBA") para compor tribunal arbitral que conduziria procedimento arbitral proposto em face de Audi Volkswagen

[55] INGLATERRA E PAÍS DE GALES. CA (Civil division). *Halliburton Company v. Chubb Bermuda Insurance Ltd. & Ors.* [2018] EWCA Civ 817. Lord Justice Nicholas Hamblen, 19/4/2018.

[56] REINO UNIDO. UKSC. *Halliburton Company v. Chubb Bermuda Insurance Ltd.* [2020] UKSC 48. Lord Justice Patrick Hodge, 27/11/2020.

Middle East Fze ("AVME"), sediado em Paris e regido em matéria processual pela lei francesa e o Regulamento de Arbitragem da ICC de 2012.[57]

Em 8/2/2013, SBA iniciou procedimento arbitral contra AVME, que indicou o coárbitro Sr. Klaus-Albrecht Gerstenmaier ("Sr. G"), sócio da firma alemã Haver & Maïlander ("H&M"). Em 16/3/2016, o tribunal arbitral rejeitou unanimemente o pleito da SBA e a condenou ao pagamento pelas custas da arbitragem. Em 20/4/2016, a SBA entrou com pedido de anulação da sentença arbitral alegando que o tribunal havia sido irregularmente constituído conforme arts. 1456(2), 1506 e 1520(2) do CPCF. Segundo a autora, o Sr. G havia deixado de revelar relações entre seu escritório e entidades do grupo Volkswagen, das quais teria tomado conhecimento após prolação da sentença. A primeira, referente ao fato de que o H&M havia representado um consórcio de três bancos, incluindo entidade do grupo Volkswagen, fato noticiado por um diretório alemão de advogados, JUVE, na edição 2010/2011.

Quando inquirido pela SBA sobre os fatos, o árbitro corroborou sua veracidade, mas esclareceu que não tinha conhecimento da existência desse caso e que não estava pessoalmente envolvido nele, afirmando que desde 2011 o H&M não havia mais prestado serviços jurídicos a companhia ou entidade do grupo Volkswagen. No entanto, a segunda situação estaria em flagrante contradição a declaração do árbitro, visto que na edição de 2015-2016 da JUVE constava que H&M estaria representando Porsche (outra entidade do grupo Volkswagen) no mesmo período em que ocorria a arbitragem.

A Cour d'Appel de Paris ("CAP") decidiu pela procedência da ação anulatória. A corte fundamentou que o diretório profissional JUVE deveria ser considerado informação notória, uma vez que esse diretório é conhecido por todos os escritórios de advocacia alemães. Assim, o árbitro não tinha dever de revelar a primeira circunstância, sendo ônus das partes a investigação sobre fatos públicos antes de concordarem com a nomeação do árbitro. Contudo, a corte entendeu que mesmo sendo fato notório, a segunda circunstância merecia revelação, uma vez que *"não pode ser razoavelmente exigido, nem que as partes se envolvam em uma análise*

[57] ICC. **Regulamento de Arbitragem de 2012.** Em vigor a partir de 1° de janeiro de 2012. Paris, 2012. Disponível em: < https://url24.top/gUPaK>. Acesso em: 3/10/2022.

sistemática das fontes susceptíveis de mencionar o nome do árbitro e das pessoas a ele relacionadas, nem que continuem suas pesquisas após o início do procedimento arbitral".[58]

Salientando que para anulação da sentença por descumprimento do dever de revelação os fatos não revelados devem ter natureza a suscitar no espírito das partes uma dúvida razoável quanto à imparcialidade e independência, a CAP entendeu que a missão confiada pela Porsche a H&M foi suficientemente notável para que esta empresa fizesse dela um elemento da sua publicidade e a incluísse no top 5 de seus processos mais notáveis, tendo assim *"uma importância inegável aos olhos da sociedade a que pertence o árbitro"*.

A AVME recorreu à Cour de Cassasion que se limitou a reafirmar os fundamentos da decisão anterior, salientando que a importância do cliente Porsche ao escritório H&M era de natureza indisputável e justificando a contatação da aparência de parcialidade do árbitro no livre convencimento do tribunal de primeira instância.[59]

Para além do exposto, o que chama atenção nesse caso é que, em 30/10/2018, logo após a sentença arbitral ter sido anulada pela CAP, a SBA propôs uma ação para declaração de responsabilidade contratual e condenação do Sr. G ao pagamento das custas de defesa incorrida no procedimento anulatório, honorários advocatícios e custas com consultoria no âmbito da ação anulatória, pleito deferido pela CAP em 22/7/2021.[60]

Conclusões

O dever de revelação, embora subsidiário do dever de imparcialidade do árbitro, não se confunde com ele. O dever de revelação é mecanismo de cientificação das partes quanto à fatos ou circunstâncias que podem vir

[58] FRANÇA. CAP (Polê 1, Chambre 1). *SBA v. AVME.* 16/09386. Mme. Dominique Guihal, 27/03/2018.

[59] FRANÇA. CC (Première Chambre Civile). *SBA v. AVME.* 18-15756. Mme. Anne-Marie Batut, 3/10/2019.

[60] SANDERSON, Cosmo. **German arbitrator can be sued in France for nondisclosure.** Global Arbitration Review. Publicado em: 21/7/2021. Disponível em: < https://globalarbitrationreview.com/german-arbitrator-can-be-sued-in-france-non-disclosure> Acesso em: 3/12/2022. FRANÇA. CAP (Polê 5, Chambre 16 – Chambre commerciale internationale). *SBA v. Sr. Gerstenmaier.* Mme. Fabienne Schaller, 22/6/2021.

a colorir a aparência de imparcialidade do árbitro, assegurando que elas tenham chance de impugná-lo ou afastá-lo, caso ausentes os requisitos para o exercício de sua função. Trata-se de um dever contratual que alimenta a confiança das partes no julgador. Contudo, a confiança tutelada pela LArb não é a confiança da parte na pessoa do árbitro, mas confiança numa prestação jurisdicional regular e justa por uma pessoa que demonstre ser imparcial e independente

Assim, embora o dever de revelação assegure um direito da parte de impugnar o árbitro, a violação desse direito não condiz com uma ofensa à ordem pública que acarretaria a anulação automática da sentença arbitral. Isso porque a própria impugnação é meio para averiguação de uma aparência de parcialidade pelo árbitro. Nesse sentido, é a constatação da aparência de parcialidade pela ponderação dos fatos não revelados e somente ela que, ao ofender a ordem pública, acarreta a nulidade da sentença. Assim, constatada a falta no dever de revelação duas devem ser as consequências: (i) análise do impacto do fato ou circunstância não revelada à aparência de imparcialidade do árbitro, e (ii) sanção pela falta de revelação.

Nesses termos, o funcionamento adequado do dever de revelação, segundo sua função e finalidade, depende intimamente da forma com que o direito nacional entende a relação árbitro-partes e em que medida ela possibilita o real tratamento do árbitro como parte contratante. A forma com que as cortes nacionais tratam a não revelação, para além de demonstrar sua receptibilidade à arbitragem e conhecimento técnico sobre o instituto, que pode legitimar ou estagnar a arbitragem local. Dessa forma, cabe a comunidade arbitral participar ativamente da construção da doutrina sobre revelação para que essas decisões representem os princípios arbitrais.

Referências

ALESSI, Dario. Enforcing Arbitrator's Obligations: Rethinking International Commercial Arbitrator's Liability. **Journal of International Arbitration**, v. 31, Issue 6, p. 735 – 784. Haia: Kluwer International Law, 2014.

BAPTISTA, Luíz Olavo. **Arbitragem Comercial e Internacional.** São Paulo: Lex Magister, 2011.

BRASIL. Conselho da Justiça Federal. **II Jornada de Prevenção e solução extrajudicial de litígios: enunciados aprovados.** Brasília: Centro de Estudos Judiciários, 2021.

BRASIL. **Lei n. 9307, 23 de setembro de 1996.** Dispõe sobre a arbitragem. Disponível em: <http://www.planalto.gov.br/ccivil_03/leis/l9307.htm>. Acesso em: 3/10/2022.

BRASIL. STJ (2ª seção) Conflito de competência 111.230/DF, rel. Ministra Nancy Andrighi, 03/04/2014.

BRASIL. TJSP (1a Câmara Reservada de Direito Empresarial). Apelação Cível n. 1056400-47.2019.8.26.0100. Rel. Des. Fortes Barbosa, 25/8/2020.

BORN, Gary B. **International Commercial Arbitration.** 3rd edition. Haia: Kluwer Law International, 2021.

CAM-CCBC. **Código de Ética.** Aprovado em 1998, com alterações em 20 de janeiro de 2016. Website do CAM-CCBC. Disponível em: < https://url24.top/FVbWb>. Acesso em: 3/10/2022.

CAM-CCBC. **Regulamento de Arbitragem de 2012.** Aprovado em 1º de setembro de 2011, com alterações em 28 de abril de 2016 e em 19 de julho de 2022. Website do CAM-CCBC. Disponível em: <https://url24.top/BAiNt>. Acesso em 3/10/2022.

CARMONA, Carlos Alberto. Em torno do árbitro. ***Revista de Arbitragem e Mediação,*** vol. 8, n. 28, pp. 47–63. São Paulo: Revista dos Tribunais, Jan/Mar 2011.

CARMONA, Carlos Alberto. **Arbitragem e processo: um comentário à Lei no 9.307/96.** São Paulo: Atlas, 2009.

Chartered Institute of Arbitrators. **Code of Professional and Ethical Conduct for Members.** Approved October 2009. Website da CIARB. Disponível em: <https://www.ciarb.org/media/4229/ciarb-code-of-professional-and-ethical--conduct-october-2009.pdf>. Acesso em: 3/10/2022.

Chartered Institute of Arbitrators. **Royal Charter Bye-Laws and Schedule to the Bye-Laws.** Approved August 2013. Website da CIARB. Disponível em: <https://www.ciarb.org/media/1558/ciarb_bye-laws_a-pdf-jan14.pdf>. Acesso em: 3/10/2022.

CORREIA, Marcelo dos Santos Barradas. A Responsabilidade Civil do Árbitro. **Revista Brasileira de Arbitragem**, vol. X, issue 39, pp. 7 -24. São Paulo: Comitê Brasileiro de Arbitragem e Kluwer Law International, 2013.

CLAY, Thomas. **L'arbitre.** Paris: Dalloz, 2001

ELIAS, Carlos Eduardo Stefen. **Imparcialidade dos árbitros.** São Paulo: Almedina, 2021.

ESTADOS UNIDOS. Supreme Court. *Commonwealth Coatings Corp v Continental Casualty*. 393 U.S. 145. Justice Black. 18/11/1968.

FRANÇA, CAP. *Ardi v. Scapnor.*12/1/1995. In: Revue de l'arbitrage, 1996, p.72.

FRANÇA. CAP (Polê 1, Chambre 1). *SBA v. AVME.* 16/09386. Mme. Dominique Guihal, 27/03/2018.

FRANÇA. CAP (Pôle 1, Chambre 1) *Société La Valaisanne Holding 'LVH' v. Guy Besnardeau et autre* [2013/52]. 2/7/2013.

FRANÇA. CAP (Polê 5, Chambre 16 – Chambre commerciale internationale). *SBA v. Sr. Gerstenmaier.* Mme. Fabienne Schaller, 22/6/2021.

FRANÇA, CAP. *Voith Turbo GmbH AG v. Société Nationale des Chemins de Fer Tunisiens.* 28/11/2002. In: Revue de l'arbitrage, n. 2003, n. p. 445.

FRANÇA. CC (Première Chambre Civile). *Azran, Bull.* 11-17196. Mme. Maitrepierre. 15/1/2014.

FRANÇA. CC (Première Chambre Civile). *SBA v. AVME.* 18-15756. Mme. Anne--Marie Batut, 3/10/2019.

FRANÇA. CC (Première Chambre Civile). *Société Dukan de Nitya v Société VR Services.* 14/11085. Mme. Anne-Marie Batut. 18/12/2014.

FRANÇA. CC (Première Chambre Civile). *Sté J. & P. AVAX v. Sté Tecnimont SPA.* 16-18349. M. Jean-Noël Acquavica. 19/12/2018.

FRANÇA. **Code Procédure Civile.** Disponível: <https://url24.top/UTdiv> Acesso em: 3/10/2022.

FINKELSTEIN, Cláudio. A 'guerrilha' no procedimento arbitral: O dever de revelação do árbitro. FGV Blog de Arbitragem. Publicado em: 20/08/2021. Disponível em: <https://www.fgvblogdearbitragem.com.br/post/a-guerrilha-no-procedimento-arbitral-o-dever-de-revela%C3%A7%C3%A3o-do--%C3%A1rbitro>. Acesso em: 3/10/2022.

GARAUD, Jean-Yves. **Rapport du Clube des Juristes: La Responsabilité de L'Arbitre.** Disponível em: < https://www.leclubdesjuristes.com/wp-content/uploads/2016/03/rapport-club-des-juristes-la-responsabilite-de-larbitre.pdf>. Acesso em: 3/10/2022.

HEINTZ, Tom Philippe. CERQUEIRA, Gustavo Vieira da Costa. Racionalização do dever de revelação no direito francês da arbitragem. **Revista de Arbitragem e Mediação**, n. 36, pp. 411 – 431. São Paulo: Revista dos Tribunais, Jan/Mar 2013.

ICC. **Regulamento de Arbitragem de 2012.** Em vigor a partir de 1° de janeiro de 2012. Paris, 2012. Disponível em: < https://url24.top/gUPaK>. Acesso em: 3/10/2022.

INGLATERRA E PAÍS DE GALES. CA (Civil Division). *AT&T Corporation and Another v. Saudi Cable Company.* [2000] EWCA Civ J10515-1. Lord Justice Potter. 15/3/2000.

INGLATERRA E PAÍS DE GALES. CA (Civil division). *Halliburton Company v. Chubb Bermuda Insurance Ltd. & Ors.* [2018] EWCA Civ 817. Lord Justice Nicholas Hamblen, 19/4/2018.

INGLATERRA E PAÍS DE GALES. HCJ. (Quee's Bench Division, Commercial Court). H v. L & Ors. [2017] EWHC (comm). Justice Andrew Poppewell, 3/2/2017.

International Bar Association Council. **IBA Guidelines on Conflicts of Interest in International Arbitration.** Londres, 2015. Disponível em: <https://www.ibanet.org/MediaHandler?id=e2fe5e72-eb14-4bba-b10d-d33dafee8918>. Acesso em: 3/10/2022.

LEE, Jõao Bosco. PROCOPIAK, Maria Claudia de Assis. A obrigação da Revelação do Árbitro Está influenciada por Aspectos Culturais ou Existe um Verdadeiro Standard Universal? **Revista Brasileira de Arbitragem**, ano 4, v. 14, pp. 9 – 22. São Paulo: Comitê Brasileiro de Arbitragem e Kluwer Law International, 2007.

LEMES, Selma Maria Ferreira. 1. Arbitro. Dever de revelação. Inexistência de Conflito de Interesses. Princípios da Independência e Imparcialidade do Árbitro. 2. Homologação de Sentença Arbitral Estrangeira no STJ. Inexistência de Violação à Ordem Pública (Processual). Artigos 39, II, da Lei de Arbitragem e Convenção de Nova Iorque. **Revista Brasileira de Arbitragem,** v. XI, Issue 41, p. 7 – 41. São Paulo: Comitê Brasileiro de Arbitragem e Kluwer Law International, 2014.

LEMES, Selma Maria Ferreira. Dos árbitros. In: MARTINS, Pedro B.; LEMES, Selma Ferreira; CARMONA, Carlos Alberto. **Aspectos fundamentais da lei de arbitragem**. Rio de Janeiro: Forense, 1999.

LEMES, Selma Maria Ferreira. O papel do arbitro. **Revista do Direito da Energia**, vol. 3, n. 4. São Paulo: Instituto Brasileiro de Estudos do Direito da Energia. Mar/2006.

LEW, Julian D. M. MISTELLIS, Loukas A. KROLL, Stefan M. **Comparative International Commercial Arbitration.** Haia: Kluwer Law International, 2003.

LUTTRELL, Samuel. **Bias Challenges in International Commercial Arbitration – The Need for a "Real Danger" Test.** Haia: Kluwer Law International, 2009.

MAGALHÃES, José Carlos de. Os deveres do árbitro. In: CARMONA, Carlos Alberto; LEMES, Selma M. Ferreira; MARTINS, Pedro Batista (coord.) ***20 anos da Lei de Arbitragem***: homenagem a Petrônio R. Muniz. São Paulo: Atlas, 2017.

MARQUES, Ricardo Dalmaso. **O dever de revelação do árbitro.** São Paulo: Almedina, 2018.

MARTINS-COSTA, Judith. **A boa-fé no direito privado:** critérios para a sua aplicação. 2. ed. São Paulo: Saraiva, 2018.

NERY JUNIOR, Nelson. **Princípios do Processo na Constituição Federal.** 12 ed. São Paulo: Revista dos Tribunais, 2016.

PEDROSO, Luiza Romanó. BAQUEDANO, Luis Felipe Ferreira. A violação do dever de revelação enquanto fundamento para a impugnação do árbitro: onde há fumaça há fogo? **Revista Brasileira de Arbitragem,** Volume XV Issue 60, pp. 7 – 35. São Paulo: Comitê Brasileiro de Arbitragem e Kluwer Law International, 2018.

REINO UNIDO. **English Arbitration Act 1996.** Disponível em: <https://url24.top/hHNVb> Acesso em: 3/10/2022.

REINO UNIDO. **Law Comission Consultation Papert 257:** Review of the Arbitration Act 1996. Publicado: 09/2022. Disponível em: <https://www.lawcom.gov.uk/project/review-of-the-arbitration-act-1996/>.Acesso em: 3/10/2022.

REINO UNIDO. UKSC. *Halliburton Company v. Chubb Bermuda Insurance Ltd.* [2020] UKSC 48. Lord Justice Patrick Hodge, 27/11/2020.

SANDERSON, Cosmo. **German arbitrator can be sued in France for nondisclosure.** Global Arbitration Review. Publicado em: 21/7/2021. Disponível em: <https://globalarbitrationreview.com/german-arbitrator-can-be-sued-in--france-non-disclosure>. Acesso em: 3/12/2022.

TRAKMAN, Leon. The impartiality and independence of arbitrators reconsidered. ***International Arbitration Law Review,*** v. 10, p. 1018. Londres: Sweet & Maxwell, 2007.

PARTE IV

DIREITO CONSTITUCIONAL, ADMINISTRATIVO E TRIBUTÁRIO

14.
A ADMINISTRAÇÃO PÚBLICA E O DIÁLOGO COMPETITIVO: O ATUAL MODELO ADMINISTRATIVO NO BRASIL E UMA TRAGÉDIA ANUNCIADA

EDUARDO HENRIQUE SANTIN SILVEIRA[1]

Introdução

O presente artigo possui como finalidade suscitar o debate acadêmico acerca da Lei 14.133/21, a Nova Lei de Licitação e Contratos Administrativos ("NLLC"), e a introdução da modalidade de licitação do diálogo competitivo no ordenamento jurídico brasileiro e no atual cenário de Administração Pública nacional. Será realizada uma digressão acerca dos modelos de Administração Pública traçados pela doutrina, bem como uma análise sobre as reformas administrativas realizadas no Brasil e o enquadramento das características da Administração Pública nacional em algum dos modelos clássicos.

Após, passar-se-á para a análise da NLLC e da modalidade do diálogo competitivo. Na segunda parte do artigo será traçada uma breve noção acerca dos princípios na NLLC, bem como analisados os motivos que geraram tais alterações e as motivações que levaram o legislador a introduzir o diálogo competitivo no ordenamento nacional.

A parte final do artigo buscará traçar um panorama a respeito da razoabilidade em aplicar o diálogo competitivo no atual modelo de Adminis-

[1] Artigo elaborado a partir da monografia apresentada ao Núcleo de Monografia Jurídica da Faculdade de Direito da PUC-SP, sob orientação do Professor Doutor Luis Manuel Fonseca Pires.

tração Pública brasileiro, assim como vantagens e desvantagens na sua aplicação no país. Por fim, serão sugeridas eventuais alterações legislativas ou mesmo vetores interpretativos que, com base na experiência dos países onde o diálogo competitivo já foi utilizado, poderão auxiliar na correta aplicação do instituto no Brasil.

1. Modelos de administração e o atual modelo de administração pública no Brasil

Sob uma perspectiva histórico-evolutiva é possível identificar e distinguir três modelos clássicos de Administração Pública[2], são eles: modelo patrimonialista (clientelista), modelo burocrático (procedimental-formal) e modelo gerencial (com ênfase nos resultados e na satisfação do cidadão-cliente)[3].

A Administração patrimonialista foi o primeiro modelo de Administração Pública a ser estruturado, ocorrendo nos Estados absolutistas europeus do século XVIII. Caracteriza-se como a incapacidade do monarca em distinguir o seu patrimônio privado do patrimônio público[4], ilustrado, inclusive, pela célebre frase de Luis XIV, *L'Etat c'est moi* (O Estado sou eu)[5]. Assim, inexistia organização das carreiras ou dos serviços público, sendo que os cargos incumbidos de exercer determinada "função pública" eram todos de livre nomeação do soberano[6].

Podem ser destacadas as seguintes características do modelo administrativo patrimonialista: ausência de separação entre a propriedade

[2] Paludo, Augustinho Vicente. **Administração Pública**. 5. ed. Rio de Janeiro: Método, 2016, p. 65.

[3] Campelo, Graham Stephan Bentzen. **Administração Pública no Brasil**: ciclos entre patrimonialismo, burocracia e gerencialismo, uma simbiose de modelos. Ciência & Trópico, [S. l.], v. 34, n. 2, 2013. Disponível em: https://periodicos.fundaj.gov.br/CIC/article/view/871. Acesso em: 15 jul. 2022, p. 11.

[4] Bresser Pereira, Luiz Carlos. **Da Administração Pública burocrática à gerencial**. Revista do Serviço Público, [S. l.], v. 47, n. 1, p. 07 – 40, 2015. DOI: 10.21874/rsp.v47i1.702. Disponível em: https://revista.enap.gov.br/index.php/RSP/article/view/702. Acesso em: 28 jul. 2022, p. 4.

[5] Campelo, op. cit., p. 3.

[6] Paludo, Augustinho Vicente. **Administração Pública**. 5. ed. Rio de Janeiro: Método, 2016. 7 PALUDO, op. cit., p. 66.

privada e a propriedade pública, cargos públicos transmitidos por hereditariedade, discricionariedade das decisões e ausência de comprometimento com as necessidades públicas. Como consequência, "a *res publica* não é diferenciada da *res principis*. Em consequência, a corrupção e o nepotismo são inerentes a esse tipo de administração"[7].

O modelo burocrático de Administração surge para combater as principais características do modelo patrimonialista, acompanhando a transição de um estado absolutista-feudal para um estado liberal-capitalista a partir da segunda metade do século XIX. O estado absoluto passou a ser um estado de direito, tendo a lei como legitimadora do poder com a "dominação racional- legal"[8].

Possui como principais características a divisão entre patrimônio público e privado, hierarquia entre os cargos, impessoalidade, profissionalização, meritocracia, formalismo e supremacia das normas. Em decorrência dessas características, podem ser citados os seguintes defeitos e desvantagens da burocracia: observância inflexível dos procedimentos, formalismo exacerbado, engessamento dos funcionários, despersonalização do servidor, ausência de inovação e desprezo pelo interesse do cidadão.

Com a ascensão do Estado Social (*welfare state*), no século XX, a burocracia não mais atendia as necessidades da organização dessa nova forma de Estado, tendo em vista o aumento da sua atuação econômica e social que, por consequência, exigia um Estado mais célere. O modelo gerencial surge como uma resposta às defasagens da Administração burocrática buscando, principalmente, a eficiência, a redução dos custos e o aumento da qualidade do serviço.

Assim, "os pressupostos desse modelo são: a descentralização das decisões e das funções do Estado, a autonomia na gestão dos recursos humanos, materiais e financeiros e a ênfase na qualidade e na produtividade do

[7] BRASIL, Felipe Gonçalves; CEPÊDA, Vera Alves; MEDEIROS, Thiago Batista. **O DASP e a formação de um pensamento político-administrativo na década de 1930 no Brasil**. Temas de Administração Pública, v. 9, n. 1, p. 60-90, 2014. Disponível em: http://hdl.handle.net/11449/125197. Acesso em: 22 set. 2022. p. 20.

[8] LOURENÇO, Nivaldo Vieira. **Administração Pública:** modelos, conceitos, reformas e avanços para uma nova gestão. Curitiba: Intersaberes, 2016. p. 72.

serviço público"[9]. Coloca-se o interesse público – verdadeiro interesse da coletividade – sempre como primeiro objetivo a ser cumprido.

O principal objetivo do modelo gerencial é reduzir os custos da Administração Pública, descentralizando e desconcentrando as unidades administrativas. Ainda, o controle a ser realizado nesse modelo administrativo é *a posteriori* dos resultados alcançados, ou seja, controla-se o fim, não o meio, extinguindo-se o ciclo vicioso que retroalimenta os procedimentos na Administração burocrática. Ainda, "[...] o cidadão passa a ser o sujeito das políticas Públicas e não mais um simples usuário do sistema"[10].

Com a queda da ditadura civil-militar, em 1985, o Brasil passa por uma transição do regime ditatorial para o democrático. Em 1988, com a promulgação da Constituição Cidadã e a retomada efetiva da democracia, a despeito dos importantíssimos avanços quanto aos direitos civis e sociais, no campo da Administração Pública, por sua vez, houve um retrocesso burocrático. O contexto histórico e político no qual a CF/88 foi redigida, como uma resposta direta ao regime civil-militar, impactou diretamente na sua redação, afinal, legislar nada mais é que efetuar escolhas.

Dessa maneira, não é de se espantar que o texto constitucional enrijeceu as normas da Administração com, principalmente, controles prévios, buscando rechaçar as práticas clientelistas e a discricionariedade dos atos havidos pela Administração indireta durante a ditadura. Nesse sentido "[...] o retrocesso burocrático da Constituição de 1988 foi uma reação ao clientelismo que dominou o país naqueles anos [...]"[11].

2. Licitação

2.1 Conceito e histórico da licitação nas legislações brasileiras

Adentrando nos termos da NLLC, afirma-se que a licitação se mostra como um meio para a concretização do interesse público. Uma das maneiras de se materializar o interesse público é por meio da seleção da proposta mais vantajosa, conforme dispõe o art. 11 da mencionada Lei. Inovando em relação à Lei 8.666/93, introduz-se ao ordenamento bra-

[9] Lourenço, op. cit., p. 35.
[10] Lourenço, op. cit., p. 35.
[11] Bresser Pereira, op. cit., p. 16.

sileiro o princípio da "vantajosidade"[12], ligado intimamente à eficiência e à economicidade, buscando uma visão gerencial da licitação, tendo em vista que a melhor proposta deve ser aferida com base no resultado efetivamente auferido. Retomando o conceito tratado no primeiro capítulo, os controles gerenciais devem recair sobre os resultados, e não mais serem realizados por meio de controles rígidos, ao longo de cada uma das etapas do procedimento administrativo, conforme classicamente defendido pela burocracia e pela Lei 8.666/93.

Descendente direta do retrocesso burocrático da então recém promulgada Constituição, a Lei 8.666/93 apresenta fortes instrumentos de controle prévio dos atos administrativos, reflexo da desconfiança existente nos administradores. Buscou-se combater a forte corrupção que existiu durante o período da ditadura civil-militar, bem como enfrentar a insegurança em relação à Administração Pública. A mencionada Lei inibe uma atuação mais próxima entre a Administração Pública e o particular, justamente pelos casos de corrupção que afloraram durante o período de sua elaboração.

2.2. Princípios na NLLC

Citam-se os clássicos princípios da legalidade, impessoalidade, moralidade, publicidade, eficiência, probidade administrativa, igualdade, vinculação ao edital e do julgamento objetivo, que ainda constam expressamente no artigo citado. Os 13 novos axiomas introduzidos são interesse público, planejamento, transparência, eficácia, segregação de funções, motivação, segurança jurídica, razoabilidade, competitividade, proporcionalidade, celeridade, economicidade, desenvolvimento nacional sustentável e os princípios do Decreto-Lei 4.657/42.

Dois princípios mais conectados à procedimentalidade da licitação são a vinculação ao edital e a segregação de funções. O primeiro decorre diretamente do já mencionado princípio da legalidade que, ao mesmo tempo, impede a atuação discricionária da Administração Pública e protege os particulares contra eventuais imprevistos ao longo do procedimento licitatório. Já o princípio da segregação de funções merece especial atenção

[12] FILHO, Marçal Justen. **Comentários à Lei de licitações e Contratos Administrativos.** 15ª Ed. São Paulo: Dialética, 2012.

e exaltação, uma vez que a licitação, por ser um procedimento complexo e com diversas fases, não pode ser conduzida por apenas uma autoridade.

Dessa maneira, o envolvimento de mais de uma repartição e departamento da Administração Pública mitiga a possibilidade de erros e desvios de finalidade durante a execução de suas obrigações funcionais[13]. Mais especificamente no contexto do diálogo competitivo e o forte caráter discricionário durante seu procedimento, quanto maior o número de agentes administrativos envolvidos, maior a segurança existente. Nesse sentido, a NLLC inova ao explicitar o mencionado princípio, vedando a criação do chamado "servidor faz-tudo".

5. Diálogo competitivo

5.1. Origem, conceito e fases

Modalidade do diálogo competitivo foi inspirada, principalmente, em dois instrumentos normativos da União Europeia, a Diretiva 2004/18/CE e a Diretiva 2014/24/UE aos contratos públicos, que revogou a diretiva supramencionada e encontra-se em atual vigência. Quanto à definição do diálogo competitivo no ordenamento nacional, esse se encontra apresentado no art. 6º, XLII, da NLLC. Nas palavras da legislação,

> diálogo competitivo: modalidade de licitação para **contratação de obras, serviços e compras** em que a Administração Pública realiza **diálogos com licitantes previamente selecionados** mediante **critérios objetivos**, com o intuito de **desenvolver uma ou mais alternativas capazes de atender às suas necessidades**, devendo os licitantes apresentar **proposta final após o encerramento dos diálogos.** (grifo nosso)

Percebe-se que o objeto dessa modalidade de licitação é extremamente amplo, podendo ser utilizado tanto para a realização de compras, serviços ou obras. Interessante tal previsão legal tendo em vista que o principal pressuposto do diálogo competitivo é justamente a ideia que a

[13] BITTENCOURT, Sidney. **Contratando sem Licitação:** contratação direta por dispensa ou inexigibilidade. 3. São Paulo: Almedina Brasil, 2021. Disponível em: https://integrada.minhabiblioteca.com.br/books/9786556273822. Acesso em: 18 set. 2022. p. 62.

Administração Pública não possui uma solução claramente definida para todos os seus problemas.

O diálogo competitivo é dividido em três fases. A primeira é denominada de "fase preliminar", ou "pré-diálogo", no qual se define a necessidade de se utilizar essa modalidade de licitação, com a devida justificativa legal, bem como os critérios objetivos que serão utilizados para a seleção dos licitantes. Após, tem-se a "fase de diálogo" propriamente dita entre a Administração Pública e os licitantes, buscando a solução mais adequada para o problema complexo que se busca sanar. Por fim, a terceira fase é denominada "fase competitiva", buscando- se um novo licitante para a realização do projeto selecionado, que pode ou não ser o mesmo licitante que obteve a vitória na fase de diálogo.

Resta claro que o diálogo competitivo necessita da publicação de dois editais. O primeiro possui certas especificidades que o distinguem dos demais instrumentos convocatórios clássicos. Assim, o diálogo competitivo representa verdadeira "exceção" às demais modalidades de licitação, devendo expor os motivos pelos quais o diálogo competitivo se aplica ao caso concreto, em detrimento das demais modalidades convencionais – caráter subsidiário de aplicação.

A fase de diálogo deve gerar uma ou mais soluções capazes de atender às necessidades da Administração Pública. Tal previsão encontra-se compatível com a alteração feita no art. 11, I, da NLLC, assim como com o conceito de "vantajosidade", sendo certo que a existência de mais de uma solução se mostra como completamente plausível em se tratando de problemas complexos.

Um dos axiomas basilares do direito administrativo é a supremacia do interesse público sobre o interesse privado, com uma verdadeira "verticalização" dos mencionados interesses[14]. Pela própria carga semântica da ideia de supremacia, resta clara a existência de uma hierarquia na qual a Administração Pública encontra-se superior aos demais setores privados

[14] Pires, Antonio Cecilio Moreira; Parziale, Aniello. **Comentários à nova Lei de Licitações Públicas e Contratos Administrativos:** Lei nº 14.133, de 1º de Abril de 2021. São Paulo: Almedina Brasil, 2022. Disponível em: https://integrada.minhabiblioteca.com.br/books/9786556274416. Acesso em: 15 jul. 2022. p. 236.

da sociedade, o que justifica, inclusive, a concepção de contratos díspares entre estes dois sujeitos.

No contexto do diálogo competitivo o pressuposto de que a "[...] Administração Pública possui total e plena capacidade de prever, isoladamente, sem o auxílio de terceiros, todas as possíveis soluções que atendam às suas necessidades"[16] encontra-se afastado. A ideia de que Administração Pública, ao se deparar com um problema de alto nível de complexidade, não possui uma solução possível para tal seria inimaginável há alguns anos. Nesse sentido, rotaciona-se todo um pensamento construído ao longo da história quanto a essa supremacia, não necessariamente "rebaixando" a Administração, mas reconhecendo que a sociedade possui o direito de solucionar seus obstáculos da maneira mais eficaz possível.

A principal diferença entre a modalidade do diálogo competitivo e as demais modalidades de licitação é a segunda fase do procedimento, conforme se extrai do §1º, V, do art. 32. Nessa fase não há que se falar de competição entre os licitantes, tendo em vista que visa apenas à obtenção das sugestões dos particulares para a definição da solução técnica mais adequada para sanar a necessidade da Administração Pública.

O inciso VII, por sua vez, afirma que o edital poderá prever a realização de fases sucessivas, caso em que cada fase poderá restringir as soluções ou as propostas a serem discutidas. Eventual realização de fases sucessivas pode ser entendida, inclusive, como a realização de subfases, com a eliminação sucessiva de propostas, assim como ocorre nos ordenamentos Europeus. O art. 32 não menciona como a fase de diálogo deverá ser realizada, nesse sentido, nada impede que a Administração realize encontros com todos os licitantes ou com cada um destes, de maneira isolada.

Dando-se início à "fase competitiva" propriamente dita, uma vez selecionada a proposta mais vantajosa, abre-se a fase na qual os licitantes devem concorrer entre si em busca da seleção para a concretização do projeto(s) selecionado(s). A Administração deve publicar o segundo edital, agora contendo a especificação da solução selecionada na fase de diálogo, bem como os novos critérios objetivos para seu julgamento.

A NLLC é omissa quanto ao critério de julgamento que deverá ser utilizado no diálogo competitivo. Contudo, é forte a corrente doutrinária que defende que o critério mais eficaz para se utilizar seria o de "técnica e preço", estabelecido pelo art. 36 da NLLC, como uma verdadeira relação custo- benefício.

A despeito de todos os pontos levantados, as poucas, mas significativas diferenças entre o diálogo competitivo, em sua redação original, e a maneira como foi introduzido no Brasil, apenas reforçam que o Direito é um reflexo direto dos contextos temporais e sociais em que é produzido. Resta claro que buscar inspiração em experiências legislativas estrangeiras mostra-se como benéfico, bem como que suas adaptações para a realidade de cada país é mais que crucial para o bom funcionamento do instituto introduzido. Contudo, não pode o legislador realizar alterações com pouco aprofundamento teórico, sob pena de descaracterizar ou inutilizar o Direito que se busca construir.

6. Eventuais regulamentações necessárias

O primeiro a ser analisado é a possibilidade de limitação mínima e máxima do número de participantes do diálogo. Nota-se que a limitação do número de licitantes possui tanto previsão legal na Diretiva 2014/24 como é efetivamente utilizada na União Europeia, mostrando-se como um importante item a ser introduzido no Brasil. Além de dificultar a troca de informações, um procedimento com, por exemplo, dez licitantes, tornaria a licitação ainda mais complexa, custosa e morosa, indo na contramão dos preceitos de uma administração gerencial de eficácia.

Outro ponto seria permitir que os licitantes, se desejarem, apresentem mais de um projeto à Administração. Dessa maneira, considerando-se que o licitante demonstre efetiva diferença técnica existente entre as propostas, nada impede que esse apresente todas aquelas que julgar conveniente e aptas sanar as necessidades da sociedade. Sem prejuízo, caso um de seus projetos seja rejeitado, nada impede que o licitante continue na licitação com sua outra proposta, concretizando de maneira absoluta o princípio da economicidade e da eficácia dos procedimentos.

Ainda na fase de diálogo, tem-se a possibilidade de desclassificação do licitante pela ausência de dedicação. O efetivo esforço para a concretização da cooperação se mostra como um ônus do licitante, sendo que o descumprimento desse ônus seria capaz de gerar a exclusão do licitante da fase de competição. Parece razoável que a Administração aplique tal medida, desde que esteja devidamente fundamentada e amparada legalmente, desestimulando a participação de particulares que não estejam interessados em auxiliar a autoridade adjudicante.

A divisão do diálogo em subfases, bem como a possibilidade de se estabelecer uma calendarização do procedimento, também se mostra como relevante. Essa divisão é fundamental para o sucesso dessa modalidade de licitação, tanto por permitir o aprimoramento dos projetos mais promissores, quanto por facilitar a condução do diálogo em si. Ainda, permite-se que a Administração eventualmente retome projetos anteriormente descartados, caso as melhores propostas ofertadas no final da fase de diálogo ainda não cumpram com as necessidades que se buscam sanar.

Outro ponto é a remuneração dos licitantes que efetivamente participarem da fase de diálogo, mas que não possuírem seus projetos selecionados. Entende-se que, por um estudo perfunctório, a previsão aparenta- se como benéfica, mesmo que se limite ao ressarcimento dos custos despendidos pelos licitantes – considerando-se os gastos efetivamente comprovados. O ressarcimento dos licitantes parece medida razoável, considerando-se os altos valores que envolvem os problemas complexos e que as soluções apresentadas pelos licitantes podem culminar com a redução dos custos de implementação da solução. Caso contrário, ter-se-á mais um desestímulo à participação dos particulares no diálogo tendo em vista que o vencedor da fase de diálogo não possui garantia de vitória na fase competitiva.

Ainda como um reflexo burocrático, a NLLC previu que o diálogo competitivo será conduzido por comissão de contratação composta por, no mínimo, três servidores, concretizando a separação de funções proposta pela burocracia. Contudo, essa norma não possui previsão similar quando observada a legislação europeia. Por um lado, a comissão garante a distribuição de funções e evita a concentração de informações sensíveis ao mercado em um único servidor; por outro, pode tornar ainda mais morosa a fase de diálogo, dificultando justamente a troca de informações entre a Administração e os particulares.

Ante todo o exposto no presente capítulo, espera-se que a elucidação dos pontos supramencionados proporcionem uma regulamentação que permita, apesar do cenário pouco propício, uma correta aplicação do instituto. Considerando especialmente as práticas de uma Administração Pública gerencial, resta claro que o diálogo competitivo necessita de flexibilidade em sua regulamentação para que atinja os benefícios propostos.

Conclusões

Ante todo o exposto no presente artigo, traçou-se um panorama conceitual acerca dos modelos de administração pública existentes, bem como do atual cenário da administração brasileira, capaz de suscitar uma análise crítica acerca da introdução do diálogo competitivo no ordenamento nacional. Ao se incorporar um novo instituto jurídico sem antes realizar a devida digressão sobre seu contexto de criação e as circunstâncias na qual será utilizado, pode- se gerar a aplicação incorreta desse e, consequentemente, dar causa a efeitos indesejados.

Dessa forma, analisando-se o contexto da Administração Pública, pôde- se definir as principais características dos três modelos de administração pública classicamente estudados, quais sejam: patrimonialismo, burocracia e gerencialismo. Analisadas as características dos mencionados modelos, pôde- se ter uma visão holística destas administrações.

Transpondo esses conceitos para a realidade brasileira, notou-se que a Administração Pública nacional seguiu a evolução histórica observada nos demais países, pelo menos quanto à administração patrimonialista e burocrática. Contudo, em decorrência da ditadura civil-militar e das práticas clientelistas instauradas durante esse período autoritário, a sociedade civil promulgou, como verdadeira resposta ao regime existente, a vigente Constituição Federal, em 1988. Não se diminuem todos os avanços sociais e democráticos concretizados pela Constituição Cidadã que, contudo, no campo administrativo, corresponderam a um retrocesso burocrático, voltando-se à reprodução de práticas que permitissem um maior controle dos atos administrativos em detrimento de uma gestão mais eficaz.

Ressalta-se que a opção do constituinte originário em limitar os atos administrativos discricionários e frear o avanço gerencial teve seus motivos à época da edição da Constituição, tendo como base, especialmente, a desconfiança em relação ao administrador público. A despeito disso, houve diversas tentativas infraconstitucionais que buscaram concretizar uma reforma visando ao gerencialismo que, contudo, não obtiveram significativos resultados.

Passando às legislações acerca das licitações, tratou-se da importância desse procedimento administrativo para a concretização do interesse público. Notou-se que a antiga Lei 8.666/93 reproduziu o forte controle prévio dos atos administrativos previstos na CF/88 e seu caráter burocrático.

Buscando modernizar as licitações e, consequentemente, a Administração Pública brasileira, foi promulgada a Lei 14.133/21, que gerou importantes alterações em seu âmbito de aplicação, fases e procedimentos, tendo como principal justificativa para a sua edição o grande avanço tecnológico havido entre os quase 30 anos desde a promulgação da antiga Lei. Além disso, a NLLC trouxe novos princípios importantes para avançar à uma visão gerencial do procedimento licitatório, como a segregação de funções, o planejamento e a celeridade. Por fim, reuniu em seu corpo as demais legislações que estabeleciam outras modalidades de licitação, extinguiu aquelas que julgou necessário e introduziu o objeto principal do presente artigo, o diálogo competitivo.

O diálogo competitivo inverte a lógica até então tida como suprema de que a Administração Pública possui todo o conhecimento acerca do objeto que pretende contratar, sendo utilizado em um cenário de incertezas em relação ao seu objeto complexo. Assim, para sanar essa lacuna informacional e técnica acerca do objeto é que se estabelece a fase de diálogo, na qual não há uma competição entre os licitantes, mas uma cooperação destes com a Administração Pública.

Por fim, propôs-se os possíveis pontos que deverão ser observados em caso de eventual regulamentação infralegal. Nota-se que a NLLC ainda não possui essa regulamentação, o que se espera que seja realizada da maneira mais rápida possível, tendo em vista que já existe Portaria determinando a realização do primeiro diálogo competitivo no Brasil – Portaria 4.951 de 29 de abril de 2021.

Acredita-se que o diálogo competitivo se mostra como um instrumento muito interessante e com ampla gama de utilização pela Administração Pública, proporcionando uma flexibilidade nas licitações nunca antes vista no Brasil. Por outro lado, a maneira como essa modalidade de licitação foi introduzida – aparentemente às pressas e como uma cópia borrada da legislação europeia – poderá impedir sua correta aplicação, ainda mais considerando-se a ausência de regulamentação e de modalidade similar para uma eventual interpretação analógica.

Em síntese, e nos termos do soberano conhecimento popular, contata-se que, aparentemente, o legislador brasileiro “deu um passo maior que a perna”. A inutilização do diálogo competitivo pela falta de adequação ao modelo administrativo do Brasil, uma vez que originalmente concebido para uma administração gerencial consolidada, mostra-se como um dos cenários ao horizonte. Caso seja empregado, vislumbra-se uma utilização frágil e incapaz de atingir seus objetivos plenamente, sendo certo que o legislador brasileiro não observou as características do instituto em sua completude, estabelecendo novas previsões que dificultam sua implementação. Anuncia-se assim, uma provável tragédia.

Referências

BITTENCOURT, Sidney. **Contratando sem Licitação:** contratação direta por dispensa ou inexigibilidade. 3. São Paulo: Almedina Brasil, 2021. Disponível em: https://integrada.minhabiblioteca.com.br/books/9786556273822. Acesso em: 18 set. 2022.

BRASIL, Felipe Gonçalves; CEPÊDA, Vera Alves; MEDEIROS, Thiago Batista. **O DASP e a formação de um pensamento político-administrativo na década de 1930 no Brasil.** Temas de Administração Pública, v. 9, n. 1, p. 60-90, 2014. Disponível em: http://hdl.handle.net/11449/125197. Acesso em: 22 set. 2022.

BRESSER PEREIRA, Luiz Carlos. **Da Administração Pública burocrática à gerencial.** Revista do Serviço Público, [S. l.], v. 47, n. 1, p. 07 – 40, 2015. DOI: 10.21874/rsp.v47i1.702. Disponível em: https://revista.enap.gov.br/ndex.php/RSP/article/view/702. Acesso em: 28 jul. 2022.

CAMPELO, Graham Stephan Bentzen. **Administração Pública no Brasil:** ciclos entre patrimonialismo, burocracia e gerencialismo, uma simbiose de modelos. Ciência & Trópico, [S. l.], v. 34, n. 2, 2013. Disponível em: https://periodicos.fundaj.gov.br/CIC/article/view/871. Acesso em: 15 jul. 2022.

FILHO, Marçal Justen. **Comentários à Lei de licitações e Contratos Administrativos.** 15ª Ed. São Paulo: Dialética, 2012.

LOURENÇO, Nivaldo Vieira. **Administração Pública:** modelos, conceitos, reformas e avanços para uma nova gestão. Curitiba: Intersaberes, 2016.

MATIAS-PEREIRA, José. **Curso de Administração Pública:** foco nas instituições e ações governamentais. 4. Ed. Ver. E atual. São Paulo: Atlas, 2014.

PALUDO, Augustinho Vicente. **Administração Pública**. 5. Ed. Rio de Janeiro: Método, 2016.

PIRES, Antonio Cecilio Moreira; PARZIALE, Aniello. **Comentários à nova Lei de Licitações Públicas e Contratos Administrativos:** Lei nº 14.133, de 1º de Abril de 2021. São Paulo: Almedina Brasil, 2022. Disponível em: https://integrada.minhabiblioteca.com.br/books/9786556274416. Acesso em: 15 jul. 2022.

REMEDIO, José Antonio. **Lei de licitações e contratos administrativos (lei 14.133/2021):** o diálogo competitivo como nova modalidade de licitação. Revista de Direito Administrativo e Gestão Pública, Encontro Virtual, v. 7, p. 01-21, jan. 2021. Disponível em: https://indexlaw.org/ndex.php/rdagp/article/view/7568. Acesso em: 23 set. 2022.

15.
ASPECTOS DA SUJEIÇÃO PASSIVA TRIBUTÁRIA PARA OS GRUPOS DE SOCIEDADES

Davi Lucena de Assunção Silva[1]

Introdução

O grupo de sociedades inaugura uma transição na roupagem da célula base do capitalismo: a empresa. Dentro da dinâmica capitalista, o fenômeno denominado por combinação, forma na qual uma companhia atua em diferentes fases do processo produtivo, desde a produção da matéria-prima até a comercialização da mercadoria, é o estágio mais elevado da grande empresa.

Nesse sentido, a diversificação de atuação dentro de uma estrutura produtiva proporciona maior estabilidade nas taxas de lucro. No processo de crescimento da empresa, buscou-se internalizar as trocas de mercadoria de forma a se minimizar os riscos atinentes a flutuações de preços, reduzindo assim os custos de transação, além de proporcionar uma melhor alocação de recursos e sua consequente economia.

Todavia, a dinâmica econômica encontrou novos desafios após a Terceira Revolução Industrial, devido à consolidação do mercado como figura global e pela busca por maior integração político-econômica em âmbito internacional. A emergência dos grupos de sociedades, decorre

[1] Artigo elaborado a partir da monografia apresentada ao Núcleo de Monografia Jurídica da Faculdade de Direito da PUC-SP, sob orientação do Professor Doutor Paulo de Barros Carvalho.

da busca por novas formas organizativas para se assegurar a expansão da empresa.

Dessarte, está-se diante de uma estrutura organizacional que viabilizou a expansão dos empreendimentos mercantis em razão, além dos benefícios destacados, da dificuldade de se operacionalizar, em uma única estrutura, empreendimentos transnacionais. Dentro dessa perspectiva, o Direito não se apresenta unicamente como uma figura restritiva da concentração econômica, também há aqui forte auxílio da forma jurídica para permitir o seu prosseguimento, desde que de uma forma juridicizada.

Analisaremos no presente estudo temas controvertidos acerca dos grupos de sociedade em matéria tributária, quais sejam: as hipóteses de solidariedade, a responsabilidade tributária, os fatos ensejadores de responsabilidade patrimonial e da desconsideração da personalidade jurídica.

1. Conceituação jurídica do objeto

Denomina-se grupo de sociedades, grupo econômico ou empresa plurissocietária a estrutura formada por diversas sociedades escalonadas, na qual há um controle exterior a maior parte das pessoas jurídicas, o qual define a linha de atuação dos demais integrantes, sendo o controle oriundo de participação societária de uma controladora em relação a uma controlada (Lamy Filho e Pedreira , 2017, p. 1399). A empresa plurissocietária possui uma estrutura pautada pela gestão comum das operações realizadas. A despeito dos órgãos de cada sociedade possuírem competências próprias, todas seguem um interesse comum que, na maioria das vezes, é exterior às pessoas jurídicas isoladas (Lamy Filho e Pedreira , 2017, p. 1399). Apesar de aparentemente haver autonomia jurídica entre as integrantes do grupo de sociedades e seus respectivos órgãos, a autonomia de cada empresa em questão é limitada (Antunes, 1993, p. 102).

O Direito brasileiro prevê duas possibilidades de grupos societários: os de fato e os de direito. Os primeiros são constituídos e extintos com base em relações de controle entre as sociedades que, via de regra, não observam as prescrições legais sobre o tema, sendo essas entendidas como poder de fato (Lamy Filho e Pedreira, 2017, p. 1403). Já os grupos de direito são constituídos por meio de uma convenção de grupo que deve ser registrada e são controlados por uma pessoa jurídica nacional, no molde previsto pela Lei nº 6.404/1976, do seu art. 265 a 279, cumprindo, deste modo, os requisitos legais para sua existência (Lamy Filho e Pedreira, 2017, p. 1403).

Há de se mencionar que os limites para atuação de um grupo de fato são: a vedação de subordinação e a impossibilidade de transferência ou confusão de resultados (Lamy Filho e Pedreira, 2017, p. 1405). Consequentemente, faz-se a ressalva ao art. 245 da Lei nº 6.404/1976, o qual atribui aos administradores o dever de zelar pelos interesses de cada companhia, sendo aqueles os responsáveis pelos danos causados quando praticarem atos em favor de terceiros sem um pagamento compensatório adequado. Há, portanto, no grupo de fato, a necessidade de benefício de todos os integrantes do grupo, não sendo cabível o prejuízo de uma sociedade em benefício de outra (Lamy Filho e Pedreira, 2017, p. 1405 e 1406).

No caso dos grupos de direito, a lei estipula a confecção de uma convenção de grupo, na forma prescrita pelo art. 269 da Lei nº 6.404/1976, para formalizar a sua criação e posterior existência. Ademais, é necessário o arquivamento dessa convenção no registro de comércio da localidade em questão, seguindo o disposto no art. 271 da referida lei. Para essa figura é cabível a existência de subordinação. Alberto Xavier (1982, p. 122) faz menção ao art. 276 da Lei nº 6.404/1976 para afirmar que apenas no caso dos grupos de direito poderá haver transferência de recursos que seja prejudicial a uma das integrantes, visto que a lei societária prevê unicamente nessa hipótese o rebaixamento dos interesses individualizados de cada sociedade para benefício do grupo.

2. Elementos de direito tributário

2.1. Binômio responsabilidade-solidariedade

Para fins fiscais, a solidariedade é um mecanismo pelo qual se visa facilitar a atividade arrecadatória do Estado, conforme se extrai do art. 124 do Código Tributário Nacional (CTN) (Carvalho, 2021, p. 350). Diz o art. 124 I, do CTN que: "as pessoas que tenham interesse comum na situação que constitua o fato gerador da obrigação principal". Fato é que, especificamente no inciso I do art. 124, ao se estabelecer esse vínculo com base no que se denomina interesse comum, encontramo-nos num terreno impreciso acerca do fato que enseja esse tipo de relação jurídica (Carvalho, 2021, p. 350).

Para Paulo de Barros Carvalho a solidariedade fundamentada em interesse comum se dá apenas quando, havendo multiplicidade de sujeitos no mesmo polo do campo obrigacional, todos sejam responsáveis pela integralidade do adimplemento. Fato que se distingue da responsabilidade que é instituída por lei para assegurar o pagamento da prestação pecuniária (Carvalho, 2021, p. 353). Particularmente sobre a imposição da solidariedade, Andréa Darzé (2010, p. 226) considera-a prerrogativa do ente público para resguardar os interesses arrecadatórios do Estado, sendo cabível a propositura de eventual cobrança do devedor isolado, do grupo econômico ou mesmo daquele que apresentar maior potencial econômico para satisfazer a relação jurídico-tributária.

A existência de vinculação entre sujeitos de direito está presente em diversas atividades humanas pautadas pela bilateralidade, a exemplo da compra de mercadorias ou prestação de serviços, mas, a despeito da finalidade desejada por ambos os polos das relações citadas ser convergente, não há identidade de interesses (Carvalho, 2021, p. 351). É nesse sentido que a figura do interesse comum não oferece o substrato seguro para impor a solidariedade de ambas as partes (Carvalho, 2021, p. 351). Prosseguimos com a norma extraída da leitura do art. 124 do CTN que em seus dois incisos indica a obrigação solidária daqueles que tem interesse comum na situação que constitua o fato gerador, conforme dispõe o inciso I, e que haverá solidariedade passiva nos demais casos definidos em lei na forma do inciso II.

A responsabilidade tributária, por sua vez, existe em decorrência tanto de fatos lícitos, previstos nas disposições do art. 129 a 133, quanto de fatos ilícitos, conforme previsto nos arts. 134, 135 e 137 do CTN. Ante a verificação do fato que se amolda às normas de responsabilidade, mas que não seja tipificado propriamente como fato jurídico tributário, dá-se ensejo à formação de uma relação obrigacional entre o Estado e o responsável (Ferragut, 2020, p. 13). O responsável tributário surge como um sujeito diverso daquele que praticou o fato-signo presuntivo de riqueza, isso é aplicável tanto para as normas instituidoras de responsabilidade sancionatória ou garantidora da arrecadação (Ferragut, 2020, p. 13). Há de se observar, a depender da finalidade da norma, sancionatória ou não, a fixação dos limites da imputação de responsabilidade tributária a terceiros, além do regime jurídico aplicável (Darzé, 2010, p. 92).

Temos algumas hipóteses nas quais um sujeito participa de forma indireta do fato descrito na norma, cabe aqui a imputação, feita pelo legislador, de responsabilizá-lo supletivamente pelo cumprimento total ou parcial da obrigação (Carvalho, p. 356). Fato diverso é aquele no qual o legislador elenca um terceiro estranho aos limites factuais que deram origem à exação, sendo que neste caso a responsabilidade é atribuída como uma forma de sanção administrativa (Carvalho, 2021, p. 357).

Luís Eduardo Schoueri, ao adentrar no tema da responsabilidade por transferência, caracterizada pelo citado autor como o deslocamento da obrigação para um terceiro em decorrência de fato que ocorrer após o fato imponível, destaca a necessidade de aferição fática da ocorrência de dois fatos distintos, que podem ocorrer simultaneamente ou não, para se imputar a obrigação a um terceiro (2018, p. 576). Continua o autor, ao analisar o voto da Ministra Ellen Gracie no Recurso Extraordinário nº 562.276-PR, que deve ser reconhecida a existência de uma segunda regra-matriz, sendo esta estipuladora de responsabilidade, atrelada a regra-matriz de incidência tributária, que possui requisitos próprios para incidir (Schoueri, 2018, p. 577).

Alfredo Augusto Becker, por sua vez, vê como indevido o uso do termo responsabilidade tributária quando o sujeito ativo puder exigir simultaneamente a prestação da obrigação tributária de dois ou mais sujeitos. Para o autor, nesse caso vê-se a solidariedade tributária. Nesse sentido, observa-se uma hipótese de incidência que irradia efeitos criando duas regras jurídicas independentes, uma entre Estado e contribuinte e outra entre Estado e o devedor solidário (Becker, 2018, p. 597). Trata-se de caso no qual o sujeito ativo, por meio da outorga legal, pode escolher de qual sujeito passivo será cobrada a exação e extinguir-se-á a relação obrigacional remanescente (Becker, 2018, p. 597). Complementa-se essa ideia informando que, além das duas regras jurídicas, há uma terceira regra cuja hipótese de incidência é a satisfação do crédito e, quando isso ocorrer, extingue-se a relação jurídica tanto para o contribuinte original quanto para o devedor solidário, independentemente de quem efetivamente adimpliu com a obrigação tributária (Becker, 2018, p. 598).

Já o elemento da responsabilidade, para Becker, surge nos casos que o Estado, por disposição legal, pode exigir a prestação pecuniária de pessoa que não seja o contribuinte, quando este não adimplir com a obrigação. Faz-se a ressalva que, ao falar de responsabilidade, está-se abordando uma relação jurídica de natureza fiduciária, não seria, portanto, caso de responsabilidade tributária (Becker, 2018, p. 598).

2.2. Concepção do interesse comum para Rubens Gomes de Sousa

Apesar de matéria de suma importância no que diz respeito à imputação de solidariedade, Rubens Gomes de Sousa, um dos autores do anteprojeto do CTN, pouco escreveu sobre o conceito de interesse comum. Há muito a doutrina vem se debruçando sobre o tema, com destaque para o trabalho recentemente produzido por Fabiana Fernandes. Interpretando a Sugestão n. 158 ao anteprojeto, a autora tenta extrair qual seria o conceito de interesse comum insculpido no CTN. Propõe ela que esse conceito: "abarcava todos os indivíduos que, conjuntamente, praticassem o mesmo ato ou ocupassem a mesma posição no momento do nascimento da obrigação tributária" (2022, p. 140).

Interpretando as posições de Rubens Gomes de Sousa, compreende-se que conceito de interesse comum deriva da atuação conjunta dos contribuintes na realização de um suporte fático único (Fernandes, 2022, p. 143). Por sua vez, quanto à solidariedade, a autora interpretou que Rubens Gomes de Sousa entendia que esta não poderia se estender aos responsáveis tributários (Fernandes, 2022, p. 143). Menciona-se a solidariedade como relação que dá ensejo à satisfação do crédito tributário. De forma diversa e com base no art. 121, parágrafo único, II do CTN, a responsabilidade tributária seria uma forma de sujeição passiva (Fernandes, 2022, p. 147).

Corrobora para tanto as diferentes partes do diploma normativo que contém os artigos 121, 124 e 128 do CTN, nomeadas da seguinte forma: Capítulo IV (Sujeito Passivo); Seção II (Solidariedade) e Capítulo V (Responsabilidade Tributária) (Fernandes, 2022, p. 147). Ademais, a solidariedade seria uma garantia da satisfação do crédito tributário. Portanto, o art. 124, I não deveria ser interpretado como uma norma de responsabilidade tributária, mas sim como um caso de solidariedade. Sequencialmente, a responsabilidade tributária, exposta, por exemplo, nos arts. 134 e 135, daria ensejo a uma relação jurídica diversa, posto que "a responsabilidade de terceiro depende, em qualquer caso, de lei que o diga de modo expresso" (Fernandes, 2022, p. 148).

O CTN não veda totalmente a instituição da solidariedade entre o responsável tributário e o contribuinte. Trata-se, no entanto, de uma exceção, pois, o art. 128 do CTN prevê a atribuição da responsabilidade tributária pelo adimplemento da obrigação tributária ao terceiro vinculado ao fato gerador, mas, nesse artigo, dispõe-se que a lei também poderá estipular supletivamente a responsabilidade do contribuinte pelo adimplemento do crédito tributário. Com base na leitura conjunta dos arts. 128 e 124, II do CTN, entendemos que a solidariedade pode ser estabelecida entre o contribuinte e o responsável por meio de lei (Fernandes, 2022, p. 149).

Não há interesse comum entre o responsável e o contribuinte. Desta forma, a solidariedade entre contribuinte e responsável deve decorrer de estipulação prevista em lei específica, na forma do art. 124, II, não sendo aplicável para o caso a previsão do art. 124, I que sustenta a solidariedade com base no "interesse comum" (Fernandes, 2022, p. 149).

Analisando os termos usados no art. 124, I, denota-se que o interesse comum não está limitado unicamente aos contribuintes entre si, tidos como os sujeitos que possuem relação pessoal e direta com o fato gerador (Fernandes, 2022, p. 151). Nesse sentido, a previsão do referido artigo é aplicável também nos casos em que há mais de um responsável tributário ligado à situação que constitua o fato gerador, ante a constatação da existência de interesse comum entre os responsáveis (Fernandes, 2022, p. 151 e 153).

Sobre o conceito prescrito no art. 124, I, Fabiana Fernandes (2022, p. 153) destaca que a "regra do interesse comum é elucidativa, ou didática. Isso porque a solidariedade, na hipótese de interesse comum, decorre da norma que define contribuinte, responsável tributário e os demais aspectos da hipótese de incidência tributária"[2].

[2] A autora faz menção ao fato que a lei instituidora do gravame necessariamente estipulou quais serão os sujeitos passivos da obrigação tributária, ainda que não de forma expressa (Fernandes, 2022, p. 153).

Sinteticamente, a autora sustenta que o art. 124, I não é autoaplicável, é necessária a edição de lei que institua o vínculo de sujeição passiva prévia, alçando uma pluralidade de sujeitos à condição de contribuintes ou de responsáveis (Fernandes, 2022, p. 154). Ademais, o disposto no referido artigo abrange a solidariedade entre a figura dos contribuintes, que praticarem conjuntamente o fato imponível, ou dos responsáveis, quando estes estiverem vinculados à situação que constitua o fato imponível ou quando praticarem conjuntamente o ato ensejador da responsabilidade (Fernandes, 2022, p. 154).

2.3. Breves considerações sobre a solidariedade no Direito Italiano

Para a doutrina italiana, a solidariedade está ligada à natureza da obrigação tributária específica quando a sua origem e objetos são únicos, mas os efeitos da obrigação são irradiados para duas ou mais pessoas (Fernandes, 2022, p. 141). Nesse sentido, a solidariedade surgiria da prática de um fato por mais de uma pessoa, pois, "a origem e o objeto serão os mesmos, ou serão únicos, assim como única também será a obrigação tributária" (Fernandes, 2022, p. 141).

A solidariedade passiva, para os italianos abrange tanto a obrigação principal – prestação pecuniária – quanto o dever de cumprir com as obrigações formais (Tesauro, 2017, p. 130 – 131).

Francesco Tesauro ensina que no direito italiano, existem duas formas de solidariedade: a paritária e a dependente. A primeira relacionada a atuação concomitante de mais de um sujeito na prática do fato tributável, enquanto, na segunda, um sujeito praticou o fato jurídico tributário e outro sujeito, o "obrigado dependente" aqui compreendido como o devedor solidário, praticou o "fato gerador colateral" (2017, p. 131).

Tratando-se de solidariedade paritária, há preponderância no campo dos impostos indiretos, como no caso do imposto italiano de registro de contratos. Nesse caso, ambas as partes são devedoras solidárias pelo pagamento do imposto (Tesauro, 2017, p. 131). Já a solidariedade dependente decorre da realização de um fato gerador colateral que obriga o terceiro a adimplir com a obrigação. Nessa relação jurídica "o responsável é obrigado não apenas porque há um fato gerador atribuível a outros, mas também porque há um fato gerador adicional, atribuível justamente ao responsável" (TESAURO, 2017, p. 132).

Dessarte, existem nessas hipóteses dois fatos geradores. Um fato gerador é o principal que vincula a dívida da obrigação e um fato gerador secundário do qual se extrai a solidariedade. Há, portanto, uma relação de "prejudicialidade-dependência" entre ambos, pois, a figura do responsável existe na mesma medida em que há a obrigação principal (TESAURO, 2017, p. 132).

Deste modo, no Direito italiano, a condição de responsável solidário paritário ou por dependência não tem repercussão para o Fisco, mas é relevante no âmbito interno da relação jurídica entre os particulares, visto que, na solidariedade paritária, aquele que paga a totalidade tem direito de regresso apenas sobre a parte do outro. A solidariedade dependente, por sua vez, possibilita o direito de regresso daquele que pagou a totalidade do gravame contra o obrigado que figura na obrigação principal (TESAURO, 2017, p. 133).

2.4. A lei específica como veículo da solidariedade e responsabilidade

Segundo Dino Jarach, apenas o contribuinte, aqui tomado como aquele que pratica o fato imponível e está enquadrado na hipótese de sujeição passiva direta, prescinde de lei para que se possa deduzir sua relação jurídica com o Estado. Para o autor, isso decorre da natureza do fato imponível, pois, uma vez descrito, o contribuinte realiza-o de forma direta. Ademais, expõe-se que a vinculação jurídica dos demais sujeitos passivos não é tão evidente em relação ao fato jurídico tributário, a ponto de não ser necessária a disciplina legal (JARACH, 1989, p. 163).

Dino Jarach destaca que a diferença entre contribuintes e os demais obrigados reside no fato que aqueles são os sujeitos que dão causa ao tributo. Sendo assim, apenas para o contribuinte o dever de pagar decorre de um critério necessariamente econômico, enquanto para os demais seria um dever decorrente de uma disposição explícita da lei (JARACH, 1986, p.163).

Por sua vez, Amilcar Falcão aponta que a diferença entre os sujeitos passivos decorre da modalidade da responsabilidade tributária imputada a cada um. Dentre as modalidades nomeadas pelo autor, temos a responsabilidade originária ou derivada (1959, p. 113).

A diferença substancial entre ambas é a necessidade ou não de previsão legal para imputação do dever de prestar o tributo, pois, a identificação do responsável originário, aqui tomado como contribuinte que pratica o fato imponível e demonstra a sua capacidade contributiva, independe de menção da lei. Ao descrever o aspecto material da hipótese de incidência, o legislador permite que o intérprete deduza quem praticou o fato imponível com base na ação que é descrita. Para os demais sujeitos passivos, sua condição deve necessariamente decorrer de instituição por norma legal expressa (Falcão, 1959, p. 114). Ademais, sua previsão deve ser regulada legalmente de modo inequívoco (Falcão, 1959, p. 113).

Já sob a égide do CTN, Fábio Fannuchi distingue as hipóteses de solidariedade elencadas no art. 124 do CTN, sendo o inciso I o dispositivo que estabelece a denominada solidariedade de fato e o inciso II traz o mecanismo que cria a solidariedade de direito. Quanto ao inciso I, prontamente se indica a possibilidade da prática de excessos com base em sua indeterminação (Fannuchi, 1975, p. 248).

Todavia, cabe observar que a eleição do responsável solidário não é totalmente livre por parte do legislador, ainda que seja feita com base no art. 124, II do CTN (Scaff e Silveira, 2015, p. 750). A atividade legislativa é ato vinculado, pois, está subordinado a uma limitação ao poder de tributar nos termos da própria Constituição Federal de 1988 (Carrazza, 2019, p. 602). Consequentemente, segundo Fernando Scaff e Alexandre Silveira, a atribuição da solidariedade àquele que não está vislumbrado como sujeito passivo no arquétipo constitucional do tributo acaba por ultrapassar a competência conferida e, desta forma, a desnatura (2015, p. 748).

Nessa esteira, tomamos aqui como exemplo de usurpação de competência, a instituição da responsabilidade solidária dos integrantes da empresa plurissocietária, na forma prevista pelo art. 30, IX da Lei nº 8.212/1991. Nesse caso, a responsabilização com fulcro no art. 124, II do CTN ultrapassa as disposições constitucionais ao permitir a cobrança de pessoa jurídica estranha ao fato imponível e que não possui interesse nele (Scaff e Silveira, 2015, p. 753).

Após o exame sobre o instituto da solidariedade, aborda-se a questão da responsabilidade atribuível por força do art. 128 do CTN. Nesse sentido, o terceiro vinculado ao fato gerador do tributo pode se tornar responsável até mesmo pela totalidade da exação, sendo mantida a responsabilidade supletiva do contribuinte nesse caso. Tal atribuição deve ser veiculada por lei específica, trata-se de caso que não enseja a transferência de responsabilidade unicamente pelo fato do CTN a prever. Detidamente, o texto do CTN traz diretrizes para o legislador atribuir a responsabilidade, não toma totalmente a função de outros diplomas normativos que devem ser editados para consagrar o que foi disposto na norma geral (Fannuchi, 1975, p. 252).

Nessa esteira, Ricardo Mariz de Oliveira *et al.* interpretam que, nos termos do art. 121 do CTN, não se presume a condição de responsável e não se pode extrair essa condição por meio de construções interpretativas (2015, p. 81). Cabe unicamente a previsão expressa da lei, salvo nos casos específicos em que o próprio código contemplou hipóteses de responsabilização (Oliveira *et al.*, 2015, pp. 81 e 82).

Sustenta-se que o campo de competência para instituição de normas atinentes à responsabilidade tributária estaria contido no conceito de norma geral de direito tributário, sendo assim de competência do legislador complementar (Carvalho, 2015, p. 77). O Supremo Tribunal Federal, ao se debruçar sobre a competência do legislador ordinário para disciplinar regras de responsabilidade, na ADI nº 4.845/MT, dispôs que se trata de campo de incidência das normas gerais de direito tributário, com base no art. 146, III, "b" da CF/1988, especificamente se tratando de elemento da obrigação tributária.

3. Interesse comum e os grupos econômicos

3.1. Parecer Normativo Cosit/RFB nº 4 de 10 de dezembro de 2018

Segundo o Parecer Normativo Cosit/RFB nº 4 de 10 de dezembro de 2018 (Parecer Cosit 4), editado pela Secretaria Especial da Receita Federal do Brasil (RFB), a solidariedade, da forma exposta no inciso I, do art. 124 do CTN, dá-se pela prática conjunta do fato jurídico tributário ou na manutenção de relação ativa, comissiva ou omissiva, com "o ato, fato ou negócio que deu origem ao fato jurídico tributário mediante cometimento de atos ilícitos que o manipularam". Ademais, compreende-se a norma em questão como uma hipótese de responsabilidade, a despeito de sua localização no capítulo de sujeição passiva do CTN.

O ato ilícito ensejador da solidariedade é necessariamente doloso, entende-se que o interesse comum decorre da participação ativa e consciente na situação que constitui o fato. Para a Coordenação-Geral de Tributação (Cosit), o intuito delitivo no caso seria caracterizado como fraude *lato sensu*. Trata-se de conceito contraposto à fraude *stricto sensu*, caracterizada pelas fórmulas previstas nos arts. 71 a 73 da Lei nº 4.502/1964. Desta forma, nota-se que além do vínculo com o fato jurídico tributário, deve-se observar a existência de vínculo com o contribuinte ou responsável pelo fato. Fabiana Fernandes, todavia, aponta que tal liame há de ser consciente para prática do ilícito, visto que, por exemplo, a atividade de assessoria ou consultoria não imputam em responsabilização do terceiro (2022, p. 156 e 157).

Nota-se, no entanto, que a Cosit busca usar o tributo como forma de sanção, pois, no parecer exarado dispõe-se que a assessoria ou consultoria técnica que dê lastro para o cometimento de um ilícito é fato ensejador da responsabilidade tributária (Fernandes, 2022, p. 159). Ademais, Fabiana Fernandes (2022, p. 156) destaca a elasticidade da interpretação dada pela Cosit ao art. 124, I do CTN que estende seus efeitos aos prestadores de serviço, sendo que esses possuem vínculo de natureza e origem diversos daquele que leva a prática do fato imponível.

Feito o adendo supracitado, prosseguimos indicando que a RFB reconhece a pluralidade de sentidos atribuíveis a categoria "grupo econômico", ressaltando que, a depender de sua acepção, os requisitos para sua concepção podem ser mais ou menos restritos. Todavia, para os denominados grupos irregulares, segundo a Cosit, inexiste a autonomia patrimonial e operacional das sociedades vinculadas. Estaríamos nesse caso diante de uma empresa única que teve suas atividades segredadas de forma fictícia. Considera-se, dessa forma, que a prática do fato imponível foi realizada pela empresa como um todo, sendo essa a razão pela qual se imputa a responsabilidade.

Entendemos que deve ser feito um adendo acerca da distinção entre a figura do grupo econômico regular e do grupo econômico irregular. Abordando critérios jurisprudenciais, a fim de dar indícios que podem qualificar a existência de um grupo irregular, Maria Rita Ferragut aponta para: (i) a segregação meramente formal de atividades, não havendo comprovação de estrutura ou atividade produtiva por parte de uma das sociedades; (ii) a inexistência de funcionários ou sua presença em número insuficiente, havendo a cessão de mão de obra entre as sociedades; (iii) a intensa transferência de patrimônio e constante alteração de estruturas societárias entre as pessoas jurídicas; (iv) o uso de ativos pelo ex-proprietário após a transferência para outra sociedade e (v) a comprovação, por meio de documentos bancários, de que os sócios de outra pessoa jurídica são os únicos autorizados a realizar movimentações financeiras daquele que é alvo de observação (2020, p. 219)[3].

Dentre as hipóteses de responsabilidade solidária por interesse comum estudadas pela RFB em seu parecer, a responsabilidade pela prática de planejamento tributário ilegítimo é abordada separadamente das demais. Essa discriminação se respalda na argumentação que há interesse comum quando do uso indevido da personalidade jurídica de uma sociedade para ir de encontro às disposições legais. Nesse caso são praticados atos contrários ao objeto social com a finalidade de reduzir ou suprimir o tributo devido. Para a RFB, as sociedades interpostas dessa forma recaem na figura do grupo irregular.

É necessário que se comprove o abuso da personalidade, que seria artificial, e atuação conjunta das sociedades para se imputar a responsabilidade solidária. Fundamentalmente, deve-se constatar que a responsável "é partícipe direta e consciente da simulação", cabendo, para tanto, até a comprovação por meio de provas indiciárias.

Dentre as críticas da doutrina pátria ao entendimento da RFB expostas no Parecer Cosit nº 4, Fabiana Fernandes (2022, p. 155) tece uma crítica voltada a interpretação dada ao art. 124, I do CTN no caso da prática de ilícitos, tais como a evasão e a fraude. Nesse ponto, refuta-se o uso do dispositivo supracitado que, segundo a autora é utilizado simultaneamente como regra de responsabilidade e solidariedade, além de ser usado para

[3] No entanto, a autora reitera que a análise deve se dar à luz do caso concreto e que a existência de confusão patrimonial, por si só, não é hábil para sedimentar a inexistência de autonomia patrimonial (Ferragut, 2020, p. 219).

instituir uma inexistente relação de solidariedade entre contribuintes e responsáveis (Fernandes, 2022, p. 155).

3.2. Os grupos de sociedades e sua responsabilidade para o direito tributário

Seguindo as lições de Paulo de Barros Carvalho, ressaltamos que a denominação grupo econômico é abordada por diferentes matizes do ordenamento, possuindo acepções diversas para o direito do trabalho, para o direito societário e para o direito econômico. Nesse sentido, não há previsão legal sobre qual das posições foi adotada pela legislação tributária ao dispor essa característica como ensejadora do redirecionamento da execução fiscal ou de responsabilidade tributária (Carvalho, 2015, p. 75).

Havendo imprecisão acerca da figura, torna-se difícil a aferição da responsabilidade tributária. Soma-se a isso a impossibilidade da legislação tributária ampliar os conceitos juridicizados provenientes de outros ramos da ciência jurídica por força do art. 110 do CTN (Carvalho, 2015, p. 76).

Nessa esteira, nota-se que o conceito de grupo econômico disposto pela legislação trabalhista, no art. 2º, § 2º da Consolidação das Leis do Trabalho, por exemplo, é próprio para as relações jurídicas e processuais do direito do trabalho, sendo que nessa dinâmica visa-se resguardar os hipossuficientes no âmbito da justiça trabalhista. Adicionalmente, no referido ramo do direito há o traço processual característico da informalidade na produção de provas buscando-se assegurar o adimplemento das verbas trabalhistas e, por derradeiro, preservar os direitos dos trabalhadores (Carvalho, 2015, p. 76). Todavia, tais objetivos não se coadunam com o primado da tipicidade e da estrita legalidade que devem ser salvaguardados nas relações jurídico-tributárias (Carvalho, 2015, p. 76).

3.3. O interesse comum para os grupos de sociedades

O interesse comum na situação que constitua o fato gerador, no tocante aos grupos de sociedades, decorre da existência de direitos e deveres compartilhados pelos sujeitos passivos elencados pelo legislador na hipótese de incidência de um tributo (Oliveira *et al.*, 2015, p. 83). No julgamento do Recurso Especial nº 834.044/RS, o Superior Tribunal de Justiça, apontou que a participação nos lucros auferidos não é fato relevante para caracterizar a responsabilização com base no art. 124, I do CTN. Já o Conselho Administrativo de Recursos Fiscais, ao proferir o Acórdão nº 1101-001117, expôs que a alegação de interesse comum exige prova da prática conjunta do fato jurídico tributário ou do aproveitamento conjunto de seus resultados, nesse caso, decorrente de confusão patrimonial (Oliveira *et al.*, 2015, p. 84).

Ricardo Mariz de Oliveira *et al* observam que inobstante o fato das sociedades integrantes do grupo estarem subordinadas ao poder de controle comum, nem sempre a atuação de cada uma visará um interesse comum entre elas (2015, p. 86). É comum que as pessoas jurídicas tenham administrações profissionais e autônomas, que no desempenho de suas atribuições busquem por objetivos próprios e, até mesmo, antagônicos entre si. Além disso, não apenas o quadro de administradores pode ser diferente como cada sociedade pode ter um grupo de acionistas minoritários diverso, o que impacta de diferentes formas a atuação de cada empresa (Oliveira *et al.*, 2015, p. 86).

Tendo em vista o exercício de gestões autônomas, devemos notar que o controle se dá por meio da submissão das decisões de cada pessoa jurídica, que embora independentes, devem guardar pertinência com as disposições da controladora que externaliza o interesse do grupo, conforme determina o art. 273 da Lei nº 6.404/1976 (Ferragut, 2020, p. 225).

3.4. Responsabilidade patrimonial e o incidente de desconsideração da personalidade jurídica

O grupo econômico pode ser responsabilizado de diferentes formas. Abordamos anteriormente a responsabilidade tributária e, neste tópico, analisaremos a responsabilidade patrimonial dos sócios e acionistas ou de sociedades coligadas e controladas. No tocante a primeira, observamos seu embasamento nas disposições dos arts. 124, I e II, e 149, VII do CTN, já a segunda decorre do art. 50 do Código Civil (CC) (Ferragut, 2020, p. 223).

Tanto a aplicação do art. 50 do CC quanto do art. 149, VII do CTN são necessariamente oriundas da prática de ilícitos. A diferença na qualidade dos responsáveis, tributários ou patrimoniais, traz reflexos na caracterização do sujeito que será incluído nas lides processuais (Ferragut, 2020, p. 230). A depender da forma teremos uma sociedade incluída no polo passivo por meio da sujeição passiva tributária ou na qualidade de terceiro (Ferragut, 2020, p. 230). Acrescenta-se que para a responsabilização prevista no art. 50 do CC, temos como rito aplicável aquele disposto no Código de Processo Civil (CPC) em seus arts. 133 a 137, seguindo também a previsão do seu art. 790, VII (Conrado, 2017, p. 63).

Maria Rita Ferragut (2020, p. 230) leciona que a imputação da responsabilidade patrimonial desconsidera os limites jurídicos entre as sociedades e busca atingir o patrimônio das integrantes do grupo, concebido como uma unidade indistinta, para satisfazer a obrigação tributária.

Para prosseguimento da desconsideração da personalidade jurídica a comprovação do abuso de personalidade jurídica, é essencial que se comprove o desvio de finalidade ou a confusão patrimonial (Ferragut, 2020, p. 231). Nesse sentido, o elemento necessário pode ser comprovado por meio de indícios de fraude ou conluio, confusão patrimonial ou dilapidação dos bens que compõe o ativo das integrantes do grupo de sociedades (Ferragut, 2020, p. 232).

Paulo César Conrado (2017, p. 66) entende que a busca pelos bens de terceiro, incluído no pleito executório por meio do incidente de desconsideração da personalidade jurídica (IDPJ), deve ser precedida por um procedimento no qual se resguardará o contraditório (art. 135 do CPC) e será concluído por uma decisão interlocutória judicial, (art. 136 do CPC). Do contrário, estaremos diante de um esbulho por parte do exequente, fato que dá ensejo à oposição dos embargos de terceiro (art. 674, § 2º, III do CPC) (Conrado, 2017, p. 66). Ressalva-se que o terceiro responsabilizado disporá de meios para questionar sua inclusão no polo passivo da demanda, porém, por estar na qualidade de terceiro, não terá capacidade para questionar a existência do crédito tributário (Conrado, 2017, p. 68).

No que tange a necessidade do IDPJ, Maria Rita Ferragut (2020, p. 240) entende que o código processual vigente (art. 134, § 2º) possibilita ao juízo dispensar a instauração do incidente, caso a desconsideração da personalidade jurídica seja um pedido veiculado na petição inicial (2020, p. 240). No entanto, entende que o IDPJ é necessário, a fim de se resguardar o direito de defesa da parte e evitar a morosidade processual, ademais, segundo a autora, não há qualquer prejuízo ou risco para a Fazenda Pública nesse cenário (Ferragut 2020, p. 240).

A autora conclui-se expondo que o IDPJ não é aplicável na hipótese de redirecionamento da execução fiscal para os administradores, tendo em vista que sua responsabilização se dá nos termos dos arts. 134, VII e 135 do CTN, sendo estes casos de sujeição passiva tributária, não de responsabilidade patrimonial (Ferragut, 2020, p. 241).

3.5. Aplicação do art. 149, VII do CTN

Cabe ainda assinalar que o art. 149 do CTN prevê as hipóteses nas quais o lançamento será efetuado e revisado de ofício. Especificamente no inciso VII, prevê-se a realização do lançamento quando o sujeito passivo ou terceiro agir com dolo, fraude ou simulação.

A despeito da reduzida aplicação por parte das autoridades como fundamento de responsabilização tributária dos grupos econômicos, o referido dispositivo é uma ferramenta que pode ser suscitada nos casos de simulação da existência da personalidade jurídica de uma ou algumas sociedades supostamente integrantes de um grupo (Ferragut, 2020, p. 224). De mais a mais, a previsão normativa para esse caso é aplicável quando se estiver diante de um cenário no qual membros de um grupo econômico pratiquem atos fraudulentos, a exemplo da obtenção irregular de benefício econômico e na realização de operações fictícias (Ferragut, 2020, p. 233).

Para Maria Rita Ferragut (2020, p. 232), no entanto, a aplicação do art. 149, VII, do CTN se dará diante da existência de "uma única sociedade, com separação meramente formal". Logo, o art. 124, I do CTN não incidirá sobre o caso, visto que não há interesse comum na situação que constitua o fato gerador, pois, há o interesse de apenas uma sociedade que de fato existe e esta que será cobrada no ato do lançamento (Ferragut, 2020, p. 232). Deve-se, no caso, afastar-se a aplicação da regra da solidariedade para se realizar o lançamento (art. 149, VII do CTN) contra o sujeito que praticou um ato eivado de fraude, no caso, sociedade a controladora (Ferragut, 2020, p. 226).

Há de se fazer, por derradeiro, um adendo quanto a impossibilidade de aplicação do art. 50 do CC como dispositivo ensejador do IDPJ nessa hipótese de simulação por interposta pessoa jurídica, porquanto não existem sociedades com personalidades distintas, mas apenas uma única empresa, devendo ser aplicado apenas o art. 149, VII do CTN (FERRAGUT, 2020, p. 233).

Conclusões

Conforme exposto, os grupos de sociedades são produto de uma estratégia de negócios lícita, tanto é que possuem amparo legal. Ademais, diferentemente do que pretendem as autoridades fiscais, entendemos que não é da natureza da obrigação tributária a aplicação de seu objeto com fins sancionatórios. Ressalta-se que as condutas contrárias à lei devem ser punidas por normas sancionatórias, nunca por imposição de obrigação tributária.

Ocorre que a responsabilização dos grupos de sociedades respaldada unicamente por sua existência, de fato ou de direito, tal como prevista pelo art. 30, IX da Lei nº 8.212/1991, é produto de uma lei promulgada em dissonância com preceitos dispostos na Constituição Federal de 1988 ou em desarmonia com o CTN quando este prevê o enlace do vínculo de responsabilidade.

É relevante destacar que a responsabilidade e a solidariedade não se confundem. A responsabilidade pode advir tanto da prática de atos lícitos quanto ilícitos, observada a finalidade da norma para se firmar a extensão de seus efeitos, sancionatórios ou não. A solidariedade advém da relação direta do contribuinte com o fato imponível ou expressamente do texto da lei para aqueles que não se enquadram nas hipóteses de sujeição passiva direta previstas nas normas vigentes.

Fato é que não há, no direito tributário, acepção própria do que pode ser compreendido como grupo econômico, nem mesmo uma previsão normativa que imponha a responsabilidade tributária unicamente por sua existência, pois, o Parecer Cosit 4 é claro ao reconhecer a lícita existência do grupo econômico regular.

Isso posto, é necessária a expedição de uma norma específica para o tema no que tange à solidariedade. Norma expressa que venha a impor a solidariedade, com base no interesse comum, entre as sociedades integrantes de grupo econômico se aproximará de hipótese já existente de solidariedade dependente aplicada no território italiano.

De mais a mais, entendemos que, no direito brasileiro, a regra da solidariedade decorrente do interesse comum é aplicável majoritariamente para os sujeitos que se encontrem em idêntica posição na relação jurídico-tributária. Contudo, defendemos que não é vedada a instauração de solidariedade entre contribuintes e responsáveis, desde que se estabeleça um vínculo claro, direto e previsto em normas específicas tal como determinado pelo art. 124, II do CTN.

Conclui-se expondo que a diferenciação entre a responsabilidade patrimonial e responsabilidade tributária traz relevantes desdobramentos processuais decorrentes da qualificação, no primeiro caso, do sujeito passivo como terceiro. Ante a ausência de prejuízo para a Fazenda Pública e os benefícios para o desempenho do contraditório no âmbito processual, entendemos que a instauração do IDPJ, fundado no art. 50 do CC, deve passar a ser a regra nos procedimentos de execução fiscal nos quais se verse sobre a responsabilidade patrimonial dos grupos de sociedades, até que seja promulgada norma pormenorizada que trate da responsabilidade e solidariedade tributária de terceiros.

Referências

ANTUNES, José Augusto Quelhas Lima Engrácia. **Os grupos de sociedades**: estrutura e organização jurídica da empresa plurissocietária. Coimbra: Almedina, 1993.

ARAUJO, Danilo Borges dos Santos Gomes de; WARDE JÚNIOR, Walfrido Jorge. **Os grupos de sociedades**: organização e exercício da empresa. São Paulo: Saraiva, 2012.

BECKER, Alfredo Augusto. **Teoria geral do direito tributário**. 7 ed. Noeses: São Paulo, 2018.

CARRAZZA, Roque Antonio. **Curso de direito constitucional tributário**. 32 ed. Malheiros: São Paulo, 2019.

CARVALHO, Paulo de Barros. A figura do grupo econômico de fato e o requisito do controle comum para sua caracterização. *In*: MARTINS, Ives Gandra da Silva (Coord.) **Grupos econômicos**. Porto Alegre: Magister, 2015.

—. **Curso de direito tributário**. 31ª ed. São Paulo: Noeses, 2021.

CONRADO, Paulo Cesar. **Execução fiscal**. 3 ed. São Paulo: Noeses, 2017.

DARZÉ, Andréa Medrado. **Responsabilidade tributária**: solidariedade e subsidiariedade. São Paulo: Noeses, 2010.

FALCÃO, Amilcar de Araújo. **Introdução ao direito tributário**. Edições Financeiras S.A.: Rio de Janeiro, 1959.

FANNUCHI, Fábio. **Curso de direito tributário brasileiro**. 3 ed. Resenha Tributária: Brasília, 1975.

FERNANDES, Fabiana Carsoni. Solidariedade por interesse comum (art. 124, inciso I, do CTN): os trabalhos de Rubens Gomes de Sousa preparatórios do CTN e sua influência na compreensão do dispositivo. **Revista de Direito Tributário Atual**. V. 50. IBDT: São Paulo, 2022, pp. 133-160.

FERRAGUT, Maria Rita. **Responsabilidade tributária**. 4ª ed. São Paulo: Noeses, 2020.

HILFERDING, Rudolf. O capital financeiro. **Os economistas**. São Paulo: Nova Cultural, 1985.

JARACH, Dino. **O fato imponível**: teoria do direito tributário substantivo. Tradução de Dejalma de Campos. São Paulo: Revista dos Tribunais, 1989.

OLIVEIRA, Ricardo Mariz de *et at.* XL Simpósio nacional de direito tributário do CEU-Escola de Direito "grupos econômicos". *In*: MARTINS, Ives Gandra da Silva (Coord.) **Grupos econômicos**. Porto Alegre: Magister, 2015.

LAMY FILHO, Alfredo; PEDREIRA, José Luiz Bulhões. **Direito das companhias**. 2 ed. Rio de Janeiro: Forense, 2017.

SCAFF, Fernando Facury e SILVEIRA, Alexandre Coutinho. Reponsabilidade tributária extensiva a empresas de mesmo grupo econômico. *In*: MARTINS, Ives Gandra da Silva (Coord.) **Grupos econômicos**. Porto Alegre: Magister, 2015.

SCHOUERI, Luís Eduardo. **Direito Tributário**. 8ª ed. São Paulo: Saraiva Educação, 2018.

TESAURO, Francesco. **Instituições de direito tributário**. Tradução de Fernando Aurelio Zilveti e Laura Fiore Ferreira. São Paulo: IBDT, 2017.

WILLIAMSON, Oliver Eaton. **The economic institutions of capitalism**: firms, markets, relational contracting. New York: The Free Press, 1985.

XAVIER, Alberto. **Direito tributário e empresarial**: pareceres. Rio de Janeiro: Forense, 1982.

16.
AS *FAKE NEWS* NO ÂMBITO DA IMPRENSA TRADICIONAL BRASILEIRA

JOÃO PAULO FRIEDRICH[1]

Introdução

A prática de disseminação de informações falsas é algo que carrega longa tradição histórica. O que torna, porém, as fake news um fenômeno relevante para a atualidade é a escala com que a proliferação de informações falsas chegou e a atual percepção pública sobre os meios de comunicação social em massa, representados pela imprensa.

Sobre o primeiro fator, tem-se evidenciado que a forte motivação financeira, ideológica, social e política, por trás das fake news, fizeram com que surgissem relevantes questionamentos sobre se os órgãos da imprensa tradicional são, também eles, responsáveis pela disseminação de desinformações.

O noticiamento de acontecimentos pela imprensa, recorrentemente, ao invés de se prestar à objetividade, acaba se reduzindo à formação de mensagens pré-estabelecidas, usadas no campo da política, da comunicação e da publicidade para representar, de forma repetida, um mesmo ponto de vista específico e imparcial, e em apelos emocionais, como maneira de incentivar o consumo de conteúdo, tudo isso em prejuízo do

[1] Artigo elaborado a partir da monografia apresentada ao Núcleo de Monografia Jurídica da Faculdade de Direito da PUC-SP, sob orientação do Professor Doutor Renato Barth Pires.

interesse do público de ser informado e educado sobre os acontecimentos atuais.

O uso de manchetes sensacionalistas, imprecisas e inexatas sempre foi um recurso para venda de notícias, mas nunca a ponto de se tornar algo tão generalizado nos meios de comunicação. O motivo é simples. As fake news se espalham de forma mais rápida e atraem um maior número de pessoas do que qualquer outro tipo de notícia.

Em estudo recente realizado pelo Instituto de Tecnologia de Massachusetts (MIT), foi possível apurar que, no âmbito da rede social "Twitter", notícias falsas tinham uma chance 70% (setenta por cento) maior de serem espalhadas do que notícias verdadeiras[2]. E pior, o principal culpado pela disseminação das fake news, conforme constatado por esta mesma pesquisa, são os seres humanos, e não robôs ou sistemas automatizados.

À luz disso, surge um claro incentivo, até mesmo natural, para que a mentira se torne um objeto de interesse para a comunicação humana. Tudo isso, evidentemente, gera um impacto expressivo na credibilidade da imprensa aos olhos do público.

Esse segundo fator, a perda de credibilidade na imprensa, parece-nos ser uma das principais razões por trás da rápida expansão das fake news. A falta de confiança na imprensa, antes vista como a encarregada e a guardiã da "verdade dos fatos", fez com que as pessoas buscassem meios alternativos e bem menos confiáveis de informação.

Surge a chamada "Era da Pós-verdade", na qual os fatos objetivos têm menos importância e influência na formação da opinião pública do que percepções pré-existentes, crenças pessoais e comportamentos emocionais de pessoas.

Tudo isso, somado a problemas de financiamento comumente presentes no mundo da imprensa, como a dependência de fontes de receita externas para manutenção de suas atividades, bem como uma transição da comunicação social para a era digital, que tem por base remuneratória

[2] MASSACHUSETTS INSTITUTE OF TECHNOLOGY. ***Study: On Twitter, false news travels faster than true storie***. Massachusetts Institute of Technology, publicação online, 2018. Disponível em: https://news.mit.edu/2018/study-twitter-false-news-travels-faster-true-stories- 0308. Acesso em 01/09/2022 às 20h23.

o número de visualizações de uma dada matéria e o financiamento de empresas privadas, contribuem para a formação de uma imprensa enfraquecida, desvirtuada e restrita, algo que, por consequência, enfraquece, desvirtua e restringe, nosso Estado Democrático de Direito.

Daí está a relevância do presente artigo: analisar a problemática das fake news no âmbito da imprensa tradicional brasileira, dada a importância desta instituição para a relação entre cidadãos e detentores do poder, para o regime democrático e para o Estado de Direito.

Em vista disso, se buscará: (1) fazer uma breve análise acerca da imprensa tradicional, o seu papel e as suas funções nas democracias e a sua disciplina jurídico-constitucional; (2) apurar como as fake news se inserem no nosso ordenamento jurídico em termos de licitude; (3) compreender a forma como a imprensa é afetada pelas fake news e evidenciar o porquê das pessoas acreditarem nessas notícias; e (4) propor possíveis soluções para o combate das fake news, a partir de diferentes modelos regulatórios.

1. A imprensa tradicional brasileira

Tendo por base o pensamento exposto pelo Min. Carlos Ayres Britto[3], em voto proferido no icônico julgamento da ADPF nº 130, temos que o termo "imprensa" pode ser analisado sob dois aspectos: um objetivo e outro subjetivo. Sob o aspecto objetivo, a imprensa é entendida como uma expressão da atividade jornalística, quer como profissão, quer como vocação individual. É caracterizada como uma esfera de condutas que, associadamente, ganham uma dimensão de "instituição-ideia", de manifestação do jornalismo.

Diferencia-se de outras modalidades de comunicação social não apenas por expressar o exercício da atividade jornalística, mas também pela sua abrangência. A imprensa constitui uma modalidade de comunicação informativa que não se dirige a uma pessoa individualmente considerada, mas sim ao público em geral, dentro de um contexto de massificação da informação e de formação da opinião pública.

[3] ADPF nº 130, Rel. Min. Carlos Ayres Britto, DJe 11.05.2009, pgs. 22-23.

Já sob o aspecto subjetivo ou orgânico, a imprensa pode ser compreendida como um conjunto de órgãos, veículos, empresas e meios, com personalidade jurídica, que exercem a já mencionada atividade jornalística. Aqui, a imprensa é caracterizada como uma "instituição-entidade", uma união estruturada, organizada e sistemática de entidades da comunicação social informativa.

Por sua vez, o termo "tradicional" é empregado em contraposição à ideia de "Nova Imprensa" ou de "Imprensa Digital", marcada pela utilização da Rede Mundial de Computadores (INTERNET) como instrumento de interação de usuários em tempo real; isto é, a comunicação entre emissores e destinatários de informação a todo o instante.

Nestes termos, podemos compreender a imprensa tradicional como sendo uma estrutura organizada, centralizada e sistemática de órgãos, meios, veículos e empresas, voltados ao exercício da comunicação informativa e da atividade jornalística, por meios distintos daqueles decorrentes do "sistema eletrônico- digital" ou "Internet".

A existência de uma imprensa livre e independente é fundamental para o surgimento, o desenvolvimento e a manutenção de um regime democrático, justamente em razão do papel exercido por esta instituição no âmbito das sociedades civis e das democracias. É pela atuação da imprensa que o público é capaz de ser elucidado e depurado sobre os fatos e acontecimentos relacionados à vida em sociedade, frequentemente em contraposição e de forma crítica à explicação ou versão oficial apresentada pelo Estado.

Muitas vezes, os governos possuem métodos e mecanismos direcionados ao controle e à ocultação da informação. Cabe à imprensa o papel essencial de ultrapassar essas barreiras de parcialidade e assegurar que a população tenha acesso às informações atinentes à forma como a coisa pública é conduzida, garantindo um espaço de reforço do pensamento crítico e plural socialmente. A imprensa não pode ser, por exemplo, uma instituição de reprodução das vozes do governo, comportando a ela a missão de questionar até mesmo a "versão oficial" dos fatos, de dar-lhe publicidade e analisá-los sob uma lupa elucidativa, ouvindo e dando espaço para diferentes visões e, se necessário, tecendo críticas e dúvidas.

A falta de uma análise crítica e plural da imprensa quanto a temáticas importantes socialmente faz com que a população, em geral, simplesmente aceite aquilo que é divulgado, indo no contrassenso de construção de uma sociedade mais diversa e consciente nos seus pensamentos. Em vista desse papel, podemos atribuir à imprensa uma série de funções inerentes ao próprio exercício de suas atividades, sendo elas: a) a informativa; b) a pedagógica; c) a corretiva; d) a institucional; e e) a fiscalizatória.

A função informativa consiste em apurar e noticiar a realidade ao público. Consubstancia-se na publicidade organizada, universal e perene de acontecimentos e fatos com a finalidade de conscientizar a população. Além de ser um instrumento de informação/conscientização, a imprensa possui uma função pedagógica, voltada ao auxílio e à educação da população em geral na compreensão dos fatos e acontecimentos sendo noticiados, os quais, de forma recorrente, envolvem o emprego de conhecimentos técnicos e especializados.

Ainda, a imprensa é dotada de uma função corretiva, visto que, diante de sua natureza pública, ela é capaz de elucidar problemas existentes socialmente e permite a correção dos atos e das situações que levaram ao surgimento destes problemas. É também uma instituição democrática, a ponto de muitos jornalistas atribuírem à imprensa a denominação de "Quarto Poder", tendo participação evidente nos organismos coletivos da Nação, por meio da formação e da influência da opinião pública, elemento essencial para o exercício do poder, seja social, econômico ou político.

Por fim, a imprensa tem uma função fiscalizatória, voltada ao supervisionamento da coisa pública, dando-lhe visibilidade, bem como submetendo autoridades e entes públicos ao escrutínio popular, em casos de abuso de poder ou descumprimento de deveres legais, seja por atos comissivos ou omissivos. Até mesmo em vista da importância de todas essas funções enunciadas acima, a Constituição Federal de 1988 não foi tímida em termos de criação de uma disciplina jurídica voltada à proteção da imprensa e dos bens jurídicos a ela relacionados, traçando um verdadeiro bloco normativo constitucional destinado a este fim, isto é, um conjunto de disposições, regras, princípios e valores direcionados à tutela jurídica da imprensa.

Como parte deste bloco normativo, cita-se: i) a garantia da liberdade de expressão e de pensamento, com vedação à censura ao anonimato (art. 5º, IV e IX); ii) a garantia do direito de resposta, como importante instrumento de defesa disponível para eventuais ofendidos por discursos proferidos contra si (art. 5º, V); iii) os direitos à intimidade, à vida privada, à honra e à imagem, como importantes limites ao exercício do direito à expressão, assegurada a responsabilidade *a posteriori* por eventuais violações a estes direitos (art. 5º, X); iv) a liberdade de profissão, como garantia à autonomia ao exercício profissional do jornalismo (art. 5º, XIII); v) o resguardo do sigilo da fonte e o direito à informação (art. 5º, XIV); e vi) as regras da comunicação social que irão orientar a liberdade de imprensa (arts. 220 a 224).

Aqui, dá-se destaque à liberdade de expressão como um fundamento constitucional essencial ao pleno exercício da liberdade de imprensa. Por meio da liberdade de expressão, se incluem as mais variadas faculdades de manifestação, recebimento e difusão de opiniões, pensamentos, informações e ideais, de toda natureza e independentemente de qualquer forma ou meio de exteriorização.

Trata-se de um verdadeiro pressuposto para o exercício de outras liberdades, como a busca da verdade do possível, a formação da personalidade, o exercício do direito ao voto e a própria liberdade de imprensa, já que, evidentemente, a imprensa apenas poderá ser considerada verdadeiramente livre se seus agentes forem capazes de expressarem seus pensamentos e informações de forma autônoma e desembaraçada.

Cabe-nos pontuar que a liberdade de expressão é um direito de duplo aspecto: um positivo e um negativo. O aspecto positivo consiste na faculdade de o indivíduo exteriorizar seu pensamento da forma como quiser e/ou melhor entender. Ou seja, é a liberdade garantida de expressar, conforme bem pontuado por Paulo Gustavo Gonet Branco e Gilmar Ferreira Mendes: "toda opinião, convicção, comentário, avaliação ou julgamento sobre qualquer assunto ou sobre qualquer pessoa, envolvendo tema de interesse público, ou não, de importância e de valor, ou não"[4].

Já o aspecto negativo consiste na vedação do Estado de intervir e interditar, por meio da censura, o pensamento que se quer expressar.

É também um direito de dupla dimensão, uma individual e uma social, conforme podemos extrair de entendimentos jurisprudenciais da Corte

[4] MENDES, Gilmar Ferreira; BRANCO, Paulo Gustavo Gonet. **Curso de Direito Constitucional**. 7. ed. São Paulo: Saraiva, 2012, p. 392.

Interamericana de Direitos Humanos, sedimentados em casos como "Cristo vs Chile"[5].

A primeira dimensão consiste no imperativo de que a liberdade de expressão não se restringe a uma mera exposição de ideias, mas sim a uma efetiva disseminação destas ideias; enquanto a segunda dimensão consubstancia-se no proveito social de acessar e conhecer as informações e ideias sendo disseminadas.

Qualquer que seja seu aspecto ou dimensão, a liberdade de expressão possui uma inegável relevância para o bom desenvolvimento da imprensa dentro de um regime democrático. Isso não significa, porém, que essa liberdade seja de todo ilimitada, conforme se verá a seguir.

2. Limites da liberdade de expressão e ilicitude das *fake news*

Apesar de sua condição de direito fundamental, a liberdade de expressão não possui um caráter absoluto. Apesar de ser necessário atribuirmos uma visão ampla do conteúdo da liberdade de expressão, não se pode deixar de reconhecer a existência de restrições e limitações ao exercício deste direito com base em comandos constitucionais de igual relevância e âmbito protetivo.

Nesse sentido, é importante ressaltarmos os ensinamentos de Robert Alexy[6], segundo o qual as restrições aos direitos fundamentais podem ser divididas em duas espécies: as restrições diretamente constitucionais e as restrições indiretamente constitucionais.

As primeiras seriam aquelas decorrentes diretamente de uma norma de hierarquia constitucional, isto é, em que uma norma de hierarquia constitucional já prevê um limite para outra norma de mesma hierarquia.

É o caso, por exemplo, das limitações constitucionais aos discursos lesivos à honra e à imagem de uma pessoa, como os difamatórios, injuriosos e caluniosos (art. 5º, X); aos discursos de caráter discriminatório

[5] Texto original: "(...) *ésta requiere, por un lado, que nadie sea arbitrariamente menoscabado o impedido de manifestar su propio pensamiento y representa, por tanto, un derecho de cada individuo; pero implica también, por otro lado, un derecho colectivo a recibir cualquier información y a conocer la expresión del pensamiento ajeno.*", par. 64.

[6] Alexy, Robert. **Teoria dos Direitos Fundamentais.** Tradutor: Virgílio Afonso da Silva. 2. ed. São Paulo: Malheiros, 2015, p. 286.

e de ódio, como os racistas e antissemitas (arts. 3º, IV, e 5º, XLI e XLII); aos discursos atentatórios à ordem pública e estimuladores da violência (art. 5º, caput); aos discursos atentatórios à vida e à saúde (art. 5º, caput); ou, ainda, os discursos de caráter antidemocráticos, lesivos à existência e à manutenção do Estado Democrático de Direito (arts. 1º, caput e parágrafo único, 2º e 5º, XVI, XVII e XLIV).

Por outro lado, as restrições indiretamente constitucionais seriam aquelas decorrentes de normas infraconstitucionais, como uma lei, por autorização expressa do texto constitucional. A própria Constituição permite que uma lei limite o conteúdo de um determinado direito. Mas não é qualquer restrição, mesmo quando fundada em um dispositivo constitucional, que é permitida. Somente aquela proporcional, que harmoniza e gera uma concordância entre direitos, tentando achar uma posição intermediária ou, ao menos, que preserve o conteúdo mínimo de um direito em face de outro, sem com que o sacrifício de um seja maior que o benefício.

Gilmar Ferreira Mendes[7], tendo por base a experiência jurisprudencial da Corte Constitucional Alemã, afirma que a ideia de proporcionalidade envolve três elementos (ou subprincípios): o da adequação; o da necessidade; e o da proporcionalidade em sentido estrito.

Pelo subprincípio da adequação, exige-se que as medidas restritivas adotadas se mostrem aptas para atingir os objetivos pretendidos pela norma fundamental.

Já o subprincípio da necessidade volta-se à ideia de que, havendo um meio que se releve, ao mesmo tempo, mais adequado e menos oneroso para se atingir a finalidade pretendida, ele deve ser adotado em preferência a qualquer outro. Do contrário, a medida restritiva será considerada desnecessária e, portanto, desproporcional. No mais, por meio da proporcionalidade estrita, exige-se que a medida adotada, à luz dos interesses envolvidos, traga mais vantagens do que as desvantagens que provoca. O benefício precisa ser maior do que um eventual sacrifício.

Uma última regra que merece ser destacada é a de que qualquer aplicação de uma medida restritiva ou limitadora de um direito fundamental,

[7] Mendes, Gilmar Ferreira. **Direitos Fundamentais e Controle de Constitucionalidade**. 4ª.ed. São Paulo: Saraiva, 2012, pgs. 74-75.

feito o seu devido juízo de proporcionalidade, deve ser analisada à luz de uma situação fática, concreta. A limitação de um direito fundamental, como a liberdade de expressão, só se mostra viável diante das circunstâncias de um caso concreto.

Podemos e devemos orientar nossa atuação a partir da compreensão das normas jurídicas. Porém, a aplicação e a concretização destas normas de maneira equilibrada e harmônica só é possível à luz de uma situação concreta, de fatos.

E como as fake news se inserem dentro dessas limitações? Se partirmos desse pressuposto de que a liberdade de expressão é um direito sujeito a restrições no seu conteúdo, é difícil de reconhecermos nas fake news qualquer traço de licitude à luz de nosso ordenamento jurídico. Isso porque essas notícias sempre terão, em sua essência, um caráter intrinsecamente danoso e desestimulador do livre pensamento e da informação, possuindo a finalidade deliberada de desacreditar e dirimir a realidade, a imprensa e outros pontos de vista contrários a si.

Diferentemente do que muitos argumentam a seu respeito, a desinformação acaba atuando, em verdade, como uma antítese à liberdade de expressão e ao direito de informação, desestimulando o pensamento crítico, a busca por informação, a pluralidade de ideias e a aquisição de conhecimento.

A mentira e a desinformação, promovidas por instrumentos como as fake news, acabam por contrariar à promoção de uma sociedade e de uma cidadania consciente, incentivando a repressão do pensamento crítico e do debate público estruturado, por meio da apresentação de uma visão estática, parcial, restrita e manipulada de mundo.

As fake news, assim, surgem como meios de execução de interesses alheios àqueles da realidade fática e como uma violação à liberdade de expressão e ao direito à informação do público, buscando a supressão da pluralidade/diversidade de ideias e a criação de um auditório desinformado e pouco estudado, suscetível à manipulação e ao controle de outros, retirando-lhe qualquer legitimidade.

Somos dignos quando conseguimos exercer nossa própria personalidade livres de qualquer discriminação, ódio ou ofensa à nossa individualidade; quando podemos viver em uma sociedade pacífica, justa e solidária, regida pela ordem das leis e pela soberania popular; e quando conseguimos ser informados e educados, conscientes dos nossos próprios direitos e deveres com nós mesmos e com os outros.

A partir do momento em que as fake news passam a serem utilizadas e se inserirem socialmente como instrumentos para difamar, injuriar e caluniar outros; para discriminar e propagar o ódio; para promover a violência e a desordem pública; para dirimir uma sociedade democrática e plural; para atentar contra a vida e a saúde; e para desinformar; constituem-se em ilícito jurídico violador da dignidade humana, que merece ser combatido e suprimido pelo Direito e pela sociedade.

3. Razões por trás da crença nas *fake news*

A ascensão das fake news como um problema de grande incidência na atualidade pode ser atribuída a dois grandes problemas: a perda de credibilidade na imprensa e o fator emocional e psicológico por trás da construção das fake news. Um dos motivos das fake news terem se tornado o problema que são atualmente é justamente a existência de uma desconexão entre o público em geral e a imprensa, uma vez que, se as pessoas tivessem plena confiança em tudo aquilo que é e está sendo divulgado pelos veículos tradicionais de informação, a razão de ser das notícias falsas/fraudulentas, de atrair e manipular o maior número de pessoas possível, não existiria, ou, ao menos, não teria a mesma abrangência e relevância que tem.

Mas quais seriam os possíveis motivos para esta perda de credibilidade? Para o jornalista William Waack[8], os grandes grupos de comunicação não têm conseguido ter uma visão estratégica sobre aquilo que seria relevante para fins de divulgação de informações e atendimento do interesse público.

Haveria, nestes termos, um descompasso entre os elementos importantes da realidade vivida pela população em geral, como desemprego, fome, previdência, educação, saúde, atuação governamental etc., daquilo vem sendo efetivamente noticiado. Nesse mesmo sentido, e ainda segundo o jornalista, haveria uma falta de reconhecimento por parte dos divulgadores de notícias do que seriam os fatos de uma determinada situação, a

[8] Waack, William. Em: **Fake News e Regulação**. São Paulo: Revista dos Tribunais, 2019, pgs. 123-128.

sua natureza e a forma adequada do seu tratamento (responsabilidade, clareza, transparência e pluralidade de opiniões e posicionamentos).

A falta de objetividade no noticiamento, ignorando a lógica jornalística de tratar e apurar os fatos como são, acabou por transformar a imprensa em um refém de interesses localizados e "agendas" de grupos específicos, ao invés de uma fonte de veracidade dentro de um contexto de proteção e informação da coletividade.

Essa mesma falta de objetividade certamente contribuiu para a criação de uma sensação generalizada de que a imprensa "escolhe lados", alienando os destinatários das informações sendo transmitidas, tirando confiança do noticiamento e fermentando o cinismo com relação aos veículos de comunicação.

Porém, a questão se limita apenas a uma falta de comprometimento com a verdade por certos veículos de comunicação, não podendo ser ignorada a forma como as fake news são capazes de manipular emocionalmente seus destinatários.

Do ponto de vista da psicologia comportamental, a crença nas fake news é explicitada por três fenômenos que atuam conjuntamente: i) o do viés de confirmação; ii) o da dissonância cognitiva; e iii) o do raciocínio motivado. O fenômeno do viés de confirmação pode ser compreendido como a forte tendência humana de, seletivamente, buscar e privilegiar informações que melhor condizem com nossas crenças pessoais pré-existentes, sendo elas verdadeiras ou não. Esse impulso de acreditar qualquer informação condizente com nosso próprio viés tem incidência explícita na temática das fake news, visto que as pessoas destinatárias da notícia falsa se tornam mais suscetíveis de acreditar nelas ou não a depender de seus próprios preconceitos.

As pessoas não espalham notícias falsas porque a acham verdadeiras, mas sim para reforçar uma concepção preexistente, uma vontade, um desejo, uma sensação de "eu sabia que estava correto", especialmente quando a informação falsa vem de alguém tido como uma "autoridade" ou um "superior hierárquico" por aquele indivíduo. O fenômeno da dissonância cognitiva, por sua vez, nada mais é do que o reforço da crença pré-existente a partir do medo e o desconforto de confrontar pensamentos contrários.

Quando somos confrontados por informações que são contrárias às nossas próprias crenças, acabamos ficando sujeitos a uma sensação de mal-estar e, ao invés de refletirmos sobre a respeito deste confronto, nosso comportamento instintivo é de nos recusamos a acreditar que estamos errados. Nestes termos, para diminuirmos a tensão psicológica decorrente da informação contraditória, o indivíduo busca simplesmente banalizá-la e negá-la ou, ainda, procura alterar a sua crença inicial, sem renunciá-la, para compatibilizá-la com a informação recebida.

Por fim, a crença nas fake news é evidenciada também pelo fenômeno do raciocínio motivado, que é intimamente ligado aos fenômenos anteriores. Nele, quando somos confrontados com a informação contrária às nossas crenças, buscamos examinar profundamente essa nova informação e encontrar "falhas", ainda que inexistentes, para descartá-la e mantermos a convicção na crença preexistente.

Com isso, o indivíduo entra em um estado de dissonância e procura a todo custo racionalizar sua crença e descredibilizar a informação hostil, atacando, por exemplo, o seu autor ou as fontes utilizadas.

4. Propostas de combate à desinformação

A solução da problemática das fake news no âmbito da imprensa tradicional apenas será possível com propostas que preservem e garantam, ao mesmo tempo, o exercício pleno da liberdade de expressão e a proteção de indivíduos em face de eventuais abusos de direito.

De um ponto de vista da autorregulação, algumas boas práticas que podem ser adotadas pelos veículos da imprensa para aprimorarem a qualidade do seu noticiamento e contribuírem para a recuperação da sua credibilidade aos olhos do público em geral seriam:

1) A contratação de "Gatekeepers" (Porteiros), assim entendidos como profissionais do ramo jornalístico responsáveis por "filtrar" as informações a serem divulgadas, confirmando sua veracidade, bem como ignorando e impedindo a entrada de notícias incompatíveis com a atividade e a ética jornalística, dando mais rigidez ao controle interno do fluxo de informações;
2) A promoção de propostas educacionais voltadas à conscientização e o desenvolvimento do senso crítico da população;

3) O incentivo de parcerias entre veículos de comunicação para consolidação e a averiguação de informações a serem divulgadas, bem como a criação de agências de checagem para exercer o controle externo de informações já em divulgação;

De um ponto de vista da regulação estatal, destacamos como formar de atuação eficientes ao combate à desinformação:

1) A celebração de termos de cooperação e acordos de parceria com entidades da sociedade civil, em especial agências de checagem, para desestimular a prática das *fake news* e conscientizar a população sobre possíveis indicativos de notícias falsas;
2) A criação de fundos públicos destinados ao fomento do jornalismo profissional e do jornalismo local não lucrativo, nos termos da respectiva lei orçamentária de iniciativa do Poder Executivo (arts. 165 e seguintes da CF/88);
3) O aumento nos investimentos em educação em todos os seus níveis, como forma de promover o desenvolvimento do pensamento crítico da população.
4) A criação de uma legislação compreensiva destinada à regulamentação da imprensa a partir de um conjunto de instrumentos legais protetores do pluralismo de ideias, da independência da mídia e do combate à desinformação, com enfoque no financiamento estável da imprensa, regras para assegurar a exposição de diferentes pontos de vistas, salvaguardas contra interferências políticas e contra vigilância por entes estatais, medidas de proteção da independência de editores, transparência na propriedade de meios de comunicação, regras de publicidade e transparência quanto à existência conflitos de interesses de jornalistas.

Conclusões

Em vista de todo exposto, podemos concluir que: 1) a imprensa é uma instituição essencial para toda democracia; 2) a liberdade de expressão é um direito fundamental para o pleno desenvolvimento da imprensa, porém, não possui um caráter absoluto; 3) as fake news são atos ilícitos; 4) as grandes razões por trás da ascensão das fake news são a perda de credibilidade na imprensa e o fator emocional promovido por estas notícias; e 5) o combate das fake news deve atender, ao mesmo tempo, o livre exercício do direito de expressão e a proteção de indivíduos em face de abusos de direito, algo que pode ser atendido por uma atuação tanto dos próprios veículos de imprensa quanto pelo Poder Público.

As fake news são um problema complexo e polêmico, que não desaparecerá tão cedo das nossas vidas e que exigirá dos operadores do Direito, do Poder Público e da sociedade civil proatividade no seu desestímulo.

Referências

MASSACHUSETTS INSTITUTE OF TECHNOLOGY. **Study: On Twitter, false news travels faster than true storie**. Massachusetts Institute of Technology, publicação online, 2018. Disponível em: https://news.mit.edu/2018/study-twitter-false-news-travels-faster-true-stories- 0308.

BRASIL. Supremo Tribunal Federal. **Arguição de Descumprimento de Preceito Fundamental nº 130/DF**. Rel. Min. Carlos Ayres Britto, plenário, julgado em 30/04/2009, publicado em 06/11/2009.

MENDES, Gilmar Ferreira; BRANCO, Paulo Gustavo Gonet. **Curso de Direito Constitucional**.7. ed. São Paulo: Saraiva, 2012.

COSTA RICA. Corte Interamericana de Direitos Humanos. **Caso "A Última Tentação de Cristo" (Olmedo Bustos e outros) Vs. Chile**. Presidente da Corte: Antônio A. Cançado Trindade, plenário, sentenciado em 5 de Setembro de 2001. Disponível em: https://www.corteidh.or.cr/docs/casos/articulos/Seriec_73_esp.pdf.

ALEXY, Robert. **Teoria dos Direitos Fundamentais**. Tradutor: Virgílio Afonso da Silva. 2ª.ed. São Paulo: Malheiros, 2015.

MENDES, Gilmar Ferreira. **Direitos Fundamentais e Controle de Constitucionalidade.** 4ª.ed. São Paulo: Saraiva, 2012.

JÚNIOR, Nelson Nery; ABBOUD, Georges; CAMPOS, Ricardo. **Fake News e Regulação**. São Paulo: Revista dos Tribunais, 2019.

17.
PROPÓSITO NEGOCIAL COMO LIMITADOR DO PLANEJAMENTO TRIBUTÁRIO À LUZ DA JURISPRUDÊNCIA DO CARF

Fernanda Maciel de Souza Aranha[1]

Introdução

A atividade tributária impõe que o contribuinte pague tributos, a fim de propiciar arrecadação fiscal que vise assegurar algum retorno à sociedade. Para tanto, deve observar as normas jurídicas que preveem regras para declaração e recolhimento dos tributos envolvidos nas relações jurídicas com o Fisco.

Não pode, porém, ser obrigado a suportar ônus tributário maior, quando, na realidade, dispõe de formas lícitas que reduzem o montante a ser pago. É dizer: tendo em vista que o Direito Tributário recai sobre a esfera financeira, é compreensível que o contribuinte necessite examinar não apenas como pagará o tributo, mas, também, explore as possibilidades lícitas de tornar a interferência em sua propriedade a menos intensa, dentro do escopo de licitude.

Em se tratando de pessoas jurídicas, estas têm garantido o direito à auto-organização, o que lhes propicia, dentro dos limites normativos, exercer plenamente sua atividade econômica, bem como estruturar-se da forma que lhe parecer mais vantajosa a fim de alcançar os resultados

[1] Artigo elaborado a partir da monografia apresentada ao Núcleo de Monografia Jurídica da Faculdade de Direito da PUC-SP, sob orientação do Professor Doutor Roque Antonio Carrazza.

positivos pretendidos. Daí, surge a legitimidade de realizar planejamento tributário e, mais especificamente, a elisão fiscal.

Evidentemente, essa técnica deve ser praticada em conformidade com as possibilidades disponibilizadas pelo ordenamento, a fim de se evitar eventuais prejuízos ao erário, bem como ao interesse público de arrecadação. Do contrário, caso o contribuinte maneje técnicas fora do escopo legal (evasão fiscal), prejudicará a Administração Tributária.

Na seara administrativa, observa-se uma crescente discussão quanto à aplicação (ou não) da teoria do propósito negocial (*business purpose theory*) como um critério de validade dos planejamentos tributários. A despeito da ausência de previsão legal expressa, há julgados do CARF que se dividem quanto à abrangência do instituto de origem norte-americana no ordenamento jurídico brasileiro.

Por consequência, a segurança jurídica, sobreprincípio do Direito Brasileiro, é enfraquecida e, muitas vezes, alocada em plano secundário, a fim de viabilizar a eficácia da solidariedade social, da isonomia e da capacidade contributiva – valores que, inclusive, alimentam o entendimento de que a diminuição da carga tributária há de ser limitada.

Impõe-se, portanto, examinar como o propósito negocial se comporta na sistemática jurídico-tributária nacional e sua aplicação nos julgados administrativos do CARF, para, então, compreender os seus efeitos na legítima previsibilidade que o particular tem em relação aos atos das autoridades fiscais pertinentes

1. Planejamento tributário

1.1. A função da atividade tributária e o direito fundamental de economizar tributos

A definição do conceito de planejamento tributário e sua compatibilidade com o ordenamento jurídico brasileiro têm sido demasiadamente debatidas pela comunidade jurídica, em decorrência da carga ideológica que a compreensão quanto ao tributo ostenta, bem como da dificuldade de se estipular limites teóricos aos vários mecanismos que lhe compõe.

Tanto é assim que Greco (1998) aponta a relevância dos valores que envolvem os objetivos prescritos pela Constituição da República em termos tributários, na medida em que os meios necessários para a obtenção de um determinado fim são variáveis, estando alocados em um cenário envolto por uma pluralidade de compreensões e interesses de variados sujeitos das ordens econômica, jurídica e social[2].

Não se pode olvidar do caráter instrumental da tributação, voltando-se à arrecadação monetária para suportar despesas estatais. A intensidade e os limites dessa atividade acabam se situando em cenários de notável discrepância, na medida em que a maior ou menor carga tributária está intrinsicamente relacionada com a maior ou menor atribuição de encargos e responsabilidades ao Estado.

É interessante a exposição de Carrazza (2010), segundo quem o contribuinte tem o direito, amparado na Constituição, de reduzir seus custos tributários, em meio à alta concorrência que marca o atual mercado[3]. Quer dizer, visando a sobrevivência de sua atividade econômica, que acaba demandando vultosos custos para efetivo funcionamento, a pessoa jurídica não pode ser compelida a tolerar carga tributária elevada, ainda que sua redução seja viável, tão somente para agradar os fins arrecadatórios do Estado.

Em defesa da legitimidade do planejamento tributário, Leão (2018) vislumbra o *direito fundamental de economizar tributos*, fundado na existência de uma Constituição tributária, a qual estabelece limites ao poder-dever de tributar, bem como garantias aos contribuintes face a eventuais arbitrariedades da Administração Pública[4].

A jurista aduz que este tem como pilar a solidariedade, cuja significação é "*(...) a preocupação e o comprometimento com o outro, envolvendo o dever de cooperação dos indivíduos em favor de grupos ou da coletividade.*"[5] A partir daí, há quem defenda que, por meio de uma tributação solidária, os valores do Estado seriam alcançados, pautados na isonomia contributiva. Todavia, a

[2] Greco, Marco Aurélio. *Planejamento Fiscal e Interpretação da Lei Tributária*. São Paulo: Dialética, 1998. p. 23-24.

[3] Carrazza, Roque Antonio. *Reflexões sobre obrigação tributária*. São Paulo: Noeses, 2010. p. 245.

[4] Leão, Martha Toribio. *O direito fundamental de economizar tributos*. São Paulo: Malheiros, 2018. p. 46.

[5] *Ibid*, p. 120.

tributação não é o único instrumento através do qual se consagra a solidariedade, havendo outras ferramentas legítimas para tanto. Isso porque

> "(...) a arrecadação tributária não é a única fonte de custeio do Estado, na medida em que o Estado tem receitas financeiras decorrentes da sua atuação direta na Economia e da exploração de recursos minerais e dos bens públicos em geral, por exemplo. E, segundo, porque os recursos que permanecem na iniciativa privada são capazes de gerar riquezas e produzir benefícios à sociedade como um todo."[6] (LEÃO, 2018)

Ao tecer críticas e realizar estudos a respeito de certa temática, os teóricos tributaristas são marcadamente influenciados por suas visões acerca do papel Estado e a relação que este deve manter para com os contribuintes. A neutralidade hermenêutica denota uma mera pretensão ilusória, cujo alcance é impraticável, à vista dos influxos políticos e econômicos que permeiam a atividade do intérprete.

1.2. Norma geral antilelisiva brasileira: o art. 116, parágrafo único, do Código Tributário Nacional

Nos termos do art. 116 do CTN, o *fato gerador*, em regra, é visualizado de duas formas, a saber: (i) para meros fatos jurídicos, a partir do preenchimento de elementos materiais que levem aos efeitos pertinentes; e (ii) para atos ou negócios jurídicos, a partir da constituição definitiva.

Acontece que, através da Lei Complementar nº 104, de 10 de janeiro de 2001[7], ao mencionado dispositivo legal foi incluído o parágrafo único, o qual determina que, ao identificar a prática de negócios jurídicos dissimulados, a Administração poderá desconstituí-los, em observância aos procedimentos próprios disciplinados em lei ordinária.

Orientando-se pelas lições de Carvalho (2019), a inclusão em apreço não trouxe novidade ao ordenamento jurídico, na medida em que, por

[6] LEÃO, Martha Toribio. *O direito fundamental de economizar tributos*. São Paulo: Malheiros, 2018. p. 126.

[7] BRASIL. *Lei Complementar nº 104, de 10 de janeiro de 2001*. Disponível em: Lcp104 (planalto.gov.br). Acesso em: 22 set. 2022.

força do art. 149, VII, do CTN, a legislação tributária já vedava o uso abusivo de negócios jurídicos para reduzir a carga tributária. Na realidade, "*o dispositivo comentado veio apenas para ratificar regra existente no sistema em vigor.*"[8] Com isso, a legislação tributária passou a consagrar previsão legal específica, fortalecendo, em certo nível, a segurança jurídica.

Em contrapartida, Torres (2012) defende que a mencionada alteração legislativa não se assemelha ao previsto no inciso VII do art. 149 do CTN, segundo o qual a prática de conduta dolosa, fraudulenta ou simulada justifica o lançamento de ofício. Na realidade, aduz que esse dispositivo legal carrega norma antissimulação, enquanto o art. 116, parágrafo único, do CTN contém norma antielisiva, cuja estrutura lhe é própria[9].

Para o jurista, a norma antielisiva apresenta as seguintes características: (i) permissão de autoridade administrativa requalificar os atos ou negócios jurídicos; e (ii) atingimento da dissimulação da hipótese de incidência, do fato gerador abstrato.

Com efeito, de acordo com os esclarecimentos de Tôrres (2003), o princípio da verdade material, que dá sustento ao procedimento de desqualificação do negócio jurídico, encontra respaldo no art. 145, §1º, da CR, o qual prescreve a necessidade de a Administração Pública constatar a atividade econômica, o patrimônio e os rendimentos do contribuinte.

Outrossim, Carrazza (2021) reconhece que a edição da norma geral antielisiva revela manifesta resistência do Fisco em aceitar a liberalidade do contribuinte pagar menos tributos, ainda que de forma lícita. Com efeito, com base nas lições de Alberto Xavier, aponta que a norma consagra dois efeitos, a saber: (i) a tributação de um fato típico, em decorrência da busca da verdade material; e, (ii) a declaração de ineficácia tão somente aos atos simulados, resguardando os atos verdadeiros[10].

[8] CARVALHO, Paulo de Barros. *Curso de Direito Tributário*. São Paulo: Saraiva Educação, 2019. p. 311.

[9] TORRES, Ricardo Lobo. *Planejamento tributário: elisão abusiva e evasão fiscal*. Rio de Janeiro: Elsevier, 2012. p. 61.

[10] CARRAZZA, Roque Antonio. *Curso de Direito Constitucional Tributário*. São Paulo: Malheiros, 2021. p. 419.

1.3. Apontamentos sobre a ADI nº 2446/DF

A Confederação Nacional do Comércio (CNC), em 2001, propôs a ADI nº 2446, com vistas à suspensão da eficácia e à declaração de inconstitucionalidade do art. 116, parágrafo único, do CTN. Em síntese, elencou as seguintes razões que evidenciariam a inconstitucionalidade da norma: (i) a legitimidade da elisão fiscal; (ii) a contrariedade aos princípios da legalidade e da tipicidade cerrada; (iii) a ofensa ao princípio da separação de poderes; e (iv) a vedação da interpretação econômica.

A respeito da tipicidade fechada ou da estrita legalidade em matéria tributária, a CNC sustentou que não basta determinada conduta estar fundamentada em lei; na realidade, a tipificação deve ser absoluta, não podendo deixar espaço para arbitrariedades, bem como somente pode incidir quando da devida ocorrência do fato no mundo fenomênico, pois, do contrário, ainda não há a figura do contribuinte e sequer a obrigação tributária pertinente.

Carrazza (2021) defende que o tipo tributário deve conter conceitos fechados, sem margem de arbitrariedade e ambiguidade, configurando-se como *lei qualificada* ou *lex stricta*[11]. Nada mais é do que corolário da segurança jurídica, sem a qual as relações jurídicas firmadas entre Fisco e contribuinte tornam-se imprevisíveis e pouco confiáveis.

Em complemento, atrelado ao princípio da legalidade, é posto em destaque suposta ofensa ao princípio da separação dos poderes, insculpido no art. 2º e erigido à cláusula pétrea por força do art. 60, §4º, III, ambos da CR. Isso porque é inviável assegurar uma República na qual as instituições não sejam efetivamente independentes e harmônicas, sob risco de impedimento de pleno funcionamento democrático.

Ao final de suas alegações, a Autora sustenta que a tributação deve guiar-se de acordo com a ocorrência do fato imponível, a partir do preenchimento de todos os elementos colocados na hipótese de incidência, não podendo ser influenciada pela compreensão quanto aos efeitos econômicos de determinado fato jurídico.

[11] CARRAZZA, Roque Antonio. *Curso de Direito Constitucional Tributário*. São Paulo: Malheiros, 2021. p. 217.

Torres (2012) explica que a interpretação econômica se inseriu na seara tributária mediante a *consideração econômica do fato gerador*[12], com antecedente no art. 9º do Código Tributário Alemão de 1919. Daí, as categorias jurídicas sairiam do foco do intérprete, na medida em que conceitos de teor econômico, de modo que conceitos meramente jurídicos não seriam suficientes. Questionando assiduamente a interpretação econômica como método de limitar o planejamento tributário, Tôrres faz a seguinte crítica:

> "Numa seara tão ciosa das garantias de segurança jurídica e certeza do direito aplicável, a *interpretação econômica do direito tributário* serviu unicamente para enfraquecer a legalidade material (princípio da tipicidade), e restituir à Administração os típicos instrumentos de uma relação de poder, os quais lhe foram subtraídos quando se instaurou nas sociedades o liberalismo e o conceito de Estado Democrático de Direito, por meio de constituições democráticas e republicanas."[13] (TÔRRES, 2003)

Sem embargo, o STF, por maioria, não acatou as teses da CNC, julgando a constitucionalidade do art. 1º da Lei Complementar nº 104/2001, na parte em que acrescentou o parágrafo único ao art. 116 do CTN. Nessa parte, a Ministra Cármen Lucia compreendeu o alcance limitado da norma impugnada, compreendendo tão somente condutas ilícitas praticadas pelo contribuinte que acabam se inserindo no contexto da evasão fiscal, e não da elisão fiscal. Em virtude disso, a incidência da norma está restrita a um fato jurídico que possa se enquadrar em sua descrição, na medida em que a tributação não pode recair sobre a mera intenção do particular.

Entretanto, em conformidade com o teor do parágrafo único do art. 168 do Código Civil, o Min. Ricardo Lewandowski entendeu que a desconsideração de atos ou negócios jurídicos configura medida gravosa, de

[12] Torres, Ricardo Lobo. *Planejamento tributário: elisão abusiva e evasão fiscal*. Rio de Janeiro: Elsevier, 2012. p. 12.

[13] Tôrres, Heleno Taveira. *Direito tributário e direito privado: autonomia privada, simulação, elusão tributária*. São Paulo: Revista dos Tribunais, 2003. p. 211.

tal sorte que a limitação do direito de propriedade não pode ser levada a efeito por qualquer autoridade administrativa.

Adicionalmente, em relação à separação dos poderes, a Corte assentou que a analogia não é absolutamente vedada pelo direito tributário. Na verdade, contanto não se volte para a exigência de tributo não previsto em lei, seu uso é admitido, em atenção ao previsto no §1º do art. 108 do CTN. Com isso, restou consolidado que a autoridade fiscal estará tão somente identificando a substância do negócio jurídico praticado, não definindo fato gerador e, consequentemente, aplicando tributo sem amparo legal prévio.

Ainda assim, a maioria do Plenário, atendo-se à distinção teórica entre elisão fiscal e evasão fiscal a partir do momento da prática do negócio jurídico em relação à hipótese de incidência e ao fato imponível, reconheceu que, em verdade, trata-se de norma de combate à evasão fiscal.

2. Teoria do propósito negocial

A teoria do propósito negocial, ou *business or corporate purpose theory*, tem suas origens no caso *Gregory v. Helvering* (293, U.S. 465), julgado pela Suprema Corte Americana, em 1935. A situação envolveu Evelyn Gregory, que detinha mil ações da *United Mortgage Corpoation*, a qual, por sua vez, detinha mil ações da *Monitor Securities Corporation, e* criou a *Averril Corporation*, uma terceira empresa. Por meio desse esquema, Evelyn transferiu todas as ações da Monitor em favor da *Averril Corporation*.

Ocorre que, dias após a sua criação, a *Averril Corporation* foi dissolvida e liquidada por meio da distribuição de todas as ações à contribuinte. Com isso, pretendeu diminuir o *quantum* a ser pago para fins de Imposto de Renda. Isso porque a contribuinte alienou as ações da terceira empresa por U$$ 133.333,33, oferecendo, por sua vez, a título de ganho de capital, U$$ 76.007,88, resultante da diferença entre o preço de venda e o custo da aquisição de U$$ 76.007,88.

A Corte de Apelação do 2º Circuito dos Estados Unidos, com fulcro na Seção 112 do *Revenue Act* de 1928, reconheceu que a operação realizada por Evelyn Gregory não tinha qualquer relação com a atividade das empresas envolvidas, de tal forma que não foram identificados fins comerciais ou negociais, mas unicamente fiscais em benefício da contribuinte.

Evidente que os julgadores norte-americanos passaram a adotar interpretação finalística, ou seja, na investigação da substância dos negócios jurídicos levados a julgamento, haveria de se levar em consideração o verdadeiro fim buscado na operação. É dizer: a redução da carga tributária pelo contribuinte é legítima, porém suas reais determinações devem estar de acordo com o plano de negócio da pessoa jurídica.

A ausência de previsão legal que recepcione a teoria norte-americana, definindo seu alcance e compreensão, pode, de fato, sua aplicação ser arbitrária, colocando o contribuinte em verdadeira situação de insegurança e reduzida confiança no sistema jurídico – como será mais bem tratado em tópicos subsequentes.

A bem da verdade, os motivos decisivos que fundamentam certa operação efetuada pelo contribuinte encontram-se em plano interno, espaço no qual o Direito não incide. Quer dizer, a causa do negócio jurídico não se confunde com os motivos que conduzem ao ato de negociar. Ainda assim, a existência de propósito negocial acaba sendo um fator considerado pela jurisprudência para a identificação de planejamentos tributários lícitos.

Na tentativa de positivar o propósito negocial, o Governo Federal editou a Medida Provisória nº 66/2002. O art. 14, §1º, I, prescrevia que a ausência de motivo extra tributário levaria à requalificação do fato. E, com teor conceitual, o §2º enunciava que "*Considera-se indicativo de falta de propósito negocial a opção pela forma mais complexa ou mais onerosa, para os envolvidos, entre duas ou mais formas para a prática de determinado ato.*"

Sem embargo, os aludidos dispositivos não vingaram, por rejeição do Congresso Nacional. Isto é, a MP em apreço converteu-se na Lei nº 10.637, de 30 de dezembro de 2002, a qual acabou não introduzindo o art. 14 da Medida Provisória que lhe originou.

No contexto da jurisprudência administrativa, a Conselheira Livia de Carli Germano, da 1ª Turma Ordinária da 4ª Câmara da Primeira Seção de Julgamento do Carf, ao proferir seu voto no acórdão nº 1401-002.347, salientou a inviabilidade de exigência do propósito negocial no ordenamento jurídico brasileiro ao evocar institutos jurídicos que possibilitam o desenvolvimento da atividade empresarial por meio de incentivos fiscais, que não possuem substância extra tributária, a exemplo da Zona Franca de Manaus.

3. O olhar do CARF acerca do propósito negocial Acórdão nº 9101-006.049

Em fevereiro de 2007, o BANCO SOCIÉTÉ GÉNÉRALE celebrou contrato de compra e venda das quotas representativas de 100% do capital social da CACIPAR COMÉRCIO E PARTICIPAÇÕES LTDA., *holding* que detinha 100% das ações do Banco Cacique. Ato contínuo, o BANCO SOCIÉTÉ GÉNÉRALE adquiriu e transferiu para si as quotas da TRANCOSO PARTICIPAÇÕES LTDA. -- anteriormente, MARIGANE PARTICIPAÇÕES LTDA. Assim, o BANCO GÉNÉRALE efetuou a cessão de seus direitos de aquisição da CACIPAR para a TRANCOSO.

Através desse caminho negocial, o BANCO SOCIÉTÉ GÉNÉRALE aportou capital na Trancoso, o que acabou gerando um ágio por rentabilidade futura (*goodwill*) na importância de R$ 570.563.618,89. Finalmente, em outubro de 2008, o BANCO CACIQUE procedeu com a incorporação da CACIPAR e da Trancoso, de tal forma que amortizou o valor do ágio, o qual, de acordo com o relatório fiscal, não foi incluído no cálculo do IRPJ pelo lucro real, nem da base de cálculo da CSLL.

O voto vencido, de lavra do Conselheiro Relator Luis Henrique Marotti Toselli, considerou que os negócios jurídicos guardam uma causa, a qual representa as consequências jurídicas esperadas pelo Direito, devendo ser averiguada por métodos objetivos, a partir das normas jurídicas atinentes. Votando em sentido favorável ao contribuinte, o Relator reconheceu a legitimidade da constituição de empresas-veículos, com fulcro no art. 2º, §3º, da Lei nº 6.404/76.

Sob o prisma jurídico, no contexto da liberdade de empreender, a formação de uma pessoa jurídica tão somente para alcançar economia tributária não se mostra em desconformidade com o ordenamento jurídico. Com efeito, o propósito negocial, no caso em testilha, seria exatamente a busca pela diminuição lícita da carga tributária, ou seja, a dedutibilidade do ágio.

Em que pese não estar diante de extensa discussão a respeito da admissibilidade da teoria do propósito negocial no direito brasileiro, é de se notar que as considerações feitas pelo Conselheiro Relator ostentam relevância, porquanto, a partir do entendimento quanto à legitimidade de empresas-veículos, compreende que a exigência de uma causa extra tributária foge dos limites normativos, bem como revela manifesto subjetivismo.

Acórdão nº 1401-002.835

Neste caso, o Fisco federal lavrou autos de infração em face da SOFISA SERVIÇOS GERAIS DE ADMINISTRAÇÃO LTDA. (autuada), para exigir IRPJ e CSLL, na monta de R$ 89.805.289,42.

A SOFISA SERVIÇOS transferiu a SOFCRED para o BANCO SOFISA e a SOFISA CFI. Ato contínuo, a SOFCRED foi vendida para a GVI, mediante negociação realizadas pelo BANCO SOFISA e pela SOFISA CFI. Estas, por sua vez, acabaram recebendo o produto da venda (ganho de capital), em favor do desenvolvimento de suas atividades.

Entretanto, para a fiscalização, o produto da venda teria sido repassado à SOFISA SERVIÇOS, o que teria dado amparo à suposto aumento de seu capital social. Diante disso, seria exigível a adição do montante às bases de cálculo de IRPJ e de CSLL a serem pagos pela autuada.

Em seu voto, o Conselheiro Relator Daniel Ribeiro Silva ressaltou que a incorporação do mencionado instituto, de origem anglo-saxã, ao Direito brasileiro fere frontalmente as bases do Direito Tributário e, por consequências, as garantias dos contribuintes. Em virtude disso, há de se reconhecer que a ausência de propósito negocial não pode ser manejada para a desconstituição de negócios jurídicos licitamente realizados, em plena conformidade com a legislação pertinente, uma vez que a própria – e tão apenas ela – economia tributária pode ser vista como propósito legítimo do contribuinte.

Por conseguinte, malgrado tenha sido reconhecida a existência de propósito negocial no caso em apreço, restou consignado que a substância extrafiscal não configurou requisito de validade da operação concretizada, bastando, pois, a observância às normas tributárias, societárias e afins.

Acórdão nº 2301-005.933

O Fisco lavrou auto de infração em face de pessoa física (autuada), para exigir IRRF, na monta de R$ 16.295.958,53, com aplicação de multa qualificada, em decorrência de suposta omissão de rendimentos recebidos a título de ganho de capital na alienação de ações não negociadas em Bolsa de Valores.

A autuada e demais contribuintes (pessoas físicas) envolvidas faziam parte de uma *holding* familiar que acabou sendo extinta após a transferência de suas participações societárias para o TELLES FUNDO DE INVESTIMENTO EM PARTICIPAÇÕES (Telles FIP), para fins de integralização de cotas. Ato contínuo, as cotas deste Fundo foram transferidas para o ALVORADA FUNDO DE INVESTIMENTO MULTIMERCADO CRÉDITO PRIVADO (ALVORADA FIM), também para fins de integralização de cotas.

Em concomitância, o grupo familiar procedeu com a venda da YPIÓCA AGROINDUSTRIAL DE BEBIDAS S/A, empresa fabricante de bebidas, através da TELLES FIP, para a CINTER INTERNATIONAL BRANDS INDUSTRIA E COMERCIO LTDA., de forma que restou afastada a incidência do IR devido sobre o ganho de capital – acima dos cem milhões de reais--, com fundamento no art. 28, §10º, da Lei nº 9.532/97.

A partir dessa configuração societária, as autoridades fiscais identificaram a ausência de propósito negocial, visualizando tão somente a realização de operações destinadas à simples economia tributária, apesar da contribuinte ter alegado que o objetivo principal da reestruturação, iniciada em 1998, foi "(...) *prover aos membros da família Telles uma gestão profissional de suas empresas operacionais, assim como manter distante, dessas empresas, eventuais divergências pessoais entre os membros da família.*"

Contudo, a DRJ confirmou as razões fiscais, ao consignar que fundos de investimentos (FIP) operam-se mediante a aquisição de ações e de outros títulos e valores mobiliários. Por isso, "*(...) o objetivo precípuo do TELLES FIP deveria ser a realização de investimentos novos, e não a gestão profissional de investimentos antigos.*" Dessa forma, concluiu pela falta de propósito negocial e, consequentemente, pelo reconhecimento de planejamento tributário ilícito.

No âmbito do CARF, a 1ª Turma da 3ª Câmara da Segunda Seção de Julgamento, por maioria, assentou que se estava diante de um planejamento tributário carente de legitimidade. Isso porque seria indispensável averiguar não a causa típica (conteúdo formal), mas sim a causa objetiva (propósito) do negócio jurídico praticado pelo contribuinte. Diante disso, a operação deveria estar em consonância com a atividade desenvolvida pelo empreendimento econômico, não sendo suficiente a conformidade com a estrita legalidade em matéria tributária.

3.1. A postura administrativa e a (in)segurança jurídica

A exposição feita no tópico acima revela a indefinição, no CARF, quanto à adoção ou não da teoria do propósito negocial no ordenamento jurídico brasileiro. A propósito, a imprecisão jurisprudencial pode ser verificada a partir dos seguintes pontos: (i) incidência de regra que expande a tributação, sem a indicação da norma jurídica que lhe sustenta; (ii) confusão conceitual entre propósito negocial, fraude à lei e simulação; e (iii) interferência exacerbada do subjetivismo do julgador.

Não se pode olvidar que incerteza se distancia não apenas do Direito Tributário, amparado na legalidade estrita, mas, sobretudo, do próprio Direito como um todo. Isso porque o Direito pode ser compreendido como um esquema do plano deôntico cuja gênese é garantir segurança jurídica no ambiente das relações interpessoais. É inviável, a bem da verdade, construir uma sociedade, nos moldes contemporâneos, sem que haja um lastro mínimo de confiabilidade para com os sujeitos que se relacionam entre si ou com o Estado.

O Preâmbulo da CRFB expressamente prescreve que a segurança jurídica é alicerce da República, a qual se desnatura na hipótese de a certeza garantida pelo sistema jurídico restar afastada. Na seara tributária, vários são os princípios explícitos que derivam da segurança jurídica, a saber: a legalidade, a irretroatividade da lei tributária desfavorável ao contribuinte, a anterioridade da lei tributária, a proibição de analogia na criação de tributo, dentre outros.

Em nível infraconstitucional, insta levar em consideração o art. 30, *caput*, da Lei de Introdução às Normas do Direito Brasileiro (LINDB), segundo o qual a Administração Pública deve também garantir a segurança jurídica. Isso significa que não somente o Legislativo e o Judiciário devem garantir a segurança jurídica, mas também a Administração Pública, incluindo, nesse patamar, o CARF e demais órgãos administrativos. Do contrário, haveria notável incompatibilidade no sistema. Em se tratando de pessoas jurídicas, os investimentos efetuados para a manutenção no mercado são vultosos, mormente em um contexto de crescente competitividade. À custa disso, evidentemente, os contribuintes buscam caminhos seguros e certos para guiarem seus negócios, de forma a evitar complicações no âmbito jurídico.

Ao criticar acertadamente esse cenário controverso, Leão o interpreta como uma "*desorganização jurisprudencial*", resultante do emprego "(...) *com cada vez mais frequência, de argumentos políticos, consequencialistas e critérios 'éticos ou morais'*"[14]. Nesse sentido, identifica como esse método de decidir é equivocado "*(...) exatamente por desconsiderar que o formalismo do Direito Tributário não é avalorativo, e sim diretamente relacionado com as garantias de segurança jurídica e de tributação de acordo com a igualdade – assegurada pela lei.*"[15]

Dessarte, insta reconhecer que, na jurisprudência do CARF, o propósito negocial tem sido interpretado de forma instável, ora concluindo pela sua admissibilidade com base na solidariedade social e na capacidade contributiva, ora pela sua inadmissibilidade por falta de suporte legal. Ou seja, em sendo ausente o amparo legal necessário, em homenagem à legalidade tributária, o subjetivismo acaba sendo inflado, ao passo que a coerência e a segurança jurídica tornam-se minoradas.

Conclusões

Partindo de um olhar constitucional-tributário, observa-se que o sistema tributário permite que os contribuintes, mais especificamente as pessoas jurídicas, reduzam sua carga tributária, por meios lícitos, em nome da auto-organização e da legalidade tributária.

Não se pode olvidar da crescente inclusão do propósito negocial como elemento de validade das averiguações relativas à legitimidade do planejamento tributário, embora tal instituto seja próprio do direito norte-americano, cuja sistemática se diferencia frontalmente daquele adotada nos sistemas da *Common Law*.

Inclusive, a esse respeito, não se pode olvidar que, mediante a Medida Provisória nº 66/2002, tentou-se positivar a necessidade do propósito negocial nos negócios jurídicos voltados à economia tributária. No

[14] Leão, Martha Toribio. *O direito fundamental de economizar tributos: entre legalidade, liberdade e solidariedade*. São Paulo: Malheiros, 2018. p. 296.
[15] *Ibid*, p. 297.

entanto, a proposta acabou sendo rejeitada, de tal sorte que não ressurgiu aos debates legislativos.

Nessa senda, ao proceder com o exame da jurisprudência do CARF, pode-se verificar a ausência de unanimidade do tema, ora sendo aplicado, em homenagem à solidariedade social e à capacidade contributiva, ora sendo afastado, pela deficiência legal apontada. Quer dizer, em que pese a similitude de muitos casos, os julgadores acabam alcançando conclusões jurídicas distintas.

Outrossim, vale destacar que os valores sociais que sustentam eventual aplicabilidade do instituto no sistema brasileiro revelam manifesto subjetivismo, uma vez que sua carga conceitual é flexível, a depender da visão de mundo de cada intérprete. A partir disso, é inegável que o objeto se contamina de incerteza e maleabilidade interpretativa.

À vista disso, os julgamentos do CARF acerca da temática têm gerado notável insegurança jurídica, o que acaba colocando o contribuinte em verdadeira posição enfraquecida, porquanto a previsibilidade referente às condutas do Estado. É dizer: o particular posiciona-se na indefinição da possibilidade de ser autuado e, em último plano, de como será o resultado de seu julgamento.

Por conseguinte, a atual incidência do propósito negocial nos planejamentos tributários, dentro do contexto do CARF, é incompatível com o ordenamento jurídico nacional, que se estrutura a partir da segurança jurídica e da coesão não apenas das normas, mas também da interpretação que lhes é dada.

Referências

BECKER, Alfredo Augusto. *Teoria Geral do Direito Tributário*. São Paulo: Noeses, 2010.

BRASIL. Acórdão nº 1401-002.835, Processo nº 16327.721148/201523, 1ª Turma Ordinária da 4ª Câmara da 1ª Seção, Rel. Conselheiro DANIEL RIBEIRO SILVA, Sessão de 15.08.2018. Disponível em: Conselho Administrativo de Recursos Fiscais (fazenda.gov.br).

—. Acórdão nº 2301-005.933, Processo nº 10380.725189/201720, 1ª Turma Ordinária da 3ª Câmara da Segunda Seção, Rel. Conselheiro Juliana Marteli Fais Feriato, Sessão de 14.03.2019. Disponível em: Conselho Administrativo de Recursos Fiscais (fazenda.gov.br).

—. Acórdão nº 9101.006-049, Processo nº 16327.720694/2016-28, 1ª Turma, Rel. Conselheiro LUIS HENRIQUE MAROTTI TOSELLI, Sessão de 04.04.2022. Disponível em: Conselho Administrativo de Recursos Fiscais (fazenda.gov.br).

—. Acórdão nº 9101-004.335, Processo nº 16561.720127/201518, 1ª Turma, Rel. Conselheiro DEMETRIUS NICHELE MACEI, Sessão de 07.08.2019. Disponível em: Conselho Administrativo de Recursos Fiscais (fazenda.gov.br).

BRASIL. *Constituição da República Federativa do Brasil*. Brasília: Senado Federal, 1988.

—. Medida Provisória nº 66, de 29 de agosto de 2002. Diário Oficial da União, 30.08.2002, Página 1.

—. *Projeto de Lei Complementar nº 77, de 1999*. Disponível em: Impressão de fax em página inteira (camara.gov.br).

—. Supremo Tribunal Federal. *Ação Direta de Inconstitucionalidade nº 2446/DF*. Disponível em: downloadPeca.asp (stf.jus.br).

CARRAZZA, Roque Antonio. *Curso de Direito Constitucional Tributário*. São Paulo: Malheiros, 2021.

—. *Reflexões sobre obrigação tributária*. São Paulo: Noeses, 2010.

CARVALHO, Paulo de Barros. *Curso de Direito Tributário*. São Paulo: Saraiva Educação, 2019.

ESTADOS UNIDOS. *Revenue Act of 1926*. Disponível em: GREGORY v. HELVERING, Commissioner of Internal Revenue. | Supreme Court | US Law | LII / Legal Information Institute (cornell.edu).

—. *U.S. REPORTS. Gregory v. Helvering, 293 U.S. 465 (1935)*. Disponível em: Microsoft Word – Dissertação v01012020.docx (pucsp.br).

GRECO, Marco Aurélio. *Planejamento Fiscal e Interpretação da Lei Tributária*. São Paulo: Dialética, 1998.

LEÃO, Martha Toribio. *O direito fundamental de economizar tributos*. São Paulo: Malheiros, 2018.

ROCHA, Sérgio André. *Planejamento Tributário na Obra de Marco Aurélio Greco*. Rio de Janeiro: Lumen Juris, 2019.

SANTOS, Ramon Tomazela. *O desvirtuamento da teoria do propósito negocial: da origem no caso Gregory vs. Helvering até a sua aplicação no ordenamento jurídico brasileiro*. Revista Dialética de Direito Tributário-RDDT. São Paulo: Editora Dialética, n. 243, 2015.

SCHOUERI, Luís Eduardo (coord.); FREITAS, Rodrigo de (org.). *Planejamento tributário e o propósito negocial: mapeamento de decisões do Conselho de Contribuintes de 2002 a 2008*. São Paulo: Quartier Latin, 2010.

TÔRRES, Heleno. *Direito tributário e direito privado: autonomia privada, simulação, elusão tributária*. São Paulo: Revista dos Tribunais, 2003.

TORRES, Ricardo Lobo. *Planejamento tributário: elisão abusiva e evasão fiscal*. Rio de Janeiro: Elsevier, 2013.

18.
ANÁLISE DAS ALÍQUOTAS DE ICMS INCIDENTES NAS OPERAÇÕES DE ENERGIA ELÉTRICA

Nicole Martendal Trotta[1]

Introdução

O objeto deste trabalho busca responder a seguinte indagação: as alíquotas de ICMS sobre operações de energia elétrica vigentes estão de acordo com os preceitos constitucionais? Para respondê-la, demonstrar-se-á por qual motivo o tema é de extrema relevância, como deve ser tratado juridicamente, quais são as respostas da doutrina e da jurisprudência pertinentes ao tema e por qual motivo se adotou um posicionamento em detrimento dos demais.

A importância de se discutir as alíquotas de ICMS incidentes sobre as operações de energia elétrica decorre da nítida essencialidade que referido bem representa no âmago da sociedade brasileira. Seu consumo não é uma escolha, mas sim uma necessidade intrínseca para se viver com dignidade.

Em relação às questões metodológicas, como reconhece Queiroz[2], a utilização da lógica de descrição não exclui a possibilidade de, ao final do trabalho, o pesquisador realizar uma análise da melhor imputação

[1] Artigo elaborado a partir da monografia apresentada ao Núcleo de Monografia Jurídica da Faculdade de Direito da PUC-SP, sob orientação do Professor Doutor Paulo de Barros Carvalho.

[2] Queiroz, Rafael Mafei Rabelo. **Monografia jurídica:** passo a passo. Rio de Janeiro: Forense; São Paulo: Método, 2015. p. 64.

jurídica de determinado caso. Assim, o artigo é predominantemente descritivo, situando como a legislação e a jurisprudência regulam o tema e, em seguida, se utilizará o método prescritivo[3] para abordar qual posição deveria prevalecer.

Para embasamento do polo teórico, serão adotadas as estratégias de pesquisa bibliográfica – com base em livros, periódicos e revistas – e pesquisa documental – com utilização de fontes primárias, como a legislação e jurisprudência[4].

Vale ressaltar que não serão incluídas dessa investigação considerações extrajurídicas, como de ordem política, econômica e exclusivamente moral. Todas as conclusões desse artigo, portanto, estão fundadas na legislação brasileira pertinente ao tema, na jurisprudência sobre ela constituída e na doutrina especializada. Trata-se, assim, de um artigo com ênfase no fenômeno jurídico.

1. Energia elétrica e a variação de alíquotas sob a óptica da CRFB/88

O art. 155, §2º, III, da CRFB/88 prescreve que o ICMS "poderá" ser seletivo conforme o grau de essencialidade do bem ou do serviço a ser prestado. Em contrapartida, o art. 153, §3º, I, do mesmo diploma determina que o IPI "será" seletivo em função da essencialidade do produto. Diante da escolha de verbos modais, a doutrina divide posicionamentos, sendo que alguns defendem a obrigatoriedade da seletividade e outros, a facultatividade. Não obstante essa discussão, mesmo para Luciano Amaro[5], Sacha Calmon[6], Diego Marcel Costa Bonfim[7], José Eduardo Soares de

[3] Segundo Queiroz: "A prescrição envolve uma imputação de significado a certo fenômeno a partir de normas, ou a avaliação deste." *Id. Ibid.*, p. 66.

[4] Martins, Gilberto de Andrade; Theóphilo, Carlos Renato. **Metodologia da investigação científica para ciências sociais aplicadas.** 3. ed. São Paulo: Atlas, 2016. p. 51.

[5] Amaro, Luciano da S. **Direito tributário brasileiro**. 24. ed. São Paulo: Editora Saraiva, 2021. p. 69. E-book.

[6] Coêlho, Sacha Calmon Navarro. **Curso de direito tributário brasileiro,** *cit.*, p. 264.

[7] Bomfim, Diego Marcel Costa. **Extrafiscalidade:** identificação, fundamentação, limitação e controle. Tese (Doutorado em Direito) – Programa de Pós-Graduação em Direito da Faculdade de Direito da Universidade de São Paulo, São Paulo, 2014. p. 215.

Melo[8], Hugo de Brito Machado[9] e Hugo de Brito Machado Segundo[10], que sustentam a facultatividade, se há variação de alíquotas do ICMS então deve ser feita a seletividade conforme a essencialidade.

Nos dias atuais, é inegável a essencialidade da energia elétrica, permitindo o funcionamento de bens que são indissociáveis à rotina do cidadão brasileiro, desde o despertador que toca o alarme, a geladeira que conserva alimentos, o computador que é instrumento de trabalho, o elevador que transporte os moradores, o fogão que cozinha a comida etc. Inúmeros são os exemplos que bem demonstram sua tamanha relevância perante a sociedade, que pode ser evidenciada nas palavras de Hugo de Brito Machado Segundo[11], afirmando que apenas aqueles de fato miseráveis não consumem energia elétrica, como se observa no seguinte trecho:

> Neste fim de século, mesmo as famílias de baixíssima renda consomem energia elétrica em suas casas. Talvez apenas aqueles mais miseráveis, que nem teto possuem, não sejam seus consumidores.
> A maioria da população possui uma geladeira para conservar seus alimentos, um ferro elétrico para passar suas roupas, lâmpadas para iluminar a escuridão; bens sem os quais não se vive com dignidade. Sem energia não há vendas, prestação de serviços ou produção. Não se vive, apenas se sobrevive, e mal.

Trata-se de bem inelástico, pois, de acordo com o economista N. Gregory Mankiw, "a quantidade varia proporcionalmente menos que o preço[12]". Isto é, por mais que o preço da energia elétrica aumente, mesmo assim, a variação da quantidade consumida não acompanha a variação do preço, sendo a tendência continuar sendo consumida por ser imprescindível aos brasileiros.

[8] Melo, José Eduardo Soares de. **ICMS teoria e prática.** 12. Ed. São Paulo: Dialética, 2012, p. 358.

[9] Machado, Hugo de Brito. *op. cit.*, p. 50.

[10] Segundo, Hugo de Brito Machado. *op. cit.*, p. 71.

[11] Segundo, Hugo de Brito Machado. *op. cit.*, p. 73.

[12] Mankiw, N. Gregory. **Introdução à economia**. Tradução da 8.ed. norte-americana. São Paulo: Cengage Learning Brasil, 2019. p. 78. E-book. Disponível em: https://integrada.minhabiblioteca.com.br/#/books/9788522127924/. Acesso em: 16 ago. 2022.

Todavia, durante décadas, diversos Estados e o Distrito Federal adotaram alíquotas de ICMS-energia elétrica acima das alíquotas gerais e deixaram de observar o princípio da seletividade, em função da essencialidade, previsto no art. 155, § 2º, III, da CRFB/88. Assim, os entes federativos, ao adotarem alíquotas de ICMS incidentes sobre operações de energia elétrica em patamares superiores às alíquotas gerais internas relativas aos bens e serviços, equipararam bens essenciais aos bens tidos por supérfluos, tais como: joias, embarcações de esporte e recreio, cigarros, bebidas alcólicas, dentre outros.

Diante desse cenário, era previsível que a adoção de alíquotas tão elevadas gerassem disputadas judiciais e fossem objeto de críticas doutrinárias. Discordando do percentual estipulado para as alíquotas incidentes sobre energia-elétrica e serviços de telecomunicação, os contribuintes levaram referida problemática ao STF para análise da (in)constitucionalidade das alíquotas estabelecidas nas legislações estaduais até então vigentes.

2. Os avanços introduzidos pelo STF e pela LC nº 194/2022 quanto à tributação de energia elétrica

2.1. O julgamento do RE nº 714.139 (Tema 745) pelo STF

O STF foi provocado a julgar a constitucionalidade, ou não, da previsão da alíquota de 25% (vinte e cinco por cento) relativa ao ICMS incidente sobre o fornecimento de energia elétrica de Santa Catarina, uma vez que a alíquota interna de ICMS deste Estado era de 17% (dezessete por cento).

À princípio, o ex-ministro Marco Aurélio negou seguimento ao recurso e a 1ª Turma não deu provimento ao agravo regimental[15]. Contudo, foram aceitos os embargos de declaração opostos para corrigir omissão no decisum, pois restou reconhido que não se tratava de um caso cuja matéria era infraconstitucional e fática, mas sim de discussão constitucional sobre os princípios da seletividade e da igualdade, dispostos, respectivamente, nos arts. 155, §2º, III, e art. 150, II, da CRFB/88[13].

[13] Vide: STF, RE 714139, rel. min. Marco Aurélio, j. 21/12/2012.

Os argumentos para que fossem aplicadas alíquotas majoradas eram dos mais diversos, dentre eles: (i) facultatividade da seletividade do ICMS, já que diferentemente do IPI não é um dever, mas sim uma possibilidade; (ii) discricionariedade maior do legislador na escolha das alíquotas; (iii) uso da extrafiscalidade para desincentivar consumo de energia elétrica em setores de altas demandas e para evitar desperdício; e (iv) não violação do princípio da isonomia.

Em dezembro de 2021, o STF julgou o mérito reconhecendo que a adoção da seletividade quando da instituição do ICMS é uma faculdade do ente federativo, porém, caso seja por ele adotada, deve-se observar o critério da essencialidade como preceito de eficácia positiva. Em sua fundamentação, o ex-Ministro Relator Marco Aurelio deixa claro que deve ser respeitada a capacidade econômica do consumidor final com a observação da destinação do bem e do serviço, a fim de se alcançar a justiça fiscal e um imposto menos regressivo.

Segundo entendimento assentado, a essencialidade é uma expressão fluida, mas contém um núcleo de conteúdo mínimo que deve ser respeitado pelo legislador. No caso da energia elétrica, a sua essencialidade é perceptível, pois trata-se de um bem intrísico à sociedade. Essa imprescindibilidade não é apenas qualitativa, mas também quantitativa.

De acordo com o Instituto Brasileiro de Geografia e Estatística 99,5% (noventa e nove vírgula cinco por cento) das residências consomem energia elétrica[14]. Já para comércios e estabelecimentos industriais, sem energia elétrica não há atividade. Assim, não há como negar que energia elétrica consiste em bem essencial e, por via de consequência, é inelástico, sendo que o aumento da tributação não gera realocação de recursos.

Dessa forma, a Corte Suprema conclui que a onerosidade tributária alocada a bens essenciais não compactua com a dignidade humana e com o desenvolvimento nacional almejados pela Constituição vigente, indo de encontro aos artigos 1º e 3º da CRFB/88. Desse modo, restou fixada a tese jurídica do Tema nº 745 nos seguinte tese:

[14] INSTITUTO BRASILEIRO E GEOGRAFIA E ESTATÍSTICA (IBGE). Diretoria de Pesquisas, Coordenação de Trabalho e Rendimento. **Pesquisa Nacional por Amostra de Domicílios Contínua 2012/2019.** Disponível: https://biblioteca.ibge.gov.br/visualizacao/livros/liv101707_informativo.pdf. Acesso em: 5. out. 2022.

> Adotada pelo legislador estadual a técnica da seletividade em relação ao Imposto sobre a Circulação de Mercadorias e Serviços (ICMS), discrepam do figurino constitucional alíquotas sobre as operações de energia elétrica e serviços de telecomunicação em patamar superior ao das operações em geral, considerada a essencialidade dos bens e serviços.

Se o STF reconheceu a essencialidade da energia elétrica, logo, em atenção ao princípio da seletividade em função da essencialidade, tal mercadoria não deveria ser menos onerada que aquelas de modo geral? Acredita-se que houve avanços quando o STF cortou evidentes excessos na fixação de alíquotas incidentes sobre mercadorias e serviços essenciais pelos Estados e pelo Distrito Federal, porém, juridicamente seria mais adequado que essas mercadorias fossem menos oneradas que as de modo geral.

Cumpre ressaltar, ainda, que o STF fixou a modulação dos efeitos da decisão: ressalvadas as ações ajuizadas até o dia 05/02/2021, data do início do julgamento de mérito, os efeitos jurídicos começam a vigorar a partir do exercício financeiro de 2024. No acordão, restou consignado que a ausência de modulação de efeitos pode "colocar em risco a segurança jurídica". Busca, em certa medida, preservar os exercícios financeiros de 2021 a 2023, tendo em vista a previsão de diminuição da arrecadação aos cofres públicos em torno de R$ 26.000.000,00 (vinte e seis bilhões de reais). Complementa-se que essa transição orçamentária é necessária para assegurar o devido funcionamento das políticas públicas, em especial, quanto ao enfrentamento da pandemia de Covid-19. Logo, propõe-se a vigência a partir do Plano Plurianual 2024-2027.

Além de ter fundamento legal no código processualista, a modulação de efeitos mostra-se necesária diante da previsão do art. 20 da LINDB, o qual dispõe que as decisões judiciais devem considerar as consequências práticas no caso concreto. Todavia, há margem para críticas em relação ao prazo escolhido. Nesse contexto de crise econômico-sanitária, os contribuintes urgiam por essa desoneração, sendo propostas diversas ADIs a partir do julgamento do RE nº 714.139.

Em consonância à tese fixada no Tema nº 745, o STF também julgou insconstitucional as alíquotas de ICMS-energia elétrica previstas nas legislações dos Estados de Santa Catarina, Distrito Federal, Pará, Tocantins, Ceará, Rio Grande do Sul, Paraíba, Paraná, Amazonas, Roraima e Sergipe, através das ADIs 7117, 7123, 7111, 7113, 7124, 7132, 7114, 7110, 7129, 7118 e 7120[15]. Todos os acordãos publicados aplicaram modulação de efeitos a partir do exercício financeiro de 2024.

2.2. A edição da LC nº 194/2022

A LC nº 194, de 23 junho de 2022, fez importantes alterações no CTN e na Lei Kandir, para considerar a energia elétrica, o gás natural, os combustíveis, as comunicações e os transportes coletivos como bens e serviços essenciais e indispensáveis. A edição da referida lei teve por objeto adequar a legislação tributária à tese consolidada no Tema nº 745 do STF, em razão do julgamento do RE nº 714.139.

Neste sentido, com enfoque na temática das alíquotas, o art. 1º da LC nº 194/22 introduziu o art. 18-A do CTN e o art. 2º da LC nº 194/22 inseriu o art. 32-A da LC nº 87/96. Ambos os artigos introduzidos, inclusive com redações parecidas, buscam uniformizar a fixação de alíquotas de ICMS-energia elétrica para evitar que mercadorias e serviços essenciais tenham alíquotas equiparadas a bens prescindíveis, tais como: cigarro, bebidas alcólicas, asa- delta, trituradores de lixo, cachimbo, dentre outros.

No âmbito do CTN, o art. 18-A, caput, determina de modo expresso que a energia elétrica, o gás natural, os combustíveis, as comunicações e os transportes coletivos não podem ser tratados como bens ou serviços supérfluos e, por via de consequência, não podem ser tributados em patamares superiores ao das operações em geral. Nesse sentido, ao escolher pela adoção de alíquotas difereneçadas, os Estados e o Distrito Federal

[15] STF, ADI 7117/SC, rel. min. Dias Toffoli, j. 27/06/2022, DJe 09/08/2022.
STF, ADI 7123/DF, rel. min. Dias Toffoli, j. 27/06/2022. DJe 09/08/2022,
STF, ADI 7111/DF, rel. min. Edson Fachin, j. 29/08/2022, DJe 26/09/2022.
STF, ADI 7113/TO, rel. min. Edson Fachin, j. 29/08/2022, DJe 26/09/2022.
STF, ADI 7124/CE, rel. min. Ricardo Lewandowski, j. 05/09/2022, DJe 27/09/2022.
STF, ADI 7132/RS, rel. min. Ricardo Lewandowski, j. 05/09/2022, DJe 27/09/2022.
STF, ADI 7114/PB, rel. min. Ricardo Lewandowski, j. 05/09/2022, DJe 27/09/2022.
STF, ADI 7110/PR, rel. min. Rosa Weber, j. 14/09/2022, DJe 29/09/2022.
STF, ADI 7129/AM, rel. min. Rosa Weber, j. 14/09/2022, DJe 29/09/2022.
STF, ADI 7118/RO, rel. Cármen Lúcia, j. 10/10/2022.
STF, ADI 7120/SE, rel. Cármen Lúcia, j. 10/10/2022.

optaram por aplicar a seletividade e, portanto, devem observar o critério da essencialidade.

Na prática, após o julgamento do Tema nº 745 pelo STF e a edição da lei complementar, a maioria dos Estados e do Distrito Federal reduziram as alíquotas sobre operações de energia elétrica, fixando o teto em valores equivalentes as alíquotas gerais internas (17% a 18%, a depender do ente federativo). Ademais, o art. 18-A, § único, II, do CTN dispôs como uma facultatividade a redução das alíquotas em relação às alíquotas gerais internas. Contudo, as alíquotas que são inferiores não podem ser majoradas, conforme prevê o art. 18-A, § único, III, do CTN.

Acredita-se que a Lei Complementar também poderia ter ido além, determinando que as alíquotas de bens e serviços essencais deveriam ser menores do que as alíquotas gerais internas, vedando igualar um bem e serviço necessário com as mercadorias de modo geral.

A Lei Complementar nº 194/2022 ao prescrever a equiparação de alíquotas entre bens e serviços necessários e gerais, possivelmente foi influenciada por dados econômicos. Só em 2021 foi arrecadado em todos os Estados e Distrito Federal o valor de R$ 66.392.133,74 de ICMS sobre operações de energia elétrica, de acordo com o Boletim de Arrecadação de Tributos Estaduais de 2021[16]. E a expectativa, como supramencionado acima, é que a arrecadação diminua pelo menos por volta de R$ 26.000.000,00 (vinte bilhões de reais) anuais, conforme disposto no RE nº 714.139 do STF. Essas informações não devem ser analisadas como um fim em si mesmo. Como bem pontuado por Alfredo Augusto Becker[17], é necessário cuidado com respostas sincréticas sob risco de aplicarmos um carnaval metodológico.

Há de se pensar que proporcionalmente as famílias hipossuficentes financeiramente são àquelas que mais sofrem com a onerosidade da tributação sobre o consumo. Desse modo, a redução das alíquotas de ICMS-

[16] Confaz. **Boletim de Arrecadação de Tributos Estaduais de 2021.** Disponível em: https://www.confaz.fazenda.gov.br/boletim-de-arrecadacao-dos-tributos-estaduais. Acesso em: 5 out. 2022.

[17] Becker, Alfredo Augusto. **Carnaval tributário.** 2ª ed. Lejus: São Paulo, 2004; BECKER, Alfredo Augusto. Teoria geral do direito tributário. 7ª ed. Noeses: São Paulo, 2018, p. 3.

-energia elétrica concretizaria o princípio da capacidade contributiva, prescrito no art. 145, §1º, da CRFB/88.

Assim, pautado-se em argumentos jurídicos, a fixação de alíquota mais adequada deveria ser em patamares menores que a alíquota geral interna, uma vez que, como fixado pelo STF no RE nº 714.139, quando adotado critério da seletividade, deve-se seguí-lo em função da essencialidade. Neste caso, a graduação de alíquotas deve ser menor para bens e serviços essenciais, intermediária para aqueles gerais e majorada para os supérfluos.

Além disso, é de suma importância ressaltar que os efeitos da LC nº 194/22 não são automáticos, pois, em respeito à separação dos poderes e autonomia dos entes federativos, cabe a cada Estado e ao Distrito Federal legislar internamente sobre quais serão as alíquotas de ICMS, justamente por serem os entes competentes para tanto. Neste sentido, para se adequar a essa nova legislação vigente, que impôs limites ao poder de tributos, a maioria desses entes federativos já reduziram as alíquotas de ICMS-energia elétrica[18], seja através de leis ou medidas provisórias.

Enfim, tendo em vista essa base teórica descritiva, tem-se por finalidade demonstrar que tanto para o Poder Judiciário como também para o Poder Legislativo seria mais adequado que fosse vedada a fixação de alíquotas de ICMS-energia elétrica em percentuais iguais aos da maioria das mercadorias e serviços, tendo em vista que energia elétrica é um bem essencial e indispensável.

3. A fixação das alíquotas de ICMS energia elétrica

Definir o significado da palavra essencialidade é uma tarefa díficil, por se tratar de critério subjetivo cuja resposta dependerá da perspectiva socio- cultural que a pessoa está inserida. Ainda assim, é necessário atribuir significado a referido termo, uma vez que foi escolhida como critério constitucional para atribuição da seletividade, conforme prescreve o art. 155, §2º, III, da CRFB/88.

[18] Para fins de exemplificação, foram observadas mudanças nos Estados: Acre, Alagoas, Amazonas, Ceará, Espírito Santo, Goiás, Maranhão, Mato Grosso do Sul, Minas Gerais, Pará, Paraíba, Paraná, Piauí, Rio de Janeiro, Rio Grande do Norte, Rio Grande do Sul, Rondônia, São Paulo, Santa Catarina, além do Distrito Federal.

Nesta pesrpectiva, Humberto Ávila define que essencial "é algo de importância decisiva[19]". Já Hugo de Brito Machado afirma ser aquilo "absolutamente necessário", o bem "indisponível", que sua ausência compromete a subsistência das pessoas nas condições atualmente vividas no País[20]. Isto é, entende-se que essencial consiste em algo imprescindível para a concretização do princípio da dignidade humana, basilado no art. 1º, IV, da CRFB/88.

Ainda retornando a pergunta, que é essencial? Será possível afirmar que para determinado indivíduo um ar-condicionado diante de um calor de 40ºC é essencial e, para outros, não? Ou, que há civilizações que não vivem sem energia elétrica e, para outras, isso não é uma necessidade? Como foi dito anteriormente, há margem para subjetivismo, porém, a norma jurídico- constitucional busca alcançar a definição de essencialidade de acordo com os bens que são necessários no ambiente coletivo no qual a sociedade está inserida. Por conseguinte, diante do cenário socio-econômico predominante no contexto global, é impensável negar a imprescindibilidade da energia elétrica, na medida em que mantém as moradias, cidades, fábricas, administrações públicas... enfim, o mundo funcionando. Corroborando essa ideia, Hugo de Brito Machado Segundo afirma que "no contexto histórico atual, não se pode em sã consciência questionar a essencialidade da energia elétrica, razão entendemos ofensivo à inteligência do leitor nos alongarmos[21]".

Diante disso, Paulo de Barros Carvalho em seus ensinamentos estabeleceu três critérios para classificação de seletividade dos produtos do IPI, que também podem ser utilizados como referência na instituição do ICMS, são eles: produtos necessários, úteis e supérfluos.

Antes de prosserguir, vale ressaltar que, segundo Aliomar Baleeiro, tendo em vista os arts. 109 e 110 do CTN, o Direito Privado irá prevalecer "quanto à definição, conteúdo e ao alcance dos institutos, conceitos e formas daquele Direito, sem prejuízo de o Direito Tributário modificar-

[19] E complementa: "Quanto mais essencial for o produto, a mercadoria ou o serviço, menor deverá ser a alíquota." ÁVILA, Humberto. **Sistema constitucional tributário.** 2. ed. São Paulo: Saraiva, 2006. p. 387.

[20] MACHADO, Hugo de Brito. *op. cit.*, p. 51.

[21] SEGUNDO, Hugo de Brito Machado. *op. cit.*, p. 73.

-lhes os efeitos fiscais"[22]. Assim, inspirando-se na classificação tripartida de benfeitorias exposta pelo civilista Sílvio Venoza, necessárias são aqueles bens imprescindíveis para manutenção do indivíduo, úteis os que aumentam ou facilitam a vida do indivíduo e os voluptuários (supérfluos) são aqueles disponíveis para "deleite ou recreio"[23]. A partir dessa classificação, fica fácil perceber que a energia elétrica é uma mercadoria necessária.

Nas lições de Roque Antonio Carrazza, enfatiza-se que o consumo de energia elétrica não é uma escolha, não há "liberdade de consumo, mas apenas, necessidade, já que ninguém pode prescindir de pão, de transporte coletivo, de energia elétrica[24]". Não obstante, alíquotas reduzidas para energia elétrica não eram a realidade fática de tributação, pois, conforme reitera Hugo de Brito Machado Segundo, de Estado para Estado as alíquotas seletivas variavam de 20% a 30% e as seletivas e progressivas entre 0% a 25%, colocando de forma indevida a energia elétrica ao patamar de mercadorias supérfluas[25]. Complementa Luís Eduardo Schoueri que há certa "estranheza" na elevada tributação no consumo de energia elétrica, pois é imprescindível[26].

Nesse contexto, segundo Paulo de Barros Carvalho, no tocante aos produtos necessários, é ideal que sejam concedidas isenções, mas, caso isso não seja feito, as alíquotas devem ser baixas. Em relação aos produtos úteis, as alíquotas devem ser intermediárias. Já, nos bens supérfluos, a tributação deve ser com alíquotas elevadas[27] . Nesta mesma lógica, Hugo de Brito Machado ratifica que se o legislador adotar a variação de alíquo-

[22] BALEEIRO, Aliomar; DERZI, Misabel. **Direito tributário brasileiro**. 14. ed. Rio de Janeiro: Forense, 2018.

[23] VENOSA, Sílvio de Salvo. *Direito civil*: parte geral. Barueri-SP: Grupo GEN, 2022, v. 1, p. 296. E- book, p. 1061.

[24] CARRAZZA, Roque Antonio. *op. cit*, p. 466-467.

[25] E complementa: "De fato, a energia não é bem supérfluo, nem suntuário. Não se compara ao fumo ou às bebidas. Deveria, portanto, ser tributada no máximo pela mesma alíquota das demais mercadorias e serviços, que na maioria dos Estados é de 17%. Nunca por alíquotas de 25% a 30%." SEGUNDO, Hugo de Brito Machado. *op. cit.*, p. 73.

[26] SCHOUERI, Luís Eduardo. *op. cit.*, p. 457.

[27] CARVALHO, Paulo de Barros. **IPI – Comentários sobre as regras gerais de interpretação da tabela NBM/SH.** ***Revista Dialética de Direito Tributário***, n. 12, p. 52, set. 1996.

tas, "a mercadoria essencial há de ter alíquotas mais baixas e a menos essencial, cuja graduação não é a mesma que aquela que se pode mesmo considerar supérflua, há de ter alíquotas mais elevadas"[28]. De forma mais precisa quantitativamente, Sacha Calmon indica alíquotas de 9% a 12% para mercadorias necessárias e de consumo em massa, 17% para a maioria das mercadorias e, por volta, de 25% para as supérfluas[29].

Ora, após a Lei Complementar nº 194/2022, os Estados e o Distrito Federal adotaram as alíquotas em média em torno de 17% e 18%. Alguns desses entes federativos até instituem diferenciação mais benéfica de alíquotas para determinadas bases de cálculo e classes de consumidores finais, porém, isso, por si só, não permite a plena adequação da seletividade. Como já exposto anteriormente, o posicionamento do STF é que energia elétrica é um bem essencial independentemente de quem está consumindo e da quantidade consumida.

Assim, dentre os posicionamentos apresentados, este trabalho defende que o mais adequado seria a conjugação da classificação teórica de essencialidade proposta por Paulo de Barros Carvalho, no caso do IPI, com a classificação quantitativa de diferenciação de alíquotas, proposta por Sacha Calmon. Assim, tendo em vista a essencialidade e o consumo de massa da energia elétrica, o adequado seria que as alíquotas fossem fixadas no máximo em torno de 9% a 12%.

Em relação ao controle judicial, nas lições de Hugo de Brito Machado, o legislador tem uma margem de liberdade, mas ela só se consolida com o "fenômeno da concreção jurídica"[30] e, assim, só serão analisadas as alíquotas depois que fixadas. De fato, o Poder Judiciário não pode estabelecer qual será a alíquota que deve incidir de ICMS sobre operações de energia elétrica aos Estados e ao Distrito Federal no caso concreto. Todavia, tem o poder de, no caso concreto, analisar se determinada alíquota está, ou não, de acordo com os preceitos constitucionais e, além disso, decidir sobre até qual margem percentual não ofenderia o ordenamento jurídico.

[28] MACHADO, Hugo de Brito. *op. cit.*, p. 50.
[29] COÊLHO, Sacha Calmon Navarro. **Comentários à Constituição de 1988:** sistema tributário. 2. ed. Rio de Janeiro: Forense, 1990. p. 238-239.
[30] MACHADO, Hugo de Brito. *op. cit.*, p. 50.

Em outro giro verbal, o Poder Judiciário não deve fixar que a alíquota adequada de ICMS-energia elétrica é de 9%, mas pode decidir que a alíquota de ICMS-energia elétrica do Estado de Santa Catarina fere a Carta Magna, pois, no caso concreto, a alíquota de 25% é maior que a alíquota geral de 17%. Além disso, é possível que fixe que as alíquotas de ICMS referentes as mercadorias e serviços necessários não devem ser iguais superiores a alíquota de ICMS interna do Estado ou do Distrito Federal. De qualquer modo, atualmente, o Egrégio Tribunal vincula aos legisladores a margem de escolha de alíquotas de ICMS-energia elétrica entre 0% e a alíquota geral interna do respectivo Estado ou do Distrito Federal.

Conclusões

A análise da tributação das alíquotas de ICMS-energia elétrica é de suma importância, uma vez que representa uma violação da seletividade em função da essencialidade. A essencialidade da energia elétrica, inclusive, é uma unanimidade jurisprudencial e doutrinária, pois é um bem indispensável para se viver com dignidade humana.

Como visto ao longo deste trabalho, tanto a doutrina predominante como a jurisprudência concordam que a expressão "poderá ser seletivo", disposta no art. 155, §2º, III, da CRFB/88, a qual prescreve a facultatividade da seletividade ao ICMS. Todavia, todos os Estados e o Distrito Federal aplicam variações de alíquotas para mercadorias e serviços diferentes, logo, a integralidade desses entes federativos precisa observar a seletividade em função da essencialidade.

Durante décadas, de forma quase unânime, os Estados e o Distrito Federal aplicavam alíquotas de ICMS majoradas com tetos entre 20% a 30%, sendo que as alíquotas gerais internas são de 17% a 18%. De fato, alguns desses entes federativos aplicavam em determinadas condições alíquotas inferiores em relação as alíquotas gerais, medida a qual, inclusive, deve ser incentivada, uma vez que visa concretizar o princípio da capacidade contributiva do imposto. Entretanto, isso não isenta o dever dos Estados e do Distrito Federal em observar a seletividade em função da essencialidade, independentemente do sujeito e da quantidade que está sendo consumida.

Como determina o RE nº 714.139, tema nº 745 do STF, a energia elétrica é um bem essencial a todos e seu caráter é predominantemente inelástico, ou seja, o controle de extrafiscalidade no ICMS-energia elétrica não é eficaz, uma vez que não há mercadoria substituta.

Acredita-se que para a concretização da seletividade em função da essencialidade, o mais adequado é a conjugação da classificação teórica de essencialidade aplicada no IPI com a classificação quantitativa de diferenciação de alíquotas, propostas, respectivamente, por Paulo de Barros Carvalho e Sacha Calmon. Assim, tendo em vista a essencialidade e o consumo em massa da energia elétrica, o adequado seria que o teto dessas alíquotas fossem no máximo em torno de 9% a 12%.

Ademais, reconhece-se que não há óbice para o controle judicial, visto que o Poder Judiciário busca averiguar a constitucionalidade das alíquotas no caso concreto, estabelecendo uma margem para que o legislador aplique a discricionariedade seguindo os parâmetros constitucionais.

Desse modo, o STF introduziu avanços através do RE 714.139, tema nº 745, ao fixar a tese que são vedadas alíquotas majoradas de ICMS-energia elétrica em valores superiores aos das alíquotas internas. Em consonância a esse entendimento, foi determinada a inconstitucionalidade das alíquotas de ICMS-energia elétrica nas ADIs 7117, 7123, 7111, 7113, 7124, 7132, 7114, 7110, 7129, 7118 e 7120.

Não obstante, defende-se que ainda não foi cumprida a integralidade da seletividade em função da essencialidade. Ao estabelecer o teto da alíquota de ICMS-energia elétrica aos patamares do ICMS geral de cada Estado ou Distrito Federal, ocorreu a possibilidade de equiparação entre mercadorias e serviços essenciais e mercadorias e serviços em geral.

A Lei Complementar nº 194/2022 também não acrescentou muitos avanços além daqueles estabelecidos pelo STF. Assim, na prática, a maior parte dos Estados e do Distrito Federal equipararam a alíquota de ICMS-energia elétrica com a alíquota geral interna do respectivo ente regional.

Sabe-se que um fator que pode ter influenciado a não fixação de um teto com alíquota menor, tanto no Poder Judiciário como também no Poder Legislativo, seria o prejuízo de bilhões de reais na arrecadação dos cofres públicos. Em contrapartida, há de se pensar que proporcionalmente as famílias hipossuficentes financeiramente são àquelas que mais sofrem com a onerosidade da tributação sobre o consumo. Desse modo, a redução das alíquotas de ICMS-energia elétrica concretizaria o princípio da capacidade contributiva.

Ainda assim, este trabalho se propõe a analisar a temática sob perspectiva jurídica. Desse modo, a fim de cumprir plenamente a seletividade em função da essencialidade, seria mais adequado que o Poder Judiciário e o Poder Legislativo tivessem vedado também a fixação de alíquotas ICMS- energia elétrica em patamares iguais ao das operações em geral, considerado a essencialidade dos bens e serviços.

Referências

AMARO, Luciano da S. **Direito tributário brasileiro.** 24. ed. São Paulo: Editora Saraiva, 2021. E-book.

ÁVILA, Humberto. **Sistema constitucional tributário.** 2. ed. São Paulo: Saraiva, 2006.

BALEEIRO, Aliomar; DERZI, Misabel. **Direito tributário brasileiro.** 14. ed. Rio de Janeiro: Forense, 2018.

BECKER, Alfredo Augusto. **Carnaval tributário**. 2ª ed. Lejus: São Paulo, 2004; BECKER, Alfredo Augusto. Teoria geral do direito tributário. 7ª ed. Noeses: São Paulo, 2018.

BOMFIM, Diego Marcel Costa. **Extrafiscalidade:** identificação, fundamentação, limitação e controle. Tese (Doutorado em Direito) – Programa de Pós-Graduação em Direito da Faculdade de Direito da Universidade de São Paulo, São Paulo, 2014.

CARRAZZA, Roque Antonio. **Curso de direito constitucional tributário.** 29. ed. São Paulo: Malheiros Editores, 2013.

CARRAZZA, Roque Antonio. **ICMS.** 18. ed. São Paulo: Malheiros Editores, 2020.

CARVALHO, Paulo de Barros. **Curso de direito tributário**. 31. ed. São Paulo: Noeses, 2021.

CARVALHO, Paulo de Barros. IPI – Comentários sobre as regras gerais de interpretação da tabela NBM/SH. **Revista Dialética de Direito Tributário**, n. 12, p. 42-60, set. 1996.

COÊLHO, Sacha Calmon Navarro. **Comentários à Constituição de 1988:** sistema tributário. 2. ed. Rio de Janeiro: Forense, 1990.

COÊLHO, Sacha Calmon Navarro. **Curso de direito tributário brasileiro.** 18. ed. Rio de Janeiro: Forense, 2022.

CONFAZ. **Boletim de Arrecadação de Tributos Estaduais de 2021.** Disponível em: https://www.confaz.fazenda.gov.br/boletim-de-arrecadacao- dos-tributos--estaduais. Acesso em: 5 out. 2022.

INSTITUTO BRASILEIRO E GEOGRAFIA E ESTATÍSTICA (IBGE). Diretoria de Pesquisas, Coordenação de Trabalho e Rendimento. **Pesquisa Nacional por Amostra de Domicílios Contínua 2012/2019**. Disponível: https://biblioteca.ibge.gov.br/visualizacao/livros/liv101707_informativo.pdf. Acesso em: 5. out. 2022.

MACHADO, Hugo de Brito. O ICMS no fornecimento de energia elétrica: questões da seletividade e da demanda contratada. **Revista Dialética de Direito Tributário**, São Paulo, n. 155, p. 48-56, ago. 2008.

MANKIW, N. Gregory. **Introdução à economia**. Tradução da 8.ed. norte- americana. São Paulo: Cengage Learning Brasil, 2019. E-book.

MARTINS, Gilberto de Andrade; THEÓPHILO, Carlos Renato. **Metodologia da investigação científica para ciências sociais aplicadas.** 3. ed. São Paulo: Atlas, 2016.

MELO, José Eduardo Soares de. **ICMS teoria e prática**. 12. Ed. São Paulo: Dialética, 2012.

QUEIROZ, Rafael Mafei Rabelo. **Monografia jurídica**: passo a passo. Rio de Janeiro: Forense; São Paulo: Método, 2015.

SCHOUERI, Luís Eduardo. **Direito tributário.** 11. ed. São Paulo: Editora Saraiva, 2022.E-book. Disponível em: https://integrada.minhabiblioteca.com.br/#/books/9786555596366/. Acesso em: 16 ago. 2022.

SEGUNDO, Hugo de Brito Machado. A tributação da energia elétrica e a seletividade do ICMS. **Revista Dialética de Direito Tributário**, São Paulo, n. 62, nov. 2000.

THEÓPHILO, Carlos Renato. **Metodologia da investigação científica para ciências sociais aplicadas.** 3. ed. São Paulo: Atlas, 2016

VENOSA, Sílvio de Salvo. **Direito civil:** parte geral. Barueri-SP: Grupo GEN, 2022, v. 1, E-book.

19.
DIREITO DE RESISTÊNCIA NA ORDEM CONSTITUCIONAL BRASILEIRA

Roberto de Souza Campos Cosso[31]

Introdução

Não é raro que o Estado constitucional e seus governados sejam ameaçados por governantes e detentores de poder político, mesmo que legitimamente eleitos. A história é marcada por mazelas que impedem a realização material dos Estados de Direito.

O Estado Social e Democrático de Direito brasileiro introduzido com a Constituição Federal de 1988 (CF/88) quis superar as lacunas que, no passado, permitiram violações de direito. Mas a carência na efetivação de princípios, garantias, direitos e estruturas impede a concretização de seus fins e possibilita que seus instrumentos jurídicos formais sejam usados para objetivos materialmente inconstitucionais.

Esta pesquisa investiga se há um direito de resistência ao poder estatal no Brasil, especialmente a partir da CF/88, o qual possibilite evitar violações de direitos e a criminalização de movimentos populares irresignados contra abusos estatais.

São discutidas noções de poder, soberania e legitimidade; o conceito do direito de resistência, sua classificação, suas fundamentações, suas expressões na história e sua presença no Brasil.

[31] Artigo elaborado a partir da monografia apresentada ao Núcleo de Monografia Jurídica da Faculdade de Direito da PUC-SP, sob orientação do Professor Doutor Pedro Estevam Alves Pinto Serrano.

A pesquisa tem natureza qualitativa, no campo da análise temática, com métodos dedutivo e dialético de análise, e usa referências da literatura científica e histórica, além de documentos normativos.

1. Soberania e legitimidade de poder

O poder pode ser definido como uma relação de forças que permeia a sociedade de forma fluida[32]; na qual uns obedecem e outros mandam, em razão da força, ideias, crenças ou valores[33].

Sua consolidação se dá pela legitimidade, que consiste na probabilidade de a dominação ser mantida[34] ou na disposição geral para aceitar decisões de cunho ainda não definido, dentro de limites[35], e está ligada a crenças de cada época[36]. Esta pode ser construída por vários meios, mas, com o predomínio do Estado de Direito, vinculou-se a normas jurídicas e à noção de soberania.

A partir das ideias de Maquiavel sobre o poder centralizado como modelo de organização política e sobre a racionalização do uso irrestrito da força pelo governante[37], a soberania seria inicialmente definida por Bodin como o comando absoluto e perpétuo de uma união que forma a República, limitado apenas por Deus[38], e depois por Grócio como o poder político supremo cujos atos são independentes[39].

No séc. XVI, no seio do contratualismo, surgiu a fundamentação da soberania na vontade popular[40] ou no povo unido[41]. No séc. XVIII, surgiu com Sieyès a noção de soberania nacional, com atribuição da sobe-

[32] Foucault, Michel. **Microfísica do poder.** 20. ed. São Paulo: Graal, 2004, p. 175-193.

[33] Águila, Rafael del. **Manual de Ciencia Política**. 5. ed. Madrid: Editorial Trotta, 2008, p. 23-24.

[34] Weber, Max. **Economía y sociedad**. México: Fondo de Cultura Económica, 2004, p. 171.

[35] Luhmann, Niklas. **Legitimação pelo procedimento**. Brasília: UnB, 1980, p. 30.

[36] Bonavides, Paulo. **Curso de Direito Constitucional**. São Paulo: Malheiros, 2006, p. 18.

[37] Maquiavelli, Niccolo. **O Príncipe.** São Paulo: Cultrix, 2006.

[38] Bodin, Jean. **Los seis libros de la República**. 4. ed. Madrid: Tecnos, 1987, p. 47-66.

[39] Grotius, Hugo. **O direito da guerra e da paz – V. 1 e 2.** Ijuí: Unijuí, 2005, p. 175.

[40] Hobbes, Thomas. **Leviatã ou matéria, forma e poder de uma república eclesiástica e civil.** São Paulo: Martins Fontes, 2003.

[41] Rousseau, Jean Jacques. **Do Contrato Social ou Princípios do Direito Político.** 3. ed. São Paulo: Martin Claret, 2012.

rania ao Terceiro Estado, representado por uma Assembleia Nacional Constituinte[42].

Hauriou desenvolveu o conceito e passou a descrevê-la como: elemento de coação sobre a sociedade; expressão do consenso popular; e a personalidade moral e jurídica do Estado[43].

Com a globalização, ganham importância as lições de Kelsen, para quem a soberania é a preponderância da ordem jurídica nacional sobre outras[44], e de Reale, para quem esta é o poder de uma nação de organizar-se livremente e fazer valer no seu território suas decisões para realizar o bem comum[45].

Interessante a ressalva de Pires, para quem a soberania opera mais como discurso sobre o poder do que como direito de monopólio do poder em si[46]. Com a internacionalização do capital e da vida e a proliferação de organizações internacionais, atualmente há uma tendência de reduzir a soberania a um conceito meramente formal[47], vinculado à norma jurídica que dê aparência de soberania, e não soberania de fato.

2. O direito de resistência

Há diversas definições do direito de resistência: é "última *ratio*" do cidadão ofendido em seus direitos, liberdades e garantias, por atos do poder público ou de agentes privados"[48]; é direito de opor-se a um poder ile-

[42] Lewandowsky, Enrique Ricardo. **Globalização, regionalização e soberania.** São Paulo: Editora Juarez de Oliveira, 2004, p. 228-232.

[43] Hauriou, 1929, p. 86 *apud* Reale, M. Miguel. **Teoria do Direito e do Estado.** 5. ed. São Paulo: Saraiva, 2000, p. 143.

[44] Kelsen, Hans. **Teoria geral do direito e do estado**. 3. ed. São Paulo: Martins Fontes, 1998, p. 544 e ss.

[45] Reale, *op. cit.*, p. 140.

[46] Pires, Luís Manuel Fonseca. **Estados de exceção: a usurpação da soberania popular**. São Paulo: Contracorrente, 2021, p. 59.

[47] Mello, 1994, p. 121-122 apud DIAS, Daniella S. Soberania: A legitimidade do poder estatal e os novos rumos democráticos. **Revista de Informação Legislativa**, Brasília, v. 48, n. 192, p. 55-66, out./dez. 2011, p. 63. Disponível em: http://www2.senado.leg.br/bdsf/handle/id/242929. Acesso em: 15 out. [2011].

[48] Canotilho, José Joaquim Gomes. **Direito constitucional e teoria da constituição.** Coimbra: Almedina, 1995, p. 663.

gítimo ou arbitrário, violento e desconforme com o direito estatal[49]; é a consequência da crise no estado da sociedade civil que fere a liberdade e possibilita a reversão ao estado de natureza[50]; é a limitação do poder e a custódia da liberdade da comunidade, para conservação do bem comum e do justo e reto ordenamento político-jurídico do Estado[51]; é direito acessório que suporta outros direitos essenciais, caso sejam violados[52].

Ao conciliar definições, pode-se dizer que o direito de resistência é um direito próprio do ser humano, exercido de maneira individual ou coletiva, que tutela o direito de não se submeter ao abuso do poder que resulte em injustiça e violação a outros direitos fundamentais e que pode ser exercido pela forma de oposição. Esse direito só existe em relações estabelecidas em sociedades e quando o abuso se perpetua, sendo que o alvo da resistência é sempre o Estado, em decorrência do seu monopólio do uso da força. O direito de resistência objetiva transformar a ordem política e aprimorar o papel do Estado em prol da ampliação dos princípios estatais e do processo civilizatório.

A abusividade do poder refere-se ao seu mau uso por parte do Estado, nas formas de abuso de direito, desvio de poder ou de finalidade[53], cuja constatação considera a legitimação e os limites do poder, mas varia a depender se o direito de resistência é considerado direito natural ou positivo.

O direito de resistência pode ser classificado em: individual ou coletivo (quanto ao sujeito que o exerce), parcial ou total (quanto ao grau de questionamento ao poder), ativo ou passivo (quanto ao tipo de ação

[49] Cassandro, 1968, p. 591 *apud* Eceizabarrena, Juan Ignacio Ugartenmedia. El derecho de resistencia y su constitucionalización. **Revista de estudios políticos**, Espanha, v. 103, p. 213-245, 1999, p. 214. Disponível em: https://dialnet.unirioja.es/servlet/articulo?codigo=27159. Acesso em: 15 out. 2022.

[50] Lafer, Celso. **A reconstrução dos direitos humanos: um diálogo com o pensamento de Hannah Arendt**. São Paulo: Companhia das Letras, 1988, p. 177-178.

[51] Aravena, Patricio Carvajal. Derecho de resistencia, derecho de revolución, desobediencia civil. **Revista de estudios políticos**, Espanha, n. 76, p. 63-102, abr./jun. 1992, p. 68. Disponível em: https://recyt.fecyt.es. Acesso em: 15 out. 2022.

[52] Bobbio, Norberto. **A era dos direitos.** Rio de Janeiro: Elsevier, 2004, p. 44.

[53] Martins, Ricardo Marcondes. **Abuso de direito e constitucionalização do direito privado**. São Paulo: Malheiros, 2010, p. 57-115.

empregada) e pacífico ou violento (quanto à gravidade da confrontação utilizada)[54]. Há quatro tipos de manifestação desse direito, conforme o grau da intensidade política e os meios usados: a objeção de consciência, a greve política, a desobediência civil e a revolução[55].

3. Fundamentos do direito de resistência

O jusnaturalismo, concepção da existência de direitos naturais e atemporais sobre morais de justiça e direitos[56], em sua corrente moderna, que busca atingir ideais de moral e de justiça pela razão[57], permite reconhecer o direito de resistência como natural, pois inexiste razão na impassível submissão à arbitrariedade de soberano que ofenda direitos naturais do próprio indivíduo que institui a autoridade.

No juspositivismo, que concebe o direito como ordem social coativa[58], só se admite o direito de resistência quando sociedades submetidas a uma ordem de direito passam a reconhecê-lo como regra posta, o que apenas se iniciou na Modernidade.

Para a política, a legitimidade da resistência está ligada à prática governamental. Sociedades baseadas na soberania popular podem reagir contra a violência do Estado opressor, pois a tirania não funciona para a governabilidade, o que a faz carecer de legitimação[59].

Por fim, a Ética traz uma base filosófica para discutir a legitimidade do Direito, mas depende da adoção de alguma ideologia justificadora, que nunca é pacífica. Nos Estados democráticos modernos, compreende-se

[54] BUZANELLO, José Carlos. 2001. **O direito de resistência como problema constitucional.** 2001. Tese (Doutorado em Direito) – Faculdade de Direito, UFSC, Florianópolis, 2001, p. 213-216. Disponível em: http://repositorio.ufsc.br/xmlui/handle/123456789/81488. Acesso em: 15 out. 2022.

[55] *Ibidem*, p. 184-208.

[56] BOBBIO, Norberto. **Locke e o direito natural.** Brasília: UnB, 1997, p. 38.

[57] GONZAGA, Alvaro de Azevedo. Direito natural e jusnaturalismo. In: GONZAGA, Alvaro de Azevedo; FREIRE, André Luiz (coords.). **Enciclopédia jurídica da PUC-SP. – Tomo: Teoria Geral e Filosofia do Direito.** São Paulo: PUC-SP, 2017. Disponível em: https://enciclopediajuridica.pucsp.br. Acesso em: 15 out. 2022.

[58] KELSEN, Hans. **Teoria pura do direito**. São Paulo: Martins Fontes, 2011, p. 35.

[59] POGLIA, Álvaro Luiz. **O direito de resistência à opressão na ditadura de 1964.** 2016. Tese (Mestrado em Direito) – Faculdade de Direito, UPF, Passo Fundo, 2016, p. 79. Disponível em: http://tede.upf.br/jspui/handle/tede/1237. Acesso em: 15 out. 2022.

que o princípio da dignidade da pessoa humana e na ética kantiana servem para fundamentar eticamente o direito de resistência.

4. Histórico do direito de resistência

Na Antiguidade, normas como o Código de Hamurábi e o Mandato do Céu possibilitavam a rebelião contra o governante que desrespeitasse leis e mandamentos ou praticasse o mal ou a injustiça[60]. Na Grécia Antiga, o desterro (ostracismo) e a sublevação (revolta) eram remédios contra a arbitrariedade de autoridades[61]. Sófocles defendia a resistência ao governante contrário às leis divinas[62]. O cristianismo constituiu-se- em movimento de resistência à opressão do Império Romano.

Na Idade Média, institutos germânicos validavam a resistência contra autoridades que descumprissem obrigações ou preceitos cristãos[63]. Sevilha defendeu o perecimento da autoridade real em decorrência da tirania[64]; Salisbury, o tiranicídio em prol do bem comum, com base em moral divina de preservação da vida e de justiça[65]; e Aquino, o direito de resistência contra o governante que extrapolasse suas funções em próprio benefício[66].

Na Modernidade, a doutrina da Escola Ibérica da Paz reconheceu o direito de povos lutarem em defesa do justo e da paz[67]. Lutero defendeu a desobediência à autoridade secular que tentasse legislar sobre questões de fé e Calvino defendeu a possibilidade de resistência ativa ao soberano

[60] Pauperio, Arthur Machado. **O direito político de resistência.** São Paulo: Forense, 1962, p. 43.

[61] Poglia, *op. cit.*, p. 17.

[62] Monteiro, Maurício Gentil. **O direito de resistência na ordem jurídica constitucional.** Rio de Janeiro: Renovar, 2003, p. 9.

[63] Costa, Nelson Nery. **Teoria e Realidade da Desobediência Civil.** Rio de Janeiro: Forense, 1990, p. 3.

[64] Pauperio, *op. cit.*, p. 62.

[65] Silva, Lucas Duarte. **O Direito de resistência civil e o tiranicídio em João de Salisbury.** Porto Alegre: Veritas, 2019, p. 64.

[66] Monteiro, *op. cit.*, p. 9.

[67] Calafate, Pedro. A Escola Ibérica da Paz nas universidades de Coimbra e Évora (séculos XVI e XVII). **Revista de Hispanismo Filosófica,** Espanha, n. 19, p. 119-142, 2014, p. 130-131. Disponível em: https://www.cervantesvirtual.com/nd/ark:/59851/bmc1047745. Acesso em: 15 out. 2022.

por certas pessoas públicas, eleitas por Deus[68]. Huguenotes vincularam a obediência à noção de governo justo e correto[69]. La Boétie condenou a relação de servidão entre homem e soberano[70]. Locke[71] e Rousseau[72] advogaram pela possibilidade de dissolução do Estado quando o soberano rompesse com o pacto social.

Na Contemporaneidade, tratados de direitos humanos e Constituições passaram a prever o direito de resistir à tirania. Duguit tratou da perda de legitimidade e destituição do governo que utilizasse força cotidianamente contra o direito; e Hauriou disse que haveria direito de resistência contra a opressão intolerável e impassível de solução pela via judiciária[73]. O movimento anarquista criticou a organização social baseada em hierarquia e obediência à autoridade. Thoreau defendeu a desobediência civil ante o legislador que contrariasse princípios dos cidadãos e reconheceu o direito de resistência contra governos tiranos ou ineficientes[74]. A doutrina socialista dialogou com a existência de um direito de resistência do oprimido contra o opressor nas suas críticas ao sistema de classes e ao capitalismo.

Após a Segunda Guerra Mundial, ocorreu um movimento de constitucionalização do direito de resistência na Europa, América Latina e África. Bobbio reconheceu que o direito de resistência foi positivado na modernidade[75], já Zaffaroni[76], Garcia[77] e Eceizabarrena[78] defenderam que o

[68] LUTERO, Martin; CALVINO, João. **Sobre a autoridade secular. Lutero e Calvino**. São Paulo: Martins Fontes, 1995, p. 4-76.

[69] BARROS, Alberto Ribeiro Gonçalves. O direito de resistência na França renascentista. **Kriterion Revista de Filosofia,** Belo Horizonte, v. 47, n. 113, p. 99-114, 2006, p. 108. Disponível em: https://doi.org/10.1590/S0100-512X2006000100005. Acesso em: 15 out. 2022.

[70] POGLIA, *op. cit.*, p. 25.

[71] LOCKE, John. **Dois Tratados sobre o Governo Civil.** São Paulo: Martins Fontes, 1998, p. 579-581.

[72] ROUSSEAU, Jean Jacques. **Discurso sobre a origem e os fundamentos da desigualdade entre os homens.** São Paulo: Nova Cultural, 1999, p. 104-106.

[73] PAUPERIO, *op. cit.*, p. 207.

[74] THOREAU, Henry. **Desobediencia Civil.** México: Tumbona Ediciones, 2012.

[75] BOBBIO, 2004, p. 18; 43; 52; 61-64.

[76] ZAFFARONI, Eugenio Raul. **El enemigo en el derecho penal**. Buenos Aires: Ediar, 2018.

[77] GARCIA, Maria Helena. **Desobediência civil: direito fundamental.** São Paulo: Revista dos Tribunais, 2014.

[78] ECEIZABARRENA, *op. cit.*

direito de resistência ante violações ilegítimas de direitos fundamentais é inerente ao sistema de proteção dos direitos humanos.

5. Direito de resistência no Brasil

Cabe, por fim, analisar o direito de resistência no contexto político-jurídico brasileiro.

5.1 Antecedentes da Constituição de 1988

O Brasil colonial (1500-1822), latifundiário, oligárquico, escravocrata e doutrinador, não oferecia respaldo jurídico para os colonizados oporem resistência ao governante. A independência não mudou esse quadro e o período Imperial não trouxe mecanismos efetivos de controle do poder.

Com a República, o Brasil se constituiu em Estado de Direito e o positivismo adentrou seu fundamento filosófico-jurídico[79] e promoveu reformas estruturais, como: adoção do presidencialismo, separação de Poderes e extinção da monarquia. O direito de resistência passou a ter existência implícita, pois o Estado de Direito é umbilicalmente ligado a duas ideias fundamentais no plano da filosofia política: a dignidade humana e a possibilidade de resistência quando o poder soberano se sobreponha a direitos legais dos indivíduos[80].

As Constituições de 1824, 1891, 1934, e 1946 previam ferramentas jurídicas para questionar atos governamentais, mas o Estado não foi organizado para dar efetividade à impugnação da autoridade, o que resultou em governos corruptos e abusivos.

Na Era Vargas (1930-1945) e na Ditadura Militar (1964-1985), a ressignificação do conceito de cidadão e de inimigo do Estado instituíram tolerância com atrocidades estatais que afastaram o reconhecimento de um direito de resistência. A despeito da Constituição, a legitimidade do poder estava na força militar estatal que tomou o governo.

[79] Castilho, Ricardo. **Filosofia do direito**. 5. ed. São Paulo: Saraiva, 2018, p. 221-222.

[80] Serrano, Pedro Estevam Alves Pinto. Autoritarismo líquido e as novas modalidades de prática de exceção no século XXI. **Revista Themis**, Fortaleza, v. 18, n. 1, p. 197-223, jan./jun. 2020, p. 206. Disponível em: https://doi.org/10.56256/themis.v18i1.769. Acesso em: 15 out. 2022.

Mesmo com governos autoritários, o Brasil assinou tratados de direitos humanos no pós-guerra, como a Declaração Universal dos Direitos Humanos (1948), que limita abusos do Estado e serve de fundamento positivista à existência de um direito de resistência implícito. Mas os tratados não mudaram as práticas abusivas no país. A ditadura militar cedeu espaço à chamada redemocratização, que, por ter sido negociada com o governo militar, não teve o impacto de um processo revolucionário.

5.2. Constituição Federal de 1988 e o Estado Democrático de Direito

A CF/88 rompeu paradigmas e instituiu formalmente o Brasil como um Estado Democrático e Social de Direito; realizou a "passagem de um constitucionalismo meramente programático para um constitucionalismo social de incontrastável eficácia e juridicidade"[81]. Incorporou diversos princípios. Como fundamentos: a soberania, a cidadania, a dignidade da pessoa humana, os valores sociais do trabalho e da livre iniciativa; o pluralismo político e a soberania popular. Como objetivos: construir uma sociedade livre, justa e solidária; garantir o desenvolvimento nacional; erradicar a pobreza e a marginalização e reduzir as desigualdades sociais e regionais; promover o bem de todos, sem preconceitos e quaisquer formas de discriminação.

Embora inexista menção expressa a um direito de resistência, assim como na legislação infraconstitucional, o novo modelo de Estado exige, por sua finalidade, a compreensão de que esse direito está implicitamente reconhecido.

Nesse sentido, o princípio da legalidade (art. 5º, II), possibilita a resistência ao abuso de poder cometido pelo ato ilegal do Estado. O princípio da autodeterminação dos povos (art. 4º, III) permite que povos estabeleçam resistência baseados na legitimação de autoridades diversas do poder central do Estado vigente. A garantia do direito de greve (art. 9º) viabiliza essa forma de resistência, como forma de liberdade de expressão.

[81] BONAVIDES, Paulo. Constitucionalismo luso-brasileiro: influxos recíprocos. In: MIRANDA, Jorge. **Perspectivas constitucionais.** Lisboa: Coimbra, 1996-1998, p. 52.

Tal entendimento é compartilhado, na íntegra ou parcialmente, por juristas como Diniz[82], Buzanello[83], Poglia[84], Monteiro[85], entre outros. Bobbio aponta que o direito de ação judicial contra os órgãos do Estado (art. 5º, XXXV) é também expressão do direito de resistência positivado[86].

Se a análise estritamente juspositivista possibilita afastar a legitimidade de certos exercícios de resistência em face de ato travestidos de constitucionalidade formal, à luz do jusnaturalismo racional entende-se que a CF/88 compreendeu plenamente o direito de resistência, para além do formalismo. A Constituição traduz o reconhecimento e adesão racional de um povo a princípios e direitos naturais, os quais logicamente necessitam de um direito de resistência que os garanta, pois, sem tal garantia, o Estado deixa de corresponder à sua sociedade e perde legitimidade. Nessa linha, acompanha-se o pensamento de Zaffaroni, Garcia e Eceizabarreba, sobre a inerência do direito de resistência em Estados norteados pela proteção dos direitos humanos.

Mas mesmo à luz do juspositivismo há que se reconhecer que o art. 5º, §2º, da CF/88 expressamente permite reconhecer a cogência de princípios, direitos e garantias nela não expressos, mas que fazem parte da sua lógica. Sendo inegável que a CF/88 adotou a dignidade humana como princípio fundamental, bem como a soberania popular e o Estado laico, é de se entender que não há prática legítima de direito se não houver a possibilidade de resistência do povo à tirania.

Ressalte-se que, a partir de 1988, se intensificou a adesão do Brasil a tratados internacionais de direitos humanos, de modo que o país progressivamente reconhece e positiva mais direitos fundamentais e limita o poder sancionador do Estado, com maior possibilidade de resistência do cidadão a atos abusivos. A Emenda Constitucional 45/2004 valorou as disposições convencionais, ao definir que esses tratados teriam *sta-*

[82] Diniz, Maria Helena. **Norma constitucional e seus efeitos**. São Paulo: Saraiva, 2009, p. 97-99.

[83] Buzanello, *op. cit.*

[84] Poglia, *op. cit.*

[85] Monteiro, *op. cit.*

[86] Bobbio, 2004, p. 19.

tus supralegal ou de Emenda Constitucional, conforme o quórum de aprovação.

A noção do direito de resistência como uma inerência do Estado, especialmente do Democrático de Direito, é necessária também para a sobrevivência da Constituição na contemporaneidade, na qual o autoritarismo é líquido, difuso e disfarçado: sob aparência constitucional e democrática, utiliza-se de ferramentas formais do Estado de Direito, apesar de conservar um conteúdo material tirânico[87].

Um dos obstáculos à concretização dos ideais constitucionais é a manutenção da estrutura burguesa herdada das constituições liberais[88], o que dificulta a implantação de políticas favoráveis à classe trabalhadora. Os aparelhos do Estado reforçam isso com a ideologia liberal [89]. Daí a importância de uma hermenêutica jurídica que balanceie a segurança jurídica do positivismo com os direitos naturais e a realidade, como a teoria pós-positivista[90].

Conclusões

Sob a ótica jusnaturalista, a qual se adere, o direito de resistência é inerente à condição humana e, assim, está presente no Estado brasileiro em qualquer época, independente de positivação. Mas sob a ótica juspositivista também o direito de resistência está presente no Brasil de forma implícita a partir da consolidação do Estado de Direito e, de forma inequívoca, a partir de 1988, em decorrência dos princípios, fundamentos, objetivos, direitos e garantias adotados pela CF/88.

O reconhecimento desse direito é essencial frente ao autoritarismo líquido que, nos dias atuais, disfarça abusos de poder e permite o desmonte de estruturas e garantias estatais em prol de interesses privados e

[87] Serrano, Pedro Estevam Alves Pinto. **Autoritarismo e golpes na América Latina: breve ensaio sobre jurisdição e exceção.** São Paulo: Alameda, 2016.

[88] Gargarella, Roberto. **La derrota del derecho en América Latina: siete tesis.** Buenos Aires: Siglo veinteuno, 2020, p. 51-56.

[89] Althusser, Louis. **Aparelhos Ideológicos do Estado: nota sobre aparelhos ideológicos do Estado**. Rio de Janeiro: Edições Graal, 1985.

[90] Abboud, Georges. **Processo Constitucional Brasileiro.** 4. ed. São Paulo: Thomson Reuters Brasil, 2020, p. 406-415.

em detrimento da maioria da população, especialmente dos mais pobres e marginalizados.

Porém, cabe cuidado na identificação da legítima expressão do direito de resistência, que só ocorre em face do abuso do poder e para aprimorar o processo civilizatório e o Estado de Direito. Não deve ser confundido com manifestações de mera oposição a um governo ou que contrariem elementos essenciais do Estado constitucional, como a democracia e a separação de Poderes.

O povo brasileiro deve conhecer os fundamentos e a extensão do poder estatal, bem como do direito de resistência, a fim de legitimamente defender o modelo de Estado almejado pela CF/88 e a sua própria dignidade humana.

Referências

ABBOUD, Georges. **Processo Constitucional Brasileiro.** 4. ed. São Paulo: Thomson Reuters Brasil, 2020.

ÁGUILA, Rafael del. **Manual de Ciencia Política**. 5. ed. Madrid: Editorial Trotta, 2008.

ALTHUSSER, Louis. **Aparelhos Ideológicos do Estado: nota sobre aparelhos ideológicos do Estado**. Rio de Janeiro: Edições Graal, 1985.

ARAVENA, Patricio Carvajal. Derecho de resistencia, derecho de revolución, desobediencia civil. **Revista de estudios políticos**, Espanha, n. 76, p. 63-102, abr./jun. 1992. Disponível em: https://recyt.fecyt.es. Acesso em: 15 out. 2022.

BARROS, Alberto Ribeiro Gonçalves. O direito de resistência na França renascentista. **Kriterion Revista de Filosofia**, Belo Horizonte, v. 47, n. 113, p. 99-114, 2006. Disponível em: https://doi.org/10.1590/S0100-512X2006000100005. Acesso em: 15 out. 2022.

BOBBIO, Norberto. **Locke e o direito natural.** Brasília: UnB, 1997.

—. **A era dos direitos**. Rio de Janeiro: Elsevier, 2004.

BODIN, Jean. **Los seis libros de la República.** 4. ed. Madrid: Tecnos, 1987.

BONAVIDES, Paulo. Constitucionalismo luso-brasileiro: influxos recíprocos. In: MIRANDA, Jorge. **Perspectivas constitucionais: nos 20 anos da Constituição de 1976**. Coimbra: Coimbra Editora, 1996-1998.

BONAVIDES, Paulo. **Curso de Direito Constitucional.** São Paulo: Malheiros, 2006.

BUZANELLO, José Carlos. 2001. **O direito de resistência como problema constitucional**. 2001. Tese (Doutorado em Direito) – Faculdade de Direito, UFSC, Florianópolis, 2001. Disponível em: http://repositorio.ufsc.br/xmlui/handle/123456789/81488. Acesso em: 15 out. 2022.

CALAFATE, Pedro. A Escola Ibérica da Paz nas universidades de Coimbra e Évora (séculos XVI e XVII). **Revista de Hispanismo Filosófica**, Espanha, n. 19, p. 119-142, 2014. Disponível em: https:// https://www.cervantesvirtual.com/nd/ark:/59851/bmc1047745. Acesso em: 15 out. 2022.

CANOTILHO, José Joaquim Gomes. **Direito constitucional e teoria da constituição.** Coimbra: Almedina, 1995.

CASTILHO, Ricardo. **Filosofia do direito**. 5. ed. São Paulo: Saraiva, 2018.

COSTA, Nelson Nery. **Teoria e Realidade da Desobediência Civil.** Rio de Janeiro: Forense, 1990.

DIAS, Daniella S. Soberania: A legitimidade do poder estatal e os novos rumos democráticos. **Revista de Informação Legislativa**, Brasília, v. 48, n. 192, p. 55-66, out./dez. 2011. Disponível em: http://www2.senado.leg.br/bdsf/handle/id/242929. Acesso em: 15 out. 2011.

DINIZ, Maria Helena. **Norma constitucional e seus efeitos.** São Paulo: Saraiva, 2009.

ECEIZABARRENA, Juan Ignacio Ugartenmedia. El derecho de resistencia y su constitucionalizacion. **Revista de estudios políticos**, Espanha, v. 103, p. 213-245, 1999. Disponível em: https://dialnet.unirioja.es/servlet/articulo?codigo=27159. Acesso em: 15 out. 2022.

FOUCAULT, Michel. **Microfísica do poder**. 20. ed. São Paulo: Graal, 2004.

GARCIA, Maria Helena. **Desobediência civil: direito fundamental.** São Paulo: Revista dos Tribunais, 2014.

GARGARELLA, Roberto. **La derrota del derecho en América Latina: siete tesis**. Buenos Aires: Siglo Veinteuno, 2020.

GONZAGA, Alvaro de Azevedo. Direito natural e jusnaturalismo. In: GONZAGA, Alvaro de Azevedo; FREIRE, André Luiz (coords.). **Enciclopédia jurídica da PUC-SP – Tomo: Teoria Geral e Filosofia do Direito**. São Paulo: PUC-SP, 2017. Disponível em: https://enciclopediajuridica.pucsp.br. Acesso em: 15 out. 2022.

GROTIUS, Hugo. **O direito da guerra e da paz – V. 1 e 2.** Ijuí: Unijuí, 2005.

HOBBES, Thomas. **Leviatã ou matéria, forma e poder de uma república eclesiástica e civil.** São Paulo: Martins Fontes, 2003.

KELSEN, Hans. **Teoria geral do direito e do estado**. 3. ed. São Paulo: Martins Fontes, 1998.

—. **Teoria pura do direito.** São Paulo: Martins Fontes, 2011.

LAFER, Celso. **A reconstrução dos direitos humanos: um diálogo com o pensamento de Hannah Arendt.** São Paulo: Companhia das Letras, 1988.

LEWANDOWSKY, Enrique Ricardo. **Globalização, regionalização e soberania.** São Paulo: Editora Juarez de Oliveira, 2004.

LOCKE, John. **Dois Tratados sobre o Governo Civil**. São Paulo: Martins Fontes, 1998.

LUHMANN, Niklas. **Legitimação pelo procedimento**. Brasília: UnB, 1980.

LUTERO, Martin; CALVINO, João. **Sobre a autoridade secular - Lutero e Calvino**. São Paulo: Martins Fontes, 1995.

MAQUIAVELLI, Niccolo. **O Príncipe**. São Paulo: Cultrix, 2006.

MARTINS, Ricardo Marcondes. **Abuso de direito e constitucionalização do direito privado**. São Paulo: Malheiros, 2010.

MONTEIRO, Maurício Gentil. **O direito de resistência na ordem jurídica constitucional**. Rio de Janeiro: Renovar, 2003.

PAUPERIO, Arthur Machado. **O direito político de resistência.** São Paulo: Forense, 1962.

PIRES, Luís Manuel Fonseca. **Estados de exceção: a usurpação da soberania popular**. São Paulo: Contracorrente, 2021.

POGLIA, Álvaro Luiz. **O direito de resistencia à opressão na ditadura de 1964.** 2016. Tese (Mestrado em Direito) - Faculdade de Direito, UPF, Passo Fundo, 2016. Disponível em: http://tede.upf.br/jspui/handle/tede/1237. Acesso em: 15 out. 2022.

REALE, Miguel. **Teoria do Direito e do Estado**. 5. ed. São Paulo: Saraiva, 2000.

ROUSSEAU, Jean Jacques. **Discurso sobre a origem e os fundamentos da desigualdade entre os homens**. São Paulo: Nova Cultural, 1999.

—. **Do Contrato Social ou Princípios do Direito Político**. 3. ed. São Paulo: Martin Claret Ltda., 2012.

SERRANO, Pedro Estevam Alves Pinto. **Autoritarismo e golpes na América Latina: breve ensaio sobre jurisdição e exceção.** São Paulo: Alameda, 2016.

—. Autoritarismo líquido e as novas modalidades de prática de exceção no século XXI. **Revista Themis,** Fortaleza, v. 18, n. 1, p. 197-223, jan./jun. 2020. Disponível em: https://doi.org/10.56256/themis.v18i1.769. Acesso em: 15 out. 2022.

SILVA, Lucas Duarte. **O Direito de resistência civil e o tiranicídio em João de Salisbury.** Porto Alegre: Veritas, 2019.

THOREAU, Henry. **Desobediencia Civil.** México: Tumbona Ediciones, 2012.

WEBER, Max. **Economía y sociedad.** México: Fondo de Cultura Económica, 2004.

ZAFFARONI, Eugenio Raul. **El enemigo en el derecho penal.** Buenos Aires: Ediar, 2018.

20.
ARBITRAGEM E ADMINISTRAÇÃO PÚBLICA: A PARTICIPAÇÃO DE INTERVENIENTES ANÔMALOS EM ARBITRAGENS PARA RECOMPOSIÇÃO DO EQUILÍBRIO ECONÔMICO- FINANCEIRO EM CONTRATOS DE CONCESSÃO

Victoria Volpini Ferreira Zago[1]

Introdução

A modificação legislativa promovida pela Lei nº 13.129/2015 na Lei nº 9.307/1996, conhecida como Lei de Arbitragem (LArb), consolidou a possibilidade de a Administração Pública resolver seus conflitos pela via arbitral, desde que versem sobre direitos patrimoniais disponíveis.

Dessa forma, um instituto jurídico inicialmente concebido com uma lógica privada passou a ter contornos públicos, o que gerou a necessidade de adaptações de seus partícipes, das instituições arbitrais e da Lei aos princípios e regras concernentes à Administração Pública.

Nesse sentido, uma das regras do Direito Público é a possibilidade de intervenção anômala da União e entes públicos em arbitragens em que figurarem, como autoras ou rés, autarquias, fundações públicas, sociedades de economia mista e empresas públicas federais, cuja decisão possa ter reflexos, ainda que indiretos, de natureza econômica. Tal disposição, prevista no art. 5º da Lei nº 9.469/1997, possui diversas nuances aptas a

[1] Artigo elaborado a partir da monografia apresentada ao Núcleo de Monografia Jurídica da Faculdade de Direito da PUC-SP, sob orientação do Professor Doutor Cláudio Finkelstein.

gerarem controvérsias, uma vez que aborda a intervenção de terceiros na arbitragem e desnecessidade de demonstração de interesse jurídico para participação.

Tendo em vista que há uma clara tendência de contratações entre entes privados com a Administração Pública e, principalmente, a previsão de arbitragem como forma de dirimir conflitos, o referido tema se mostra de extrema relevância por ter efetiva aplicabilidade prática.

Assim, o presente artigo busca trazer os principais aspectos do tema, com enfoque especial nas arbitragens para recomposição do equilíbrio econômico-financeiro em contratos de concessão, por tratarem de direitos patrimoniais disponíveis. Para tanto, **(i)** há uma análise inicial dos princípios e regras aplicáveis às arbitragens com a Administração Pública, incluindo a possibilidade de intervenção de terceiros; em seguida **(ii)** aborda-se o instituto da intervenção anômala e **(iii)** da disponibilidade dos direitos no reequilíbrio econômico-financeiro, para ao final tecer conclusões e reflexões do conteúdo trazido.

1. Arbitragem e administração pública – histórico e princípios

Arbitragens envolvendo entes da Administração Pública nem sempre foram previstas pelo ordenamento jurídico. O procedimento, como atualmente conhecido, tem sua redação na LArb, a qual não dispunha sobre tal possibilidade de arbitragem com a Administração Pública. Seu ingresso no ordenamento jurídico se deu de forma paulatina, após diversas discussões sobre a existência ou não de violação aos princípios da supremacia do interesse público sobre o privado e da indisponibilidade do interesse público.

Nessa seara, tem-se que diversas leis setoriais já disciplinavam, há anos, a arbitragem em contratos administrativos como forma de solucionar o surgimento de eventuais conflitos. Exemplo disso é a Lei de Concessões (Lei 8.987/1995, art. 23-A); Lei Geral de Telecomunicações (Lei nº 9.472/97, art. 93[3]); Lei do Petróleo (Lei nº 9.478/97); Lei de Portos (Lei nº 12.815/2013), e a lei aplicável às parcerias público-privadas – a Lei de PPPs (Lei nº 11.079/2004)[2]. Há inclusive casos específicos no setor

[2] – **Lei nº 8.987/1995, art. 23-A** – O contrato de concessão poderá prever o emprego de mecanismos privados para resolução de disputas decorrentes ou relacionadas ao contrato,

de comercialização de energia elétrica que já foram tratados como hipóteses de arbitragem obrigatória: "De acordo com a Resolução ANEEL 109/2004 (art. 58), determinados conflitos entre os agentes afiliados à CCEE (Câmara de Comercialização de Energia Elétrica, criada pela Lei 10.848/2004) e entre os agentes e a própria CCEE devem ser resolvidos por arbitragem"[3].

Além do setor legislativo, a jurisprudência também caminhou no sentido de aceitar a participação da Administração Pública em arbitragens, tal como decidido em três casos relevantes: (i) questão Lambari ou questão Minas X Werneck[4]; (ii) caso Lage[5] e; (iii) caso Uruguaiana X CEEE[6].

inclusive a arbitragem, a ser realizada no Brasil e em língua portuguesa, nos termos da Lei no 9.307, de 23 de setembro de 1996.
- **Lei nº 9.472/97, art. 93, XV** Art. 93. O contrato de concessão indicará: XV – o foro e o modo para solução extrajudicial das divergências contratuais.
- **Lei 12.815/2013.** A arbitragem envolvendo portos foi regulada pelo Decreto 8.465 em 2015, que estabeleceu requisitos específicos para a arbitragem no setor portuário. Para uma análise prática da arbitragem no setor portuário nos termos do Decreto 8.465, veja-se Pereira, Cesar. Arbitragem no setor portuário: o Decreto 8.465 e sua aplicação prática. In: Pereira, Cesar et al. Direito portuário brasileiro. São Paulo: Marcial Pons, 2015. p. 577-590.

[3] Quintão, Luísa. **Breves Notas sobre Arbitragem e Administração Pública No Brasil.** Revista de Arbitragem e Mediação | vol. 59/2018 | p. 121 – 146 | Out – Dez / 2018.

[4] Trata-se de uma arbitragem com o objetivo de rescindir o contrato de arrendamento para exploração hidromineral da Estância de Águas Virtuosas (atual Lambari), pactuado entre o Estado de Minas Gerais e o engenheiro Américo Werneck. O juízo arbitral decidiu de forma desfavorável ao Estado de MG, condenando-o a pagar elevada indenização por danos morais o que a Administração Pública buscou reverter no Poder Judiciário, não obtendo sucesso.

[5] Trata-se de um caso que chegou à apreciação do STF (STF, AI nº 52.181/GB de Relatoria do Ministro Bilac Pinto), por discutir a constitucionalidade do Decreto-lei nº 9.521/46, o qual regula o destino dos bens deixados por Henrique Lage. O referido diploma estipulou a necessidade de instituir um juízo arbitral para definir, dentre outras hipóteses, o valor da indenização devida pela União ao espólio de Henrique Lage, que tivera parte expressiva de seu patrimônio expropriada, "no interesse da defesa nacional", por meio do Decreto-lei n.º 4.648/1942. A decisão arbitral foi desfavorável à União, o que foi mantido, mesmo após seu questionamento judicial.

[6] (Recurso Especial nº 612.439) Trata-se de contrato de venda de energia elétrica firmado entre AES Uruguaiana e CEEE (Companhia Estadual de Energia Elétrica), em que a

Após a análise da arbitrabilidade subjetiva, a controvérsia recai na arbitrabilidade objetiva, disciplinada no art. 1º, *caput* da LArb que estabelece como critério geral a disponibilidade dos direitos envolvidos: "Art. 1º As pessoas capazes de contratar poderão valer-se da arbitragem para dirimir litígios relativos a direitos patrimoniais disponíveis". Esses correspondem aos direitos de exercício livre "sem que haja norma cogente impondo o cumprimento do preceito, sob pena de nulidade ou anulabilidade do ato praticado com sua infringência", tal como expõe Carlos Alberto Carmona[7].

Em relação às atividades desenvolvidas por empresas estatais, Cláudio Finkelstein[8] explana que suas atividades quando "decorram do poder de império da Administração Pública e, conseqüentemente, sua consecução esteja diretamente relacionada ao interesse público primário, estarão envolvidos direitos indisponíveis e, portanto, não-sujeitos à arbitragem".

Tendo em vista evitar potenciais litígios sobre o tema que comprometam a celeridade do procedimento arbitral, algumas normas estipulam um rol exemplificativo de hipóteses consideradas como direitos patrimoniais disponíveis, tais como: o art. 2º do Decreto 10.025/2019[9], que regulamenta a arbitragem nos setores portuário, transporte rodoviário, ferroviário, aquaviário e aeroportuário, e o art. 31, §4º da Lei 13.448/2017[10]

sociedade de economia mista com sede do Rio Grande do Sul ajuizou uma ação contra a AES, alegando que esta descumpriu injustificadamente suas obrigações pactuadas. Houve questionamento acerca da invalidade da convenção de arbitragem em relação à AES o que também foi negado pelo Poder Judiciário, mantendo a autonomia do tribunal arbitral.

[7] CARMONA, Carlos Alberto. **Arbitragem e processo: um comentário à Lei n. 9.307/906**. 3. ed. São Paulo: Atlas, 2009. p. 38.

[8] FINKELSTEIN, Cláudio. **Arbitragem Internacional e Legislação Aplicável**. Revista Jurídica Luso-Brasileira, ano 1, 2015, nº 5, p. 341-353

[9] **Decreto 10.025/2019, Art. 2º** Poderão ser submetidas à arbitragem as controvérsias sobre direitos patrimoniais disponíveis. Parágrafo único. Para fins do disposto neste Decreto, consideram-se controvérsias sobre direitos patrimoniais disponíveis, entre outras: I – as questões relacionadas à recomposição do equilíbrio econômico-financeiro dos contratos; II – o cálculo de indenizações decorrentes de extinção ou de transferência do contrato de parceria; e III – o inadimplemento de obrigações contratuais por quaisquer das partes, incluídas a incidência das suas penalidades e o seu cálculo.

[10] **Lei 13.448/2017, Art. 31.** As controvérsias surgidas em decorrência dos contratos nos setores de que trata esta Lei após decisão definitiva da autoridade competente, no que

que estabeleceu diretrizes gerais para a prorrogação de relicitação de contratos de parceria firmados no âmbito do Programa de Parcerias de Investimento (PPI).

Tanto tais dispositivos como outras normas preveem a recomposição do equilíbrio econômico-financeiro dos contratos como um direito patrimonial disponível, apto a ser solucionado pela via arbitral, o que será mais bem analisado no item 4 deste artigo.

Portanto, a solução de conflitos envolvendo entes da Administração Pública por meio da arbitragem é claramente aceito pelo ordenamento jurídico pátrio, desde que respeitado alguns princípios específicos, diversos daqueles aplicáveis quando se está diante de um procedimento entre particulares, tais como: (i) indisponibilidade do interesse público; (ii) publicidade e (iii) vedação do julgamento por equidade.

O primeiro princípio, juntamente ao princípio da supremacia do interesse público sobre o privado trata de uma restrição imposta à Administração para evitar que essa atue de forma lesiva ao interesse dos seus administrados. Assim, por agir em nome da coletividade, a Administração deve sempre seguir a vontade da lei e buscar satisfazer esse interesse público.

Quanto ao princípio da publicidade, além de sua previsão no art. 37, *caput* da CF, está também expressamente previsto no art. 2º, §3º da Lei de Arbitragem e art. 152 da Lei nº 14.133/2021. Todos esses dispositivos correspondem a previsões genéricas, indicando a necessidade de tornar público o processo que envolva a Administração, não prevendo, contudo, diretrizes para sua concretização.

Na prática, o detalhamento das medidas aptas a concretizarem esse princípio vem através de edições normativas, como o supramencionado Decreto nº 10.025/2019; resoluções de agências reguladoras, como a Resolução nº 5.845/2019 da ANTT ou mesmo pela regulamentação

se refere aos direitos patrimoniais disponíveis, podem ser submetidas a arbitragem ou a outros mecanismos alternativos de solução de controvérsias. § 4º Consideram-se controvérsias sobre direitos patrimoniais disponíveis, para fins desta Lei: I – as questões relacionadas à recomposição do equilíbrio econômico-financeiro dos contratos; II – o cálculo de indenizações decorrentes de extinção ou de transferência do contrato de concessão; e III – o inadimplemento de obrigações contratuais por qualquer das partes.

das Câmaras Arbitrais, como a Resolução Administrativa nº 15/2016 da CAM-CCBC. Todos esses instrumentos, assim como diversos outros com o mesmo objetivo buscam definir quais documentos devem ser públicos e quem será responsável por garantir esse acesso.

Conforme analisou Clarissa Marcondes Macaé[11], a orientação comum é dar publicidade aos atos do procedimento arbitral, ressalvando as hipóteses de sigilo previstas na LAI. Já quanto à responsabilidade por promover a publicização, não há unanimidade, de modo que pode ser promovido pela própria Câmara Arbitral; pela Agência reguladora que seja parte; pela AGU, por meio de seu Núcleo Especializado de Arbitragem ou até mesmo pela Procuradoria Geral do Estado[12].

Por fim, a vedação do julgamento por equidade está prevista também no art. 2º, §3º da LArb e está intimamente ligada ao princípio da legalidade do art. 37, caput da CF. Isso pois a Administração não pode se sujeitar a um julgamento baseado tão somente em princípios gerais do direito, mas sim no estrito cumprimento aos ditames legais, reforçando a ideia de supremacia do interesse público[13].

Com isso, tem-se claro que a despeito da autorização legal para dirimir conflitos com a Administração Pública por este meio privado, não se trata de completa autonomia da vontade, uma vez que os princípios administrativos previstos na Constituição Federal devem prevalecer.

[11] Macaé, Clarissa Marcondes. **Publicidade na arbitragem com a Administração Pública: normativa e práticas recentes.** Jota, 21/10/2021 – Acesso em: 14 de setembro de 2022

[12] "O Decreto nº 64.356/2019 do estado de São Paulo estipulou que a Procuradoria-Geral do Estado disponibilizará os atos do procedimento arbitral na internet (publicidade ativa realizada pelo ente da Administração Pública). De forma diversa, o Decreto nº 46.245/2018 do estado do Rio de Janeiro previu que a Procuradoria-Geral do Estado disponibilizará os atos do processo arbitral mediante requerimento de eventual interessado (publicidade passiva realizada pelo ente da Administração Pública)." (Macaé, Clarissa Marcondes. **Publicidade na arbitragem com a Administração Pública: normativa e práticas recentes.** Jota, 21/10/2021 – Acesso em: 14 de setembro de 2022).

[13] "No ordenamento brasileiro, a imposição constitucional da estrita legalidade impede de forma peremptória que uma arbitragem de que o Poder Público faça parte seja julgada por equidade" (Amaral, Paulo Osternack. **Arbitragem e Administração Pública.** São Paulo: Fórum, p. 82- 83).

2. Intervenção de terceiros

Tendo em vista a previsão legal e aceitação prática do instituto da intervenção anômala, deve-se antes considerar que a intervenção de terceiros, prevista do CPC em seus arts. 119 a 138, consiste no ingresso de um terceiro, seja na condição de parte ou coadjuvante, em processo já em curso entre outras partes[14] e que podem ser afetados pela coisa julgada material. Assim, é a intensidade dos efeitos da referida decisão que influenciará na modalidade de participação desses terceiros, quais sejam: **(i)** assistência; **(ii)** *amicus curiae*; **(iii)** denunciação da lide; **(iv)** chamamento ao processo; e **(v)** incidente de desconsideração da personalidade jurídica. Nessas três últimas hipóteses, o terceiro passará a ser parte no processo, diferentemente da assistência e *amicus curiae*, em que figurarão tão somente como intervenientes para todos os fins.

Na assistência, o terceiro intervém no processo para atuar em favor de uma das partes, de modo a se beneficiar da decisão a ser proferida. Em regra, trata-se de uma típica intervenção espontânea, na qual o terceiro pleiteia sua intervenção de acordo com seu interesse na causa, o que pode ocorrer na modalidade de assistência simples ou assistência litisconsorcial.

No primeiro caso, tem-se relações jurídicas de direito material diversas entre a parte e seu assistente, hipótese na qual o terceiro será atingido de forma indireta, reflexa pela decisão que sobrevier do processo. Destarte, sua atuação será somente como coadjuvante da autora ou ré, tendo em vista auxiliar seu êxito do processo. Isso significa que não age em defesa do próprio direito, mas sim de direito alheio que atinge um interesse pessoal, que busca resguardar indiretamente.

Já no caso do assistente litisconsorcial, trata-se de uma relação mais limitada, em que há maior dependência do assistente em relação à parte assistida[15], de modo que atua como um efetivo auxiliar, estando autorizado a somente suprir suas omissões e atuar na mesma linha que seu

[14] THEODORO JUNIOR, Humberto. **Curso de direito processual civil, v. 1: teoria geral do direito processual civil, processo de conhecimento, procedimento comum.** 62. ed. Rio de Janeiro: Forense, 2021.

[15] WAMBIER, Luiz Rodrigues; TALAMINI, Eduardo. **Curso avançado de processo civil: teoria geral do processo**, volume 1. São Paulo: Thomson Reuters, 17. ed, 2018, p. 356.

assistido. Segundo Luiz Rodrigues Wambier e Eduardo Talamini, o assistente pode até atuar como um substituto processual da parte assistida, conforme expressa o art. 121, parágrafo único do CPC[16], mas de forma alguma pode propor medidas que ampliem o objeto da lide, tais como a reconvenção, denunciação ou incidente de desconsideração da personalidade jurídica.

No caso do *amicus curiae*, por sua vez, tem-se uma intervenção no processo para trazer informações reputadas como importantes ao juízo para aproximá-lo dos fatos relevantes ao seu julgamento. Nas lições de Cassio Scarpinella Bueno, é uma figura que, do ponto de vista histórico, revela uma característica de neutralidade justamente por intervir no processo independentemente da iniciativa das partes "para fornecer ao juízo elementos reputados como importantes, úteis, quiçá indispensáveis, para o julgamento da causa"[17].

Dessa forma, a referida intervenção, prevista no art. 138 do CPC, tem como objetivo garantir a qualidade e adequada valoração dos fatos e das normas jurídicas aplicadas ao caso, de modo que o *amicus curiae* é "o agente que quer viabilizar aquele *modus operandi*, legitimando e democratizando as decisões jurisdicionais"[18]. Trata-se de uma participação meramente opinativa acerca do objeto da lide, tendo em vista auxiliar em causas de relevância social, repercussão geral ou que tenham objeto complexo e bastante específico, de modo que o magistrado careça de apoio técnico[19].

[16] "Art. 121. O assistente simples atuará como auxiliar da parte principal, exercerá os mesmos poderes e sujeitar-se-á aos mesmos ônus processuais que o assistido.
Parágrafo único. Sendo revel ou, de qualquer outro modo, omisso o assistido, o assistente será considerado seu substituto processual."

[17] BUENO, Cassio Scarpinella. ***Amicus curiae* no processo civil brasileiro: um terceiro enigmático**. 3. ed. São Paulo: Saraiva, 2012, p. 144.

[18] BUENO, Cassio Scarpinella. **Curso sistematizado de direito processual civil**, v. 1: teoria geral do direito processual civil, parte geral do Código de Processo Civil. 12. ed. São Paulo: Saraiva Jur, 2022, p. 282.

[19] THEODORO JUNIOR, Humberto. **Curso de direito processual civil**, v. 1: teoria geral do direito processual civil, processo de conhecimento, procedimento comum. 62. ed. Rio de Janeiro: Forense, 2021, p. 391.

Vale lembrar, com isso, que quanto maior a relevância da matéria ou sua repercussão social, maior será a necessidade de participação deste amigo da corte em busca de ampliar o debate acerca da tese jurídica fixada no processo, de tal modo que a intervenção pode inclusive ser determinada de ofício pelo magistrado.

Nesta modalidade, não há necessidade de demonstração de interesse jurídico, isso pois seu objetivo não é observar o êxito de uma das partes[20], característica essa que difere a do instituto da assistência. De forma oposta, possui interesse institucional, conforme leciona Cássio Scarpinella[21].

Por fim, cabe ressaltar que não há assunção da condição de parte no processo, de modo que não assume poderes processuais, nem mesmo o de auxiliar qualquer parte[22]. Sua participação pode ser espontânea ou até mesmo requisitada pelo juízo, mas em ambas as hipóteses, estará adstrito à prestação de informações e subsídios relevantes para a adequada fundamentação da decisão, o que garante a plenitude da tutela jurisdicional (art. 5º, XXXV da CF) e promove a ampliação e qualificação do contraditório (art. 5º, LV da CF), tal como lecionam Luiz Rodrigues Wambier e Eduardo Talamini[23]

[20] Wambier, Luiz Rodrigues; Talamini, Eduardo. **Curso avançado de processo civil: teoria geral do processo**, volume 1. São Paulo: Thomson Reuters, 17ª ed, 2018, p. 379.

[21] "Deve ser compreendido de forma ampla, a qualificar quem pretende ostentar o status de amicus curiae em perspectiva metaindividual, apta a realizar interesses que não lhe são próprios nem exclusivos como pessoa (natural ou jurídica) ou como órgão ou entidade. São, por definição, interesses que pertencem a grupo (determinado ou indeterminado) de pessoas e que são canalizados (devidamente representados) pelo amicus curiae. O amicus curiae representa aqueles interesses em juízo como adequado portador deles que é. Seja porque constituem decisões que significam tomadas de decisão valorativas, seja porque são decisões que têm aptidão para criar padrões decisórios a serem observados por outras tantas decisões a serem proferidas posteriormente e a partir delas." (Bueno, Cassio Scarpinella. ***Amicus curiae*** **no processo civil brasileiro: um terceiro enigmático**. 3. ed. São Paulo: Saraiva, 2012, p. 144).

[22] Wambier, Luiz Rodrigues; TALAMINI, Eduardo. **Curso avançado de processo civil: teoria geral do processo**, volume 1. São Paulo: Thomson Reuters, 17ª ed, 2018, p. 379.

[23] Vide: Inciso XXXV – a lei não excluirá da apreciação do Poder Judiciário lesão ou ameaça a direito. Vide ainda: Inciso LV – aos litigantes, em processo judicial ou administrativo,

Assim, por sua condição de coadjuvante, o *amicus curiae* não deve responder por quaisquer despesas processuais, tampouco honorários de advogado das partes, bem como não é atingido pela coisa julgada, uma vez que a matéria questionada não está individualmente atrelada ao interveniente.

1.1. Intervenção na arbitragem

Antes de analisar especificamente a questão da intervenção anômala, deve-se ter em mente que no processo arbitral, há um caráter contratual atribuído à convenção de arbitragem, por meio do qual há um comprometimento somente das partes que o pactuaram de solucionarem seus conflitos através da arbitragem[24].

Essa base contratualista pode ser depreendida da leitura dos arts. 3º e 4º da LArb[25] que reforçam essa premissa da autonomia da vontade das partes contratantes ao submeter a solução dos conflitos ao meio arbitral e quais as regras desse procedimento.

e aos acusados em geral são assegurados o contraditório e ampla defesa, com os meios e recursos a ela inerentes.

24 "É de se ressaltar sempre que a justiça desempenhada pela arbitragem é originariamente uma justiça privada instituída pelos contratantes para excluir seus litígios da jurisdição pública. São eles, os contratantes, que afastam, nos termos do contrato, a função estatal e a substituem pela jurisdictio de particulares que, nas circunstâncias negociais, assumem a missão de julgar." (Theodoro Junior, Humberto. **Arbitragem e Terceiros – Litisconsórcio Fora do Pacto Arbitral – Outras intervenções de terceiros.** Revista de Direito Bancário, do Mercado e de Capitais e da Arbitragem. São Paulo: Revista dos Tribunais. v. 14. Out/2001, p. 373).

25 **Art. 3º** As partes interessadas podem submeter a solução de seus litígios ao juízo arbitral mediante convenção de arbitragem, assim entendida a cláusula compromissória e o compromisso arbitral.

Art. 4º A cláusula compromissória é a convenção através da qual as partes em um contrato comprometem-se a submeter à arbitragem os litígios que possam vir a surgir, relativamente a tal contrato. § 1º A cláusula compromissória deve ser estipulada por escrito, podendo estar inserta no próprio contrato ou em documento apartado que a ele se refira. § 2º Nos contratos de adesão, a cláusula compromissória só terá eficácia se o aderente tomar a iniciativa de instituir a arbitragem ou concordar, expressamente, com a sua instituição, desde que por escrito em documento anexo ou em negrito, com a assinatura ou visto especialmente para essa cláusula.

Contudo, não se trata de um princípio rígido e absoluto, dada a necessidade de diálogo com outros princípios como da boa-fé e da função social do contrato[26], o que corrobora a participação de terceiros não signatários da convenção arbitral, desde que haja interesse para tanto. Segundo José Eduardo Carreira Alvim:

> (...) optando pela arbitragem, as partes se sujeitam a um contraditório necessariamente "aberto" ao terceiro, que poderia intervir se a controvérsia fosse deferida ao juiz ordinário; o fato de ser o terceiro estranho ao compromisso não importa, porquanto a arbitragem é fonte de atos vinculantes, assim como seria um processo em face do juiz ordinário; por isso, **se o terceiro resolve intervir, não podem as partes subtrair-se ao contraditório com ele: a arbitragem não é negócio exclusivo seu, porque através dela as partes estão em condições de alcançar um provimento equiparável à sentença judicial**[27]**.** (grifo nosso)

No caso da intervenção anômala, ressalta-se que independe de demonstração de interesse jurídico, sendo admitida nas causas cuja decisãopossa ter reflexos, ainda que indiretos, de natureza econômica à Administração Pública.

Corresponde a uma modalidade especial de intervenção, na qual o ente público ingressa para cooperar com uma das partes, esclarecendo questões dentro do processo através da juntada de documentos e memoriais relacionados com a matéria. Nessa hipótese, haja vista não ocorrer o ingresso no procedimento na condição de parte, há uma intervenção *ad coadjuvandum* que parcela da doutrina defende se assemelhar ao instituto da assistência simples, prevista no art. 119 do CPC, enquanto a outra par-

26 "(...) a visão contemporânea da teoria do contrato aponta para um novo paradigma onde "parte" e "terceiro" não são figuras jurídicas impermeáveis pelo princípio da relatividade. **A função social do contrato requer uma nova interpretação em favor daqueles que, apesar de não ser parte em sentido formal, resta por sofrer repercussões patrimoniais oriundas da execução do contrato para o qual não consentiu**. Não consentiu, mas é por ele afetado." (grifo nosso) (Martins, Pedro A. Batista**. Arbitragem e intervenção de terceiros: uma proposta. Revista de Arbitragem e Mediação**. São Paulo: Revista dos Tribunais, vol. 33, abril/2012, p. 245).

27 Alvim, José Eduardo Carreira. **Direito Arbitral**. 3ª Ed. Rio de Janeiro: 2007, p. 391.

cela, defende ser mais próxima da figura do *amicus curiae*, a despeito das divergências quanto à natureza da intervenção e os poderes do terceiro interveniente.

Assim, dentre os que defendem ser uma espécie de amigo da corte, tem- se Cassio Scarpinella Bueno que leciona:

> (...) **intervenções anômalas de terceiros, parece ser a melhor proposta de sistematização a de estudar esse instituto como um caso em que o sistema processual civil brasileiro admite a intervenção do terceiro a título de *amicus curiae*.** Justamente porque a hipótese, tal qual regulada pela lei, dispensa a demonstração de um interesse jurídico no sentido "clássico", "tradicional" do tema, voltando-se muito mais – e expressamente – para a atuação esclarecedora, quase que instrutória, do interveniente (...)[28]. (grifo nosso)

A mesma posição também é defendida por Antonio do Passo Cabral, para quem a Lei é clara e expressa em denotar a intervenção enquanto *amicus curiae* de modo a separá-la da figura da assistência[29]. Por outro lado, o STJ entende que a figura do interveniente anômalo está mais próxima do instituto da assistência, embora também compreenda que não ocupa função de parte[30]

[28] BUENO, Cassio Scarpinella. **Amicus Curiae no processo civil brasileiro: um terceiro enigmático.** 3ª ed. São Paulo, 2012, p. 221.

[29] "(...) por outro lado, como afirma o art. 5º, parágrafo único, da Lei nº 9.469/97, a intervenção da União Federal como *amicus curiae* poderá ocorrer independentemente da demonstração de interesse jurídico, quando a decisão puder ter efeitos de natureza econômica, ainda que reflexos, mediatos. Aqui a própria lei é clara e expressa em denotar a intervenção do amigo da corte, separando-a frontalmente da assistência juridicamente interessada do Código de Processo Civil (...)" (CABRAL, Antonio do Passo. **Pelas asas de Hermes: a intervenção do *amicus curiae*, um terceiro especial**. São Paulo: Revista de Processo, vol 117, set-out, 2004, pp. 24 e 25).

[30] ADMINISTRATIVO – AGRAVO REGIMENTAL NO RECURSO ESPECIAL – DEMANDA ENVOLVENDO CONTRATO DE MÚTUO HABITACIONAL COM GARANTIA DE QUITAÇÃO DO SALDO RESIDUAL PELO FCVS – **INTERVENÇÃO ANÔMALA DA UNIÃO FEDERAL** – ART. 5º DA LEI 9.469/97 – POSSIBILIDADE. **1. A jurisprudência consolidada desta Corte, com arrimo no art. 5º da Lei 9.649/97, admite a intervenção da União Federal como assistente litisconsorcial quando presente ao**

Segundo Leonardo Carneiro Cunha[31], por ser uma intervenção excepcional, as normas do instituto devem ser interpretadas restritivamente; isto é: o interveniente ficará circunscrito ao esclarecimento dos fatos e questões de direito, limitando-se à mera juntada de documentos e memoriais. Assim, a despeito da divergência quanto ao instituto jurídico processual mais semelhante, é consenso que o interveniente anômalo não assume condição de parte e, portanto, não se sujeita à coisa julgada material, salvo se interpuser recurso, hipótese na qual torna-se parte no processo.

Ao analisar mais atentamente os poderes e características do interveniente anômalo, quando comparado aos institutos da assistência e *amicus curiae*, tem-se que se trata efetivamente de uma figura híbrida. Isso se deve ao fato de que há um interesse "pessoal" envolvido, qual seja: um possível impacto patrimonial decorrente da decisão, de modo que sua participação visa promover o êxito de uma das partes e, com isso, evitar reflexos econômicos negativos ao erário.

menos interesse econômico no feito. 2. Havendo pedido expresso da União para integrar a lide, na condição de assistente simples da Caixa Econômica Federal, deve ser admitida a sua intervenção, sobretudo porque o seu interesse econômico na causa decorre da previsão contida no art. 6º, III, do Decreto-Lei 2.406/88. 3. Agravo regimental provido para conhecer do recurso especial e dar-lhe provimento. (STJ, AGRESP 200900804058 – AGRAVO REGIMENTAL NO RECURSO ESPECIAL – 1137243, Fonte DJE: 08/04/2010, Relatora Ministra ELIANA CALMON) (grifo nosso) PROCESSUAL CIVIL. AGRAVO INTERNO NO RECURSO ESPECIAL. AÇÃO RESCISÓRIA. AÇÃO DE RECONHECIMENTO E DISSOLUÇÃO DE UNIÃO ESTÁVEL POST MORTEM. INTERESSE JURÍDICO DO DISTRITO FEDERAL RECONHECIDO EM DECISÃO JUDICIAL TRANSITADA EM JULGADO. **ASSISTÊNCIA**. RECEBIMENTO DO PROCESSO NO ESTADO EM QUE SE ENCONTRA. SÚMULA 83 DO STJ. AGRAVO INTERNO DESPROVIDO. **(...) A autorização de intervenção anômala da Fazenda Pública prevista na Lei 9.469/97 impõe a esta a observância das regras atinentes ao instituto da assistência** (art. 50, parágrafo único, do CPC/1973), recebendo o processo no estado em que se encontra. (AgInt no REsp 1357077 / DF AGRAVO INTERNO NO RECURSO ESPECIAL 2012/0256873-6, Ministro Relator RAUL ARAÚJO, Quarta Turma, DATA DO JULGAMENTO 21/02/2022 DATA DA PUBLICAÇÃO DJe 09/03/2022) (grifo nosso).

[31] CUNHA, Leonardo Carneiro da. **A Fazenda Pública em Juízo**. 19ª ed. São Paulo: Forense, 2022.

Por outro lado, não há que se falar em uma relação de dependência da parte assistida, nem em necessidade de seguir a mesma posição jurídica, dado que o interveniente visa, através dos seus memoriais e pareceres, apresentar a maior quantidade de informações úteis possíveis ao Tribunal Arbitral, o que o aproxima da figura do *amicus curiae*. Com isso, tem-se que é um instituto que mescla características para resultar em uma previsão particular, dotada de peculiaridades destinadas a assegurar a supremacia do interesse público.

Além da possibilidade de haver um terceiro interveniente no processo arbitral que não seja signatário da cláusula compromissória, deve-se considerar a aplicabilidade do princípio da legalidade em arbitragens com entes público. Portanto, acatar a previsão do art. 5º da Lei nº 9.469/1997 em todas as lides que envolvam o interesse público, sem haver distinção entre lides judiciais ou arbitrais, seja por se tratar de um interesse genérico da União ou pelo interesse econômico específico das demais pessoas jurídicas de Direito Público[32]. Tal posição é reforçada no Decreto nº 10.025/2019 que trata de arbitragem no setor portuário, rodoviário, ferroviário, aquaviário e aeroportuário que prevê a intervenção da União das demandas arbitrais relativas ao diploma legal, por meio do seu art. 13, §2º[33].

Por ser um Decreto regulamentar, esta disposição ressalta a aplicabilidade da intervenção anômala às demandas arbitrais, especificando sua aceitação em arbitragens de infraestrutura, tal como entendem Tatiana Mesquita Nunes e Paula Butti Cardoso[34].

[32] NUNES, Tatiana Mesquita. CARDOSO, Paula Butti. **A Administração Pública na Arbitragem e a intervenção anômala**. In: VALIM, Rafael. WARDE, Walfrido. Direito Público e Arbitragem: Os desafios emergentes da resolução privada de conflitos do Estado. São Paulo: Contracorrente, 2022, p. 323.

[33] **Art. 13.** A União e as entidades da administração pública federal serão representadas perante o juízo arbitral por membros dos órgãos da Advocacia-Geral da União, conforme as suas competências constitucionais e legais. § 2º A União poderá intervir nas causas arbitrais de que trata este Decreto nas hipóteses previstas no art. 5º da Lei nº 9.469, de 1997.

[34] NUNES, Tatiana Mesquita. CARDOSO, Paula Butti. **A Administração Pública na Arbitragem e a intervenção anômala**. In: VALIM, Rafael. WARDE, Walfrido. Direito Público e Arbitragem: Os desafios emergentes da resolução privada de conflitos do Estado. São Paulo: Contracorrente, 2022, p. 325.

Nesse sentido, vale considerar opinião do Dr. Georges Abboud acerca da necessidade de "rejeitar arbitragens supremas"[35]. Como bem explana, "A não compatibilização da arbitragem com a jurisdição constitucional é, em última instância, a incompatibilização com a própria democracia constitucional brasileira". Desta feita, ainda que haja uma prevalência da autonomia da vontade e flexibilidade em procedimentos arbitrais[36], não há que se falar em não submissão à jurisdição constitucional sob pena de ser criado um "Direito paralelo ao Direito"[37].

Dessa maneira também disserta Luiza Gonzaga Drumond Cenachi, segundo o qual mesmo que a arbitragem tenha surgido com um viés de "justiça privada" sem haver qualquer subordinação ao Judiciário, passou a ser questionada se deveria ser regrada tão somente pela vontade das partes. Assim, vale-se das opiniões de diversos juristas como Carlos Alberto Carmona, Fredie Didier Júnior, Paulo Henrique dos Santos Lucon, Selma Maria Ferreira Lemes, dentre outros, para concluir que o procedimento arbitral é sim um processo com natureza jurisdicional[38] que deve estar em conformidade com princípios basilares que regem o devido processo legal brasileiro, bem como deve estar sujeito ao controle estatal.

[35] Abboud, Georges. **Precisamos rejeitar arbitragens supremas.** 01 de fevereiro de 2022. Disponível em https://www.conjur.com.br/2022-fev-01/georges-abboud-precisamos--rejeitar- arbitragens-supremas – Acesso em 30 de setembro de 2022.

[36] Cenachi, Luiza Gonzaga Drumond. **Uma questão polêmica: o árbitro é obrigado a observar os precedentes judiciais?** In Marx Neto, Edgard Audomar et al. Processo civil contemporaneo: homenagem aos 80 anos do Prof. Humberto Theodoro Junior. Rio de Janeiro Forense 2018, p. 871-884.

[37] "O erro é a possibilidade de se degenerar a arbitragem como instrumento para veicular pretensões que sabidamente seriam rechaçadas na jurisdição estatal, tornando-a uma espécie de locus em que se aplica um Direito paralelo ao Direito" (ABBOUD, Georges. **Precisamos rejeitar arbitragens supremas.** 01 de fevereiro de 2022. Disponível em https://www.conjur.com.br/2022-fev-01/georges-abboud-precisamos-rejeitar-arbitragens- supremas – Acesso em 30 de setembro de 2022).

[38] "A arbitragem, apesar de consistir em atividade privada convencionada pelas partes, tem natureza jurisdicional. Com efeito, o fato de a arbitragem ser de origem contratual não desnatura sua força jurisdicional como instrumento de resolução de conflitos e pacificação social" (Abboud, Georges. **Jurisdição constitucional vs. arbitragem: os reflexos do efeito vinculante nas atividades do árbitro.** Revista de Processo: RePro, v. 37, n. 214, dez. 2012, p. 271).

Com isso, mesmo havendo maior autonomia na arbitragem, ainda possui caráter jurisdicional, segundo o entendimento do STJ[39], assim como não está imune aos ditames legais do ordenamento jurídico pátrio. De forma oposta, há um dever do árbitro de considerar em sua decisão toda a principiologia e a cadeia de precedentes do sistema jurídico, "não só como corolário do dever constitucional de fundamentação, como também em razão da perspectiva de direito como integralidade ensinada por Ronald Dworkin em prol da segurança jurídica e do princípio constitucional da isonomia"[40].

Conforme demonstrada até o momento, pelo fato de a intervenção ser de modo coadjuvante e não tratar o ente público como parte, não há que se falar em ser alcançado pela decisão de mérito. Em outras palavras, por não ser titular das relações jurídicas que interligam os sujeitos do processo, também não deve sofrer as consequências diretas da sentença, não estando, pois, sujeito à coisa julgada material[41], característica a qual aproxima a figura do interveniente anômalo do *amicus curiae*. Trata-se efetivamente de uma mera contribuição informativa, em busca de preservar seus interesses reflexos, de tal modo que o entendimento externado pelo Tribunal Arbitral na sentença arbitral deve ser respeitado, em consonância ao princípio competência-competência.

1.2. Interveniente anômalo – características e hipóteses

Além de atuar na arbitragem enquanto parte, a Administração Pública também tem a possibilidade de ser interveniente anômala, o que tem

39 "Assim, os argumentos da doutrina favoráveis à jurisdicionalidade do procedimento arbitral revestem-se de coerência e racionalidade. Não há motivos para que se afaste o caráter jurisdicional dessa atividade". (BRASIL, Superior Tribunal de Justiça. Conflito de Competência nº 113.260/SP, Rel. Ministra Nancy Andrighi, Rel. p/ Acórdão Ministro João Otávio de Noronha, Segunda Seção, julgado em 08/09/2010, DJe 07/04/2011).

40 Cenachi, Luiza Gonzaga Drumond. **Uma questão polêmica: o árbitro é obrigado a observar os precedentes judiciais?** In Marx Neto, Edgard Audomar et al. Processo civil contemporaneo: homenagem aos 80 anos do Prof. Humberto Theodoro Junior. Rio de Janeiro: Forense, 2018.

41 Dinamarco, Cândido Rangel. **Instituições de direito processual civil**. São Paulo: Malheiros Editores, 2ª ed, 2012, p. 249. Dinamarco, Cândido Rangel. **Instituições de direito processual civil**. São Paulo: Malheiros Editores, 2ª ed, 2012, p. 249.

previsão no art. 5º da Lei nº 9.469/1997. Tal dispositivo autoriza a União a intervir nas causas em que figurarem, como autoras ou rés, autarquias, fundações públicas, sociedades de economia mista e empresas públicas federais e, que as pessoas jurídicas de direito público intervenham de maneira ampla em qualquer processo, sem necessidade de demonstrar interesse jurídico relevante.

Essa redação foi inicialmente prevista para lides judiciais, contudo, foi alvo de discussão no Procedimento Arbitral CCI 24957/GSS/PFF instituído pela Concessionária MSVIA em face da ANTT para obter o reequilíbrio econômico- financeiro do contrato de concessão envolvendo a BR-163.

Na manifestação da AGU acerca do tema, a participação da União no procedimento na condição de interveniente anômala se trata de uma prerrogativa que independe de demonstração de interesse jurídico, nos termos do supramencionado art. 5º da Lei nº 9.469/1997[42], o que aduziu ser também aplicável ao procedimento arbitral "em razão do 'subsistema de Direito Público"[43].

[42] **Art. 5º** A União poderá intervir nas causas em que figurarem, como autoras ou rés, autarquias,
fundações públicas, sociedades de economia mista e empresas públicas federais. **Parágrafo único**. As pessoas jurídicas de direito público poderão, nas causas cuja decisão possa ter reflexos, ainda que indiretos, de natureza econômica, intervir, independentemente da demonstração de interesse jurídico, para esclarecer questões de fato e de direito, podendo juntar documentos e memoriais reputados úteis ao exame da matéria e, se for o caso, recorrer, hipótese em que, para fins de deslocamento de competência, serão consideradas partes.

[43] "Enfatiza que o interesse do ente federado em participar deste procedimento como interveniente anômala decorreria do seu interesse econômico, uma vez que "a arbitragem em questão trata de um contrato em processo de relicitação, cujo resultado pode impactar na formulação da política pública em tela e, sobretudo, na prestação do correlato serviço público". Afirma que "a Requerente não nega a possibilidade de aplicação do instituto da intervenção anômala a processos arbitrais." e defende que "a aplicação do instituto da intervenção anômala à presente arbitragem prescinde do regramento do Decreto n. 10.025/2019.", pois é uma "prerrogativa já prevista na Lei n. 9.469/1997", "não lhe sendo imputável qualquer cobrança relacionada aos custos do procedimento arbitral." – PROCEDIMENTO ARBITRAL Nº 24957/GSS/PFF, Ordem Procedimental nº 4 – Disponível em: https://www.gov.br/agu/pt- br/composicao/cgu/cgu/neadir/arquivos/copy_of_CASOMSVIAICC24957ORDEMPROCEDIME NTALN.4.pdf – Acesso em 15 de setembro de 2022.

Ao analisar esses argumentos, o tribunal arbitral considerou **(i)** participação da União por desejo próprio e (ii) não oposição das Partes a essa participação como interveniente anômala, para aceitar esse instituto jurídico. Tal aceitação também ocorreu nos casos (i) "Caso Claro" Caso CCI N. 26.467/PFF e (ii) "Caso Oi" Caso CCI No. 26470/PFF, os quais foram instaurados em face da ANATEL com o objetivo de dirimir controvérsias relativas à concessão de Sistema de Telefonia Fixa Comutada (STFC), com intervenção da União com o objetivo de assegurar "que todos os interesses coletivos adjacentes ao litígio estejam sendo considerados"[44], além dos reflexos de natureza econômica.

3. Equilíbrio econômico-financeiro

O equilíbrio econômico-financeiro, garantia constitucional prevista no art. 37, XXI da CF e reforçada através da Lei de Licitações (Lei nº 8.666/93) no seu art. 57, §1º, bem como pela Nova Lei de Licitações (Lei nº 14.133/2021) por seu art. 6º, XXVII e art. 103, §§4º e 5º, é assegurado a partir do momento em que a Administração Pública aceita a proposta apresentada, tal como defendem Marçal Justen Filho[45] e Márcio Cammarosano[46].

Com isso, no caso de superveniência de fatos anormais e imprevisíveis que tenham o condão de desequilibrar ou agravar a posição do particular em face da Administração Pública, enseja-se a possibilidade de recomposição do equilíbrio econômico-financeiro desta avença. Segundo Hely Lopes Meirelles, o equilíbrio econômico-financeiro é uma equação que visa manter os encargos originalmente pactuados pelas partes[47], o que

[44] PROCEDIMENTO ARBITRAL Nº 26.467/PFF, Ata de Missão – Disponível em: https://www.gov.br/agu/pt-br/composicao/cgu/cgu/neadir/casos-de-arbitragem-2/caso-claro – Acesso em 15 de outubro de 2022, p. 47.

[45] JUSTEN FILHO, Marçal. **Comentários à Lei de Licitações e Contratos Administrativos**, São Paulo: Dialética, 12ª ed., 2008, p. 717.

[46] CAMMAROSANO, Márcio. **Exequibilidade de proposta, equilíbrio econômico-financeiro do contrato e direito ao lucro – algumas considerações**, ILC 100/516.

[47] "Equilíbrio financeiro: o equilíbrio financeiro, ou equilíbrio econômico, ou equação econômica, ou, ainda, equação financeira, do contrato administrativo é a relação estabelecida inicialmente pelas partes entre os encargos do contratado e a retribuição da Administração para a justa remuneração do objeto do ajuste. Essa relação encargo-remuneração deve

pode ocorrer nas modalidades de correção para repor as perdas causadas pela inflação como o reajuste, repactuação e atualização monetária, ou quando decorrentes de fatos imprevisíveis, que ensejam a chamada revisão.

Nesta modalidade (revisão) ocorre o caso fortuito e força maior, que correspondem à álea econômica do contrato. Prevista no art. 65, II, d da Lei nº 8.666/1993 e art. 124, II, d, da Lei nº 14.133/2021, é uma das três áleas (riscos) que o particular enfrenta ao contratar com a Administração Pública, a qual dá lugar à aplicação da teoria da imprevisão, garantindo ao contratado o direito de ter a recomposição do equilíbrio econômico-financeiro do contrato.

Com essa teoria, assegura-se que o particular não responda sozinho pelos prejuízos causados pela ocorrência de tais circunstâncias excepcionais. Dessa forma, desde que seja mantida a execução contratual, deve a Administração arcar com o ônus do restabelecimento integral do equilíbrio econômico-financeiro do contrato.

Um fato imprevisível que acarretou grande desequilíbrio em diversos contratos foi a pandemia de COVID-19 que gerou a necessidade de utilização da revisão para recompor o equilíbrio econômico-financeiro inicialmente pactuado. Isso demonstra os reflexos patrimoniais e a disponibilidade do objeto sendo suscetível à arbitragem, o que é sustentado por Selma Lemes[48], bem como por Eduardo Talamini[49].

ser mantida durante toda a execução do contrato, a fim de que o contratado não venha a sofrer indevida redução nos lucros normais do empreendimento. Assim, ao usar do seu direito de alterar unilateralmente as cláusulas regulamentares do contrato administrativo, a Administração não pode violar o direito do contratado de ver mantida a equação financeira originariamente estabelecida, cabendo-lhe operar os necessários reajustes econômicos para o restabelecimento do equilíbrio financeiro. Trata-se de doutrina universalmente consagrada, hoje extensiva a todos os contratos administrativos" (MEIRELLES, Hely Lopes. **Direito administrativo brasileiro**. 18. ed. São Paulo: Malheiros, 2001, p. 197).

48 LEMES, Selma M. Ferreira. Arbitragem na concessão de serviços públicos – arbitrabilidade objetiva. Confidencialidade ou publicidade processual, p. 9.. Publicado na RDM 134:148/163, abr./jun., 2004, e disponível em <selmalemes.adv.br/artigos/artigo_juri15.pdf>, Acesso em: 01 de outubro de 2022.

49 TALAMINI, Eduardo. Arbitragem e parcerias Público Privadas (PPP), 2004.

Contudo, pode haver exceções, como a possível interferência em direitos coletivos. Para Antonio Carlos Nachif Correia Filho[50], há uma análise casuística da disponibilidade dos direitos envolvidos, dada a necessidade de identificar, no caso concreto, a existência de interesses coletivos associados à matéria cuja arbitrabilidade se está avaliando; e, em seguida, ponderar se existe risco de interferência, por uma decisão arbitral, nos interesses coletivos identificados.

Tendo feito tal ponderação, caso não haja interesses coletivos que limitem a arbitrabilidade da disputa, tem-se uma matéria arbitrável, tal como é o caso (em regra) da recomposição do equilíbrio econômico-financeiro.

Conclusões

À luz de todos os argumentos acima abordados, conclui-se que a participação da União e demais entes públicos em arbitragens para recomposição do equilíbrio econômico-financeiro em contratos de concessão, deve ocorrer na condição de intervenientes anômalos. Tal participação independe de demonstração de interesse jurídico na causa, sendo aceita quando há possíveis consequências econômicas, conforme previsão do art. 5º da Lei nº 9.469/1997.

Trata-se de uma figura processual excepcional que possui similaridade, em determinados aspectos, às figuras do assistente simples e *amicus curiae*, mesclando as características de ambos os institutos jurídicos, e, cujas regras devem ser interpretadas de forma restritiva, justamente por ser uma exceção. Sua participação deve ser estritamente para trazer maiores informações à fase de conhecimento do procedimento.

Assim, ao não assumir condição de parte, o interveniente terá seus poderes limitados às circunstâncias de coadjuvante, de modo a não poder postergar a solução da controvérsia, não estando autorizado a deduzir pedidos. Com isso, tem-se que, ao final, também não estará sujeito à decisão de mérito nem ao pagamento de custas e sucumbência.

Deve-se considerar, ainda, que a intervenção anômala não está sujeita à prévia anuência das partes, não se trata de uma faculdade. De forma oposta, é uma regra de Direito Público que deve ser acatada em respeito

[50] FILHO, Antonio Carlos Nachif Correia. **Interesse Público e arbitrabilidade**: possibilidade e limites. Comitê Brasileiro de Arbitragem.

ao ordenamento jurídico e, principalmente, à jurisdição constitucional. Logo, uma vez comprovado o interesse nas causas, ainda que reflexo e de natureza econômica, o ingresso do ente público na condição de interveniente anômalo deve ocorrer, podendo as partes e tribunal arbitral estipularem os limites e poderes de sua atuação.

Por fim, deve-se considerar que essas participações são benéficas por aperfeiçoarem o instituto da arbitragem que estará em harmonia com o ordenamento jurídico pátrio e respeitando os princípios que regem a Administração Pública. Dessa forma, as contribuições do interveniente anômalo são capazes de promover a fiscalização dos atos do procedimento arbitral, vez que permitem resguardar atividades equivocadas, que não estejam em conformidade com os ditames legais ou interesse público envolvido. Com isso, há a própria preservação da autonomia da arbitragem, evitando possíveis judicializações do procedimento, o que comprometeria não só a celeridade, mas também a segurança jurídica do instituto.

Vale constar que essa intervenção tem como objetivo conciliar um método alternativo de resolução de disputas com os ditames legais e constitucionais que disciplinam a atividade da Administração Pública, não devendo, contudo, tumultuar ou postergar a resolução pela via arbitral.

Destarte, com o reconhecimento legal da arbitrabilidade do tema e institutos similares, resta aos juristas interpretar adequadamente as normas, de modo a conciliar as regras do procedimento arbitral com as regras do Direito Público, tendo em vista possibilitar a convivência harmônica entre essas áreas.

Referências

ABBOUD, Georges. **Jurisdição constitucional vs. arbitragem: os reflexos do efeito vinculante nas atividades do árbitro**. Revista de Processo: RePro, v. 37, n. 214, dez. 2012

ABBOUD, Georges. **Precisamos rejeitar arbitragens supremas**. 01 de fevereiro de 2022. Disponível em https://www.conjur.com.br/2022-fev- 01/georges-abboud-precisamos-rejeitar-arbitragens-supremas

ALVIM, José Eduardo Carreira. **Direito Arbitral**. 3ª Ed. Rio de Janeiro: 2007

AMARAL, Paulo Osternack. **Arbitragem e Administração Pública**. São Paulo: Fórum

BRASIL. [Constituição (1988)]. **Constituição da República Federativa do Brasil de 1988.** Brasília, DF: Presidência da República, [2020]. Disponível em: http://www.planalto.gov.br/ccivil_03/constituicao/constituicao.htm

BRASIL. [Lei nº 10.025/2019]. **Decreto nº 10.025/2019** que dispõe sobre a arbitragem para dirimir litígios que envolvam a administração pública federal nos setores portuário e de transporte rodoviário, ferroviário, aquaviário e aeroportuário. Brasília, DF: Presidência da República, 20 de setembro de 2019. Disponível em: http://www.planalto.gov.br/ccivil_03/_ato2019- 2022/2019/decreto/D10025.htm

BRASIL. [Lei nº 12.815/2013]. **Lei dos Portos**. Brasília, DF: Presidência da República, 05 de junho de 2013. Disponível em: http://www.planalto.gov.br/ccivil_03/_ato2011-2014/2013/lei/l12815.htm

BRASIL. [Lei nº 13.105/2015]. **Código de Processo Civil de 2015**. Brasília, DF: Presidência da República, 16 de março de 2015. Disponível em: http://www.planalto.gov.br/ccivil_03/_ato2015-2018/2015/lei/l13105.htm

BRASIL. [Lei nº 13.129/2015]. **Altera a Lei nº 9.307, de 23 de setembro de 1996**, e a Lei nº 6.404, de 15 de dezembro de 1976, para ampliar o âmbito de aplicação da arbitragem e dispor sobre a escolha dos árbitros quando as partes recorrem a órgão arbitral, a interrupção da prescrição pela instituição da arbitragem, a concessão de tutelas cautelares e de urgência nos casos de arbitragem, a carta arbitral e a sentença arbitral, e revoga dispositivos da Lei nº 9.307, de 23 de setembro de 1996. Brasília, DF: Presidência da República, 26 de maio de 2015 Disponível em: http://www.planalto.gov.br/ccivil_03/_ato2015- 2018/2015/lei/l13129.htm

BRASIL. [Lei nº 13.448/2017]. **Lei nº 13.448/2017** que estabelece diretrizes gerais para prorrogação e relicitação dos contratos de parceria. Brasília, DF: Presidência da República, 05 de junho de 2017. Disponível em: http://www.planalto.gov.br/ccivil_03/_ato2015-2018/2017/lei/l13448.htm

BRASIL. [Lei nº 14.133/2021]. **Lei de Licitações e Contratos Administrativos de 2021**. Brasília, DF: Presidência da República, 1º de abril de 2021. Disponível em: http://www.planalto.gov.br/ccivil_03/_ato2019-2022/2021/lei/L14133.htm

BRASIL. [Lei nº 8.666/1993]. **Lei de Licitações**. Brasília, DF: Presidência da República, 21 de junho de 1993. Disponível em: http://www.planalto.gov.br/ccivil_03/leis/l8666cons.htm

BRASIL. [Lei nº 9.307/1996]. **Lei de Arbitragem**. Brasília, DF: Presidência da República, 23 de setembro de 1996. Disponível em: http://www.planalto.gov.br/ccivil_03/leis/l9307.htm

BRASIL. [Lei nº 9.472/1997]. **Lei Geral de Telecomunicações**. Brasília, DF: Presidência da República, 16 de julho de 1997. Disponível em: http://www.planalto.gov.br/ccivil_03/leis/l9472.htm

BUENO, Cassio Scarpinella. ***Amicus curiae*** **no processo civil brasileiro: um terceiro enigmático**. 3. ed. São Paulo: Saraiva, 2012

BUENO, Cassio Scarpinella. **Curso sistematizado de direito processual civil**, v. 1: teoria geral do direito processual civil, parte geral do Código de Processo Civil. 12. ed. São Paulo: Saraiva Jur, 2022.

CABRAL, Antonio do Passo. **Pelas asas de Hermes: a intervenção do *amicus curiae*, um terceiro especial**. São Paulo: Revista de Processo, vol 117, set-out, 2004

CAMMAROSANO, Márcio. **Exequibilidade de proposta, equilíbrio econômico--financeiro do contrato e direito ao lucro – algumas considerações**, ILC 100/516

CARMONA, Carlos Alberto. **Arbitragem e processo: um comentário à Lei n. 9.307/906**. 3. ed. São Paulo: Atlas, 2009. p. 38.

CENACHI, Luiza Gonzaga Drumond. **Uma questão polêmica: o árbitro é obrigado a observar os precedentes judiciais?** In MARX NETO, Edgard Audomar et al. Processo civil contemporaneo: homenagem aos 80 anos do Prof. Humberto Theodoro Junior. Rio de Janeiro Forense, 2018

CUNHA, Leonardo Carneiro da. **A Fazenda Pública em Juízo**. 19ª ed. São Paulo: Forense, 2022

DINAMARCO, Cândido Rangel. **Instituições de direito processual civil**. São Paulo: Malheiros Editores, 2ª ed, 2012

FINKELSTEIN, Cláudio. **Arbitragem internacional e legislação aplicável**. Revista Jurídica Luso-Brasileira, ano 1, 2015, nº 5

JUSTEN FILHO, Marçal. **Comentários à Lei de Licitações e Contratos Administrativos**, São Paulo: Dialética, 12ª ed., 2008

MACAÉ, Clarissa Marcondes. **Publicidade na arbitragem com a Administração Pública: normativa e práticas recentes**. Jota, 21/10/2021 – Acesso em: 14 de setembro de 2022

MARTINS, Pedro A. Batista. **Arbitragem e intervenção de terceiros: uma proposta. Revista de Arbitragem e Mediação**. São Paulo: Revista dos Tribunais, vol. 33, abril/2012

MEIRELLES, Hely Lopes. **Direito administrativo brasileiro**. 18. ed. São Paulo: Malheiros, 2001

NUNES, Tatiana Mesquita. CARDOSO, Paula Butti. **A Administração Pública na Arbitragem e a intervenção anômala.** In: VALIM, Rafael. WARDE, Walfrido. Direito Público e Arbitragem: Os desafios emergentes da resolução privada de conflitos do Estado. São Paulo: Contracorrente, 2022

QUINTÃO, Luísa. **Breves Notas sobre Arbitragem e Administração Pública No Brasil.** Revista de Arbitragem e Mediação | vol. 59/2018 | p. 121 – 146 | Out-Dez / 2018.

THEODORO JUNIOR, Humberto. **Arbitragem e Terceiros – Litisconsórcio Fora do Pacto Arbitral – Outras intervenções de terceiros.** Revista de Direito Bancário, do Mercado e de Capitais e da Arbitragem. São Paulo: Revista dos Tribunais. v. 14. Out/2001

THEODORO JUNIOR, Humberto. **Curso de direito processual civil, v. 1: teoria geral do direito processual civil, processo de conhecimento, procedimento comum.** 62. ed. Rio de Janeiro: Forense, 2021

WAMBIER, Luiz Rodrigues; TALAMINI, Eduardo. **Curso avançado de processo civil: teoria geral do processo**, volume 1. São Paulo: Thomson Reuters, 17ª ed, 2018.

PARTE V

DIREITO DO TRABALHO

21.
A ERRADICAÇÃO DA CONDIÇÃO ANÁLOGA À DE ESCRAVO DOS TRABALHADORES BOLIVIANOS NAS OFICINAS DE COSTURA EM SÃO PAULO: OBJETIVO DE DESENVOLVIMENTO SUSTENTÁVEL Nº8 (META 8.7) DA ORGANIZAÇÃO DAS NAÇÕES UNIDAS

Francisco Edielson Porfíri[1]

Introdução

O trabalho em condições análogas à de escravo é um dos atos mais atentatório à dignidade da pessoa humana, pois os exploradores de mão-de-obra do trabalho nessas condições buscam, incansavelmente, diminuir os custos com a mão-de-obra para aumentar os lucros, na tentativa de atender as suas necessidades e do mercado financeiro.

Para alcançar esse objetivo o empregador nega uma série de direitos e garantias sociais aos trabalhadores contidos na Constituição Federal de 1988 nos seus artigos 6º ao 11 e 170, *caput*; suprimindo condições dignas de trabalho, como por exemplo, a indisponibilidade dos trabalhadores aos instrumentos de trabalho necessários para a execução da atividade profissional; supressão da alimentação e de ambiente de trabalho em desacordo às normas de segurança; a ausência de salários compatíveis com a função exercida e com as normas legais, entre outros.

[1] Artigo elaborado a partir da monografia apresentada ao Núcleo de Monografia Jurídica da Faculdade de Direito da PUC-SP, sob orientação da Professora Doutora Fabiola Marques.

Conceituar e caracterizar o trabalho análogo à de escravo é fundamental, principalmente para demonstrar como esse tipo de prática ainda persiste nas relações de trabalho no Brasil, uma vez que passados 134 anos da aprovação da Lei Áurea, que aboliu a escravidão no Brasil, ainda são frequentes denúncias ao Ministério Público do Trabalho e demais Órgãos do Estado brasileiro da ausência dos direitos básicos dos trabalhadores nas suas relações de trabalho e de emprego.

O trabalho realizado sob os comandos do empregador que se utiliza de mão- de-obra análoga à condição de escravo fere o fundamento do Estado Democrático de direito, que é a dignidade da pessoa humana (art. 1º, inciso III, da CRFB/1988), por submeter o trabalhador à condição precária, muito distante do indispensável para uma vida digna.

A Constituição Federal de 1988 e as legislações infraconstitucionais, como a Consolidação das Leis do Trabalho (CLT) e o Código Penal brasileiro, tipificam a prática ilegal do trabalho análogo à condição de escravo no Brasil. Inclusive, a tipificação por conta das convenções e os tratados internacionais que o Brasil faz parte no combate à escravidão moderna.

O conceito trazido pelo artigo 149 do Código Penal Brasileiro, com a nova redação dada pela Lei 10.803/2003, que vem prevalecendo na doutrina e nos tribunais brasileiros, é justamente o tema do trabalho escravo contemporâneo, que é configurado quando é constatada a ofensa ao direito de liberdade em razão de dívida contraída com o empregador ou preposto.

Em setembro de 2015, 193 países membros das Nações Unidas, incluindo o Brasil, adotaram a nova política global prevista na Agenda 2030 para o Desenvolvimento Sustentável, e tem como principal objetivo elevar o desenvolvimento mundial e melhorar a qualidade de vida de todas as pessoas. Essa política da Organização das Nações Unidas estabelece 17 Objetivos de Desenvolvimento Sustentável (ODS) com 169 metas, a serem alcançadas por meio de uma ação conjunta que agrega diferentes níveis de governo, organizações, empresas e a sociedade como um todo nos âmbitos internacional e nacional.

Deste modo, analisar a questão da imigração de trabalhadores bolivianos a partir dos anos de 1950 e as denúncias relativas às péssimas condições dos trabalhadores bolivianos nas oficinas de costura em São Paulo, tendo em vista que o setor têxtil é um dos ramos de produção industrial que mais emprega trabalhadores imigrantes latino-americanos no Brasil e a atuação do Ministério Público do Trabalho de São Paulo e da Subsecretaria de Inspeção do Trabalho (SIT), se faz de extrema importância quando o Brasil se compromete com os 17 Objetivos de Desenvolvimento Sustentável (ODS/ONU).

Assim, o objetivo nuclear deste trabalho é apontar os caminhos que estão sendo adotados pelo Brasil através do Ministério Público do Trabalho de São Paulo e da Subsecretaria de Inspeção do Trabalho (SIT), vinculada à Secretaria de Trabalho (STRAB) e subordinada ao Ministério do Trabalho e Previdência (MTP) e do Poder Executivo Federal, com vistas ao cumprimento da Agenda 2030 para o Desenvolvimento Sustentável, a fim combater a escravidão moderna e resguardar os princípios e os direitos sociais garantidos na Constituição Federal de 1988 nas relações de trabalho do Brasil.

3. Desenvolvimento

3.1. Breve histórico do regime de trabalho escravo no Brasil

O Regime Político Colonial no Brasil ocorreu entre os séculos XVI e XIX, com início no ano de 1534. Em meados do final do século XVII, com o declínio das exportações de açúcar, a economia extrativista da colônia portuguesa no Brasil passou a explorar o ouro, período que ficou conhecido como novo ciclo do ouro. O Brasil nessa época teve o seu contexto político como monopólio da administração da Coroa Portuguesa. Com relação as forças produtivas utilizadas nos serviços e na fabricação de produtos nas Colônias eram utilizadas a mão-de-obra escrava como o núcleo central. Lembrando que inicialmente os colonizadores portugueses se apropriaram da escravidão indígena já existentes nas tribos nativas.

> "Em meados do século XVI com a expansão mercantilista portuguesa o tráfico de escravos negros africanos para o Brasil Colônia passou a ser realizado em larga escala para suprir a necessidade de mão de obra nos latifúndios, engenhos de açúcar e nas casas dos donos de engenhos e proprietários de terras. Estima-se que 35,3% dos escravos envolvidos no comércio triangular entre os continentes africano, europeu e americano vieram para o Brasil, ou

seja, mais de 4 milhões de pessoas de origem africana foram trazidas para ser escravizadas"[2]

Já no final do século XVII, pela pressão diplomática do Reino Unido, em razão de seus interesses econômicos, e por diversos fatores, a ordem social escravista brasileira se articulou entre o intenso tráfico de escravos e o número constante de alforrias. Em 1822, sob a ameaça de perda da limitada autonomia política concedida a partir de 1808, os líderes brasileiros na época convenceram D. Pedro I a declarar a independência, tornando-o como primeiro Imperador do recém-criado Império do Brasil.

O período histórico do Brasil Império, regime político dos anos de 1822 a 1889, além de preservar as condições de trabalho alicerçadas no regime escravista, que perdurou até o ano de 1888, fez também com o que o Brasil não prestigiasse o surgimento de um processo de industrialização e de urbanização da economia, e não instituiu, por consequência, o Direito do Trabalho no país.

A Constituição Imperial de 1824 não fazia referência aos direitos trabalhistas. Foi apenas final do Regime Imperial que o Brasil começou a experimentar novos modelos econômicos e políticos. Assim, em 1850 surgiu uma legislação que fez referência ao trabalho com a regulamentação da profissão de comerciante, sendo criado um Código Comercial, que era uma espécie de documento normativo, porém não estipulava direitos efetivamente trabalhistas.

No ano de 1850 no Brasil foi aprovada a Lei Eusébio de Queiroz que estabeleceu medidas para a repressão do tráfico de africanos. A promulgação da Lei Eusébio de Queiroz estava relacionada, sobretudo, às pressões britânicas sobre o governo brasileiro diante da extinção da escravidão.

No ano de 1871 foi aprovada a Lei do Ventre Livre, que decretava que todos os filhos de escravos nascidos no Brasil a partir daquele ano seriam considerados livres. E no ano de 1885 foi decretada a Lei dos Sexagenários, que garantiu liberdade aos escravos com 60 anos de idade ou mais. E finalmente, no dia 13 de maio do ano de 1888, foi aprovada a Lei Áurea (Lei Imperial n. 3.353), pela Princesa Isabel (1846-1921), que decretou a

[2] https://pt.wikipedia.org/wiki/Hist%C3%B3ria_da_escravid%C3%A3o#Brasil

abolição da escravidão no Brasil. Podemos constatar então que o fim do regime escravista no Brasil foi extremamente lento, bastante gradual e significativamente tardio, sendo o último país ocidental a abolir oficialmente a escravatura.

3.2 As conquistas do direito do trabalho no ordenamento jurídico brasileiro

Com a Constituição Federal de 1988 do Brasil os valores sociais do trabalho adquirem a estatura de fundamento do Estado Democrático de Direito (art. 1º, IV, CRFB/88). Inclusive, o trabalho passa a ser uma garantia social (artigos 6º a 11, da CRFB/88), e a ordem econômica é fundada na valorização do trabalho humano (art. 170, CRFB/88) e o art. 186, inclusive, traz que a função social é cumprida quando a propriedade rural atende, simultaneamente, segundo critérios e graus de exigência estabelecidos em lei, aos seguintes requisitos: "(...) III – observância das disposições que regulam as relações de trabalho; IV – exploração que favoreça o bem-estar dos proprietários e dos trabalhadores".

Com o objetivo de garantir o efetivo acesso dos brasileiros a todos os direitos previstos, a Constituição Federal de 1988 no seu art. 21, inciso XXIV, atribui à União competência para organizar, manter e executar a Inspeção do Trabalho. Tal competência é exercida pelos Auditores-Fiscais do Trabalho – AFT, que, vinculados diretamente à Secretaria de Inspeção do Trabalho, órgão do Ministério da Economia, são autoridades integrantes de carreira típica de Estado, cuja organização legal ficou a cargo da Lei nº 10.593, de 06 de dezembro de 2002.

> "As atribuições do cargo de Auditor-Fiscal do Trabalho correspondem às previstas no artigo 11 da referida Lei nº 10.593/2002 e no Regulamento da Inspeção do Trabalho, de que trata o Decreto nº 4.552/2002, e caracterizam-se por assegurar, em todo o território nacional, entre outros: o cumprimento de disposições legais e regulamentares, inclusive as relacionadas à segurança e à medicina do trabalho, no âmbito das relações de trabalho e de emprego; a verificação dos registros em Carteira de Trabalho e Previdência Social (CTPS), visando-se à redução dos índices de informalidade; à verificação do recolhimento do Fundo de Garantia do Tempo de Serviço (FGTS), objetivando maximizar os índices de arrecadação; ao cumprimento

de acordos, convenções e contratos coletivos de trabalho celebrados entre empregados e empregadores; ao respeito aos acordos, tratados e convenções internacionais dos quais o Brasil é signatário; embargo de obra e interdição de setor de serviço e estabelecimento, quando verificado risco grave e iminente à saúde e segurança do trabalhador; o combate às formas contemporâneas de trabalho escravo; combate ao trabalho infantil; promoção da inserção de pessoas com deficiência no mercado de trabalho"[3].

A Constituição Federal de 1988 no seu art. 21, XXIV, ao atribuir à União determinadas competências através da atuação dos Órgãos do Estado brasileiro, como o Ministério do Trabalho e o Ministério Público, quando constatado a violação pelos empregadores das normas de proteção dos direitos trabalhistas, e inclusive, é também atribuição desses órgãos a aplicação de sanção administrativa, civil e penal.

Com a Constituição Federal de 1988 o trabalhador adquiriu direitos inexistentes até então, como os direitos sociais contidos nos artigos 6º ao 11, garantindo direitos aos trabalhadores urbanos e rurais, como o salário-mínimo, seguro-desemprego, décimo terceiro salário, férias remuneradas, fundo de garantia por tempo de serviço (FGTS), salário família, piso salarial proporcional, descanso semanal remunerado, entre outros. Além disso, encontra-se noutros dispositivos infraconstitucionais, como a Consolidação das Leis do Trabalho (CLT) de 1943, que traz as garantias legais do trabalho digno, assim como também nas convenções e tratados internacionais em que a República Federativa do Brasil seja parte.

A criação da CLT no Brasil foi equiparada a uma Lei federal, por meio do Decreto-Lei nº 5.452, de 1º-5-1943 pelo Presidente Getúlio Vargas, e podemos concebê-la como sendo um dos maiores avanços na legislação brasileira, quando vamos tratar das questões das garantias e dos direitos trabalhistas, desde o pós- período da abolição da escravatura no Brasil, ano de 1888.

Com o advento da CLT, o vínculo jurídico na relação trabalhista prescinde da relação de emprego entre o empregado e a quem ele está

[3] https://www.gov.br/trabalho-e-previdencia/pt-br/composicao/orgaos-especificos/secretaria-de- trabalho/inspecao/escola/o-auditor-fiscal-do-trabalho-e-a-inspecao-do-trabalho)

subordinado, o empregador. Inclusive, essa relação jurídica passa a ser respaldada por todos os direitos e garantias fundamentais trabalhistas que passaram a ter previsão Constitucional (artigos 7º ao 11, da CF/88) e, inclusive, todos os trabalhadores são amparados pelo princípio da dignidade da pessoa humana (artigos 1º, inciso III e 170, da CF/88).

Inclusive, o art. 149 do Código Penal brasileiro vigente de 1940 tipifica como crime quando os trabalhadores nacionais e estrangeiros residentes no país são submetidos a condição de trabalho análoga à de escravo. Deste modo, o artigo 149 do Código Penal tipifica o ilícito do trabalho na condição análogo à de escravo, quando o empregador submete trabalhadores a condições degradante no ambiente de trabalho. Ademais, a questão é definir o que é trabalho degradante para fins de aplicação deste tipo penal, sendo necessário que se tenha preocupação com a proporcionalidade, e inclusive, devendo as condições de trabalho ser verificados in loco, conforme operações realizadas pelos fiscais da Subsecretaria (SIT) do trabalho do Ministério do Trabalho e Previdência e do próprio Ministério Público do Trabalho de São Paulo.

Outros tipos penais são observados quanto a temática do trabalho análogo à de escravo, conforme encontrados nos artigos 132, 197 e 207. O artigo 132 trata da exposição da vida ou da saúde de alguém a perigo direto e iminente e tem como causa, o aumento de pena. O artigo 197, inciso I, do Código Penal trata a questão do constrangimento de alguém, mediante violência ou grave ameaça, a exercer ou não exercer a profissão. O artigo 207 trata do aliciamento de trabalhadores de um local para outro do território nacional, e inclusive, dentro do próprio território nacional, mediante fraude ou cobrança de qualquer quantia do trabalhador.

Inclusive, a Lei n. 13.445/2017, também conhecida como a Lei de migração, prevê direitos aos migrantes no território brasileiro, como a inviolabilidade do direito à vida, à igualdade, à segurança e à propriedade. Também são assegurados direito à reunião familiar do migrante com seu cônjuge ou companheiro, filhos, familiares e dependentes; direito de transferir recursos decorrentes de suas economias pessoais a outro país, observada a legislação aplicável; direito de reunião para fins pacíficos; direito à associação, inclusive sindical, para fins lícitos; acesso a serviços públicos de saúde e de assistência social e à previdência social, nos termos da lei, sem discriminação, em razão da nacionalidade e da condição migratória; direito à educação pública, vedada a discriminação em razão da nacionalidade e da condição migratória.

Quanto as convenções e tratados internacionais são importantes mencionar que, de acordo com a Constituição Federal de 1988 do Brasil, é competência privativa do Presidente da República, na forma do art. 84, VIII: "celebrar tratados, convenções e atos internacionais, sujeitos a referendo do Congresso Nacional". Assim, no ambiente brasileiro, há ocasiões em que o tratado internacional pode ganhar força de uma emenda constitucional, uma vez que amplia os direitos e garantias, de acordo com o art. 5º, § 3º, da CRFB/88: "Os tratados e convenções internacionais sobre direitos humanos que forem aprovados, em cada Casa do Congresso Nacional, em dois turnos, por três quintos dos votos dos respectivos membros, serão equivalentes às emendas constitucionais".

O Brasil é signatário de diversas convenções e tratados internacionais que buscam afastar da prática laboral dos trabalhadores, nacionais e estrangeiros residentes no país, as condições análogas à de escravo. Vale lembrar, conforme disposto no art. 5º, §2º, da CFRB/88: "Os direitos e garantias expressos nesta Constituição não excluem outros decorrentes do regime e dos princípios por ela adotados, ou dos tratados internacionais em que a República Federativa do Brasil seja parte". No entanto, em pleno século XXI, ainda podemos encontrar no Brasil postos de trabalho em desacordo com os direitos e garantias expressos na Constituição de 1988, nos dispositivos infraconstitucionais e aos compromissos firmados pelo Brasil nos tratados e convenções internacionais.

3.2. Meta 8.7 do Brasil com os objetivos de desenvolvimento sustentável/onu e as condicoes dos trabalhadores bolivianos nas oficinas de costura em São Paulo

Os 17 ODS/ONU, como um conjunto integrado de esforços dos países membros, tem no Objetivo Nº 8 o compromisso de promover o crescimento econômico sustentado, inclusivo e sustentável; o emprego pleno e produtivo; e trabalho decente para todas e todos e a Meta 8.7 dos ODS/ONU traz a necessidade de se tomar medidas imediatas e eficazes para erradicar o trabalho forçado, acabar com a escravidão moderna e o tráfico de pessoas e assegurar a proibição e eliminação das piores formas de trabalho infantil, incluindo recrutamento e utilização de crianças- soldado, e até 2025 acabar com o trabalho infantil em todas as suas formas. O Brasil se comprometeu até 2025 erradicar o trabalho em condições análogas às de escravo, o tráfico de pessoas e o trabalho infantil, principalmente nas suas piores formas.

Conforme já mencionado anteriormente neste trabalho de que a questão da atividade industrial no Brasil foi um dinamismo tardio em relação aos países Europeus e mesmo das Américas, pois foi somente em fins do século XIX, que os primeiros empreendimentos industriais começaram a se desenvolver no país, especialmente após a Proclamação da República, em 1889, pois até então, apenas atividades isoladas e bastante precárias tiveram início, porém em escala de atendimento local e sem expressividade econômica (Sant'Anna, 1944; Mota, 2003).

A cidade de São Paulo no ano de 1928 concentrava 64% do capital investido e 60% dos operários empregados; o interior de São Paulo contava com 40% desses operários e a maioria empregada em indústrias algodoeiras (Loureiro, 2006, p. 39).

> "A atividade industrial foi impulsionada principalmente pelo capital oriundo do comércio do café, muitas vezes associado ao capital estrangeiro, seja por investimento direto ou por meio de empréstimos em bancos. Facilitada pela malha ferroviária implementada ao fim do século XIX e incrementada desde então, as fábricas de tecidos predominaram na paisagem industrial brasileira, especialmente favorecida pela Guerra da Secessão (1861-1865), sendo o estado de São Paulo um dos principais locais de desenvolvimento desta indústria" (Prado Junior, 2012; DEAN, 1971)[4].

O movimento operário originado nas fábricas de tecidos do Estado de São Paulo, com base nas péssimas condições de trabalho, e levando em consideração que essa industrialização foi impulsionada pelo capital oriundo do comércio do café, é o grande responsável por parcela significativa das conquistas de direitos trabalhistas no Brasil e que ainda perduram e estão contidas na CLT e demais dispositivos legais brasileiros. Como a maior parte da mão-de-obra empregada na indústria estava jus-

[4] Prado Junior, Caio. História Econômica do Brasil. 20ª Edição. São Paulo: Editora Brasiliense, 2012, p.257-269.

tamente no setor têxtil, foram as organizações de trabalhadores ou de sindicatos que reivindicaram e conquistaram avanços nas relações de trabalho. Ao contrário do que comumente se imagina, "(...) longe de terem sido apenas uma dádiva do Estado, os direitos trabalhistas tiveram de ser tecidos no plano da realidade pelos próprios trabalhadores" (LOUREIRO, 2011, p.281).

Quanto aos primeiros fluxos imigratórios de bolivianos para o Brasil podemos dizer que se iniciaram no ano de 1950, ano em que foi assinado um acordo bilateral entre Brasil e Bolívia com a finalidade de trazer estudantes para as principais faculdades do país e especializá-los em cursos de mecânica e engenharia. No entanto, a partir dos anos de 1970, o perfil do imigrante boliviano começa a mudar e volta seu foco para o Estado de São Paulo, e na década de 90, com a implantação do plano real, esse fluxo passa a assumir uma nova escala, com características diferentes do imigrante da década de 50, assumindo os postos de trabalho de menor especialização, como as oficinas de costuras do ramo têxtil.

É justamente nesse novo cenário da década de 90, com a implantação do Plano Real no Brasil, que se inicia o processo condicionante do imigrante boliviano no Estado de São Paulo, passando assim a se tornar um imperativo. Com isso, também começam a surgir as novas práticas de trabalhos forçados ou obrigatórios com o emprego de violência e ameaças por parte de recrutadores; a retenção de salário e da submissão desses trabalhadores a condições degradantes e com jornadas exaustivas.

É importante mencionar que a razão da imigração da população boliviana para o Brasil é econômica, devido à crença que as oportunidades de trabalho no país, principalmente na cidade de São Paulo, são maiores e melhores que em sua terra natal. Em geral, esses imigrantes "são, em sua maioria, jovens, de ambos os sexos, solteiros, de escolaridade média e vieram atraídos principalmente pelas promessas de bons salários feitas pelos empregadores, que em muitos casos, são empregadores de nacionalidade boliviana." (SILVA, 2006).

A realidade encontrada na cidade de São Paulo é bem diferente do que é esperado pelos imigrantes. Inclusive, as condições dos imigrantes bolivianos que chegam à metrópole paulista, na maioria das vezes, também são caracterizadas pela ilegalidade, pelos baixos salários e as constantes violações dos direitos humanos, fatos noticiados com frequência na mídia e confirmadas através da constatação das péssimas condições de trabalho nas operações de fiscalização realizadas pelo Ministério Público de São Paulo.

Quando esses trabalhadores chegam ao Brasil são alojados nos mesmos lugares que trabalham, em regime de cárcere privado. Por estarem ilegalmente no Brasil e alheios as leis trabalhistas do país, o medo de serem deportados é constante, e essa situação é alimentada pelos seus empregadores como forma de manutenção dessa mão-de-obra barata (Coutinho, 2011). Pela correlação entre as novas modalidades da sociedade em rede e da acumulação flexível perante as estruturas produtivas, esses bolivianos se alojam nas pequenas oficinas de costura terceirizadas presentes na Região metropolitana de São Paulo. Segundo os dados de 2019 da Secretaria Municipal de Direitos Humanos e Cidadania da cidade de São Paulo (SMDHC)[5], acredita-se que entre imigrantes legais e ilegais, essa região possui mais de 75 mil bolivianos.

Já com relação as jornadas de trabalho nessas oficinas de costura, conforme Rossi (2005) que cita que nas oficinas de costura "os bolivianos[...], chegam a trabalhar até 18 horas por dia nas confecções de segunda a sexta-feira. Aos sábados, a jornada se encerra ao meio-dia e aos domingos a jornada é livre". Ao viver em condições de sedentarismo, a propensão de adoecer se torna elevada, a falta de exercícios e os ambientes de trabalhos inadequados também contribuem para esse fator se desenvolver. Ainda nesse contexto, Rizek, Georges e Silva (2010), veem as atividades profissionais nessas oficinas de costura, como[...] clandestinas, de modo que o trabalhador costura em um ambiente inadequado, em galpões ou porões respirando o pó gerado pela grande quantidade de tecido que será transformado em peças. O trabalhador vive no mesmo local dormindo sobre um colchonete, que estende atrás de sua máquina de costura, em uma situação abaixo das condições mínimas, sem refeitório e contendo apenas um banheiro coletivo.

Segundo relatos dos próprios imigrantes bolivianos, as oficinas de costuras onde realizam as suas atividades profissionais geralmente funcionam em porões ou em locais escondidos, porque a maior parte das oficinas é ilegal e não tem permissão para funcionar regularmente. Inclu-

[5] Disponível em: https://www.prefeitura.sp.gov.br/cidade/secretarias/direitos_humanos/imigrantes_e_trabalho_decente/index.php?p=291781

sive, como meio de isolação acústica, as máquinas funcionam em ambientes fechados, onde não possui circulação de ar e nem possui frestas de entradas de luz solar. Muitas vezes a relação de trabalho evolui para o tipo "servidão por dívida", conforme descrita por Rizek, Georges e da Silva (2010), onde o imigrante trabalha para o dono da oficina de costura não recebendo salário para que assim possa pagar as dívidas com a viagem que o empregador fez para trazê-lo ao Brasil.

Conclusões

Dados do dia 28 de janeiro de 2022 do Ministério Público de São Paulo nos trouxe que o número de trabalhadores resgatados de situações de trabalho análogo à de escravo, somente na cidade de São Paulo, aumentou em quase 200% entre 2020 e 2021. No Brasil em 2021 foram 1.415 denúncias de trabalho escravo, aliciamento e tráfico de trabalhadores, número 70% maior que em 2020. Nos últimos cinco anos, o Ministério Público do Trabalho de todos os Estados da Federação recebeu 5.538 denúncias relacionadas a trabalho escravo e, nesse mesmo período, foram firmados 1.164 Termo de Ajustamento de Conduta, ajuizadas 459 ações civis públicas e instaurados 2.810 inquéritos civis sobre o tema[6].

Na Capital paulista, somente no ano de 2021, foram resgatados 47 trabalhadores em situação análoga à escravidão, um aumento de quase 200% em ralação a 2020, quando foram resgatados 16 trabalhadores nessas condições. Essas operações foram realizadas em conjunto com órgãos como Auditoria Fiscal do Trabalho, vinculada ao Ministério do Trabalho e Previdência, Ministério Público Federal, Defensoria Pública da União, Polícia Federal e Polícia Rodoviária Federal.

Já no âmbito nacional os números mostram que 1.937 trabalhadores foram resgatados da escravidão contemporânea em 2021, segundo dados da Subsecretaria de Inspeção do Trabalho (SIT) do Ministério do Trabalho e Previdência. O Ministério Público do Trabalho esteve presente no resgate de 1.671 pessoas.

Diante dos casos de fiscalização realizados pelo MPT-SP no combate ao trabalho análogo à de escravo nas oficinas de costura na cidade de São

[6] https://www.prt2.mpt.mp.br/

Paulo e com base nos dados apresentados pelos MPT-SP, do aumento do número de denúncias relacionadas à tal conduta no biênio (2020-2021), infere-se que os desafios do Brasil no combate a esse tipo de trabalho ainda são enormes.

Estamos no ano de 2022 e a meta do Brasil de até o ano 2025 acabar com o trabalho infantil em todas as suas formas é um desafio urgente e muito longe de ser alcançado. Tudo indica que o Brasil não conseguirá atingir essa meta, conforme podemos observar nos dados abaixo do dia 11 de outubro de 2022 do MPT-SP:

> DENÚNCIAS DE TRABALHO INFANTIL AO MPT-SP CRESCE EM 30%
> Dados abrangem a capital, Grande ABC e Baixada Santista.
> Denúncias de trabalho infantil crescem em 10% no estado inteiro.
> São Paulo, 11 de outubro de 2022 – As denúncias de trabalho infantil recebidas pelo Ministério Público do Trabalho (MPT) em São Paulo tiveram aumento de cerca de 30% desde o ano passado, considerando o mesmo período de janeiro até o final de setembro. As denúncias, que em 2021 foram de 180 casos, pularam para 252 em 2022, e abrangem a Capital, Grande ABC e Baixada Santista.
> No estado de São Paulo inteiro, o aumento foi de cerca de 10% no mesmo período, com 491 casos em 2021 contra 552 casos registrados em 2022 de janeiro a setembro. Em 2022, 20% das denúncias de trabalho infantil no país vieram de SP, recebidas principalmente no MPT por meio do site www.mpt.mp.br, onde qualquer pessoa pode fazer uma denúncia. Entre as denúncias recebidas pelo MPT-SP neste ano, 102 se referem ao trabalho proibido (menores de 16 anos não podem trabalhar salvo na condição de aprendizes). Dessas, 47 se referiam às piores formas de trabalho infantil, que, segundo a Organização Internacional do Trabalho incluem escravidão, venda e tráfico de crianças, exploração sexual, realização de atividades ilícitas e outras modalidades extremamente prejudiciais. Cerca de metade das denúncias recebidas pelo MPT-SP se referem a irregularidades na contratação de aprendizes, seja porque as empresas não cumprem a cota legal, seja porque seus aprendizes realizam atividades inadequadas, entre outras questões"[7].

[7] https://www.prt2.mpt.mp.br/1022-denuncias-de-trabalho-infantil-ao-mpt-sp-crescem-30

Inclusive, em relação ao Poder Executivo Federal, observa-se que as suas políticas adotadas vão de encontro aos compromissos assumidos pelo Brasil com os 17 Objetivos de Desenvolvimento Sustentável da Organização das Nações Unidas, e em específico com o objetivo nº 8 – Meta 8.7, pois o Presidente da Republica do Brasil da atualidade, Jair Messias Bolsonaro sancionou, com veto, o Plano Plurianual da União (PPA – PLN 21/19), para o período de 2020 a 2023 (Lei n. 13.971/19), e esse veto concerne à "persecução das metas dos Objetivos do Desenvolvimento Sustentável da Organização das Nações Unidas", cuja justificativa do Palácio do Planalto é de que o dispositivo é inconstitucional, pois daria caráter obrigatório ao procedimento previsto em ato internacional, tendo que a Constituição Federal do Brasil de 1988 estabelece nos artigos 49, inciso I; e 89, inciso VIII, que é competência exclusiva do Congresso Nacional referendar tratados, acordos ou atos internacionais que acarretem encargos ou compromissos gravosos ao patrimônio nacional.

No panorama exposto observa-se que há bastantes indícios de que o Brasil, por intermédio do seu Governo Federal, com o veto contido na Lei n. 13.971/19 ao tomar a iniciativa da não-execução, no âmbito interno, dos compromissos assumidos com os 17 Objetivos e as 169 metas de Desenvolvimento Sustentável da Organização das Nações Unidas no período de 2020 a 2023, não consiga cumprir com o objeto nuclear deste trabalho referente ao objetivo nº 8 – Meta 8.7 de até o ano de 2025 erradicar o trabalho em condições análogas às de escravo, o tráfico de pessoas e o trabalho infantil, principalmente nas suas piores formas, e inclusive, com os demais compromissos contidos nos 17 Objetivos de Desenvolvimento Sustentável da Organização das Nações Unidas, pois os 17 ODS/ONU se tratam de um sistema integrado e indivisível, e o não-cumprimento de um dos objetivos acaba comprometendo todos os demais objetivos e metas.

Referências

BRASIL. Consolidação das Leis do Trabalho (CLT). Decreto de Lei n.5.452, de 1 de maio de 1943. Aprova a Consolidação das Leis do Trabalho. Sancionada pelo presidente Getúlio Vargas entre 1937 e 1945. Disponível em: <http://www.planalto.gov.br/ccivil_03/decreto-lei/del5452.htm>. Acesso em: 10-09- 2022.

CÂMARA DOS DEPUTADOS. **Bolsonaro sanciona PPA com veto a metas de desenvolvimento sustentável da ONU.** Disponível em: <https://www.

camara.leg.br/noticias/629391-bolsonaro-sanciona-ppa-com-veto-a-metas-de--desenvolvimento-sustentavel-da-onu/>. Acesso em: 17-09-2022.

COUTINHO, B. I. **Imigração laboral e o setor têxtil-vestuário de São Paulo: notas sobre a presença boliviana nas confecções de costura**. Revista Espaço de Diálogo e Desconexão, v. 4, n. 1, 16 p., 2011.

LEI DE MIGRAÇÃO. Disponível em: < http://www.planalto.gov.br/ccivil_03/_ato2015- 2018/2017/lei/l13445.htm>. Acesso em: 10-09-2022

LOUREIRO, Felipe Pereira. **Nos fios de uma trama esquecida: a indústria têxtil paulista nas décadas pós-Depressão (1929-1950)**. Dissertação de Mestrado em História. São Paulo, USP, 2006.

MINISTÉRIO PÚBLICO DO TRABALHO EM SÃO PAULO. Disponível em: <https://www.prt2.mpt.mp.br/>. Acesso em 11-09-2022

PRADO JUNIOR, Caio. **História Econômica do Brasil**. 20ª Edição. São Paulo: Editora Brasiliense, 2012, p. 257-269.

RIZEK, C. A; GEORGES, I.; SILVA, C. F da. **Trabalho e imigração: uma comparação Brasil –Argentina**. Revista Lua Nova, São Paulo. n. 79, p. 11-142, 2010.

ROSSI, C. L. **Nas costuras do trabalho escravo: um olhar sobre os imigrantes bolivianos ilegais que trabalham nas confecções de costura de São Paulo**. 2005. 49 f. Trabalho de Conclusão de Curso (Bacharelado em Jornalismo) – Escola de Comunicação e Artes do Departamento de Jornalismo e Editoração, Universidade de São Paulo, São Paulo.

SILVA, S. A da. **Bolivianos em São Paulo: entre o sonho e a realidade**. Revista de Estudos Avançados da USP–Dossiê migrações, São Paulo, v. 20, n. 57, p. 157-170, 2006.

SMDHC – SECRETARIA MUNICIPAL DE DIREITOS HUMANOS E CIDADANIA. Nacionalidades dos imigrantes residentes na cidade de São Paulo, com registro ativo na base de dados do Departamento da Polícia Federal. São Paulo: SMDHC, 2019. Disponível em: Ïhttps://www.prefeitura.sp.gov.br/cidade/secretarias/direitos_humanos/imigrantes_e_trabalho_decente/index.php?p=291781. Acesso em: 10-09-2022.

SUBSECRETARIA DE INSPEÇÃO DO TRABALHO. Disponível em: <https://www.gov.br/trabalho-e-previdencia/pt-br/composicao/orgaos-especificos/secretaria-de-trabalho/inspecao>. Consulta em 08-09-2022.

Nações Unidas Brasil. Disponível em: <https://brasil.un.org/pt-br/sdgs/8>. Acesso em 15-09-2022.

22.
A LEI GERAL DE PROTEÇÃO DE DADOS NO ÂMBITO DO DIREITO DO TRABALHO

João Henrique Souza de Jesus [1]

Introdução

A evolução das tecnologias, especialmente aquelas atreladas à rede mundial de computadores, *big data*[2] e inteligência artificial originou a famigerada era "informacional", ou também conhecida como sociedade da informação.

Neste novo cenário, a otimização da comunicação virtual possibilitou a circulação de dados e informações de forma instantânea pelo mundo. A informação adquiriu status de mercadoria e passou a ter valor econômico, de tal modo a proporcionar as empresas, quando de posse desses dados, a possibilidade de compreensão de padrões de comportamento que viabilizam o oferecimento de produtos e serviços direcionados.

Por outro lado, emergem também os riscos para a segurança das informações compartilhadas nos ambientes físicos e virtuais dentro do

[1] Artigo elaborado a partir da monografia apresentada ao Núcleo de Monografia Jurídica da Faculdade de Direito da PUC-SP, sob orientação da Professora Doutora Fabiola Marques.

[2] A expressão *Big Data* pode ser compreendida como uma extensa variedade de fenômenos cujo foco é a análise de grandes bancos de dados (Mittelstadt, Brent, Floridi, Luciano. **The Ethics of Big Data: Current and Foreseeable Issues in Biomedical Contexts**. Oxford: Ética Eng. Científica. 2016, p. 303-341. Disponível em < https://www.researchgate.net/publication/ 305813620_The_Ethics_of_Big_Data_Current_and_Foreseeable_Issues_in_Biomedical_Conte xts > acesso em 15 dez.2022.

ambiente corporativo, que precisa compreender que há limites para a atuação no tratamento de dados, notadamente aqueles fornecidos por pessoas naturais. Com efeito, legislações específicas sobre o tema figuram como importantes mecanismos para impor limitações a atuação inapropriada dos agentes de tratamentos dados.

Na estatura constitucional, a Lei Maior, em seu art. 5º, assegura a proteção dos direitos fundamentais e encapsula o direito à inviolabilidade do sigilo de dados, o direito à privacidade e à intimidade. Todavia, tais garantias foram se tornando cada vez mais vulneráveis com o avanço das tecnologias e o alto processamento de informações pessoais.

Em razão disso, foram criadas leis infraconstitucionais ao longo do tempo, visando regulamentar e efetivar a proteção dos direitos pessoais do ponto de vista prático, como a Lei Carolina Dieckmann (Lei n. 12.737, de 30 de novembro de 2012), o Marco Civil da Internet (Lei n. 12.965, de 23 de abril de 2014) e, a mais recente inovação legislativa, a Lei Geral de Proteção de Dados (Lei n. 13.709, de 14 de agosto de 2018), que ficou também conhecida pela sigla LGPD, cujo conteúdo e alcance normativo será objeto deste estudo.

Sob a vigência da LGPD, as organizações empresariais ou instituições que trabalham com o manejamento de dados pessoais em pequena ou larga escala, precisaram buscar sistemáticas, procedimentos, normas de condutas ou metodologias com vistas a se adequarem às diretrizes da nova legislação, vez que em suas disposições há o estabelecimento de diversas regras para os operadores e controladores de dados.

Nesse diapasão, considerando que a relação de trabalho constitui uma esfera que, naturalmente, ocorre o fornecimento de dados pessoais por parte dos empregados aos seus empregadores, faz-se necessário o estudo dos regramentos previstos na lei, os seus reflexos e implicações na seara trabalhista.

Para tanto, utilizou-se como metodologia a pesquisa bibliográfica e exploratória, com o estudo de obras doutrinárias, legislações, artigos e periódicos a fim de analisar as principais nuances envolvidas no tratamento de dados pessoais previstas na LGPD, bem como os impactos provocados pela lei no contexto justrabalhista.

1. Aspectos introdutórios da Lei Geral de Proteção de dados: princípios e principais terminologias

A Lei Geral de Proteção de Dados é invariavelmente uma legislação principiológica e além de prever o princípio da boa-fé, a própria lei tratou de estabelecer em seu artigo 6° e incisos, os princípios a serem observados no tratamento de dados pessoais, vejamos:

O primeiro princípio é o da finalidade, que condiciona a coleta e realização do tratamento de dados para propósitos legítimos e específicos dentro dos parâmetros inicialmente informados ao titular, sem possibilidade de tratamento posterior de forma incompatível com essas finalidades[3].

Na sequência, o inciso II informa sobre o princípio da adequação, cujo teor ressalva a necessidade da compatibilidade do tratamento com as finalidades informadas ao titular, de acordo com o contexto do tratamento, de modo que se a destinação não tiver adequação com a finalidade informada há ilegalidade no tratamento.

O princípio da necessidade, previsto no inciso III, estabelece a limitação do tratamento ao mínimo necessário para a realização de suas finalidades. Os dados precisam ser pertinentes, proporcionais e não excessivos em relação às finalidades do tratamento de dados.

O inciso IV, trata do princípio do livre acesso, ou seja, a garantia de que o titular dos dados tenha consulta facilitada e gratuita sobre a forma e a duração do tratamento, bem como sobre a integralidade de seus dados pessoais.

Na sequência, o inciso V, prevê o princípio da qualidade dos dados, o qual visa assegurar a garantia, aos titulares, de exatidão, clareza, relevância e atualização dos dados, de acordo com a necessidade e para o cumprimento da finalidade de seu tratamento.

Positivado no inciso VI, o princípio da transparência, estabelece a "garantia, aos titulares, de informações claras, precisas e facilmente aces-

[3] BRASIL. Lei nº 13.709. **Lei Geral de Proteção de Dados Pessoais (LGPD)**, art. 6, I. Brasília, DF: Presidência da República, 2018. Disponível em < https://www.planalto.gov.br/ccivil_03/_ato 2015-2018/2018/lei/l13709.htm > acesso em Acesso em: 13 out. 2022.

síveis sobre a realização do tratamento e os respectivos agentes de tratamento, observados os segredos comercial e industrial"[4].

O princípio da segurança, contido no inciso VII, determina a "utilização de medidas técnicas e administrativas aptas a proteger os dados pessoais de acessos não autorizados e de situações acidentais ou ilícitas de destruição, perda, alteração, comunicação ou difusão".

No que se refere ao princípio da prevenção, no inciso VIII, há orientação no sentido de que dever ser realizada "adoção de medidas para prevenir a ocorrência de danos em virtude do tratamento de dados pessoais".

Por seu turno, o princípio da não discriminação, previsto no inciso IX, impede que o dado coletado tenha tratamento para fins discriminatórios ilícitos ou abusivos, independentemente de sua base legal ou finalidade exposta com expresso consentimento.

Por último e não menos importante, positivado no inciso X, o princípio da responsabilização e prestação de contas, pois o "agente de tratamentos deve não só cumprir com as normas, mas ter capacidade de demonstrar sua conformidade. É o chamado "accountability", dever de prestar contas, não apenas à Autoridade Nacional de Proteção de Dados (ANPD), mas também aos clientes, público em geral, organizações profissionais e associações, empregados, parceiros comerciais, investidores, observatórios de proteção à privacidade e imprensa".

Realizada uma breve e sucinta abordagem sobre os 10 princípios norteadores do tratamento de dados, oportuno introduzir a partir de agora alguns dos conceitos utilizados e terminologias introduzidas na nova legislação.

a) Titular de dados

O titular de dados pode ser definido como a pessoa natural a quem se referem os dados pessoais que são objeto de tratamento[5] O que significa dizer que fornecer seus dados pessoais a terceiros para que seja

[4] BRASIL. Lei nº 13.709. **Lei Geral de Proteção de Dados Pessoais (LGPD)**, art. 6, VI. Brasília, DF: Presidência da República, 2018. Disponível em < https://www.planalto.gov.br/ccivil_03/_ato 2015-2018/2018/lei/l13709.htm > acesso em Acesso em: 13 out. 2022.

[5] Maciel, Rafael Fernandes. **Manual Prático sobre a Lei Geral de Proteção de Dados Pessoais (Lei nº 13.709/18)**. Goiânia: RM Digital Education. 1ª Edição. 2019. p. 19.

objeto de algum tratamento, em nenhuma hipótese, a pessoa natural transfere a outrem a condição de dono de seus próprios dados pessoais.

Dispõe o artigo 17 da LGPD, ao tratar dos direitos do titular, que toda pessoa natural tem assegurada a titularidade de seus dados pessoais e garantidos os direitos fundamentais de liberdade, de intimidade e de privacidade.

b) Tratamento de dados

Compreende toda operação realizada com algum tipo de manuseio de dados pessoais: coleta, produção, recepção, classificação, utilização, acesso, reprodução, transmissão, distribuição, processamento, arquivamento, armazenamento, edição, eliminação, avaliação ou controle da informação, modificação, comunicação, transferência, difusão ou extração.

c) Dados pessoais, dados pessoais sensíveis e dado anonimizado

A LGPD inseriu 3 categorias de dados. Dado pessoal se refere a toda informação relacionada a uma pessoa identificada ou identificável, não se limitando, portanto, a nome, sobrenome, apelido, idade, endereço residencial ou eletrônico, podendo incluir dados de localização, placas de automóvel, perfis de compras, número do Internet Protocol (IP), dados acadêmicos, histórico de compras, entre outros. Sempre relacionados à pessoa natural viva[6].

Dado pessoal sensível, por sua vez, está relacionado a dado pessoal sobre origem racial ou étnica, convicção religiosa, opinião política, filiação a sindicato ou a organização de caráter religioso, filosófico ou político, dado referente à saúde ou à vida sexual, dado genético ou biométrico, quando vinculado a uma pessoa natural[7]. São dados que estejam relacionados a características da personalidade do indivíduo e suas escolhas pessoais e mais, como segundo dispõe Doneda, seriam determinados tipos de infor-

[6] MACIEL, Rafael Fernandes. **Manual Prático sobre a Lei Geral de Proteção de Dados Pessoais (Lei nº 13.709/18)**. Goiânia: RM Digital Education. 1ª Edição. 2019. ISBN: 9781093409420, p. 19.

[7] BRASIL. Lei nº 13.709. **Lei Geral de Proteção de Dados Pessoais (LGPD)**, art. 5, II, Brasília, DF: Presidência da República, 2018. Disponível em < https://www.planalto.gov.br/ccivil_03/_ato 2015-2018/2018/lei/l13709.htm > acesso em Acesso em: 13 out. 2022.

mação que, caso sejam conhecidas e processadas, prestar-se-iam a uma potencial utilização discriminatória ou particularmente lesiva[8]

Já o dado anonimizado, é o dado relativo à titular que não possa ser identificado. Trata-se de utilizar meios técnicos disponíveis para tornar o dado tratado anônimo, sem possibilidade de deixá-lo facilmente associável a um indivíduo.

d) Agentes de tratamento de dados: controlador, operador e o encarregado

Os agentes de tratamento são os responsáveis pelo tratamento dos dados pessoais, sujeitos às regras da LGPD e à fiscalização da ANPD.

O controlador, pode ser pessoa natural ou jurídica, de direito público ou privado, a quem compete as decisões referentes ao tratamento de dados pessoais. Correlacionando com o contexto das relações de trabalho, "pode-se dizer que as próprias empresas que recebem os dados dos titulares assumem esse papel, cabendo a essa função a preparação da estrutura adequada para fazer a recepção, tratamento, destinação e eliminação dos dados[9]"

O operador, por seu turno, é pessoa natural ou jurídica, de direito público ou privado, que realiza o tratamento de dados pessoais em nome do controlador. No cenário das relações de trabalho, "esse sujeito pode ser um funcionário da empresa receptora dos dados, uma empresa terceirizada ou um prestador de serviço autônomo, dentre suas funções está a responsabilidade de realizar o tratamento dos dados conforme as instruções fornecidas pelo Controlador".

Por fim, o encarregado é pessoa indicada pelo controlador e operador para atuar como canal de comunicação entre o controlador, os titulares dos dados e a Autoridade Nacional de Proteção de Dados (ANPD).

A figura do encarregado nos aspectos da relação empregatícia, figura como "um funcionário do Controlador designado para tal função, em

[8] Doneda, Danilo. **Da privacidade à proteção de dados**. Rio de Janeiro: Renovar, 2005. p.160-161.

[9] Giuntini, Adriana [et al.]. **LGPD nas relações de trabalho** [livro eletrônico]. Salvador: Revista Motres, 2021, p.9-10. Disponível em <https://oabdf.org.br/wp-content/ uploads/2021/08/eBook_LGPD-nas-Relacoes-de-Trabalho-1-1.pdf> acessado em 12/10/2022.

razão de exercer um canal de comunicação adequado para o correto fluxo de dados e resolução de exigências que podem ser requeridas pelos titulares dos dados ou pela própria ANPD.

2. Considerações gerais sobre a intersecção entre a proteção de dados e o Direito do Trabalho

O Direito do Trabalho tem como premissa basilar a posição de vulnerabilidade do empregado frente aos empregadores. Na concepção de Mauricio Coutinho Delgado, pode ser definido como o ramo do direito que prevê um complexo de princípios, regras e institutos jurídicos que regulam, no tocante às pessoas e matérias envolvidas, a relação empregatícia de trabalho, além de outras relações laborais normativamente especificadas[10].

Em regra, nas relações de trabalho muitas informações de ordem pessoal são compartilhadas, seja para pactuação do contrato de trabalho ou para a manutenção do vínculo empregatício instituído. As diversas fases que compreendem esse processo, são potencialmente oportunidades para que ocorra violação da privacidade no tratamento dos dados, notadamente no que concerne ao empregado.

Especificamente, na seara constitucional dos direitos sociais e da personalidade, irradiados do reconhecimento de atributos essenciais do indivíduo, destaca-se a importância de que os dados atinentes aos trabalhadores sejam protegidos de maneira rigorosa, de modo a assegurar a inviolabilidade da intimidade, da vida privada, da honra e da imagem.

Nesta toada, imperioso destacar que a proteção de dados, na mesma esteira de entendimento do Direito do trabalho, parte do pressuposto da vulnerabilidade dos titulares de dados, vez que estes estão sujeitos ao controle das atividades de tratamento de dados realizadas pelos controladores e operadores.

Com a entrada em vigor da LGPD, surgiram muitas indagações acerca da sua aplicabilidade ao Direito do Trabalho. Deveras, que a partir de uma primeira impressão, razoável considerar que tal regulamentação

[10] Delgado, Mauricio Godinho. **Curso de direito do trabalho: obra revista e atualizada conforme a lei da reforma trabalhista e inovações normativas e jurisprudenciais posteriores**. São Paulo: Editora LTr, 2019, p.150.

incialmente foi apenas pensada paras às relações consumeristas, comerciais ou do universo virtual, todavia, a lei não traz essa delimitação, dispondo no artigo 3 que sua incidência se dá em qualquer operação de tratamento realizada por pessoa natural ou por pessoa jurídica de direito público ou privado, independentemente do meio, do país de sua sede ou do país onde estejam localizados os dados.

Neste sentido, forçoso concluir que a LGPD se estende a todas as relações jurídicas que impliquem no trânsito de informações nos espaços físicos ou virtuais, em especial as relações trabalhistas que não fogem a essa configuração, porquanto são embasadas na troca de dados e informações, que apresentam conteúdos pessoais e sensíveis que podem ser alvo de violação diante de tratamento indevido destes dados.

Necessário a partir de então, compreender as diversas etapas de tratamento de dados nas relações de trabalho e como a LGPD impacta neste processo.

a) Fase pré-contratual

Esta fase compreende todo o processo de seleção do potencial empregado. Inicia-se com abertura de vaga de emprego, recepção e triagem dos currículos, entrevistas e termina com a efetiva contratação. É o momento em se tem o primeiro contato das empresas com os dados pessoais do candidato.

Em geral, são recepcionados os dados como nome completo, CPF, RG, endereço, filiação, entre outros, bem como informações que são coletadas no ato da entrevista que são de natureza privada e particular, sujeitas à regulação.

A LGPD estabelece que as atividades que envolvam o manuseio, a coleta, acesso, recepção, transmissão, armazenamento de informações pessoais, entre outros (artigo 5°, incisos I e X da LGPD), precisam se atentar com a segurança dessas informações, que deverão circular por ambientes seguros, sendo de acesso somente dos profissionais autorizados e dentro de um fluxo monitorado por especialistas em segurança da informação[11].

[11] Barzotto, Luciane Cardoso; Costa, Ricardo Hofmeister de Almeida Martins. **Estudos sobre LGPD – Lei Geral de Proteção de Dados – lei nº 13.709/2018: doutrina e**

Aguiar (2021), descreve com maestria a etapa pré-contratual e tece importantes questionamentos acerca da finalidade, necessidade e quantidade de informações coletadas:

> "Passam por esse estágio perguntas pessoais, personalíssimas, que, por vezes, vão bem além daquilo que necessária e obrigatoriamente deveria o empregador ter acesso informativo para a prestação de um serviço que poderá (ou não) num futuro ser-lhe fornecido" [...] vão desde com quem mora: filhos, cônjuge, pais, amigos, etc., local de moradia, até experiencias anteriores juntamente com o grau técnico de sua avaliação, são acompanhados questionamentos outros, como a razão da sua saída, procedidos do porquê da escolha de um novo e eventual empregador, acrescidos, de modo sútil e aparentemente inocente, de outras perguntas, que têm o fito de saber se o candidato tem algum tipo de vício [...] As perguntas que ficam a partir desse complexo processo, são: qual o destino dessa profícua e detalhada fonte de informações dessa pessoa? Qual o compromisso de sigilo daqueles que as obtiveram, que estiveram envolvidos neste procedimento? Qual a garantia do entrevistado de que seus dados pessoais não serão abertos (ou conhecidos) por terceiros?"[12]

Digno de nota também é que departamento de recrutamento e seleção não poderá fazer acepção de candidatos a partir do uso indevido dos dados que lhes são fornecidos, em respeito ao princípio da não discriminação, "comparando candidatos, por exemplo, no que tange à partidos políticos, religião, se tem ou não filhos pequenos, estado de saúde, ou qualquer outro meio de discriminação[13]".

Por esse motivo, a LGPD, neste aspecto, impacta no sentido de trazer a imprescindibilidade da "revisão por parte dos recursos humanos

aplicabilidade no âmbito laboral. Porto Alegre: Escola Judicial do TRT da 4ª Região, 2022. cap. 3, pág. 57-66.

[12] Aguiar, Antonio Carlos. **A proteção de dados no contrato de trabalho**. Curitiba: Revista eletrônica do Tribunal Regional do Trabalho da 9ª Região, v. 10, n. 97, 2021, p. 88-101.

[13] REANI, Valéria. **O impacto da lei de proteção de dados brasileira nas relações de trabalho.** São Paulo: ConJur, 2018. Disponível em: <https://www.conjur.com.br/2018--set- 21/valeria-reani-alei-protecao-dados-relacoes-trabalho> Acesso em: 13 out. 2022.

quanto aos processos seletivos, para contratação laboral, especialmente quanto ao tipo de informações/dados requisitados aos candidatos, especialmente aqueles considerados sensíveis".

É fundamental que durante o recrutamento e captação dos dados pessoais, os candidatos estejam cientes dos procedimentos adotados, devendo ainda ter a cautela de requerer o consentimento deles, bem como que sejam informados do propósito específico da coleta dos currículos e se outros setores terão acesso ou farão uso das informações contidas no documento. Importante também será cientificar os candidatos acerca do que e como será preservado, por exemplo, o direito dele de acesso, correção e exclusão de informações, bem como o tempo de armazenamento e arquivamento do currículo no Banco de dados da empresa. Quanto mais transparente o setor de RH for com os candidatos e quanto mais em consonância estiver a empresa com às disposições da LGPD, menos riscos e impactos podem sem ocasionados.

b) Fase contratual

A partir da contratação e admissão do empregado, inicia-se a fase contratual. No decorrer desta etapa outros dados pessoais e sensíveis são coletados e que precisam ainda mais de proteção, tais como os biométricos para fins de registro de ponto eletrônico, documentos financeiros, prontuários de saúde decorrentes dos exames admissionais e periódicos, entre outros. Aguiar (2021), relata que nesta etapa o empregado:

> "Passa, muitas vezes, a ter convênio médico e a empresa, prestadora desses serviços, ilimitado acesso a toda a sua condição físico-mental (por vezes, da sua família também). Internamente, tem direito ao uso de ferramentas digitais (e espaço para arquivamento de fotos, vídeos e outros documentos pessoais), tudo e por óbvio, armazenado e guardado por constantes backups efetuados pelo empregador em suas máquinas (os computadores, smarthphones, tablets, etc. continuam sendo de propriedade do empregador) – pelo menos, essa é a regra (que, claro, comporta exceções)"[14]

[14] AGUIAR, Antonio Carlos. **A proteção de dados no contrato de trabalho**. Curitiba: Revista eletrônica do Tribunal Regional do Trabalho da 9ª Região, v. 10, n. 97, p. 88-101, mar. 2021.

Subentende-se que o consentimento não precisa ser um instrumento contratual autônomo, mas sim uma cláusula do contrato de trabalho ou um anexo a este[15], de modo a prever a menção ao tratamento de dados, seja para conceder ao empregador o direito de tratá-los ou para prever o dever de sigilo e responsabilização na hipótese de violação do sigilo das informações.

Aponta-se, ainda, que em havendo a contratação de menores de idade, ou ainda se o empregado indicar menores de idade como dependentes no plano de saúde, a LGPD determina a obrigatoriedade de que os responsáveis legais autorizem o tratamento dos dados e que estes sejam mantidos a par de todos os tratamentos realizados com os dados pessoais dos menores[16]

c) Fase pós-contratual

Com o fim do término da relação empregatícia, o funcionário é desligado do quadro de colaboradores da empresa. Nesta fase, existe um ponto de atenção, pois não há uma previsão legal que atrele o tempo em que o empregador poderá armazenar os dados pessoais de um ex-colaborador.

Notadamente, dados relevantes também surgem ao término do contrato de trabalho, inclusive, dados sensíveis do titular, tais como informações sobre o motivo do encerramento do vínculo empregatício, verbas rescisórias, dados pessoais de empregado falecido, dados relacionados ao Perfil Profissiográfico Previdenciário-PPP etc.

A LGPD prevê que o término do tratamento de dados deve seguir alguns requisitos básicos, dos quais se destacam a verificação do alcance da finalidade do processo, o término do prazo estimulado ao tratamento, a revogação do consentimento do titular e a determinação da autoridade nacional. O tratamento de dados pessoais deve ser interrompido nas

[15] Araújo, Cristiane Carvalho Andrade; Calcini, Ricardo. **O impacto da LGPD nas relações de trabalho**. São Paulo: ConJur, 2020. Disponível em: <https://www.conjur.com.br/2020-set- 17/lgpd-impactos-trabalhistas>. Acesso em: 13 out. 2022.

[16] Ricken, Luiz Henrique. **Os impactos da LGPD nas relações trabalhista**. Monografia (Bacharelado em Direito) – UNISUL, Braço do Norte, 2021. p.40. Disponível em< https://repositorio.animaeducacao.com.br/bitstream/ANIMA/20070/1/tcc_luiz_2021.12.09.pdf> acesso em 15 dez. 2022.

hipóteses trazidas pelo artigo 15 da Lei Geral de Proteção de Dados Pessoais, quais sejam:

> "Art. 15. O término do tratamento de dados pessoais ocorrerá nas seguintes hipóteses: I – verificação de que a finalidade foi alcançada ou de que os dados deixaram de ser necessários ou pertinentes ao alcance da finalidade específica almejada; II – fim do período de tratamento; III – comunicação do titular, inclusive no exercício de seu direito de revogação do consentimento conforme disposto no § 5º do art. 8º desta Lei, resguardado o interesse público; ou IV – determinação da autoridade nacional, quando houver violação ao disposto nesta Lei"[17].

Na sequência, o artigo 16 prevê que os dados pessoais serão eliminados após o tratamento, ressalvando quatro hipóteses em que os dados poderão ser conservados.

> "Art. 16. Os dados pessoais serão eliminados após o término de seu tratamento, no âmbito e nos limites técnicos das atividades, autorizada a conservação para as seguintes finalidades:
> I – cumprimento de obrigação legal ou regulatória pelo controlador;
> II – estudo por órgão de pesquisa, garantida, sempre que possível, a anonimização dos dados pessoais;
> III – transferência a terceiro, desde que respeitados os requisitos de tratamento de dados dispostos nesta Lei; ou
> IV – uso exclusivo do controlador, vedado seu acesso por terceiro, e desde que anonimizados os dados."[25]

Um importante termômetro no que toca aos prazos de guarda desses documentos é o prazo legal da prescrição quinquenal, período em que o empregado poderá acionar judicialmente a empresa para exigir seus créditos e direitos trabalhistas derivados da relação de trabalho, dentro do limite de 2 (dois) anos após a extinção do contrato.

[17] BRASIL. Lei nº 13.709. **Lei Geral de Proteção de Dados Pessoais (LGPD)**, art. 15. Brasília, DF: Presidência da República, [2018]. Disponível em < https://www.planalto.gov.br/ccivil_03/_ato 2015-2018/2018/lei/l13709.htm > acesso em Acesso em: 13 out. 2022.

Destaca-se a importância dos empregadores elaborarem uma tabela própria, considerando o contexto da sua empresa e a partir de um estudo da necessidade da guarda ou não dos documentos que tem posse, estabelecer diretrizes temporais para o adequado descarte.

3. Tratamento de dados na relação empregatícia: o que muda nas empresas após LGPD?

É fato incontroverso o impacto da aplicação da LGPD no contexto laboral, face a realidade do intenso fluxo de dados pessoais nas relações mantidas entre empregado e empregador, desde a fase pré-contratual até a pós-contratual.

Nesta toada, algumas boas práticas nas relações de trabalho com enfoque na Lei Geral de Proteção de Dados podem ser adotadas pelo empregador a fim de atenuar os riscos da não observância da nova norma.

1) Um bom ponto de partida seria a realização de um levantamento detalhado dos dados pessoais que a empresa tem posse, a fim de identificar a necessidade de ainda tê-los e os riscos da sua guarda. Inventariando todos os dados, inclusive, aqueles considerados como sensíveis, será possível realizar o descarte daqueles que não há mais relevância em ter sob guarda, seja porque não traz nenhum benefício ou em razão de estar em desconformidade com as novas exigências legais.
2) Elaboração ou revisão do Código de Ética e Conduta e do Regulamento Interno de Empresa segundo a Política de Privacidade e Proteção de Dados Pessoais, porquanto imprescindível prever em normas internas algumas regras relacionadas ao "uso seguro dos equipamentos da empresa, como telefone e computadores comerciais; cuidados com a segurança dos acessos e senhas; abertura de e-mails e mídias removíveis, e ainda deverá conter regras ligadas à segurança no trabalho realizado de forma remota, eventual descarte de papéis, acompanhamento da entrada de visitantes, impedimento de acesso a estranhos, entre outros"[18].

[18] Giuntini, Adriana, *et al*. **LGPD nas relações de trabalho [livro eletrônico].** Salvador: Editora Motres, 1.ed., 2021, p.32-34. Disponível em <https://oabdf.org.br/wpcon-

3) Elaborar e/ou revisar os contratos de trabalho, passando a prever de maneira expressa cláusulas específicas sobre baseadas na coleta do consentimento para o tratamento de dados pessoais, observados os princípios e finalidades especificas previstas na LGPD.

Deste modo, conforme Mendonça e Coelho (2021),

> "as partes se obrigam à observância e cumprimento das regras quanto à proteção de dados, inclusive no tratamento de dados pessoais e sensíveis, mediante aditivos e termos específicos, de acordo com a necessidade e/ou obrigação legal de coleta dos dados e com previsões específicas relacionadas ao compartilhamento de dados com terceiros, como é o caso das seguradoras, operadoras de planos de saúde ou entidades sindicais, que, em regra, necessitam de autorização expressa do titular, de forma livre, informada, inequívoca e relacionada a uma determinada finalidade. O empregador se compromete à correta conservação dos dados pessoais e demais dados pertinentes à relação de emprego, na vigência e após o seu eventual término para cumprimento de obrigação legal ou regulatória do controlador, respeitando os prazos legais trabalhistas, previdenciários e fiscais para guarda de tais dados, nos termos do art. 16, I da Lei 13.079/2018"[19]

1) Definir, de fato, quem serão os responsáveis pelo tratamento dos dados coletados, notadamente, aqueles que exercerão os cargos de operador, controlador e encarregado, de modo a regulamentar quais serão as suas respectivas atividades e os parâmetros para sua execução.
2) Imperioso também a realização de treinamento visando a conscientização dos colaboradores da empresa acerca da privacidade e proteção dos dados, "informando a todos acerca da importância de se respeitar a legislação, tanto na jornada interna e diária dos colaboradores, quanto para o seu público externo."

tent/uploads/2021/08/eBook_LGPD-nas-Relacoes-de-Trabalho-1-1.pdf> acessado em 13/10/2022.

[19] Giuntini, Adriana, *et al*. **LGPD nas relações de trabalho [livro eletrônico].** Salvador: Editora Motres, 1.ed., 2021, p.32-34. Disponível em <https://oabdf.org.br/wpcontent/uploads/2021/08/eBook_LGPD-nas-Relacoes-de-Trabalho-1-1.pdf> acessado em 13/10/2022.

4. A responsabilidade dos agentes de proteção de dados e as sanções estabelecidas pela LGPD

A LGPD, dos artigos 42 a 45, prevê à responsabilização civil dos agentes de tratamento pelo tratamento ilícito dos dados pessoais. Todavia, podem ser aplicadas também pela Autoridade Nacional de Proteção de Dados- ANPD, as sanções administrativas previstas no art. 52 do mesmo diploma legal, podendo ser aplicadas desde advertências, multa simples e multas diárias, a publicização da infração cometida até a suspensão e/ou proibição parcial do exercício de tratamento de dados pessoais, o que poderá definir o fechamento de uma empresa.

Importante mencionar que as sanções serão aplicadas após procedimento administrativo que possibilite a oportunidade do contraditório e ampla defesa.

Como já conceituado alhures, na seção 8.4, os agentes de tratamento de dados e suas respectivas funções na seara trabalhista, sendo o Controlador (empregador) ou operador (uma empresa terceirizada ou prestador de serviço autônomo contratado pelo Controlador), podem ser responsabilizados quando atuarem em desconformidade com a lei, isso deverá ocorrer quando estes sujeitos durante a atividade de tratamento de dados pessoais, provocarem danos aos dados pessoais fornecidos pelos titulares, como vazamentos de informações, perda, compartilhamento indevido, dentre outras situações.

Em havendo tratamento indevido de dados e danos a serem reparados, "o Operador pode responder solidariamente pelos danos causados pelo tratamento quando descumprir as obrigações da legislação de proteção de dados ou quando não tiver seguido as instruções lícitas do Controlador, hipótese em que o operador equipara-se ao Controlador, salvo nos casos de exclusão previstos na lei"[20]

Quanto à natureza da responsabilidade, se objetiva ou subjetiva, a LGPD não deixou claro qual seria o regime adotado. Em razão disso, inaugurou-se uma celeuma doutrinária em relação a natureza da obriga-

[20] GIUNTINI, Adriana, *et al*. **LGPD nas relações de trabalho [livro eletrônico].** Salvador: Editora Motres, 1.ed., 2021, p.32-34. Disponível em <https://oabdf.org.br/wpcontent/uploads/2021/08/eBook_LGPD-nas-Relacoes-de-Trabalho-1-1.pdf> acessado em 13/10/2022.

ção de indenizar, se subjetiva – baseada na conduta culposa do agente de tratamento – ou objetiva – fundamentada no risco da atividade desenvolvida pelos agentes.

Caitlin Mulholland (2021), expõe que a LGPD, em seu artigo 42, "adota a teoria que impõe a obrigação de indenizar independentemente da análise da culpa dos agentes de tratamento de dados, isto é, a responsabilidade civil é objetiva" – pensamento ao qual me alinho, fundamenta que tal conclusão advém do fato que, segundo ela:

> "a atividade desenvolvida pelo agente de tratamento é evidentemente uma atividade que impõe riscos aos direitos dos titulares de dados. Estes riscos, por sua vez, são intrínsecos, inerentes à própria atividade. Significa dizer que os danos resultantes da atividade habitualmente empenhada pelo agente de tratamento de dados, uma vez concretizados, são quantitativamente elevados – pois atingem um número indeterminado de pessoas – e qualitativamente graves – pois violam direitos que possuem natureza personalíssima, reconhecidos pela doutrina como direitos que merecem a estatura jurídica de direitos fundamentais"[21].

Independente de qual seja o ângulo que se analise a natureza da responsabilidade, o dever de reparar quando do ocasionalmente de dano patrimonial, moral, individual ou coletivo, em violação à legislação de proteção de dados pessoais, é inquestionável, razão pela qual, a adoção de boas práticas e governança, de mecanismos e procedimentos internos capazes de minimizar o dano são medidas salutares.

Conclusões

O desenvolvimento do presente estudo teve como proposta identificar e analisar a Lei Geral de Proteção de dados no contexto do Direito das relações de trabalho. Para tanto, estudar os aspectos relacionados ao

[21] MULHOLLANDl, Caitlin. **Responsabilidade civil por danos causados pela violação de dados sensíveis e a Lei Geral de Proteção de Dados Pessoais (lei 13.709/2018).** Rio de Janeiro: Revista IBERC. 2021, p. 15. Disponível em: <https://www.jur.puc-rio.br/wp-content/uploads/2021/07/IBERC_Responsabilidade-civil-e-dados-sensi%CC%81veis.pdf> acesso em 13/10/2022.

desenvolvimento da LGPD, trabalhar com os conceitos e terminologias inseridas na lei e entender os seus reflexos e impactos no contexto laboral foi de fundamental importância.

Como visto, a LGPD constitui um marco importante para a regulação de proteção de dados no país, pois criou-se uma regulamentação específica para o uso, proteção e transferência de dados pessoais, tanto no âmbito das instituições públicas ou privadas, seja nos espaços físicos ou virtuais. A lei está alicerçada em oito fundamentos e possui natureza principiológica, pois conta com a previsão de dez princípios que atuam de forma interligada visando a proteção do titular de dados.

Da análise dos fundamentos e objetivos previstos pela LGPD, percebeu-se que as discussões entorno da tutela de proteção de dados também se estendem ao Direito do Trabalho, porquanto muitas informações de ordem pessoal e dados sensíveis são compartilhadas na fase pré-contratual, contratual e pós contratual, configurando diversas oportunidades para que ocorra violação da privacidade no tratamento dos dados.

Por esta razão, importante se faz para as empresas empregadoras avaliarem minuciosamente quais os dados que estão sendo coletados desde a fase pré- contratual até a pós contratual, buscando sempre o consentimento do empregado para a coleta e tratamento de seus dados pessoais, informando que tais dados serão obtidos com a finalidade de cumprir com obrigações legais trabalhistas, bem como fazendo o devido descarte destes dados quando atingido o propósito para o qual foi coletado.

Considerando que a inadequação aos ditames da LGPD está sujeita a sanções no âmbito da responsabilidade civil e administrativa, essencial é a implementação de estratégias de adequação à referida legislação, porquanto tal adequação, especialmente no contexto das relações de trabalho, perpassa pela adoção de diversas ações, seja na elaboração de códigos de ética e conduta segundo a Política de Privacidade e Proteção de Dados Pessoais, revisão ou elaboração de contratos à luz da LGPD, realização de treinamento visando a conscientização dos colaboradores da empresa acerca da privacidade e proteção dos dados, a delimitação dos agentes de tratamentos de dados e as atividades a serem executas e, principalmente, a coleta do consentimento do titular dos dados.

Referências

AGUIAR, Antonio Carlos. A proteção de dados no contrato de trabalho. Revista eletrônica [do] Tribunal Regional do Trabalho da 9ª Região, Curitiba, v. 10, n. 97, p. 88-101, mar. 2021.

ARAÚJO, Cristiane Carvalho Andrade; CALCINI, Ricardo. O impacto da LGPD nas relações de trabalho. Revista Consultor Jurídico, 17 set. 2020. Disponível em: https://www.conjur.com.br/2020-set-17/lgpd-impactos-trabalhistas. Acesso em: 13 out. 2022

BARZOTTO, Luciane Cardoso; COSTA, Ricardo Hofmeister de Almeida Martins (org.). Estudos sobre LGPD – Lei Geral de Proteção de Dados – lei nº 13.709/2018: doutrina e aplicabilidade no âmbito laboral. Porto Alegre: Escola Judicial do TRT da 4ª Região, 2022. cap. 3, pág. 57-66 BRASIL. Lei nº 13.709, de 14 de agosto de 2018. Lei Geral de Proteção de Dados Pessoais (LGPD). Brasília, DF: Presidência da República, [2020].

DELGADO, Maurício Godinho. Curso de Direito do Trabalho. 18a edição, Editora Ltr, 2019, p.150. DONEDA, Danilo. Da privacidade à proteção de dados. Rio de Janeiro: Renovar, 2005, p.30.

GIUNTINI, Adriana [et al.]. LGPD nas relações de trabalho [livro eletrônico] – 1.ed. – Salvador, BA: Motres, 2021, p.9-10. Disponível em < https://oabdf.org.br/wpcontent/uploads/2021/08/eBook_LGPD-nas-Relacoes-de-Trabalho-1-1.pdf > acessado em 12/10/2022.

MACIEL, Rafael Fernandes. Manual Prático sobre a Lei Geral de Proteção de Dados Pessoais (Lei nº 13.709/18). RM Digital Education. 1ª Edição. Goiânia – GO. 2019. ISBN: 9781093409420, p. 19.

MITTELSTADT, Brent D,; FLORIDI, Luciano. The Ethics of Big Data: Current and Foreseeable Issues in Biomedical Contexts. Sci Eng Ethics, v. 22, p. 303-341, 2016. Disponível em: Acesso em: 20 novembro 2022

MULHOLLAND1, Caitlin. Responsabilidade civil por danos causados pela violação de dados sensíveis e a Lei Geral de Proteção de Dados Pessoais (lei 13.709/2018). 2021, p.15.

REANI, Valéria. O impacto da lei de proteção de dados brasileira nas relações de trabalho. Conjur. 21 de setembro de 2018. Disponível em: Acesso em: 13 out. 2022.

RICKEN, Luiz Henrique. Os impactos da LGPD nas relações trabalhista, 2021, p 40. Disponível em: acesso em 13/10/2022.

PARTE VI

DIREITO AERONÁUTICO

23. JUDICIALIZAÇÃO DO TRANSPORTE AÉREO NO BRASIL: UM REFLEXO DA INOBSERVÂNCIA DA CONVENÇÃO DE MONTREAL E DO CÓDIGO BRASILEIRO DE AERONÁUTICA PELOS TRIBUNAIS BRASILEIROS, BEM COMO DO CRESCIMENTO DA CHAMADA JUDICIALIZAÇÃO DE OPORTUNIDADE, MASSIFICADA PELAS *LAW TECHS* ATUANTES NO SETOR AERONÁUTICO

Eduardo Gouvêa Cristelo[1]

Introdução

A história da aviação e do Brasil possuem, certamente, laços estreitos. É totalmente impossível contar a história da aviação sem mencionar o Brasil, isso pelo fato de que o brasileiro Alberto Santos-Dumont, em 1906, foi o responsável pela construção do 14-BIS, que apesar das controvérsias, é vista como a primeira aeronave a alçar voo, por conta própria. Desde então, a aviação mundial passou por incisivas e importantes evoluções em tecnologia, segurança, funcionalidade e propósitos, tornando-se um meio padronizado. Tal padronização já acontece nas Agências Reguladoras de Transporte Aéreo, as mesmas regras de certificação de aeronaves,

[1] Artigo elaborado a partir da monografia apresentada ao Núcleo de Monografia Jurídica da Faculdade de Direito da PUC-SP, sob orientação da Professora Doutora Marcia Conceição Alves Dinamarco.

de segurança operacional, de manutenção são, se não idênticas, extremamente próximas, o que torna os bastidores operacionais mais céleres e seguros.

Assim, é imprescindível que essa similaridade abarque também a esfera jurídica, tendo em vista que a aviação é um transporte internacionalizado, assim, a mesma regra aplicada no país de origem tem que ser aplicada no país de destino. Entretanto, é extremamente delicado falar do Brasil nesse contexto, justamente pelo cenário de insegurança jurídica que se observa internamente, onde diversos tribunais não respeitam a aplicabilidade da Convenção de Montreal (Decreto 5.910 de 27 de setembro de 2006), claramente reconhecida no Tema 210 do Supremo Tribunal Federal, bem como normas específicas sobre o tema, que estão alinhadas com a legislação internacional, como é o caso do Código Brasileiro de Aeronáutica (Lei 7.565 de 19 de dezembro de 1986)[2].

Um dos cernes da problemática da judicialização do transporte aéreo no Brasil é justamente a aplicação do Código de Defesa do Consumidor[3] em detrimento da legislação específica e da legislação hierarquicamente superior retro mencionadas, o que contribui, certamente, para a judicialização de oportunidade, massificada, e que nada contribuem para o desenvolvimento do setor.

Todo esse processo massificado de judicialização é fomentado pelos chamados aplicativos abutres, que são *Lawtechs* que comercializam os direitos dos passageiros, sub-rogando os mesmos, prometendo indenizações em um prazo médio de 48 horas, promovendo não somente a massificação das ações judiciais contra as companhias aéreas como, também, a mercantilização da advocacia. Fundamental destacar que essas *Lawtechs*

[2] BRASIL. **Decreto nº 5.910 de 27 de setembro de 2006**. Promulga a Convenção para a Unificação de Certas Regras Relativas ao Transporte Aéreo Internacional, celebrada em Montreal, em 28 de maio de 1999. Disponível em: http://www.planalto.gov.br/ccivil_03/_ato2004-2006/2006/decreto/d5910.htm
BRASIL. **Lei nº 7.565 de 19 de dezembro de 1986**. Dispõe sobre o Código Brasileiro de Aeronáutica. Disponível em: http://www.planalto.gov.br/ccivil_03/leis/l7565compilado.htm

[3] BRASIL. **Lei 8.078 de 11 de setembro de 1990**. Dispõe sobre a proteção do consumidor e dá outras providências. Disponível em: http://www.planalto.gov.br/ccivil_03/leis/l8078compilado.htm

não são escritórios de advocacia, o que claramente viola o Estatuto da Advocacia da Ordem dos Advogados do Brasil (Lei 8.906 de 4 de julho de 1994)[4].

Em vista de todo o exposto, é fundamental que as companhias aéreas, os Tribunais e o Conselho Nacional de Justiça meçam esforços para que essa insegurança jurídica seja cessada, tratando o tema da judicialização massificada do setor aéreo, tão imprescindível para o crescimento do país, com extrema responsabilidade, trabalhando conjuntamente para que métodos processuais de uniformização de jurisprudência sejam aplicados, reconhecendo a aplicação da legislação especial e hierárquica aplicável, quando tratamos de transporte aéreo.

1. Desenvolvimento

1.1 Tema 210 do STF: a aplicação da convenção de montreal no transporte aéreo internacional de passageiros em detrimento do Código de Defesa do Consumidor.

Em um momento inicial, é fundamental entender a importância do artigo 178 da Constituição Federal para o debate da judicialização do Transporte Aéreo no Brasil. Referido dispositivo normativo garante um caráter supralegal aos acordos firmados pela União em matéria de Transporte Aéreo, observando o princípio da reciprocidade, vejamos: "A lei disporá sobre a ordenação dos transportes aéreo, aquático e terrestre, devendo, quanto à ordenação do transporte internacional, observar os acordos firmados pela União, atendido o princípio da reciprocidade"[5]

Nessa linha, é importante contextualizar que o Brasil é signatário da Convenção de Varsóvia e de Montreal (uma versão atualizada da anterior), que são legislações específicas que abarcam o transporte aéreo internacional. Por consequência, tais convenções encaixam-se no nível de

[4] BRASIL. **Lei nº 8.906 de 4 de julho de 1994**. Dispõe sobre o Estatuto da Advocacia e a Ordem dos Advogados do Brasil (OAB). Disponível em: http://www.planalto.gov.br/ccivil_03/leis/l8906.htm

[5] BRASIL. **Constituição (1988). Constituição da República Federativa do Brasil**. Brasília, DF: Senado Federal: Centro Gráfico, 1988. Disponível em: http://www.planalto.gov.br/ccivil_03/constituicao/constituicao.htm

supralegalidade, tento força normativa para vigorar em território nacional, sendo hierarquicamente superior às legislações ordinárias, como é o caso do Código de Defesa do Consumidor.

O Supremo Tribunal Federal reconheceu, inclusive, esse valor normativo ao, após julgar o Recurso Extraordinário 636331/RJ[6] – Rio de Janeiro, fixar a tese do tema 210 de repercussão geral do STF nos seguintes termos *"Nos termos do art.178 da Constituição da República, as normas e os tratados internacionais limitadores da Responsabilidade das transportadoras aéreas de passageiros, especialmente as Convenções de Varsóvia e Montreal, têm prevalência em relação ao Código de Defesa do* Consumidor[7].

Se partirmos de uma análise pré-constitucional do caso, é evidente que em relação ao Código de Defesa do Consumidor, a Convenção de

[6] BRASIL. Supremo Tribunal Federal (Tribunal Pleno). **Recurso Extraordinário 636331/RJ**. Recurso extraordinário com repercussão geral. 2. Extravio de bagagem. Dano material. Limitação. Antinomia. Convenção de Varsóvia. Código de Defesa do Consumidor. 3. Julgamento de mérito. É aplicável o limite indenizatório estabelecido na Convenção de Varsóvia e demais acordos internacionais subscritos pelo Brasil, em relação às condenações por dano material decorrente de extravio de bagagem, em voos internacionais. 5. Repercussão geral. Tema 210. Fixação da tese: "Nos termos do art. 178 da Constituição da República, as normas e os tratados internacionais limitadores da responsabilidade das transportadoras aéreas de passageiros, especialmente as Convenções de Varsóvia e Montreal, têm prevalência em relação ao Código de Defesa do Consumidor". 6. Caso concreto. Acórdão que aplicou o Código de Defesa do Consumidor. Indenização superior ao limite previsto no art. 22 da Convenção de Varsóvia, com as modificações efetuadas pelos acordos internacionais posteriores. Decisão recorrida reformada, para reduzir o valor da condenação por danos materiais, limitando-o ao patamar estabelecido na legislação internacional. 7. Recurso a que se dá provimento.Recorrente: SOCIÉTÉ AIR FRANCE. Recorrido: JANEKELLY RIBEIRO RÊGO: Min. Ellen Gracia; Julgado em: 07/03/2006. Publicado e: 31/03/2006. DJ 31-03-2006 PP-00038 EMENT VOL-02227-03 PP-00539. RJP v. 2, n. 9, 2006, p. 121-122. LEXSTF v. 28, n. 328, 2006, p. 220-223. REVJMG v. 57, n. 176/177, 2006, p. 468-469.

[7] **Tema:210. Título: Limitação de indenizações por danos decorrentes de extravio de bagagem com fundamento na Convenção de Varsóvia.** Descrição: Agravo de instrumento interposto contra decisão que inadmitiu recurso extraordinário em que se discute, à luz do art. 178, da Constituição Federal, a possibilidade, ou não, de limitação, com base na Convenção de Varsóvia (Convenção para a Unificação de Certas Regras Relativas ao Transporte Aéreo Internacional), das indenizações por danos morais e materiais decorrentes de extravio de bagagem. Repercussão Geral em 16/03/2021. Disponível em: https://portal.stf.jus.br/jurisprudenciaRepercussao/tema.asp?num=210

Montreal se sobrepõe hierarquicamente, cronologicamente e no caráter de especialidade, já que o Código de Defesa do Consumidor é claramente generalista, sendo aplicado em diversos ramos e setores da sociedade civil.

Não menos importante, há que se fazer um especial destaque para a legislação interna aplicável nos casos de transporte aéreo de passageiros, qual seja o Código Brasileiro de Aeronáutica. A legislação, que é específica em matéria de transporte aéreo de passageiros, deve ser aplicada observando o critério da especialidade, se traçarmos um comparativo com o Código de Defesa do Consumidor. Além disso, há que se restringir o critério cronológico aos dispositivos que entraram em vigor em 2020, como forma de medida emergencial visando reduzir os impactos causados pela pandemia da Covid-19.

Essas alterações que entraram em vigor em 2020 no CBA surgem exatamente como forma de ajuda ao setor no seu momento mais crítico, como forma de redução da judicialização. A Lei 14.034 de 5 de agosto de 2020[8] acrescentou ao CBA o artigo 251-A, com a seguinte redação: "Art. 251-A. A indenização por dano extrapatrimonial em decorrência de falha na execução do contrato de transporte fica condicionada à demonstração da efetiva ocorrência do prejuízo e de sua extensão pelo passageiro ou pelo expedidor ou destinatário de carga". Referido dispositivo, além de visar a redução de impactos durante a pandemia, é de extrema relevância para a manutenção do setor, uma vez que viabiliza a redução da indústria do dano moral bem como a redução da massificação da judicialização de oportunidade que tem caráter punitivo

O caráter punitivo, ou *punitive damage*, como conhecido na doutrina estrangeira, se revela justamente no momento em que o real intuído

[8] Vide: BRASIL. **Lei nº 7.565 de 19 de dezembro de 1986**. Dispõe sobre o Código Brasileiro de Aeronáutica. Disponível em: http://www.planalto.gov.br/ccivil_03/leis/l7565compilado.htm
BRASIL. **Lei nº 14.034 de 5 de agosto de 2020**. Dispõe sobre medidas emergenciais para a aviação civil brasileira em razão da pandemia da Covid-19; e altera as Leis n os 7.565, de 19 de dezembro de 1986, 6.009, de 26 de dezembro de 1973, 12.462, de 4 de agosto de 2011, 13.319, de 25 de julho de 2016, 13.499, de 26 de outubro de 2017, e 9.825, de 23 de agosto de 1999. Disponível em: http://www.planalto.gov.br/ccivil_03/_ato2019-2022/2020/lei/L14034.htm

dos valores fixados a título de danos morais em processo de responsabilidade civil envolvendo o transporte aéreo superam a esfera reparatória e passam a ter uma conotação de punitiva às companhias aéreas, ocasionando em valores extremamente onerosos em relação ao real dano sofrido. Nesse sentido, Márcio Souto, diretor jurídico de uma das maiores empresas aéreas estrangeiras operantes no país, bem como diretor da Junta de Representantes das Companhias Aéreas Internacionais do Brasil afirma[9]:

> "A banalização e incorreta aplicação do dano moral no transporte aéreo no Brasil inverteram o sentido da indenização para oportunidade, notadamente em pequenos atrasos de voo ou extravio temporário de bagagem, quando consumidores passam a criar expectativa de ganhos e abarrotam o Poder Judiciário com processos que buscam exclusivamente um enriquecimento sem causa."

Nesse sentido, a análise da sobreposição de dispositivos do CBA em detrimento da aplicação do Código de Defesa do Consumidor não deve ser restrita ao artigo 251-A, que é apenas um dos gatilhos para o incentivo da judicialização de massa, e da indústria do dano moral. Assim, outro fator que contribui severamente para essa indústria de enriquecimento sem causa, e que serve como pilar e orientador de todo esse processo, é a não observância do artigo 256, § 1º, II, que aborda a responsabilidade do transportador por dano ao passageiro, bem como o § 3º, do mesmo artigo, onde o legislador lista situações em que ficam caracterizados o caso fortuito ou de força maior para fins do inciso II do § 1° do artigo 256.

Dessa forma, é fundamental que se combata a judicialização de oportunidade que corrobora com o dano moral *in re ipsa*, presumido, que inclusive, não pode ser aplicado em casos decorrentes de transporte aéreo, conforme julgamento do REsp no 1.584.465, em 2018[10], bem

[9] **Revista do advogado – Direito Aeronáutico** / Associação dos Advogados de São Paulo (AASP). Imprensa: São Paulo, AASP, 1980. Referência: v. 39, n. 142, p.97 , jun., 2019. Disponibilidade: Rede Virtual de Bibliotecas. Localização: CAM, STF, STJ, TJD.

[10] BRASIL. Superior Tribunal de Justiça (Terceira Turma). **Recurso Especial 1584465 / MG**. DIREITO DO CONSUMIDOR E CIVIL. RECURSO ESPECIAL. AÇÃO DE

como o *punitive damage*, que são gatilhos que são impulsionados pela não observância pelos tribunais da legislação adequada aplicável aos casos de responsabilidade no transporte aéreo de passageiros.

2. A judicialização em massa do setor aéreo no brasil: um comparativo em relação ao mundo

A Resolução 400 da Agência Nacional de Aviação Civil[11] é o diploma legal específico para o tema e disciplina a responsabilidade das companhias aéreas, especificamente em seus Capítulos II e III. Tais Capítulos listam as responsabilidades em caso de atraso, cancelamento, interrupção do serviço, da assistência material, da reacomodação, do reembolso e das obrigações posteriores à execução do contrato de transporte aéreo (como é o caso do recebimento da bagagem despachada).

Dados apontam uma contradição no número de processos judiciais contra as companhias aéreas e números de pontualidade e extravio de bagagem. No quesito pontualidade ao se analisar o mercado interno, duas companhias brasileiras lideram constantemente o ranking global de pontualidade[12].

Os números positivos são inúmeros e contabilizados em diversas vertentes, o país em questão de extravio de bagagens tem um índice menor que metade da média mundial. Além disso, em questão de voos progra-

REPARAÇÃO DE DANOS MATERIAIS E COMPENSAÇÃO DE DANOS MORAIS. PREQUESTIONAMENTO. AUSÊNCIA. SÚMULA 282/STF. ATRASO EM VOO INTERNACIONAL. DANO MORAL NÃO CONFIGURADO. EXTRAVIO DE BAGAGEM. ALTERAÇÃO DO VALOR FIXADO A TÍTULO DE DANOS MORAIS. INCIDÊNCIA DA SÚMULA 7/STJ. Recorrente: ELG (MENOR). Recorrido: TRANSPORTES AEREOS PORTUGUESES SA: Min. Nancy Andrighi, Julgado em: 13/11/2018 Publicado e: 20/11/2018 Disponível em: https://processo.stj.jus.br/processo/revista/documento/mediado/?componente=ITA&sequencial=17725 61&num_registro=201500066916&data=20181121&formato=PDF

11 ANAC. **Resolução 400 de 13 de dezembro de 2016**. Dispõe sobre as Condições Gerais de Transporte Aéreo. Disponível em: https://www.anac.gov.br/assuntos/legislacao/legislacao- 1/resolucoes/resolucoes-2016/resolucao-no-400-13-12-2016/@@display-file/arquivo_norma/RA2016- 0400%20-%20Retificada.pdf

12 Companhia aérea brasileira é a mais pontual do mundo. Disponível em: https://www.melhoresdestinos.com.br/companhia-aerea-pontual.html

mados que de fato foram operados, o Brasil possui 98% de regularidade[13]. A disparidade entre número relacionados às operações aéreas e a movimentação da máquina judiciária devem ser comparadas ao demonstrativo internacional. É de conhecimento de todos que o judiciário brasileiro é, se não o mais, um dos mais carregados do mundo, com uma lista enorme de casos ainda em trâmite. Nesse sentido, se observarmos, em um olhar macro, apenas para o setor aéreo, temos número assustadores[14].

Ainda na esfera judicial, os dados específicos do setor assustam, já que o Brasil é responsável, conforme conta na Cartilha dedo Transporte Aéreo[15], publicada em maio de 2021, pelo Conselho Nacional de Justiça, por 98,5% das ações mundiais contra as companhias aéreas, além de que a judicialização do setor já atingiu cerca de um bilhão de reais, segundo diretor da IATA (Associação Internacional de Transporte Aéreo) no Brasil, Danny Oliveira[16] O diretor ainda explica que "uma companhia com oferta global em 67 países, cuja participação do Brasil era de apenas 3%, tinha mais de 85% das causas judiciais alocadas aqui.".

3. As *Law Techs*, ou aplicativos abutres, e o seu papel devastador para o desenvolvimento do setor aéreo com a comercialização dos direitos dos passageiros

Muito dos efeitos retro mencionados são consequência do crescimento de *law techs*, que pode ser claramente percebido nas redes sociais e na

[13] A origem da judicialização desproporcional no mercado do transporte aéreo no Brasil. Disponível em: https://www.jota.info/coberturas-especiais/aviacao-desafios-da-retomada/a-origem-da- judicializacao-desproporcional-no-mercado-do-transporte-aereo-no-brasil-20062022#_ftn1

[14] Revista do advogado – Direito Aeronáutico / Associação dos Advogados de São Paulo (AASP). Imprensa: São Paulo, AASP, 1980. Referência: v. 39, n. 142, p. 93, jun., 2019. Disponibilidade: Rede Virtual de Bibliotecas. Localização: CAM, STF, STJ, TJD

[15] Cartilha Transporte Aéreo – CNJ. Disponível em: https://www.cnj.jus.br/wp- content/uploads/2021/05/cartilha-transporte-aereo-CNJ_2021-05-20_V10.pdf

[16] A origem da judicialização desproporcional no mercado do transporte aéreo no Brasil. Disponível em: https://www.jota.info/coberturas-especiais/aviacao-desafios-da-retomada/a-origem-da- judicializacao-desproporcional-no-mercado-do-transporte-aereo-no-brasil-20062022#_ftn1

internet. Em uma simples pesquisa na plataforma Google, com o termo "Atraso de voo" encontram-se:

a) mais empresas oferecendo indenização de forma fácil e rápida que empresas aéreas nacionais operando; b) mais *sites* oferecendo o ajuizamento de processos judiciais que sites informando os direitos dos passageiros em caso de atraso de voo.

A maior tentação na maioria dos casos é uma promessa de dinheiro fácil e rápido, sem burocracia. A promessa de valores que variam de R$ 1.000,00 (hum mil reais) até R$15.000,00 (quinze mil reais) em um período de 48 horas é chamativa frente a morosidade de meses ou até anos do judiciário, mesmo nos Juizados Especiais Cíveis.

A atuação das *law techs*, ou *legal tehcs*, já passa por análise judicial, ao ponto que diversas empresas já enfrentam dificuldades tanto na forma de atuação, como na forma de estruturação e composição. No Rio de Janeiro, por exemplo, a Seccional propôs uma Ação Civil Pública em face de uma das empresas atuantes pelo fato da atividade desrespeitar o Código de Ética e Disciplina da OAB[17]. Dentre boatos de falsificação de documentos ao não repasse das indenizações, o que se tem de concreto é a ilegalidade na prática da atividade advocatícia. Nesse sentido, destacam- se as palavras de Ary Raghiant Neto[18]:

> O corregedor nacional da Ordem dos Advogados do Brasil (OAB), Ary Raghiant Neto destacou que existem 132 startups especializadas em demandas do setor aéreo sendo investigadas pela Ordem dos Advogados do Brasil (OAB). Entre as principais infrações na conduta de advogados associados a essas startups está a compra de supostos direitos dos consumidores.
> De acordo com o corregedor da OAB, essas startups combinam com grandes escritórios de advocacia que compram direitos de ressarcimento dos

[17] Juiz atende OAB e condena Liberfly por oferecer serviços advocatícios. Disponível em: https://www.migalhas.com.br/quentes/346826/juiz-atende-oab-e-condena-liberfly-por-oferecer- servicos-advocaticios

[18] Setor aéreo no País é alvo de 80 milhões de processos. Disponível em: https://diariodocomercio.com.br/legislacao/setor-aereo-no-pais-e-alvo-de-80-milhoes-de-processos/

> consumidores por valores que variam entre R$ 500 e R$ 1,5 mil para, posteriormente, lucrarem com sentenças que podem determinar ressarcimentos entre R$ 5 mil e R$ 7 mil. A captação de clientes aconteceria por meio de redes sociais e todo o procedimento até o ingresso na Justiça feito via web. Trata-se, na avaliação de Ary Raghiant Neto, de uma fraude processual praticada em nome do consumidor. "É essa a indústria que fatura o dinheiro fruto do acordo de condenação judicial. Esse dinheiro, que não chega ao consumidor nem ao advogado, acaba concentrado em alguns grandes escritórios de advocacia", ressaltou.
>
> O tema é complexo e envolve, conforme o corregedor da OAB, a necessidade de assegurar os direitos dos consumidores, mas, também, de combate a uma litigiosidade que está sendo fomentada por startups com atuação oportunista.

A atuação dessas empresas aumenta, injustificadamente, e apenas visando o aspecto econômico, o número de demanda contra as empresas aéreas, o que gera um custo pós-operacional relevante para as operadoras. Esse custo impacta diretamente no caixa diário das companhias, o que em uma perspectiva mensal, ou anual, acaba se tornando uma barreira para a melhoria dos serviços ou até mesmo para entrada de novas empresas no país, principalmente as que seguem o modelo *low cost*, muito utilizado na nova proposta da aviação mundial. Referido modelo busca não apenas a redução dos custos das passagens aéreas, mas principalmente e negocialmente. No Brasil, a operação dessas empresas se tornaria impossível, sobre o tema, Eduardo Sanovicz, presidente da Associação Brasileira das Empresas Aéreas (Abear), pontua em comentário ao Correio Braziliense[19]:

> Outro ponto relevante, segundo o presidente da Abear, é que o custo de voar no Brasil é mais alto. ;A Ryanair é a mais enxuta do mundo e teria 27% mais custos se voasse no Brasil. Por isso, as low costs não vieram para o país;,

[19] Judicialização no setor aéreo atinge R$ 1 bilhão, diz diretor da Iata. Disponível em: https://www.correiobraziliense.com.br/app/noticia/economia/2020/06/02/internas_economia,860327/ju dicializacao-no-setor-aereo-atinge-r-1-bilhao-diz-diretor-da-iata.shtml

afirmou. ;Há mais de um ano o mercado é completamente aberto para aviação, qualquer um pode constituir empresa para voar aqui. Não vem, porque faz conta. Se um estrangeiro vier trabalhar aqui, terá os mesmos custos trabalhistas e restrições impostas pela regulação;, alertou. Se isso não mudar, acrescentou Sanovicz, a retomada, que já será difícil, ficará ainda mais comprometida.

Ainda nessa linha, é importante destacar que a pandemia ocasionada pelo Covid-19 limitou o caixa das companhias aéreas de todo mundo, a necessidade de fechar gargalos econômicos se tornou a meta principal das empresas. A retomada do setor aéreo observa um cenário desafiador. Muitos dados econômicos, anteriores ao período pandêmico, que retratam uma situação mais real do problema, demonstram exatamente esse impacto, como é exposto por Ricardo Bernardi[20]:

O consumidor paga com menor opção de serviços e tarifas mais altas, já que o alto índice de judicialização representa custo ao setor. Segundo dados da ANAC, as principais empresas aéreas brasileiras tiveram um prejuízo acumulado de R$ 1,93 bilhão em 2018, correspondente a uma margem líquida negativa de -4,7%. Em 2017, o resultado líquido havia sido de R$ 411 milhões positivos, com margem líquida de 1,2%. Neste ambiente de negócios, os custos impostos pelo Judiciário podem inviabilizar o desenvolvimento do setor. Esses custos são repassados ao consumidor, não apenas na forma de tarifas mais altas, mas também na limitação de oferta. Hoje temos um regime de liberdade tarifária, com tendência de desregulamentação econômica e incentivo à concorrência, o que propiciou queda nos preços das passagens nos últimos anos. Na medida em que a judicialização aumenta e passa a impactar nos custos, há desincentivo a investimentos e à vinda de novas empresas para o país, o que faz com que o consumidor perca a chance de se beneficiar das vantagens que a concorrência mais acirrada traria: mais opções de serviços e menores preços. Segundo estimativas, o Brasil tem capacidade para dobrar o número de passageiros nos próximos 20 anos. Há oportunidade de ganho para toda a sociedade, mas que está ameaçada por uma minoria. É urgente

[20] A judicialização no transporte aéreo e os riscos de retrocesso. Disponível em: https://valordaaviacao.org.br/a-judicializacao-no-transporte-aereo-e-os-riscos-de-retrocesso/

que os magistrados do país tenham clareza das consequências de suas decisões e façam cessar a indústria de indenizações às custas do contribuinte e em prejuízo da grande massa de consumidores. Para tanto, devem denegar a concessão de indenização por dano moral "in re ipsa", incompatível com o primado da segurança da aviação civil. Devem também assegurar vigência das normas e princípios da Convenção de Montreal, como já decidiu o STF ao julgar o Tema 210, e como fazem 132 países que consideraram ser este o sistema ideal para regular a responsabilidade civil do transportador aéreo.

Diante desse cenário, é necessário que haja um trabalho de conscientização do consumidor frente à compra de seus direitos e a judicialização desenfreada, sem real motivação, onde se visa somente a vantagem econômica. Por obvio, a prática que foi difundida por diversas *startups* jurídicas representa a ameaça a um setor competitivo, expansivo e saudável, o que pode, futuramente, enxugar o setor e se tornar um malefício ao próprio passageiro, que claramente será atingido pela conturbação mercadológica que sofrerá a aviação.

Conclusões

Conforme demonstrado, em análise inicial, o setor já tem um posicionamento positivo do Supremo Tribunal Federal sobre o assunto, ao reconhecer, na fixação da tese do Tema 210, a aplicabilidade da Convenção de Montreal em detrimento do Código de Defesa do Consumidor em matéria de transporte aéreo internacional de passageiros, por força do artigo 178 da Constituição Federal. Ainda, o Código Brasileiro de Aeronáutica, que é a legislação interna específica sobre o tema de transporte aéreo, prevê tanto no artigo 251-A, como no artigo 256, mecanismo que possibilitam uma atenuação da litigiosidade em massa, tendo em vista que objetivam justamente afastar o enriquecimento sem causa e a judicialização de oportunidade.

A judicialização massificada do setor no país possui dois grandes problemas, que são gatilhos para que a indústria do dano moral se perpetue. Em primeiro lugar temos a não aplicabilidade, pelos tribunais das legislações específicas retro mencionadas, que decidem por aplicar aos casos de transporte internacional e nacional de passageiros o Código de Defesa do Consumidor. Em segundo plano temos o crescimento das *law techs* especializadas em demandas de passageiros, que comprar o direito desses de provocar o judiciário, oferecendo em troca o pagamento quase que imediato de uma quantia. Tal fato é bastante amparado pelo fato do dano moral presumido, que eleva e muito o valor das indenizações do setor.

Toda essa cadeia possui como consequência imediata a insegurança jurídica, a repulsa de investimentos estrangeiros e nacionais, o alto custo operacional, a redução de investimento da própria companhia, o aumento dos preços das passagens aéreas e a queda na demanda. Essa sucessão de fatos impede o desenvolvimento de todas as áreas envolvidas nas operações aéreas e inclusive a entrada de empresas de baixo custo no país.

Tento em vista todo o panorama prático, é fundamental que o setor e o judiciário se mobilizem para garantir uma segurança jurídica, uniformizando as diversas decisões dispares, que em sua maioria, aplicam, erroneamente, o Código de Defesa do Consumidor.

A aviação brasileira é uma das mais respeitadas do mundo, não somente pelos números positivos de pontualidade, médias muito inferiores em ralação ao panorama mundial no tocante ao extravio de bagagens, como também em segurança operacional e atuação dos órgãos reguladores. Nós somos o país que tem uma montadora de aviões histórica, a Embraer, que sempre foi sinônimo de referência, somos o país do inventor do avião, temos que nos orgulhar de um mercado positivo e muito competitivo, com um nível altíssimo de segurança e pouquíssimos acidentes.

Referências

BRASIL. **Decreto nº 5.910 de 27 de setembro de 2006**. Promulga a Convenção para a Unificação de Certas Regras Relativas ao Transporte Aéreo Internacional, celebrada em Montreal, em 28 de maio de 1999. Disponível em: http://www.planalto.gov.br/ccivil_03/_ato2004-2006/2006/decreto/d5910.htm

BRASIL. **Lei nº 7.565 de 19 de dezembro de 1986**. Dispõe sobre o Código Brasileiro de Aeronáutica. Disponível em: http://www.planalto.gov.br/ccivil_03/leis/l7565compilado.htm

BRASIL. **Lei 8.078 de 11 de setembro de 1990**. Dispõe sobre a proteção do consumidor e dá outras providências. Disponível em: http://www.planalto.gov.br/ccivil_03/leis/l8078compilado.htm

BRASIL. **Lei nº 8.906 de 4 de julho de 1994**. Dispõe sobre o Estatuto da Advocacia e a Ordem dos Advogados do Brasil (OAB). Disponível em: http://www.planalto.gov.br/ccivil_03/leis/l8906.htm

BRASIL. **Constituição (1988). Constituição da República Federativa do Brasil.** Brasília, DF: Senado Federal: Centro Gráfico, 1988. Disponível em: http://www.planalto.gov.br/ccivil_03/constituicao/constituicao.htm

BRASIL. Supremo Tribunal Federal (Tribunal Pleno). **Recurso Extraordinário 636331/RJ**. Recurso extraordinário com repercussão geral. 2. Extravio de bagagem. Dano material. Limitação. Antinomia. Convenção de Varsóvia. Código de Defesa do Consumidor. 3. Julgamento de mérito. É aplicável o limite indenizatório estabelecido na Convenção de Varsóvia e demais acordos internacionais subscritos pelo Brasil, em relação às condenações por dano material decorrente de extravio de bagagem, em voos internacionais. 5. Repercussão geral. Tema 210. Fixação da tese: "Nos termos do art. 178 da Constituição da República, as normas e os tratados internacionais limitadores da responsabilidade das transportadoras aéreas de passageiros, especialmente as Convenções de Varsóvia e Montreal, têm prevalência em relação ao Código de Defesa do Consumidor". 6. Caso concreto. Acórdão que aplicou o Código de Defesa do Consumidor. Indenização superior ao limite previsto no art. 22 da Convenção de Varsóvia, com as modificações efetuadas pelos acordos internacionais posteriores. Decisão recorrida reformada, para reduzir o valor da condenação por danos materiais, limitando-o ao patamar estabelecido na legislação internacional. 7. Recurso a que se dá provimento. Recorrente: SOCIÉTÉ AIR FRANCE. Recorrido: JANEKELLY RIBEIRO RÊGO: Min. Ellen Gracia; Julgado em: 07/03/2006. Publicado e: 31/03/2006. DJ 31-03-2006 PP-00038 EMENT VOL-02227-03 PP-00539. RJP v. 2, n. 9, 2006, p. 121-122. LEXSTF v. 28, n. 328, 2006, p. 220-223. REVJMG v. 57, n. 176/177, 2006, p. 468-469.

Tema:210. Título:Limitação de indenizações por danos decorrentes de extravio de bagagem com fundamento na Convenção de Varsóvia. Descrição: Agravo de instrumento interposto contra decisão que inadmitiu recurso extraordinário em que se discute, à luz do art. 178, da Constituição Federal, a possibilidade, ou não, de limitação, com base na Convenção de Varsóvia (Convenção para a Unificação de Certas Regras Relativas ao Transporte Aéreo Internacional), das indenizações por danos morais e materiais decorrentes de extravio de bagagem. Repercussão Geral em 16/03/2021. Publicado em 13/11/2017. Disponível em: https://portal.stf.jus.br/jurisprudenciaRepercussao/tema.asp?num=210

BRASIL. **Lei nº 14.034 de 5 de agosto de 2020**. Dispõe sobre medidas emergenciais para a aviação civil brasileira em razão da pandemia da Covid-19; e altera as Leis n os 7.565, de 19 de dezembro de 1986, 6.009, de 26 de dezembro de 1973, 12.462, de 4 de agosto de 2011, 13.319, de 25 de julho de 2016, 13.499, de 26 de outubro de 2017, e 9.825, de 23 de agosto de 1999. Disponível em: http://www.planalto.gov.br/ccivil_03/_ato2019-2022/2020/lei/L14034.htm

Revista do advogado – Direito Aeronáutico / Associação dos Advogados de São Paulo (AASP). Imprensa: São Paulo, AASP, 1980. Referência: v. 39, n. 142, p. 91–97, jun., 2019. Disponibilidade: Rede Virtual de Bibliotecas. Localização: CAM, STF, STJ, TJD

Judicialização no setor aéreo atinge R$ 1 bilhão, diz diretor da Iata. Disponível em: https://www.correiobraziliense.com.br/app/noticia/economia/2020/06/02/internas_eco nomia,860327/judicializacao-no-setor-aereo-atinge-r-1-bilhao--diz-diretor-da- iata.shtml acessado em: 02/09/2022

BRASIL. Superior Tribunal de Justiça (Terceira Turma). **Recurso Especial 1584465 / MG**. direito do consumidor e civil. recurso especial. ação de reparação de danos materiais e compensação de danos morais. prequestionamento. ausência. súmula 282/stf. atraso em voo internacional. dano moral não configurado. extravio de bagagem. alteração do valor fixado a título de danos morais. incidência da súmula 7/stj. recorrente: elg (menor). recorrido: transportes aereos portugueses sa: Min. Nancy Andrighi, Julgado em: 13/11/2018 Publicado e: 20/11/2018 Disponível em: https://processo.stj.jus.br/processo/revista/documento/mediado/?componente=ITA&s equencial=1772561&num_registro=201500066916&data=20181121&formato=PDF

ANAC. **Resolução 400 de 13 de dezembro de 2016**. Dispõe sobre as Condições Gerais de Transporte Aéreo. Disponível em: https://www.anac.gov.br/assuntos/legislacao/legislacao-1/resolucoes/resolucoes-2016/resolucao--no-400-13-12-2016/@@display-file/arquivo_norma/RA2016- 0400%20-%20Retificada.pdf

Companhia aérea brasileira é a mais pontual do mundo. Disponível em: https://www.melhoresdestinos.com.br/companhia-aerea-pontual.html acessado em: 04/09/2022

A origem da judicialização desproporcional no mercado do transporte aéreo no Brasil. Disponível em: https://www.jota.info/coberturas-especiais/aviacao--desafios- da-retomada/a-origem-da-judicializacao-desproporcional-no-mercado-do-transporte- aereo-no-brasil-20062022#_ftn1 acessado em: 15/09/2022

Cartilha Transporte Aéreo – CNJ. Disponível em: https://www.cnj.jus.br/wp-content/uploads/2021/05/cartilha-transporte-aereo-CNJ_2021-05-20_V10.pdf acessado em: 28/09/2022

Juiz atende OAB e condena Liberfly por oferecer serviços advocatícios. Disponível em: https://www.migalhas.com.br/quentes/346826/juiz-atende-oab-e-condena-liberfly-por-oferecer-servicos-advocaticios acessado em: 11/10/2022

Setor aéreo no País é alvo de 80 milhões de processos. Disponível em: https://diariodocomercio.com.br/legislacao/setor-aereo-no-pais-e-alvo-de-80-milhoes- de-processos/ acessado em: 13/10/2022

A judicialização no transporte aéreo e os riscos de retrocesso. Disponível em: https://valordaaviacao.org.br/a-judicializacao-no-transporte-aereo-e-os-riscos--de- retrocesso/ acessado em: 15/10/2022